马洪文集

第 十 卷

中国社会科学出版社

作者像

作者简历

　　马洪，1920年5月18日出生于山西省定襄县待阳村。原名牛仁权，1938年春在延安时改名马洪。曾用名牛黄、牛中黄。

　　他出身贫寒，13岁时被当地小学聘为教员，开始自食其力。他自学中学课程，并协助当地著名爱国人士、族人牛诚修先生修订《定襄县志》。从那时起，他阅读了大量书籍，开始接触进步思想。九一八事变和一二•八事变爆发后，他参加了学生的抗日示威游行和集会，爱国思想日益浓厚。1936年年初，马洪经人介绍到太原同蒲铁路管理处（局）工作，先当录事（即文书），后考入同蒲铁路车务人员训练班（半工半读）。在此期间，他当过售票员、行李员、运转员等。他努力自修学业，阅读进步书刊，不断开阔眼界。

　　1936年冬，马洪参加了"牺盟会"，积极参与同蒲铁路职工的抗日救亡工作。1937年冬，太原失守，他跟随同蒲铁路局迁到侯马。11月，在侯马加入中国共产党，时年17岁。由于他工作努力，具有出众的组织才能，被推选为同蒲铁路总工会的负责人之一。他在同蒲铁路沿线的各段站建立和发展工会组织，展开对敌斗争，并参与统一战线的工作。

1938年，马洪到延安，先后在中央党校和马列学院学习和工作。抗日战争胜利后，马洪从延安被派往东北，在中共中央东北局工作。新中国成立以后，曾任东北局委员、副秘书长。后调任国家计划委员会委员兼秘书长。因受"高饶事件"的牵连，被下放到北京市第一和第三建筑公司工作。后又担任国家经济委员会政策研究室负责人。

1978年后，历任中国社会科学院工业经济研究所所长、中国社会科学院副院长。

1982年后，任中国社会科学院院长、国务院副秘书长、国务院技术经济研究中心总干事。同时兼任国家机械工业委员会副主任、国家计划委员会和国家经济体制改革委员会顾问、国家建委基本建设经济研究所所长。

1985年，任国务院经济技术社会发展研究中心（后更名为国务院发展研究中心）主任。1993年改任名誉主任。并任中国社会科学院研究生院教授、博士生导师，被北京大学、清华大学、中国人民大学、复旦大学、南开大学等学校聘为教授及上海交通大学聘为名誉教授。

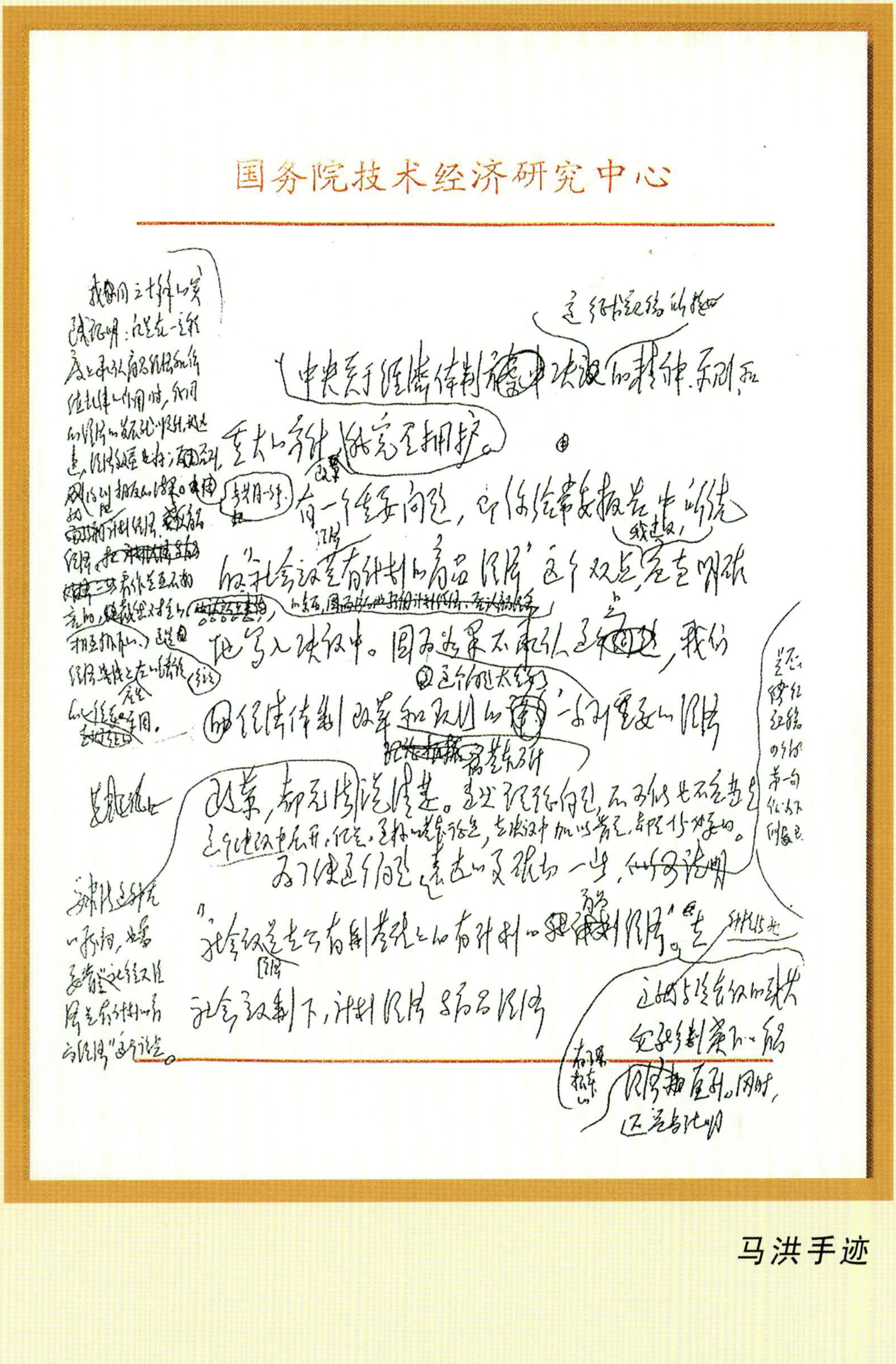
国务院技术经济研究中心

马洪手迹

目　录

为实现第三步战略目标创建新的增长区[*]

一 从世界经济增长中心转移的规律看长江经济区

近些年来，世界范围内出现了经济增长中心转移的现象，这种现象在历史上曾有规律地再现过。在欧洲，首先形成经济中心及商业中心的是地中海，其重点又集中在沟通东西方贸易的威尼斯。15 世纪初，这个当时人口尚不到 20 万人的商港，就拥有商船 3000 多只，经直布罗陀海峡直通伦敦，向东直通东方的中国。后来，土耳其帝国的兴起，割断了东西方贸易之路，并大肆掠夺威尼斯和爱琴海商业据点，导致了威尼斯的衰落。代之而起的是北欧各国间的贸易兴旺。同时，产业革命的兴起和美洲的发现，扩大了贸易范围及航海事业。世界商业中心就由南欧向北转移，逐步转向伦敦，长达 18—19 两个世纪。到了 20 世纪，世界商业金融中心又转移到了纽约。

第二次世界大战后，日本经济很快复兴，成为仅次于美国的经济大国，加上东亚"四小龙"的崛起，使亚太地区与美国的贸易总额在 80 年代中期首次超过欧美之间的贸易总额。这就意味着太平洋已取代了大西洋的地位，逐渐成为世界贸易的中心。近年来，新亚洲"四小龙"正在崛

---

* 本文原载《管理世界》（双月刊）1994 年第 4 期。

起。不过，最令人瞩目、增长潜力最大的是中国。80 年代，中国国民生产总值增长率居世界前列，近两年高达 13%。国际舆论对中国未来 20 年的增长前景估计相当乐观，认为在下个世纪中国的国民生产总值将可能超过日本和美国。而中国，在本世纪末和下世纪相当长的一段时期，增长潜力最大的地区就是长江经济带。因此，可以这样说，未来最有希望的增长区，就世界范围来说是亚太地区，就亚太地区来说是东亚地区，就东亚地区来说是中国，就中国来说则是长江经济区。

二　长江经济区作为新增长区的有利条件

这样一个判断是否有根据呢？我认为根据是相当充分的。在本世纪 80 年代和 90 年代，得益于改革和开放两方面的有利条件，以及优越的自然地理条件，增长速度最快的是沿海地区。这种增长对实现第一步和第二步战略目标，起到了非常重要的作用。这一点是有目共睹的。经济增长中心转移现象不仅出现在世界范围内，也将出现在我国范围内。到本世纪末和下世纪，除沿海地区继续发挥重要作用外，经济增长的中心很可能向长江经济区转移。这是因为，长江经济区具有其他地区不具有的特殊优越条件。

第一，长江是一条黄金水道，不仅贯通中国的东部、中部和西部，而且连接南部和北部，可以说是贯通和连接全国的脊梁。其他交通运输条件也比较发达。

第二，长江流域包括七省一市，地域辽阔。人口 4.5 亿，占全国的38.6%，文化素质较高，是全国最广阔的市场之一。1992 年国民生产总值占全国的 37.3%。

第三，这个地区自然条件优越，物产资源丰富，有较好的工农业基础。与沿海地区相比，开发的潜力更大一些，有些地区还是未开发的处女地，可预见的后发收益很大。

第四，一方面，随着社会主义市场经济体制的建立和逐步完善，以及全方位开放政策的推行，地区间的政策差别将缩小以致取消。这对长江经济区，特别是其中的腹地地带是一个有利条件。另一方面，由于沿海地区的经济有了很大发展，它们支援内地的力量也将增强。

第五，随着港澳地区回归祖国和对台关系的发展，港澳台对内地的投资有进一步增长的趋势。同时，外商对在中国投资有很高期望，看好长江流域的投资潜力和投资环境。

三　开发长江经济区的几个重要问题

（一）战略目标的选择

从大的方面来说，要创造条件，使长江经济区成为 21 世纪实现第三步战略目标的重要经济区，即成为中国未来经济新的增长中心。具体地说，就是要以上海浦东开发为龙头，以长江通道为轴线，以沿江中心城市为依托，充分利用长江"黄金水道"得天独厚的自然条件，发挥各地区原有优势，向外开拓，形成综合的总体优势，促进经济区整体水平的提高和产业结构的升级和优化，使之成为继沿海地区后又一个规模更大、更有后劲的经济增长区。

（二）产业结构的调整

长江经济区目前存在着各自为政、产业趋同、"瓶颈"制约、效益不高等问题。在开发长江经济区的过程中，要逐步解决这些问题，做到依托长江，因地制宜，优势互补，互助互利，分工协作，共同发展，实现流域内外的经济互补。通过调整产业布局，优化产业结构，使产业结构上一个大的台阶。

（三）加强交通与通信建设

同全国一样，基础设施薄弱是长江经济区的一个突出问题。加快基础设施，特别是交通与通信的建设是当务之急。从长江经济区的特点看，适合形成以水道和铁路为主，江、海、陆、空紧密相连的交通运输网络。目前，长江中下游地区交通、通信相对发达，而长江中上游地区交通、通信比较落后。后者的任务就更为艰巨，经济区内各地的协作也很重要。

（四）　加快市场体系建设

要从根本上解决产业结构和地区布局不合理的问题，使长江经济区成为新的经济增长中心，建立和完善市场体系是一项基本的工作，而其中的要素市场有着特别的重要性。要在政府的合理指导下，在经济区内培育起较为成熟的要素市场，并与全国的统一市场有机衔接。

（五）　推动外向型经济的发展

大幅度的对外开放将是长江经济区的重要特征之一。长江经济区要想赶上世界发展潮流，必须充分利用自身优势，积极参与国际分工，大力发展外向型经济。这就要求长江经济区从现在起按照国际惯例建立新体制，按照与国际经济接轨的要求调整产业结构和地区布局，逐步形成在国际市场上有强大竞争力的产品与企业。

（六）　开发资金的筹措

长江经济区的开发需要大量资金，无论是基础设施建设，还是加工工业建设，都需要可观的投资。资金筹措主要依赖于资金市场，为此就要积极促进资金市场的发育，拓宽各种融资渠道。此外，还应争取各种可能的国际资金支持。

（七）　制定发展规划的目的和方法

有一个问题要首先明确：在市场经济条件下，还需要经济规划。但在规划的目的和方法上要与计划经济条件下的规划相区别。发展规划一定要以市场为基础，通过科学的预测和规划，向各种市场主体提供有价值的信息，促进资源的合理分配，克服市场经济固有的不足和缺陷。在规划方法上也要有相应的改进，要运用现代科学提供的各种知识、方法、手段，不断提高规划的水平，使之成为切实有用而非只图形式的东西。

总之，长江经济区的开发是长江流域的大事，也是全中国的大事，对世界经济发展也将产生重要影响。

努力寻求环境与经济的协调发展*

一 国际社会的新话题

正当人类为摆脱东西方冷战的羁绊，走出核恐怖的阴影而庆幸的时候，又一个巨大的威胁迫近人类：地球的环境与生态系统正处于深刻的危机之中，已构成对人类生存与发展的现实威胁。其主要表现是：全球大气污染严重，酸雨肆虐，造成土壤酸化，树木枯萎和死亡，全世界数以千计的湖泊遭到污染，不少湖泊变成死湖；温室效应使地球变暖，导致海平面上升，世界沿海地区的许多大城市面临被淹的危险；臭氧层消耗，出现了大如美国国土、深如珠穆朗玛峰的巨大的臭氧空洞，人类将受到有害的太阳紫外线的直接照射；森林资源遭到严重破坏，每年都有1700万顷森林消失，导致水土严重流失，大量物种灭绝；生物多样性正日益丧失，每年有5万个物种灭绝；海洋生态危机严重，导致海水污染和海洋动植物锐减；土地退化和沙漠化日益严重，导致粮食越来越缺乏。如果这一趋势继续下去，到2000年时，世界将失去1000万公顷耕地；淡水资源污染严重，水资源日益匮乏，目前世界上有12亿人得不到安全饮用水，发展中国家每年有5200万儿童死于污染的饮用水。

---

* 本文是作者1994年10月在一次国际研讨会上的讲话。

环境问题的全球性及严重性意味着"确保全球环境安全已是人类历史上面临的空前绝后的巨大挑战"。目前，全球环境与发展问题已成为国际社会广泛关注的焦点。1992 年 6 月，联合国环境与发展大会在巴西里约热内卢隆重举行，全球 15000 多人，170 多个国家的代表，102 个国家的元首或政府首脑云集里约热内卢，共商环境与发展问题的根本大计。这次盛会以其筹备时间之长、与会人员之多、级别之高、规模之大、讨论内容之广，创下了联合国开会历史的新纪录，也成为环境与发展历史上的里程碑。它充分表明，全球环境与发展问题已成为当今世界最重要的政治议程之一。正如此次环境与发展大会秘书长所言：冷战已经结束，环境问题一跃成为世界问题的榜首。全球环境问题影响深远，已渗透到国际政治、经济、军事、科技、社会文化等各个领域，对人类的思维方式、发展模式、生活及消费方式构成全方位挑战。

二　中国未来发展面临的挑战

对于环境与经济发展的关系问题，改革之前的一个时期，我们缺乏协调发展意识，再加上条块分割，不同部门和地区存在就人口论人口、就资源论资源、就环境论环境、就经济论经济的单项突出的偏向。各部门、各行业、各地区内部的政策、法规，也存在一些不协调现象，相互矛盾与抵触时有发生，以致出现了人口日益增长、而资源不断减少、环境日趋恶化、经济发展受阻等一系列问题。我国未来正面临着这些难题的挑战。

中国幅员辽阔、人口众多，15 年的改革开放取得了辉煌的成就，在世界发展格局中占有举足轻重的地位。中国的人口状况、资源形势、环境质量和经济发展水平，对世界均有重大影响，一直是国际社会广泛关注和评论的焦点之一。党的十四大提出了建立社会主义市场经济体制的战略目标，十四届三中全会则勾画出了社会主义市场经济的基本框架，制定了一系列重大政策措施，使我国的改革开放一跃跨入"系统设计，整体推进，重点突破"的全新阶段。在建立社会主义市场经济体制过程中，如何寻求经济发展与环境保护的协调共进，是摆在我们面前的一个新课题。通过对人口、资源、环境与经济社会的发展进行综合性与长期性系统研究，一方面可以及时地作出综合预警分析，帮助决策者从更高的层次对现行的政策、措施、法规进行筛选，剔除不合理的因素，构筑和完善彼此协调的政策法规体系，更加卓有成效地推进我国改革与现代化的伟大实践。另一方面，开展人口、资源、环境与经济社会的系统研究与实证分析，结合对国际社会普遍关注的持续发展概念框架、理论体系、战略构想以及实施途径的研究，对于丰富和完善有中国特色的社会主义理论将具有十分重大的意义，对于国际新秩序的构筑也将产生积极的影响。

三　对中国环境保护事业的简要评述

回顾波澜壮阔的 15 年改革开放历史进程，我国的环境保护事业与其他各项事业一样，也取得了辉煌的、令人鼓舞的成就。党中央、国务院在全面推进改革开放，开创社会主义现代化建设的新形势下，作出了"保护环境是我国的一项基本国策"的重大决定，为环境保护事业的发展奠定了牢固基础。

我国的环境保护事业在大政方针的制定和确立方面是符合中国国情的；在法制建设、强化管理和各项管理制度的配套完善方面是行之有效的；在科学研究、技术开发和环保产业的发展方面，是硕果累累的；在宣传教育、培养人才方面，全民的环境意识大有提高；在增进国际间的合作交流方面也取得了很大进展。工业污染防治由被动的末端治理正在向生产过程控制，向清洁文明生产的方向转化，城市环境综合整治改变了单项治理，防不胜防的被动局面。污染的集中控制和基础设施建设有了很大的突破，部分城市的环境质量和环境面貌有了很大改善。自然生态、生物多样性的保护和农村生态环境的建设日益受到各级政府的重视。但是，我国仍然面临着严峻的环境挑战：在发展的初期就遇到了生态破坏和环境污染。目前水土流失严重，对土地持久的高强度开发，造成许多地区土壤肥力下降，有机质含量降低；森林的蓄积量下降，用材面积减少；草原退化严重；掠夺性开发矿产资源使生态系统遭到严重破坏；水污染加剧了水资源的短缺；大气污染导致酸雨区域不断扩展，等等。生态破坏与环境污染造成的损失已明显地制约着经济的发展。目前我们环境变化的趋势是：

第一，由于温饱问题的基本解决，正在努力实现小康目标，这就使贫困对环境的负面影响逐渐缩小，而增长对环境的负面影响越来越大。

第二，由于改革的逐步深入，产权明确化的资源系统的环境将趋于改善，而产权模糊的资源系统的环境将趋于恶化。

第三，城市的环境污染的相对强度将缓慢下降，而农村发展起来的乡镇企业和新城镇的环境污染的相对强度将逐渐提高。

由于以上原因，一部分地区环境将趋于改善，而另一部分地区环境则将趋于恶化。同时，全球环境变化对我国的影响将呈上升趋势。环境趋势的变动取决于技术进步的速度、改革的力度和政府的环境战略和政策实施的有效程度。

四　促进经济与环境持续协调发展的基本思路

（一）　实施持续发展战略

持续发展是 21 世纪发达国家和发展中国家，正确处理和协调人口、资源、环境与经济相互关系的共同发展战略，是人类求得生存和发展的唯一途径，是解决经济与环境协调发展的明智的选择。我国人均资源有限，人口不断增长，生态环境压力日益加剧的情况，也要求我们必须走出一条具有中国特色的持续发展的道路。从现在起，我们就应该努力建立符合中国国情，又有利于持续发展的生产模式、消费模式、贸易模式，为中国 21 世纪的环境保护与经济发展创造良好的条件。

（二）　牢固树立人口资源环境协调发展意识

过去也提倡树立人口意识、环境意识、资源意识。现在看来，有一种单项突出把它们相互孤立起来看待的偏向，不能体现人口、资源、环境与经济社会协调发展的紧迫性与重要性。因此，应提倡树立人口资源环境协调发展意识。持续发展与协调发展，绝不是少数人的事，而是全体人民的事业。无论是国家领导人，还是普通公民，都应高度关注人类赖以生存的环境，充分了解人类活动与资源开发、环境保护的密切关系，并对未来发展持积极、负责的态度，自觉规范自己的行为。

（三）选择与建立非传统的现代化模式

纵观已经或者大体工业化国家的传统现代化道路，无论是欧美国家还是日本，都是靠资源的高消耗、环境的重污染来支撑经济高速增长的。作为较晚开始现代化进程的国家之一，我国正处在工业化初期，遇到了与发达国家不同的发展条件和增长机会。面对我国的人口状况、资源状况、环境状况以及经济发展状况，我们只能选择与发达国家不同的人口、资源、环境组合方式。这实际上意味着选择一种非传统的现代化发展模式，其核心思想就是实行低度资源消耗的生产体系，适度消费的生活体系，使经济持续稳定增长、经济效益不断提高的经济体系，保证社会效益与社会公平的社会体系，不断创新，充分吸收适用新工艺和新方法的技术体系，促进与世界市场紧密联系的、更加开放的贸易与非贸易的国际经济体系。

（四）走具有中国特色的环境保护道路

坚决把保护环境当做我国进行现代化建设的一项战略任务来抓。认真贯彻执行预防为主、谁污染谁治理和强化环境管理的三大环境政策，并通过把行之有效的制度和措施以法律、法规形式固定下来，把环保工作纳入法制轨道。明确国家、地方以及相关部门在环境保护方面的责任，建立健全从中央到地方各级环境管理机构和管理队伍。依靠科技进步，推广先进实用技术，把污染控制在生产过程中。大力宣传教育，把不断提高全民族的环境意识作为一项长期的基本任务。在国际环境事务中，努力发挥中国作为发展中的大国和环境大国的独特作用。

（五）建立科技引推型人口资源环境发展战略

科学技术是人口、资源、环境与经济社会协调发展的巨大推动力，是生产力中最活跃的因素。要努力发展科学技术，建立科技引导和推动型的人口资源环境发展战略，推动经济与科技的结合，实现经济效益、社会效益和环境效益的三统一。第一，切实改革现行的科技体制。建立起科技进步的动力机制，使企业真正把发展的方向从高投入、低质量的粗放经营方式转到追求质量、追求效益的轨道上来。第二，加强对企业的技术改造，把投资的重点从数量扩张转移到增强素质的方向上来，通过技术更新提高产品质量，降低消耗、能耗。第三，大力发展高科技产业，带动传统产业发展。第四，发展和完善技术市场，健全知识产权保护的法律和法规，鼓励发明创造，促进科技信息的正常流通。第五，大力发展"绿色技术"，包括生态脆弱地区生态系统改善与恢复的科学研究和技术开发，污染治理技术与装备的研究和开发，以及全球环境变化的科学评价、影响评价与对策研究等。

（六）正确处理控制人口数量与提高人口素质的关系

在今后几十年中，控制人口数量、提高人口素质始终是解决中国人口问题的首要任务。中国人口控制的关键在于农村人口的控制、人口发展的周期性、难以逆转性和积累性，必须高瞻远瞩，未雨绸缪，从长远的历史跨度考虑这一问题。计划生育是人口政策的重要内容而不是全部内容，中国人口政策的着眼点应当是如何为推进中国的现代化准备良好的人口条件，同时还应当考虑到中国现代化的最终目的，是为了人们全面发展，为了满足广大人民日益提高的物质和文化生活水平的需要。因此这是一个巨大的系统工程，它必须包括与之相关的产业政策、就业政策、资源政策、环境保护政策、引导消费政策、社会保障政策、户籍管理政策、城乡关系政策和少数民族政策，等等。同时还要提出政策实施的时间序列，找出近期、中期和长期的对策。

解决中国人口问题的根本出路在于改革和发展，只有继续深化改革，加快发展，大力发展市场经济，促进人口城镇化，加速现代化进程，才能根本改变传统的生育观，使我国人口健康发展，并与资源的开发和环境的改善协调起来。

（七）正确处理资源开发与资源管理的关系

制订和实施包括自然资源因素在内的价格改革方案，并据以逐步修订有关方针、政策、法规、标准等内容，以期从根本上改变"资源无价、原料低价、产品高价"的扭曲的价格体系，达到资源永续利用、生态良性循环、环境质量改善、经济社会持续稳定发展的目的；实行资源所有权和使用权分离，对资源使用部门实行资源有偿使用和转让制度；并建立资源核算制度，完善国民经济核算体系；强化资源产业地位，转变产业运行机制，促进产业良性发展。在社会主义市场经济体制下，通过市场机制，采取多种形式促使资源产业产品价值的实现。转变投资机制，增强资源产业生产单位的活力，提高资源产业生产效率，实现资源产业投入—产出的良性循环，促进不同产业活动的协调发展。

（八）　正确处理环境保护与经济发展的关系

环境保护和经济发展是一个有机联系的整体，既不能离开发展，片面地强调保护和改善环境，也不能不顾生态环境的承受能力而盲目地追求发展。尤其是对广大的发展中国家来讲，只能在适应经济增长的前提下，来寻求适合本国国情的解决环境问题的途径和方法。全球环境问题是同长期以来不合理的国际经济秩序紧密相关的，在讲国际环境合作的同时，也必须讲国际经济合作。要建立公正的国际经济秩序，消除外部经济条件恶化带来的不利影响，加强发展中国家的经济实力，才能提高他们对环境保护的能力。经济建设、城市建设与环境建设同步规划、同步实施、同步发展，实现经济效益、社会效益和环境效益的统一，是具有中国特色的行之有效的环境管理政策，是中国正确处理环境保护与经济发展关系的有益尝试，应当予以坚持和完善。

确保全球环境安全，是一项长期而艰巨的任务，是 21 世纪人类面临的巨大挑战。它要求各国政府和人民从全球利益和各国的长远利益出发，审时度势，对现存国际关系作出有利于实施持续发展战略的重大调整。只有这样，人类才能有效地对付全球环境的严峻挑战。

我们应该认真地正视挑战，勇敢地面对挑战。

中国社会主义国有企业改革的
理论与实践问题[*]

　　我国国有工业企业的改革，总的来说，是在由高度集中的传统的计划经济向社会主义市场经济的转变这个大的历史背景中进行的。是随着我们对社会主义经济理论认识的逐步提高和改革的逐步深入而不断发展的。概括来说，大致可以划分为如下三个阶段。

　　第一阶段是国有工业企业改革的发动阶段。时间从 1978 年 12 月到 1984 年 9 月。这个阶段，我们在理论指导思想上突破了社会主义经济就是计划经济，就是所谓的产品经济的框框，提出了以计划经济为主、市场调节为辅的方针，开始承认市场的作用，但市场调节仍处于"为辅"的地位。这一指导思想，产生于 1978 年党的十一届三中全会，形成于 1982 年党的十二大。在这个理论指导下，国有工业企业改革开始改变高度集中的计划经济管理体制，扩大企业自主权，扩权让利，赋予国有工业企业更多的自主权，以调动企业和职工的积极性，增强企业活力，促进生产力的发展。这期间，还试行了利润留成制度和两步利改税等。

　　总之，在计划经济为主、市场调节为辅的思想指导下，放权让利、扩大企业的自主权，是国有企业改革第一阶段的主要特点。

　　第二阶段是国有工业企业改革的全面推开阶段。时间从 1984 年 10 月

---

　　* 本文是作者 1994 年 10 月在《中国工业经济》创刊十周年纪念大会上的讲话。

到 1991 年 12 月。这个阶段，在理论指导思想上先是 1984 年 12 月党的十二届三中全会上提出社会主义经济是有计划的商品经济，要求企业成为相对独立的商品生产者与经营者，要求政企分开，所有权与经营权适当分离，以便更多地发挥企业的主动性和市场的作用。接着在 1987 年 10 月党的十三大进一步提出了国家调控市场，市场引导企业，计划和市场都是覆盖全社会的论点。这就更加强调了市场的作用。在这个理论指导下，我国国有工业企业改革进入到了一个新的发展阶段。其主要特点是根据"政企分开"、"两权分离"的原则，使国有企业成为市场的主体，成为自主经营、自负盈亏、自我发展、自我约束的法人实体。改革的主要措施是，实行厂长（经理）责任制，对大多数国有企业实行承包经营，对一些小型国有企业实行租赁经营，并在少数企业中开始了股份制和企业集团的试点。总之，在国家调控市场、市场引导企业的思想指导下，实行承包经营和租赁经营是第二阶段国有企业改革的重要特点。

第三阶段是建立现代企业制度阶段，时间从 1992 年 10 月党的十四大开始。1992 年年初小平同志视察南方发表重要谈话后，企业改革逐步进入建立现代企业制度的新阶段。在 1992 年 10 月，党的十四大正式提出把建立社会主义市场经济新体制作为我国经济体制改革的总目标，从而使我们对社会主义经济的认识达到了一个全新的高度。根据这个总体目标，1993 年 11 月，党的十四届三中全会通过的《关于建立社会主义市场经济体制若干问题的决定》明确提出，国有工业企业改革的方向是建立适应市场经济要求的产权清晰、权责明确、政企分开、管理科学的现代企业制度，要把国有企业塑造成面向国际国内两个市场的独立法人实体和市场竞争主体。

要建立现代企业制度，突出的问题是明确产权关系。那么在明确产权关系时必须遵循的原则是什么呢？它的指导思想的理论基础是什么呢？说到底，明确国有工业企业的产权关系的根本问题是实行公有制还是实行私有制？既然社会主义是以公有制为主体，那么作为公有制骨干的国有工业企业的产权明确应当是确保它的财产的保值增值，继续发挥其主导作用，而不是改变它的公有制性质实行私有化。但公有制的形式在国有工业企业中到底如何具体体现才能更大地发挥它的作用？这是需要进一步深入探讨的问题。现在就国有资产管理经营体制已经有不少改革的设想和方案。例如，有的同志提出，国有资产可以采取"中央统一所有，分级管理"的办法，也有的同志提出可在考虑各级政府现有管理权限的基础上实行分级所有的办法；在政府的国有资产管理机构方面，有的同志提出可采取向特大企业和企业集团授权经营的办法，也有的同志提出可建立国有资产经营或国有控股公司，等等。在实现国有企业产权结构多元化方面，根据上海改革实践的经验，有如下 8 个途径值得探讨：

（1）不同投资主体的法人之间相互参股或交叉持股；

（2）企业内部职工以职工持股会形式成为投资主体，职工持股会暂属公司工会，其民事权利和义务由工会承担；

（3）吸收国内自然人入股；

（4）吸收非银行金融组织入股；

（5）吸收境外企业或自然人、基金组织投资；

（6）兼并其他企业时，被兼并企业产权所有者入股；

（7）企业及其他债权人经协商后债权转为股权；

（8）向社会公开募股，组成股份有限公司。

所有这些，都应该按照党的十四大和十四届三中全会的要求，积极探索和实践，形成一套真正对国有资产负责，国有资产能够灵活流动的管理经营体制，以使国有资产在社会主义市场经济的新条件下不断得到保值增值，发挥它的主导作用。

对国家行政学院培训办学模式的意见*

（一）培训要从实际出发，研究讨论改革中的现实问题。要研究建立社会主义市场经济体制中政府职能转变的问题，研究改革中需要明确的问题。建立社会主义市场经济体制中有很多问题需要讨论，给司局长办班，就要抓这些问题。由计划经济转向市场经济，政府职能如何转变、政府怎么工作；政企分开政府干什么；专业部是管理企业的部门，企业要走向市场，专业部还做什么工作；搞市场经济，政府管不管物价，不管不行，要管又怎么管、管什么；宏观控制的问题很重要，在市场经济中，政府怎么宏观控制，中央政府和地方政府之间的关系如何处理，等等。国家行政学院要联系这些实际问题办学。

（二）教学要与科研相结合，充分利用一些研究机构的力量。中国社会科学院、中国人民大学、北京大学，在经济管理方面水平高的人，可以吸收他们参加研讨一些问题，请他们做必要的讲解。光靠行政学院的专职教师是不够的。

（三）教学要与政府工作相结合，发挥政府部门在教学中的重要作用。搞社会主义市场经济，有许多重要问题需要研讨，但都必须联系政府职能、政府工作。涉及宏观经济问题要和国家计划委员会结合，涉及财政

---

* 本文写于 1994 年 12 月 8 日。

体制问题要和财政部结合，涉及对外贸易体制问题要和外经贸部结合，涉及流通体制问题要和国内贸易部结合，涉及劳动制度问题要和劳动部结合，涉及公务员制度问题要和人事部结合。总之，行政学院办学必须和政府有关部门结合，才能抓住问题，才好运行，才能产生实效。

（四）教学方法要用启发式、研讨式的，不要搞灌输式的。好的教学方法，是把大家研讨中的问题、意见集中起来，有针对性地加以概括、提高后，讲点解决问题的一些内容，这是大家需要的，才是有帮助的。灌输是枯燥无味的，很多东西都是重复的，对司局长以上人员不需要，人家对此不感兴趣。

（五）教材要有实际内容。要出一些研讨中形成的、或经过研讨后集中起来的、有实际内容的一些教材。这些东西，人家爱看。

（六）办班过程中，请政府的人进来一起掌握，引导学员研讨问题，就事论事，这样才不会脱离实际。要通过分析研究提高认识，成为有系统的理论。

（七）可以请一些长期在中央国家行政机关工作过的，现在不在一线工作的、退下来的、有经验有水平的老同志参与一些有关的工作，这样有好处。

（八）国家行政学院和党校有别，教学方法、内容都要有国家行政学院的特色。方法上要生动活泼，内容上要紧密联系国家改革、建设的实际，紧密结合政府工作的实际。

关于国有企业改革的若干问题[*]

一　国有经济在社会主义市场经济中的地位和作用

如何通过深化国有企业改革，逐步建立起现代企业制度，目前在实践和理论上都面临着一系列难题，其中一个首先需要明确的就是国有经济在社会主义市场经济中的地位和作用。这个问题不解决好，国有企业改革在方向上就可能出现偏差。

在我们正在建立和逐步完善的建立社会主义市场经济体制中，国有经济应当处于一个什么样的位置？过去我们实行计划经济，在理论上有个说法，即计划经济必须以公有制作为基础，而公有制又以国有制为主体，集体所有制也要向国有制过渡，这样才能保证计划经济的运行。然而，实践证明这种做法是低效率的。改革以来，我们在逐步改革计划经济管理体制的同时，在所有制方面推行以公有制为主体、多种经济成分并存的新政策，这个新政策是改革以来我国市场经济的发育和经济繁荣的最重要的条件之一。可以设想，如果我们抱住老的做法不变，不允许发展多种经济成分，那么，就不可能有乡镇企业、城市集体和合作企业、个体和私营企业以及"三资企业"的蓬勃发展，也就不可能有十几年来我国经济名列世

＊　本文是作者与刘世锦合著，原载《中国工业经济》1995 年第 1 期。

界前列的快速增长，因为目前我国一半以上的工业产值、2/3 以上的国民生产总值，是由非国有经济成分创造的。

然而，这种变化并不意味国有经济不再重要，或者可有可无。即使在西方市场经济国家，也都存在着一定比重的国有经济，在有的国家、有些时候，国有经济的比重还相当高。这是因为，尽管从总体上看，市场经济要优于传统的计划经济，但这并不是说市场经济没有缺陷，包括某些严重的缺陷。在市场经济中，总有一些企业、个人和市场做不了、做不好、不愿做的事情，而这些事情对整个国民经济的发展又至关重要。具体的说，需要国有经济进入的领域包括：（1）具有显著外部性，即自身效益不一定好，但社会效益明显的领域，如基础科研和教育、国防、环保部门以及某些大型交通运输和水利设施工程；（2）自然垄断部门，如城市供水和煤气、电力、通信，以及某些严重稀缺的自然资源生产部门；（3）信息严重不对称的部门，如部分金融和医药部门；（4）仅靠市场力量难以筹措大量资金、承担较高风险、具备雄厚科研力量的某些基础产业、支柱产业和幼稚产业。

与以前相比，国有经济的战线会适当缩小，即由过去的面面俱到，转变为主要在事关国民经济全局的关键领域发挥作用，以保证社会主义市场经济新体制高效率地运行。当然，这是一种从经济理论的角度来看比较理想的状况。就我国现阶段的实际情况看，国有经济的改革还是要立足于我国的具体国情。我们是在国有经济占主体地位的条件下开始改革的，目前国有经济的比重还比较高，国民经济中的基础产业和骨干产业大都是国有经济，国有经济体制转轨中存在着一系列历时已久、难度很大的问题，因此，国有经济作用领域的调整可能需要一个相当长的时期。进一步看，我们实行的是社会主义市场经济，其中的"社会主义"在经济上要由公有制和共同富裕两个特征予以体现，而这两个特征都与国有制有很大关系。国有制是公有制的重要组成部分，也是实现共同富裕的重要手段。在这一点上，我们和西方市场经济国家是有区别的。与它们相比，在我们建立的社会主义市场经济中，国有经济的比重肯定是要高一些。从一定意义上讲，国有经济对经济全局还会发生决定性作用。

二　如何正确认识国有产权制度改革

在明确了国有经济在社会主义市场经济中的地位和作用后，接下来的一个问题是如何更有效地发挥这种作用。不论国有经济的分布做什么样调整，国有资产处在什么领域，都面临着一个提高国有资产经营效率的问题。而这一点必须通过国有资产管理经营体制的转换才可能实现，这样就涉及了国有资产产权制度的改革。从企业的角度看，产权制度构成了整个企业制度的基础，产权关系理不顺，企业内的其他关系也很难理顺。在国有产权改革问题上，目前意见分歧比较大。有的同志对这方面的改革抱有很大疑虑，认为搞产权制度改革最终要滑向全盘"私有化"一边，近年来国有资产的流失加重了这些同志的疑虑。也有这么一些人，他们确实把国有产权改革看成是一个"化公为私"的过程。虽然上述两部分人考虑问题的出发点不同，但在"产权改革等于搞私有化"这一点上实际上是相同和相似的。这样就引出了一个问题：在坚持公有制、不搞"私有化"的前提下，有没有产权改革的必要性和可能性？经济理论和实践经验已对此作出了肯定的回答。

在"产权改革等于私有化"的认识的背后，实际上隐含着"私有制肯定比公有制效率高"这样一种判断。这个判断是不符合实际的，是形而上学的。毋庸讳言，私有经济有其特点和某些优点。改革开放以来，我们允许并适当鼓励个体和私有经济的发展，对外开放中引进的大量外资是属于私有的，目前我国居民手中持有的两万多亿金融资产在性质上也是属于"私有"的。可以说，个人或"私有"经济成分目前在我国经济生活中已发挥着相当重要的作用。今后我们仍然要继续坚持适当鼓励和支持个体和私有经济成分发展的政策。但这并不意味着私有经济一定优于公有经济，甚至要由私有经济"包打天下"。正如我们前面说过的，在逐步建立和完善的社会主义市场经济新体制中，包括国有经济在内的公有制经济具有不可替代的重要作用，在国民经济发展中还是要占据主体地位。这一点已经被我国改革开放十几年以来的实践经验所证明了的。这一时期我国经济的快速发展，主要还是由公有制经济成分推动的。因此，即使仅从效率角度考虑，也无法得到私有经济优于公有经济的结论。正确的认识可能是，不同的所有制成分在不同领域有各自的优势，从总体上看，公有制经济成分要占据主体地位。当然，我们坚持公有制并不是仅仅从效率角度考虑问题，还考虑到社会公平，考虑到我们的制度特点。

我们强调社会主义市场经济中坚持公有制的重要性，并不是说要坚持与计划经济相适应的旧的公有制形式，不是说旧的公有制形式不需要改革或改革的余地不大。相反，只有对旧的公有制形式、特别是国有制形式进行根本性的改革，才可能在社会主义市场经济中真正有效地坚持包括国有制在内的公有制。就国有制改革而言，应主要解决好如下几个问题：

第一，要确定有人和机构对国有资产切实负起责任。从理论上和法律上说，国有资产属于全体人民。由于操作成本过高，全体人民不可能直接管理经营国有资产，于是就产生了经济学上所说的委托—代理问题。以往许多政府部门都管国有资产，但出了问题、亏本赔钱，板子打不到具体人的屁股上。就连现在已经搞了股份制改革的企业，究竟谁来当国家股股东的问题仍然没有解决，国有资产管理经营体制的改革，必须下工夫去解决对国有资产切实负责任的问题。要有那么一些人和机构，他们的实际利益与国有资产的经营状况息息相关，国有资产经营得好，就能得到好处，包括相应的经济报酬；经营得不好，就要承担相应的经济风险和行政、法律上的责任。这方面改革以来我们进行了一些探索，在理论上也提出了不少设想。应当继续进行多种形式的试验，不要急于下结论。国有资产有2万多亿元，全由国务院来管显然是不切实际的，应当实行分权管理。在传统的计划经济中，国有资产也不是全由国务院直接来管，否则便不会有所谓"条条块块"的问题。在新的历史条件下，如何形成一种有效的国有资产分权管理制度，既能调动地方和企业的管理经营国有资产的积极性，又不至于形成新的地区割据，是一个难度较大的问题。现有两种方案可以考虑：一是大体按照现有的管理权限，在中央和地方各级政府之间合理划分产权；一是最终所有权归国务院，管理经营权以及相应的收益权长期稳定地归地方政府。看来后一种方案似乎更切合实际。解决这个问题需要把握几个原则，如遵从而不是违背市场经济的运行要求；照顾已有的利益格局；在中央和地方之间合理划分产权，该放下去的权利要不保留地放下去，该集中到中央的权利要坚决集中上来，等等。

第二，要加强国有资产的流动性。传统体制下对国有资产主要实行实物管理，资产的货币化程度很低，横向流动受到很大限制。这种状况至今没有大的改变。近些年国有资产经营状况不令人满意，相当数量低效和无效配置的国有资产不能流动是一个重要原因。前一时期国有资产产权转让中出现了通过低估国有资产等手法导致国有资产流失的情况，这理应引起我们的注意。现在有一种说法，认为不论经何种途径，国有资产转到私人手里后，效率就会得到提高，因而不必过多指责。这种说法是站不住脚的。因为少数以权谋私的人把国有资产抓到手后，并不能保证他们把钱用于生产投资而不是用于挥霍浪费。更重要的是，无偿占有国有资产，是对全体人民的掠夺，是人民群众最为反感的分配不公行为。放任这种行为，实际上是对改革不负责任，对我们党和国家的前途不负责任。因此，一方面，应当制定相应的规章制度，规范国有资产的交易行为，防止和尽可能减少国有资产转让中的流失。另一方面，不能因为产权转让中出了些问题就自缚手脚，关上产权流动的大门。因为资产不流动将会导致更多的流失。为此，应当提高国有资产的货币化和证券化水平，解除对国有资产转让的不当限制，加快金融市场建设，经过一个时期的努力，逐步形成国有资产转让的正常秩序。

第三，在国有资产经营中引入积极的竞争。竞争是市场经济最重要的特点和优点之一，对各种所有制形式提高效率都是不可或缺的。实际生活中常能看到，同一种所有制形式企业因为处在不同的竞争环境中，效率状况会有很大的不同。对国有制来说，竞争的重要性就更为突出。除极少数特殊企业外，由一个国家股股东独资经营，或一个国家股股东垄断性持有股份往往会降低效率，这一点与私人资本所有者有很大不同。在私人资本所有者那里，独资经营和垄断性持股不会产生明显的激励不足问题，而对国家股股东来说，独资经营和垄断性持股容易导致行政干预、负责不力、原谅或包庇错误等行为。

三　加快推进国有企业的体制转轨

国有企业体制转轨的目标从总体上说是实行现代企业制度。目前对现代企业制度的含义有一些不同的理解。有的观点认为，现代企业制度是指公司制度，特别是指股份有限公司制度，其典型形态是 19 世纪末和本世纪初发展起来的、以所有权和经营权相分离、受雇的经理阶层支配企业为特征的公司制度。另一些观点则认为，公司是现代企业制度的重要形式，但不是唯一的形式，现代企业制度还应该包括现代市场经济中通行的其他企业组织形式，如合伙企业和独资企业（单个业主制企业）。这些问题可以继续讨论。在前一阶段推行现代企业制度的过程中，似乎存在着一种把现代企业制度等同于公司，把公司又等同于上市公司的倾向，一提搞现代企业制度，就要搞上市公司。从国外市场经济国家的实践经验看，公司在全部企业总量中通常并不占多数，而在公司企业中，直接到证券交易所上市的仅有千分之一二。把现代企业制度等同于上市公司的倾向，在理论上是站不住脚的，在实践中则可能导致混乱，对现代企业制度的推行带来不利影响。

进一步看，在需要国有经济进入的行业中，应当根据不同行业的特点，选择不同的具体企业组织形式。对国防、航天、造币等直接关系国家安全和有特别重要性的部门，应采取国有独资公司的形式；对城市公用事业、电力、通信、铁路以及其他具有自然垄断特点的部门，应主要采取国有独资公司和国有资本控股的公司形式（但不排除少量非国有资本以适当方式进入）；对在国民经济中占据重要地位且有一定垄断性的基础产业和支柱产业，如石化、钢铁、汽车等行业中的大型企业，可采取国家控股和参股的股份有限公司形式；而对一般竞争性行业中的中小型企业，国有资本则没有多少必要进入，已经进入的应通过适当方式逐步退出。

在国有企业体制转轨的方式上，近年来各地进行了多方面的探索，如外资嫁接、"一厂两制"、兼并、收购、出售、"退二进三"（让出城市黄金地带第二产业转入第三产业），有些企业经改造成为不同的公司形式，有的地方还试行股份合作制。这些探索不同程度地取得了成效，有些成效还相当显著。应当继续鼓励多种转轨方式的探索，而不宜简单套用单一模式。中国这么大，企业的情况千差万别，用一种模式去套难免出问题。但从中长期看，从现代企业制度逐步完善的趋势看，实现转轨后的企业组织制度形式应当尽可能地符合规范要求。正确处理多样化和规范化的关系，是企业转轨过程中的一个重要问题。这个问题实际上涉及对改革过程中不同主体的作用及其相互关系的理解。与企业改革有关的原则、政策、法规等，必须也只能由政府、在许多情况下由中央政府来确定，如确立现代企业制度的目标，制定《公司法》之类的法规等。某些与企业改革相关但直接受制于政府的改革，如政府机构改革、财税改革、银行改革等，也必须由政府来进行。除此之外，某个企业究竟应当采取什么样的具体企业制度形式，应当与哪些企业兼并或联合，应当通过何种方法甩掉历史包袱实现企业转轨，在诸如此类的问题上，最了解情况从而最有发言权的是那个地方的干部和群众。许多实践经验证明，比较符合实际从而生气勃勃的企业制度形式往往是由处在第一线的干部、群众，特别是他们中间的企业家创造的。

从前一段推行现代企业制度的情况看，主要的障碍来自于以往计划经济时期遗留下来的、多年来一直未能解决的一系列深层难点问题，这些问题除了前面说过的国有产权制度改革外，还有如下几个：

第一个难点是大量富余人员的安置。目前一般估计国有企业的富余人员占职工总数的30％以上，有些估计还要高一些。不难设想，一下子使如此规模的富余人员流向社会，将会造成任何政府都难以承受的社会和政治问题。在目前企业转轨时期，对开放劳动力市场解决富余职工的再就业问题，不宜抱过高期望，着眼点还是要放在开辟新的就业门路上。由于农村大量劳动力向非农产业的转移，加上每年有不少新增劳动力进入就业期，目前和今后一个时期我国的就业形势相当严峻。通过开辟新的就业门路安排大批富余人员，显然不是件容易的事情。

第二个难点是与安置富余人员相联系的建立社会保障制度问题。旧企业制度的特点是，不仅政府对企业承担无限责任，企业对职工也承担了近乎无限的责任，就业、福利、保险三位一体，货币化的工资只是职工实际收入一个不大的部分，此外的住房、医疗、养老、子女入托入学乃至就业（通过"子女顶替"）、其他生活福利设施、部分实物分配都直接依赖于企业。这种通过企业办社会而形成的以企业为中心的保障制度，造成了职工对企业的全面依赖。企业对职工承担了近乎无限的责任，负担过重，不少老企业两个在职职工养一个离退休职工，这种情况在一些老工业基地就更为突出。近些年在建立社会保障体系方面做了一些努力，但尚未取得大的进展。其中的一个主要问题是资金缺口很大，通过现有渠道筹措到的资金远不能满足需要。

第三个难点是企业沉重债务负担的解脱。80 年代初"拨改贷"以来，国家基本上停止了对已有企业的资本金注入，而以银行贷款的方式维持企业的生产和投资。这样一方面造成了产权关系的混乱（其突出表现是在企业用银行贷款投资所形成资产归属上的混乱）；另一方面又使企业资产结构中负债比例过高，使企业还本付息的负担很重。问题的严重性还在于，相当一批长期亏损、资不抵债且扭亏无望的企业，依赖于银行贷款"输血"得以度日。对这些企业来说，向银行还债基本上是没有希望的。如何在这种复杂的情况下，结合银行体制改革，逐步解脱企业沉重的债务负担，显然是难度很大的事情。

上述几个难点的解决需要付出很大努力，花费相当长时间，对此应当有充分的估计。尽管如此，对这些难点问题不能回避，必须积极创造条件使之得以解决。

中国跨世纪的重要增长极和增长轴[*]

很高兴能有机会参加上海闸北不夜城功能开发国际研讨会，我首先预祝这次研讨会圆满成功。

提出以下五点看法，求教于参加研讨会的中外专家学者们和闸北区的领导同志们。

一 市场问题是社会主义市场经济的一个基本问题

再过几年人类将步入 21 世纪，我们以什么样的姿态迎接新世纪的到来，备受世人关注。当今，和平与发展是世界的主流。各国间的经济技术的交流与合作日趋活跃，全球经济国际化步伐加快。与此同时，世界科技发展一日千里，经济竞争日趋激烈，各国都把增强自身综合国力和提高国际竞争力作为国家的基本国策，世界范围内经济要素的争夺和占领市场的较量将愈演愈烈。现在，世界经济增长中心的东移已经成为世人的共识，亚太地区正成为世界经济新的增长地区，而东亚地区特别是中国又是经济增长最快的地区。这种国际大环境，对处于发展中的中国，既是良好的发展机遇，又是严峻的挑战。

1996 年 3 月，全国人民代表大会审议通过的《国民经济和社会发展

---

* 本文是作者在"上海闸北不夜城功能开发国际研讨会"上的讲话，原载《发展论坛》1995 年第 1 期。

"九五"计划和 2010 年远景目标纲要》确定了今后 15 年奋斗目标的宏伟计划。我国要实现这一目标，必须实行经济体制和经济增长方式两个具有全局意义的根本性转变，其中一个转变就是从传统的计划经济体制向社会主义市场经济体制转变，市场问题当然被提到比以往更加重要的地位，成为经济生活中的一个突出问题。要大力发展市场经济，就不能不重视国内外市场的发展变化，特别要关注本国市场的发展动态。

二　我国市场发生哪些新的变化

随着我国改革开放的不断深入，世界市场的国际化和全球化的趋势不断发展，近几年我国的市场也发生了巨大的变化。

（1）我国的市场基本上已由卖方市场变为买方市场，既包括生活资料市场，也包括生产资料市场。

（2）我国市场与国际市场的联系日益紧密，经济发展的对外依存度增加，现在已上升到大约国民生产总值 40% 的水平。

（3）我国国内市场的城镇市场，居民的收入储蓄的增长远远超过已实现的购买力的增长，而农村市场开发得又很不够，很多在城镇销售不畅的产品，在农村市场却非常抢手，农民往往买不到或无钱购买。

（4）我国不少国有企业产品没有销路，经济效益下降，其根本原因就是不能适应市场的需要。

因此，市场问题就成为我国经济生活中的一个迫切需要解决的重大问题。

我们应该清醒地看到，市场问题的解决，关系到新时期我国改革开放的成败得失，将决定中国在下个世纪中叶能否达到中等发达国家水平，以及 21 世纪中国在亚洲及世界的地位。同时，市场经济体制的建立是一个长时期的艰难的过程，必须从全局的战略性的高度来认识这个问题，不能一蹴而就，必须采取坚定有力的步骤和措施，积极地逐步加以推进。

我国经济体制改革的目标是要建立统一的、完善的、开放的全国大市场。但我国地域辽阔，各地区具体情况不同，经济发展和市场建设不平衡，因此，应当首先建立和完善区域市场，加强区域间的合作，逐步缩小地区差距，最终推进全国统一大市场的形成。

三　以上海为龙头和沿长江经济区是中国跨世纪重要的经济增长极和增长轴

"九五"计划和 2010 年远景目标规划纲要明确提出了区域经济协调发展战略。重要的战略步骤则是要以中心城市和交通要道为依托，形成若干个增长极轴。为此，国家将全国划分为七大经济区域。这几大经济区域中，以上海为龙头的沿长江经济区是条件最好的经济增长带，是中国跨世纪经济发展的重要的增长极和增长轴。这个地区不仅地理位置优越，交通运输条件比较发达，自然资源丰富，而且有较好的工农业基础，以及科技、人才、管理等方面的综合优势，对全国的经济协调发展将起重要的推动作用，而作为龙头的上海在其中将起重要的牵引和辐射作用。

四　上海在市场经济建设方面应走在全国的最前面

上海具有较好的经济基础，市场经济建设方面走在全国的最前面。特别是党的十四大提出发挥上海"一个龙头，三个中心"的重大决策以来，更将上海推上了全国改革开放的前沿。上海正在抓住这个难得的发展机遇，深化各方面的改革，充分发挥三个中心的作用。这三个中心作用中，商贸的中心作用处于举足轻重的地位。世界大的国际性城市，无一不是商贸活动非常发达。因为只有通过繁荣的商贸活动，才能带动巨大的物质流、信息流、技术流和资金流，该城市的交通中心和金融中心等作用才有可能充分发挥。

上海闸北区不夜城就是上海市为充分发挥三个中心作用而建设的一个市内区域性商贸中心。我非常高兴地看到，短短 5 年时间，不夜城从无到有，初具规模。应该说，它是上海所发生的巨大变化中的一个缩影，也是上海旧城区改造和新城市建设的一次成功的探索。

　　上海这次召开不夜城功能开发国际研讨会，广邀海内外专家学者，共同探讨不夜城的功能定位和发展方向，这是很有战略意义的举措。一个城市，一个地区的建设和发展，需要理性的思考和科学的态度。我希望上海闸北区的各级领导同志，能通过这次研讨会，认真总结过去，结合地区特点，扬长避短，使不夜城成为独具特色的上海区域性的商务中心和商业中心，把上海建设成为国际化大都市，从而发挥带动沿长江经济区乃至全国经济的发展并对扩大对外交流起应有的作用。

五　就闸北区不夜城的建设与开发的几点意见

　　我过去对闸北区的情况了解很少，听了同志们的介绍很受启发，就不夜城的建设和功能开发简单讲几点很不成熟的想法，同与会各位商讨。

　　第一，不夜城的功能定位问题。不夜城地区功能的发挥应为上海未来建设的总体目标服务。因此，它的功能定位应该服从上海的发展目标，根据未来发展的需要，结合其自身的特点和发展状况而制定。上海闸北地区将它的功能定位为：上海陆上客运枢纽，市级商业商务中心，城市游乐活动园区是合理的。希望不夜城地区在今后的发展中能很好地发挥这些功能。

　　第二，从一开始就应该注意高起点，高质量，多层次。我们现在的经济建设已经开始从单纯追求数量和速度转变到注重质量和效益，这就是新的经济增长方式的重要内容。不论是改造旧城区还是搞新的建设，都应该力争高起点，高质量，向国际一流水平看齐，只有这样，才能保证不夜城在下个世纪现代化多功能的发挥。

　　第三，根据可持续发展的要求来建设和开发。不夜城功能的开发，在提高人民生活水平的同时，要很好地保护环境，减少污染。这对于不夜城功能的持续发挥具有相辅相成的作用。

　　第四，新城区的建设应该和旧城区的改造有机结合起来。上海是一个老城区的改造任务非常繁重的大城市，只有解决好老城区的改造问题，这个昔日的国际性大都市才能焕发生机。因此，我们在建设时，应该统筹规划，积极处理好各种关系，既考虑到未来功能的发挥又顾及既有城区的改造。

第五，要特别注意外向性开发。不夜城的建设和开发是立足上海，面向国际的，要充分利用国内外两个市场，多种途径吸收国际上的资金和先进的技术为我所用，特别要注重和国际大的跨国公司联合。因为跨国公司在世界经济发展中作用越来越大，它的经营是没有国界的，即是以全球作为其发展的市场。同时，它又是以获得最大经济利益为最终目标的。与它们进行合作，我们能获得在经济起飞过程中所缺少的资金、技术和人才，先进管理经验，提高经济发展的效益和质量。这就是要求我们在合作中提供优质的服务，具有良好的经济信用。只有这样，不夜城才能真正成为国内外市场的接轨点和国内外经济循环的融合点，发挥其对上海以及全国经济发展的作用。

学习毛主席调查研究的理论
和方法，提高决策水平*

今天，我们在中南海举行"毛泽东调查研究思想座谈会暨全国优秀调查研究报告评选活动新闻发布会"，以隆重纪念毛泽东同志诞辰 102 周年，这对于我们在改革开放的新时期，重温毛主席调查研究的理论和方法，从而提高各级领导的决策水平，胜利地进行社会主义现代化建设，有着重要的现实意义。

毛泽东同志一生为中国人民的解放和幸福奋斗，他在参加和领导中国革命的过程中，为了寻求中国革命的正确道路，正确地制定中国革命的路线、方针、政策，一方面倡导全党学习马克思主义理论，另一方面又倡导全党通过调查研究，掌握中国实际情况，力求把马克思主义的普遍真理同中国革命的具体实践相结合，从而丰富和发展了马克思主义，其中，毛泽东同志关于调查研究的理论和方法，是毛泽东思想体系的重要组成部分，是对马克思主义的重大贡献。

一　实事求是是毛泽东思想的精髓，调查研究则是 达到实事求是的根本途径和方法

马克思主义认为，人类为了有效地改造世界，就必须从实际出发，通

---

* 本文是作者 1995 年 1 月在"纪念毛泽东同志诞辰 102 周年座谈会"上的发言。

过认识揭示和掌握客观世界内在的规律性，即实事求是。毛泽东同志把调查研究提到辩证唯物主义论和方法论的高度，并同群众路线结合起来，论证了调查研究是达到实事求是的根本途径和方法。毛泽东同志指出：共产党领导机关的基本任务，就在于了解情况和掌握政策两件大事，前一件事就是所谓认识世界，后一件事就是所谓改造世界①。要了解情况，唯一的方法是向社会作调查②，对于担负指导工作的人来说，有计划地抓住几个城市、几个乡村，用马克思主义的基本观点……作几次周密的调查，乃是了解情况的最基本的方法③。调查研究作为实事求是的根本途径和方法，就在于它是达到主观和客观统一的桥梁，要求在工作中主观指导符合客观实际，在掌握实际情况及其规律性的基础上制定正确的方针和政策，因而调查研究是共产党人认识世界和改造世界的重要环节。

　　以毛泽东同志为首的老一辈无产阶级革命家在实践中形成的调查研究理论在改革开放深入发展的今天，对于我们把握国情及世界形势，制定内政外交方针、政策仍具有重要的指导意义。江泽民同志指出："历史经验说明，各种问题的解决都取决于正确的决策，而正确的决策来源于对客观实际的周密调查研究。"并进一步强调："没有调查，就没有发言权，没有调查就更没有决策权。"这是对毛主席调查研究思想的重要发展，对于提高领导水平，对于正确决策，具有重要的指导意义。

　　那么，怎样才能正确地进行调查研究呢？

二　学习毛主席调查研究的方法论

　　要通过调查研究获得正确的认识，达到实事求是的目的，以求正确决策，必须要有正确的态度和方法。如果调查方法是错误的，是不能达到目的的。毛泽东同志曾经指出："我们的口号是：一、不作调查就没有发言权，二、不作正确的调查同样没有发言权。"这样，毛主席就进一步强调

---

① 《改造我们的学习》，《毛泽东选集》第三卷，人民出版社1991年第2版，第802页。
② 《〈农村调查〉的序言和跋》，《毛泽东选集》第三卷，人民出版社1991年第2版，第789页。
③ 同上。

了运用正确的方法进行调查研究的重要性，所以我们的调查研究工作必须坚持正确的方法论原则。

（一）调查研究必须坚持群众性原则

马克思主义认识论认为，实践是认识的基础。广大人民群众既是实践的主体，又是认识的主体，天下亲知者是实践着的人。而我们每个人，实践的范围是有限的，不能事事亲知。所以，一个人，特别是领导干部，要了解更多的实际情况，就要向他人请教，向群众作调查。因而，毛泽东同志曾经告诫全党，一定要注意眼睛向下，不要只是昂首望天①。只有虚心向群众学习，让群众了解你，把你当做朋友看，然后才能调查出真情况来。今天任何一个单位的领导要制定改革和发展的正确方案，就必须向参与改革和发展的主体——广大的工人、农民、知识分子作广泛的社会调查，征求意见，而不能是由少数领导坐在房子里，拍脑袋，想当然地写写画画。正像江泽民同志所指出的那样，如果不了解实际情况，凭老经验，想当然，拍脑袋，把自己的主观愿望当做客观现实，就不可能作出正确的决策。

（二）调查研究必须坚持真实性原则，这是调查研究最基本的原则

调查研究，就是为了达到实事求是的目的。这就要求，首先要把握事实，即反映客观情况的本来面目。由于人们立场不同，认识水平不同，反映客观情况的真实性程度也就不同，所以，我们在调查时应该采取客观态度，不应该抱定一种成见下去专替自己找证据，应该发现事物的真相，不要为各种假象所蒙骗。一些人在反映情况时，报喜不报忧，甚至弄虚作假，所以我们在调查时必须学会辨别真伪虚实。

要做到把握客观情况的真实性，就必须准确地认识客观情况。有些人反映情况，喜欢夸大成绩，缩小错误；有些人粗心大意，或者不负责任，反映情况模糊不清，大而化之。我们在调查情况时，要做耐心细致的考察工作，不仅要准确地把握事物质的规定性，而且要准确地把握事物量的界限，即江泽民同志和李鹏同志多次提出的要把定性分析和定量分析结合起

---

① 《〈农村调查〉的序言和跋》，《毛泽东选集》第三卷，人民出版社 1991 年第 2 版，第 789 页。

来，这样，才能做到心中有数，才能为我们的决策提供可靠的客观依据。

（三）调查研究必须坚持系统性原则

辩证唯物主义认为，事物都是以系统的方式存在的，要客观地把握情况，就必须全面地了解构成客观事物的诸要素及其联系。所以，我们应当应用马克思列宁主义的理论和方法，对周围环境作系统的周密的调查和研究①。例如，我们在制定一个地区经济发展规划时，就要了解该地区经济结构的各个要素及其内在联系，还要了解该地区与周围地区的经济联系，了解该地区在整个国家经济体系中的地位。

（四）调查研究必须坚持辩证性原则

客观事物发展变化的辩证性最根本的原因在于事物的矛盾运动。所以，"提出问题，首先就要对于问题即矛盾的两个基本方面加以大略的调查和研究，才能懂得矛盾的性质是什么，这就是发现问题的过程"。在进一步深入调查的基础上，通过对事物的矛盾分析和综合，把握事物的本质联系和非本质联系，把握事物的主要矛盾和次要矛盾，主要的矛盾方面和次要的矛盾方面。同时，调查研究作为认识活动，它本身就存在主观和客观的矛盾，调查研究的过程，就是解决主观和客观的矛盾，使主观符合客观的辩证过程。

（五）调查研究必须坚持历史性原则

由于事物内在矛盾的运动，决定了事物的发展变化是一个历史过程。由于认识活动中主观和客观的矛盾运动，决定了调查研究活动也是一个通过调查把握客观现实，通过研究把握事物本质联系及其规律的不断深化的历史过程。毛主席指出，我们不但要懂得外国革命史，还要懂得中国革命史；不但要懂得中国的今天，还要懂得中国的昨天和前天②。我们在建立社会主义市场经济体制的今天，必须懂得中国过去实行的计划经济体制，才懂得怎样自觉地实现计划体制向社会主义市场经济体制的过渡。所以，我们需要时时了解社会情况，时时进行实际调查③。不断了解新情况，解

---

① 《改造我们的学习》，《毛泽东选集》第三卷，人民出版社1991年第2版，第800—801页。
② 同上书，第801页。
③ 《反对本本主义》，《毛泽东选集》第一卷，人民出版社1991年第2版，第115页。

决新问题，创造新局面。

三　重扬调查研究之风，提高决策水平

以邓小平同志为首的党的第二代领导集体和第三代领导集体继承和发展了毛泽东调查研究思想，江泽民同志号召"县以上的各级领导同志，尤其是一二把手，一定要带头大兴调查研究之风"。要"深入基层调查"，"亲身听取群众的呼声"；要对本地区本部门迫切需要解决的问题，进行系统的调查研究，提出解决的正确对策。要"亲自动手写调查报告"，"要提出解决问题的主张和办法"。"各省、区、市党委每年要向中央选送一些优秀的调研报告，供中央决策参考"。

我们这次开展全国优秀调查研究报告评选活动，就是为了响应江泽民同志的号召，评选出优秀的调研报告，供中央决策参考，同时激励更多的人参与调研工作，出现更多的调研成果，更多的优秀调研报告。

我们感谢到会的各位同志，对这次调研报告评选活动的大力支持。我恳请各省、自治区、直辖市党委的领导同志重视和支持这次活动，推荐本地区优秀的调研报告参加全国评选。恳请评委会认真负责地进行评审工作，使这次评选活动圆满成功。并希望这种评选活动持之以恒地开展下去，从而推动我国调研工作的不断深入发展，推动我国各级领导干部决策水平的不断提高，使我们党和政府能够领导全国人民胜利地进行改革开放，胜利地进行伟大的社会主义现代化建设！

提高咨询研究水平　更好地
为科学决策服务 [*]

一　新形势要求我们进一步提高自身的研究水平

自去年的福州会议以来，在各级党组织和政府的领导下，我们这支政府咨询研究队伍对改革、开放和发展等重大问题进行了深入的研究，提出了一些好的建议，有些建议受到了党中央和国务院的高度重视，基本完成了党和政府交给我们的任务。现在我们已经告别了 1994 年而跨入了新的一年。

1995 年是个很关键的年份，它既是"八五"计划的最后一年，又是为"九五"作准备、为下个世纪的经济发展打基础的一年。去年召开的中央经济工作会议是一次非常重要的会议。会议明确了今后一段时间全党经济工作的总方针和主要任务，并针对 1994 年的经济形势和存在的问题，布置了今年的三项主要工作：（1）在进一步完善去年宏观管理体制改革的基础上，切实推进国有企业改革，建立适应社会主义市场经济要求的现代企业制度；（2）控制物价上涨幅度，坚决抑制通货膨胀；（3）大力发展农业和农村经济，下大力气扭转农业发展严重滞后的状况。同志们都清

---

*　本文是作者 1995 年 2 月 27 日在"全国政策咨询工作会议"上的讲话。

楚，这些工作，有的是我国十几年改革一直致力解决的深层问题，有的是长期困扰我国经济运行和经济发展的难点。这些问题的成功解决和深层改革的顺利推进，除了党中央、国务院的正确部署和有力领导以及各级政府坚决贯彻外，也需要包括我们这支队伍在内的咨询研究人员的艰辛和创造性的工作。因为如何把市场经济和国有企业结合起来，如何在市场经济条件下保持国民经济的协调运行和持续发展，对我们来讲，在某种程度上仍是一个新问题。更何况这些问题相互关联，错综复杂。在这种状况下，就迫切需要我们各级政府的咨询研究机构，以今年的三大经济工作为中心，急各级政府之所急，适时地提出科学建议，以提高政府决策的水平。同志们务必要对完成这一政治任务具有强烈的责任感和使命感，切实树立为祖国经济改革与发展建功立业的精神。

与客观要求相比，目前我们的咨询研究工作面临着新的挑战。一方面，如上所述，我们政府决策咨询机构面临一系列新的和极为复杂的问题，对我们咨询研究的水平提出了更高要求。另一方面，我们这支队伍也存在这样和那样的一些问题，其中，有些是长期困扰我们的老问题，如人心不稳，人才流失严重，特别是一些骨干人员离开了各级咨询机构，导致人员参差不齐；研究经费严重不足，无力支持调查研究和保持机构的正常运转。有些则是市场经济大潮引发的新的挑战，如各种咨询机构纷纷设立，包括政府部门的、民间的，甚至中外合资合作的，形成了对我们的种种挑战。面对这些困难和挑战，一方面，我们必须有一种危机感，有一种忧患意识，对我们面临的困难和挑战有清醒和充分的认识。另一方面，更要树立面对困难、迎接挑战的信心。同时也要看到我们的长处和有利条件。首先，经济改革和发展的新形势、新任务，既是挑战，也是机遇。各级政府部门都面临一些重大和复杂的问题需要我们去研究。其次，党和政府对决策的科学化和民主化更加关心。正像江泽民同志在党的十四大报告中指出的那样，"决策的科学化、民主化是实行民主集中制的重要环节，是社会主义民主政治建设的重要任务。领导机关和领导干部要认真听取群众意见，充分发挥各类专家和研究咨询机构的作用，加速建立一套民主的科学的决策制度"。再次，尽管出现了一些变化，我们仍然保持了一支组织较为健全和人才较为集中的政府咨询工作队伍。所以，我们完全有条件抓住机遇，迎接挑战，圆满完成党和政府交给我们的咨询研究任务。

要变压力为动力，化挑战为机遇，最为重要的是不断努力提高我们自身的素质，特别是要提高我们咨询研究成果的质量，从我们这支队伍十几年的经验看，只要你的成果质量高，有见地，对政府科学决策有帮助，政府就会重视你，你的地位就会加强。反之，就不会受到应有的重视，地位也会削弱。为此，我建议，把1995年作为我们各级研究中心的质量年，在"优质、高产、高效"上狠下工夫。

二　提高我们咨询研究水平的几个问题

下面我想就如何提高我们的咨询研究水平和研究成果质量，谈些个人看法，供同志们参考。

第一，把长期战略问题的研究与近期对策研究结合起来，并且力争从长远观点考虑近期措施。我们经济研究中心系统的研究特色是长期性、战略性、全局性和综合性，这也是党中央和国务院对我们的分工要求。但是长期性和战略性研究绝不是排斥近期的对策研究，而是把长期性和战略性演变趋势在近期表现出来，是从长远的观点考虑近期的措施。过去我们搞了2000年的中国的研究，这个任务完成之后，接着又把下世纪前半叶的研究立项到我们的研究课题之中。这不是光指这个课题本身，而是要求我们对各种问题的研究都要有长远观点。古代有两句名言："不谋万世者，不足以谋一时"（陈澹然《寤语：二迁都建藩议》）和"指陈当世之宜，规画亿载之策"（欧阳修《贾谊不至公卿论》）值得我们很好地推敲。国务院发展研究中心1994年对农业问题的研究是比较成功的。改变农业基础的薄弱问题是一项长远的战略任务，但近期如何着手，如何采取强有力的措施取得实效呢？中心提出了系统的建议并为党中央、国务院所采纳。这一成功经验值得重视和推广。

第二，把对深层次问题的研究与解决当前现实困难的研究结合起来。有些问题的形成比较复杂，既有长期的深层原因，也有暂时的浅层原因。

我们在研究中既要注意提出解决长期和深层原因的建议，也要有解决短期问题的对策。比如抑制当前的高通货膨胀问题。这个问题，已成为国内外特别关注的问题。按照国际上通行的标准，目前已接近恶性膨胀的临界线。对造成通货膨胀的原因及治理办法，人们议论纷纷。有人说就是由于票子发多了，因此要控制发行。这当然有一定道理。但是为什么票子发行过多，为什么控制不住发行。这牵涉到经济全局的问题，不能就通货膨胀论通货膨胀，就控制货币发行论货币发行。因为造成目前通货膨胀的原因是多方面的，有近因，有远因；有直接的原因，有间接的原因。就其大体而论，有投资膨胀问题，有消费膨胀问题，有农业发展滞后问题，有农产品供应不足问题，有国有企业效益不高和亏损问题，有改革的整体部署和改革的力度问题（如价格改革，特别是粮油、石油、煤炭、运输、服务价格的改革；汇率的并轨、财税的改革，等等），有发展的模式问题（外延扩大再生产，重复建设，对老企业竭泽而渔），以及管理方式问题（其中有认识问题，如认为搞市场经济，就是一切物价由市场决定，可以放手不管；或者方法简单，不是撒手不管，就是一切管死，如一下子全部取消粮票，现在又一下子全部恢复粮票，就不一定妥当）。可见，要解决通货膨胀问题，不能单打一，而必须综合治理。虽然通胀的根治需要解决我们深层次的体制问题（如国有企业效益低、行政机关摊子大，以及粗放的外延扩大再生产的发展模式，等等）和农业长期协调发展问题，但也要采取一些短期的稳定政策，如适当控制投资膨胀与消费膨胀，整顿流通秩序，制止乱涨价，适当调整利率和汇率，等等，以缓解物价的持续上涨。所以，我们要同时加强这两方面的研究，不能偏废。如果只谈"治本"之策，一时很难做到，不能满足"应急"的需求；而只谈"治标"之策，则不能"治本"，不能满足"根治"通胀的需求。把解决深层次的问题与缓解眼前困难结合起来，既治本又治标，才能满足政府的长期和眼前需求。

第三，从全局的观点来考虑一些现实经济中的问题。比如国有企业转轨改制，地区、城、乡、个人收入差距扩大，利用外资规模等都是事关全局的大问题，涉及方方面面，只有从全局的观点、整体的观点、战略的观点进行分析，才能获得正确的答案。

　　第四，从比较的观点来观察中国社会经济发展过程中的问题。中国在改革和发展中遇到的问题，与许多发展中国家有共同的一面，与许多发达国家所遇到的问题也有许多相似的地方。我们不能满足于单纯从国内角度来看中国的经济问题，需要有比较的眼光。这有助于加深对我国问题的认识，同时我们也可以吸收和借鉴一些国际上有价值的做法，避免重复其他国家犯过的错误，或少走人家曾走过的弯路。

　　第五，要把深入的理论研究和政府的需求导向研究结合起来。我们作为一支咨询研究队伍，必须有较好的理论素养，所以，要注意研究一些重大理论问题，这些研究也大都有相对稳定的特点。同时，我们是政府的研究机构，我们的主要任务是为政府决策服务。所以我们要坚持政府需求导向，满足不断增长的政府咨询需求。另外，在保证完成政府需求的前提下，也可适当地满足社会各界的一些咨询需求，以适应咨询对象的变化。

　　第六，信息是我们咨询研究的原料和基础，日益丰富的信息要求我们对所能获得的信息进行分析，区别有用的和无用的、表象的和本质的、正确的和错误的，以保证我们研究的正确、及时、有效。比如，我们这些年经济取得了很快的发展，举世瞩目，也引来了一些国家和国际机构给我们戴高帽子。我们应该清醒地认识到，我国仍然是一个发展中国家，要改变这一现状还要长期地努力，而不要被那些恭维我们的信息冲昏了头，误导我们的咨询研究。再比如，我们一定要给政府传递真实的信息，讲真话，不讲假话；讲实话，不讲套话。这也是我们应遵守的起码职业道德。

　　第七，要进一步深入实际，加强调查研究工作。这是一个老话题了，但还有强调的必要。我国正处在一个日新月异的发展时期，不论是改革开放，还是经济建设，每天都有大量的新东西出来。要提高研究水平，不论是长期的、理论性的研究，还是短期的、对策性的研究，都要以对实际特别是基层实际的真实了解为基础。经济生活中的那些难题，究竟具体难在什么地方，用什么办法解决才切实有效，都需要深入下去才能发现。有的解决问题的办法，基层的同志已经找出来了，需要我们去发现、总结、提高，并向政府报告，在面上加以推广。就理论研究而言，现在世界上许多人对中国改革过程感兴趣，评价也不低，但中国的改革是如何实际发生的，大到整个国家，小到一个企业、一个家庭甚至一个个人，改革的过程究竟是怎么一回事，都需要我们作详细而不是浮躁、长时期而不仅是一时一事的调查研究。通过这样的调查研究，可能概括出一些理论上的东西，这些东西不论在今天还是今后，都将是很有价值的。中国的经济理论工作者要对世界有所贡献，着眼点恐怕还是要放在这个方面。

第八，要把发挥老同志的经验和培养中青年骨干结合起来。我们咨询战线上集中了许多老同志，他们具有丰富的经验，对经济生活的实际情况很熟悉，但受生理条件的影响，精力不如过去旺盛；而许多中青年同志精力充沛，又有一定的理论素养，缺点是对实际经济生活了解不深、不透。如果我们把他们紧密组织在一起，互相取长补短，便能发挥出整体的优势，会极大地提高我们的研究水平。

如何做好新形势下的咨询研究工作，是一个新的课题。作为咨询研究战线上的老兵，借这一机会，谈了些可能不成熟的看法，供同志们参考。

进一步搞好国有大中型企业[*]

一 企业改革的重点是解决国有大中型企业的问题

建立和发展国有企业是由我国社会主义政治和经济的基本制度决定的。以国有企业为重点，深化经济体制改革，是发展国民经济和建立社会主义市场经济体制的需要。

改革开放以来，我们在国有企业的改革上做了许多工作，取得了一些进展，有些方面的进展还较显著。但从总体上看，企业转轨尚未取得实质性突破。国有企业改革进展不快，困难主要在国有大中型企业。对此，邓小平同志曾经明确指出："企业改革，主要是解决搞活国营大中型企业的问题。"^①

第一，国有大中型企业是我国国民经济的支柱和主导力量，也是社会主义市场经济的基本主体和重要保证。新中国成立以后，我们在国民经济的基础和骨干行业，如钢铁、石油、化工、汽车、煤炭、军工等行业中，相继建立了一批国有大中型企业。在这个过程中，尽管我们在经济体制和发展战略的选择上出现过某些失误，但这些国有大中型企业对于加快我国

---

　*　本文原载《求是》1995 年第 4 期。

　①　《邓小平文选》第三卷，人民出版社 1993 年版，第 192 页。

工业化进程，壮大我国的经济实力，仍然起到了重要作用。改革开放以来，我们实行了以公有制为主体，积极发展多种经济成分的新政策，非国有经济有了很大发展，在整个国民经济增长中的作用日益加强。但是在国民经济基础和骨干行业中国有大中型企业占主导地位的格局并未发生大的变化。国有企业特别是国有大中型企业在国民经济中仍然具有绝对优势，掌握着国家经济命脉，并始终起着基础和支柱的作用，是国家财政收入的主要来源。因此，建设有中国特色的社会主义，关键在于搞好国有大中型企业。这些企业的状况如何，对经济全局依然有着关键性的影响。

第二，国有大中型企业是经济体制转轨中任务最为繁重的一个组成部分。在传统体制下，政府通过计划对企业实行直接控制，企业则通过办社会使职工全面地依附于企业。这一特征在国有大中型企业表现得最为完备，由此决定了体制转轨中国有大中型企业遇到的困难最多。所以，能不能过好国有大中型企业改革这一关，对由传统计划经济向社会主义市场经济的过渡具有决定性意义。

第三，国有大中型企业集中了我国素质最好的一部分产业工人和技术干部。他们长期以来曾经为国家作出了很大贡献。近些年不少企业经营不善，有的职工收入不高，住房困难，医疗、养老等得不到应有的保障。这部分职工所面临的问题如不能得到妥善解决，对整个社会的稳定将产生不容忽视的消极影响。

第四，目前我国经济正处在一个快速增长时期，进一步发展的潜力很大。根据国际经验，在今后若干年内，我国的产业结构和整体经济实力能否上一个新台阶，很大程度上取决于能否形成一批适应市场经济要求，具有很强的高技术含量、高附加价值产品开发能力和市场竞争能力的大企业和企业集团。显然，国有大中型企业的现状难以胜任这一要求。通过改革使国有大中型企业焕发生机和活力，适应国际和国内市场激烈竞争的要求，大幅度增强企业的开发和创新能力，已成为下一步我国经济上新台阶的当务之急。

解决国有大中型企业的问题具有多方面的重要意义，必须引起高度重视。我国社会主义市场经济体制的建立和在国际经济竞争中地位的增强，关键在于提高国有企业的竞争能力。那种认为"国有大中型企业改起来很难，不如听其自然"的看法和做法是错误的、不负责任的。重视和加快国有大中型企业改革，不能仅仅停留在口头上，而必须通过做实实在在的工作，特别是采取一些行之有效的措施，认真解决企业面临的一系列深层次的难题，着力进行企业制度的创新，使国有大中型企业的体制转轨尽快出现一个新局面。

二　企业转轨的关键是政企分开

政企分开已经讲了许多年，但一直未能得到很好的解决。政企不分开，企业只能按行政意志办事，很难适应市场经济的要求。在以后的企业改革中，政府部门的指导作用固然十分重要，但更重要的是发挥企业的主观能动性，这样企业改革的成功才能巩固和持久。邓小平同志对政企分开问题有许多论述，这些论述指出了我们解决政企分开问题的基本思路和方法。

政企分开，就是要把政府直接管理企业的方式转变为间接管理方式，同时在理顺产权关系的基础上形成适应市场经济要求的国有资产管理经营体制。在这个过程中，要实现政府作为宏观管理者的职能与作为国有资产所有者的职能的分离，国有资产管理与经营职能的分离，以及经营职能与生产职能的适当分离。邓小平同志指出："用多种形式把所有权和经营权分开，以调动企业积极性，这是改革的一个很重要的方面。这个问题在我们一些同志的思想上还没有解决，主要是受老框框的束缚。其实，许多经营形式，都属于发展社会生产力的手段、方法，既可为资本主义所用，也可为社会主义所用，谁用得好，就为谁服务。"[1] 邓小平同志这个观点，对在政企分开的基础上建立与社会主义市场经济相适应的政府管理体制和国有资产管理经营体制，是很有针对性的。就国有资产管理经营体制而言，已经提出了不少改革的设想和方案。例如，有的同志提出，国有资产

---

[1] 《邓小平文选》第三卷，人民出版社1993年版，第192页。

可以采取"中央统一所有，分级监管"的办法：在政府国有资产管理机构下面，有的同志提出可采取向大企业和企业集团授权经营的办法；也有的同志提出可建立国有资产经营公司或国有控股公司，等等。对这些设想，应该按照邓小平同志的论点，积极进行探索和试验。总的来说，经过改革，要形成一套真正对国有资产负责，使国有资产能够灵活流动的管理经营体制，以使国有资产在社会主义市场经济的新条件下不断得到保值增值。

实现政企分开的另一个方面是要切实加快政府职能转变和政府机构改革。邓小平同志指出："企业下放，政企分开，是经济体制改革，也是政治体制改革。下放总会遇到障碍。"现在机构臃肿……必须精简。否则，这么多人，就要当'婆婆'，揽权。这些人在中央机关工作多年，多数都有一定知识，到基层竞选厂长、经理，显示自己的本领去嘛！"① 邓小平同志所指出的机构臃肿、人浮于事、当婆婆揽权等问题，目前在政府机构尚普遍存在，有些地方、有些时候甚至表现得更为严重。改革以来曾多次进行机构改革，精减人员，但效果不好。一些地方和部门越精减人越多。人多了就难免要揽权，而且在新形势下想方设法用某些新办法对企业进行不正当干预。此外，人多了就要加重财政负担。现在相当多的地方财政困难，有的发不出工资，一个重要原因就是机构、人员过多，负担太重。在这种情况下，要做到政企分开、政府职能转变是不可能的。解决机构臃肿、人浮于事的问题，必须使人员流动起来，使一部分人从政府机关分流出去。正如邓小平同志所说的那样，让其中一些人到企业、到市场经济第一线，会大有作为的。当然，政府机关人员分流与企业人员分流一样，要在社会保障等方面为他们创造必要的条件。

三　坚持分类推进、积极探索的原则

深化国有企业改革的方向和目标，是建立以公有制为主体的现代企业

---

① 《邓小平文选》第三卷，人民出版社 1993 年版，第 192 页。

制度。这是发展社会化大生产和市场经济的必然要求，也是实现公有制企业进入市场，参与竞争的必然途径。其基本特征是：产权清晰、权责明确、政企分开、管理科学。核心是按照独立核算、自主经营、自负盈亏、照章纳税的要求，形成完善的企业法人制度和有限责任制度，并在企业内部建立与市场经济相适应的领导体制和管理制度。通过确立企业的法人财产权，使企业真正成为独立享有民事权利，能够承担民事责任的法人实体。

在传统计划经济向社会主义市场经济转轨的过程中建立现代企业制度，是一项前无古人的事业。究竟如何实现平稳地过渡，建立起既适应现代市场经济要求，又切合我国企业实际的现代企业制度，没有现成的路子可循，只能依赖于理论和实践上的积极探索。在这个过程中，邓小平同志所倡导的一切从实际出发、实事求是的思想路线，和敢于试验、要有创造性的论点具有重要的指导意义。

建立现代企业制度，必然涉及企业内部和外部的许多方面，是一项艰巨的任务。抓好这项工作，要通盘考虑，统筹规划，通过试点，有组织、有领导地逐步推进。

对现代企业制度的特点，目前有不同的看法，例如，有的同志认为现代企业制度就是指公司制度，特别是指近100多年发展起来的，以所有权和经营权分离，受雇经理阶层居支配地位的股份有限公司制度。有的同志则认为，除了公司制度外，现代企业制度还应包括合伙企业和独资企业制度。这些问题都可以在理论上进一步探讨。但从我国目前的实际情况看，由于行业、地区和企业之间差别较大，推行现代企业制度显然无法套用一个模式。在这个问题上，应当坚持实事求是的原则，根据不同行业、地区和企业的具体特点，选择不同的现代企业制度形式，采取分类推进的办法。例如，对国防、航天、造币等直接关系国家安全和有特别重要性的部门，应采取国有独资公司的形式；对城市公用事业、电力、通信、铁路以及其他具有自然垄断特点的部门，应主要采取国有独资公司和国有资本控股的公司形式；对在国民经济中占据重要地位且有一定垄断性的基础产业和支柱产业，如石化、钢铁、汽车等行业中的大型企业，可采取国家控股的股份有限公司和有限责任公司形式，等等。

在国有企业体制转轨的具体方式上也不能"一刀切"，而应提倡大胆试验和多方面的探索。邓小平同志指出："看准了的，就大胆地试，大胆地闯。""对的就坚持，不对的赶快改，新问题出来抓紧解决。"① 近年来各地在国有企业转轨方式上进行了不少有益的尝试，如"一厂两制"、"退二进三"（让出城市黄金地带，第二产业转入第三产业）、就地改造、兼并，等等，这些尝试不同程度地取得了成效，有些成效还相当显著。应当遵循邓小平同志的改革思想，继续鼓励多种转轨方式的探索。当然，从中长期看，从现代企业制度逐步完善的趋势看，实现转轨后的企业组织制度形式应当尽可能地符合规范要求。但在转轨过程中，某个企业究竟应当采取哪种具体的企业组织形式，应当通过何种方法卸掉企业办社会的包袱，应当如何消化富余职工，应当兼并、收购哪些企业，在诸如此类的问题上，最了解情况从而最有发言权的往往是那个地方的干部和群众。许多实践经验证明，比较符合实际从而生气勃勃的企业制度形式往往是由处在第一线的干部、群众，特别是他们中间的企业家创造的。

---

① 《邓小平文选》第三卷，人民出版社1993年版，第372页。

长江经济区发展要适应国内外环境[*]

当前世界经济形势最好、最具发展潜力的地方在亚太地区；亚太地区中增长势头最猛、速度最快的地方是东亚地区，其中特别是中国。这已经是人所共知的事实。特别是从 90 年代以来，中国正在进入一个两位数增长的新的发展阶段。我们有理由认为，跨世纪的世界经济增长带头地区将是中国。而在中国，除了广东与东南沿海地区之外，增长潜力最大、最快的地区将是长江经济带。为什么？除了世界经济增长中心转移规律外，从内因条件讲，这一地区有最有利于经济增长的"梯度配置"态势和交通纽带，有多层次的正在呈加速度增长的市场，有良好的资源条件，特别是这一地区拥有主要依靠资源要素优化重组就可以实现大规模增长的潜力。这是其他地区所难以相比的。从外因条件看，在发达国家加速自身产业结构转换的背景下，大量国际资本正在日益向外寻求新的出路。海外资本呈现加速向中国涌入的态势。而长江经济区很有可能成为继华南地区后外资投入的主要配置地。因为这一地区是中国加速自己工业化进程的中心地区。这样的地区，正是大国际产业资本，特别是拥有成熟产业技术的产业寻求的最优趋向。在美国、西欧等发达国家或地区，产业资本饱和；在其他发展中国家，尚难寻求到这样大容量、这样优越的资源基础和广阔市场，特别是这样有辐射潜力的新工业化发展基地。这就是长江经济区将可

* 本文原载《湖南经济》1995 年第 2 期。

能成为我国新长期经济增长带的基本优势所在。

在有成为新的经济增长带头地区的可能性的基础上,我想着重讲一下长江经济区开发与建设所面临的国内外环境与形势,以及如何适应这种环境与形势。

长江经济区上述的各种优势只是经济获得较快发展的"一相情愿"。长江经济区是一个区域经济系统。这个系统要真正成为有生命力的新的增长区,就必须适应国内外环境;同时要抓住国内外形势所提供的机会。

长江经济区面临的国内外环境与形势可以从三方面来看:一是向社会主义市场经济体制转轨的国内改革的大环境;二是从 1993 年下半年以来整顿金融秩序和 1994 年下半年以来以反通货膨胀为中心的宏观调控环境,以及我国长期发展战略中的产业政策环境;三是正在进行产业结构转换和世界分工重新组合的国际环境。

一　长江经济区所面临的向社会主义市场经济转换形势

我国仍处于社会主义的初级阶段,我国的经济体制改革的目标是发展社会主义市场经济。把建立社会主义市场经济体制作为改革的目标,这意味着什么?

意味着资源要素的投入与优化组合将主要依靠市场机制的力量,依靠竞争。为达此目的,必须把经济体制改革放在首要地位。

长江经济区域,可以说是我国受有计划经济体制影响较重的地区。不论是下游的老工业基地,中游的若干次五年计划投入的大型项目,还是中、上游的"三线"基础,共同特征是依靠计划机制支配资源投入,依靠计划机制导向产出。这就使长江经济区在发展过程中向市场经济转换的任务要比除东北以外的其他地区更繁重、更艰巨。因此与华南地区相比,长江经济区原有体制的包袱更重些。但是,在改革开放的过程中,我们向新体制转换过程中的大量探索、尝试也更多地集中于这一地区。如从 80年代初期开始的简政放权、政企分开、搞活国有大中型企业、城市经济改革试点、按内在经济联系组织经济协作区域、部分中心城市"计划单列"、"三线"及大量国防工业"军转民"、沿海经济城市开放、积极发展乡镇企业、实行"厂长经济责任制",一直到近年来上海的资本市场、证券市场开放和浦东经济开发等。因此这一地区在按照中国特有国情探索改革之路上积累了甚至连华南地区都不能比拟的大量经验。经验就是财富。事实上这一地区也是我国受惠于改革的最大地区之一。在改变原有"条块分割"的旧体制上,在国有大企业不吃"大锅饭"和采用更灵活的经济机制上,在发展以产业资本为基础的大企业集团上,这一地区都有所突破;著名的"苏、锡、常"地区乡镇企业的发展,以上海对外开放为"龙头"的华东地区快速增长都是改革的明显成果。特别是经过这样长时期的尝试、探索以及与相邻地区的比较,这一地区的干部与群众对改革、开放的认识,接受与承受能力,迫切性都大为提高;进一步转换体制的社会基础准备已经比较充分。从这一意义上说,长江经济带进一步改革开放和向市场经济转换的基础是有利与不利并存,应当说,有利条件更充分一些。我们的任务,一方面是要看到不利条件,充分认识不利条件,对长江流域地区体制转换过程的特殊性、艰巨性、长期性要有充分的思想准备和积极对策;另一方面要努力总结好我们十几年来改革开放的经验,发挥有利因素,进一步加快改革开放的进程。

从现实的情况看,长江经济区在向社会主义市场经济转轨过程中应当着重注意以下几方面工作:

(一) 加快建立市场体系的步伐

完整的市场体系不仅包括商品的市场,而且包括投入要素的市场,即资金市场、劳动力市场、土地使用权市场、房地产市场、技术和信息市场等;不仅包括简单交换的商品市场,而且包括风险分流的期货市场、资金合作市场等;不仅包括投入与产出的市场,而且包括企业本身成为商品的产权市场。不能指望只开放部分市场就能够发展市场经济。市场经济必然要求在社会经济活动中把它的交换法则贯彻到每一个角落,长江经济带在发展过程中,从一开始就要把建立完整市场体系和统一市场这样的任务明确地作为指导思想。我们决不要再重复以往某些地区市场不配套和市场分割阻碍经济发展的教训。

（二）大力发展具有相当规模的资本集团

我国的市场经济面临着竞争不足和过度竞争两方面缺陷。这两方面缺陷都与企业规模结构不合理有关。当前一方面要根据市场需要积极发展中小型企业，特别是大力发展乡镇企业；另一方面要集中力量有步骤地发展从生产联合走向资金联合的大资本集团式企业。这符合我国工业化阶段的发展要求，符合长江经济区域内产业结构的特点。发展大企业集团不是建大工厂。大企业集团是资金聚集的集中点；是新的资源优化组合的主体；是利用规模经济改造企业规模结构的主力；是提高产品经济竞争力的基础。发展以产业资本为基础的大企业集团，既是我国最终完成工业化任务的必由之路，真正在对外开放中走上对国际分工的稳定参与的必由之路；也是我国真正形成良性市场结构，实现合理竞争和真正完成向市场经济转换的必由之路。完成这一任务，不仅可以发挥长江经济带的优势，而且是长江经济带作为跨世纪重要的、增长最快的地区的一个基本条件。

（三）完善市场法规和竞争秩序

市场经济不是自由放任的经济，而恰恰是严格的法制经济。这就需要在建立、健全市场法规，规范市场行为，维护竞争秩序上下大工夫。当前市场上"假冒伪劣"产品充斥是市场发育不完善、竞争秩序混乱的表现。长江经济区的发展不能立足于这种无序状态的基础上。要想真正成为下一世纪中国新的经济增长最快的地区之一，就必须在完善市场法规和竞争秩序上领先一步。这一地区规范经济秩序的重点，一要在规范上下工夫，例如，股份制改造、证券市场以及期货市场发展等，都要规范化，决不要搞似是而非的"不伦不类"的东西。二要在法制经济上下工夫，坚决制止无序、无规则的过度竞争状态，提倡公平合理的竞争，保护消费者与经营者的权益。

二　长江经济区发展所面临的宏观调控形势
　　和产业政策形势

从近、中期看，长江经济区的发展正面临中央宏观调控力度加大的形势。这一形势的走势是大家所关心的。

1994 年是中国经济向社会主义市场经济转轨变型过程中迈出实质性步伐最大的一年。财税、金融、价格改革迈出了决定性的步伐；外汇"双轨制"并轨基本经受住了考验；新的《公司法》的颁布执行使现代企业制度的推行进入了规范化阶段；市场发育已经从单纯脱离计划经济模式和鼓励竞争发展到了反不正当竞争和反暴利的新阶段；农村乡镇企业也开始了以明确产权为目标的"股份合作制"的尝试；股票市场继续在探索中前进。

在改革力度加大的背景下，1994 年的国民经济保持了良好的发展势头。但是经济的发展也存在一些问题，一些深层次的矛盾在快速增长的背景下显得更为突出，特别是通货膨胀问题需要重视。

中央宏观调控政策是非常重要的经济政策。长江经济带由于调控政策的实施正朝着持续、快速、健康的方向发展。因为宏观调控的目标是保重点、保大局，除去泡沫成分，加速产业发展。而以产业发展为增长基础，国家重点投入密集等，正是长江经济带的特点。特别是近年来华东地区外向型经济的快速增长，更是直接受益于改革和宏观调控下经济秩序向良性化的转换。今后国家宏观政策的走势，在速度与效益的关系中，将更多地强调效益和效率。长江经济区是一个效率正在迅速上升的地区，是一个把不同发展水平地区联系起来走向共同富裕的地区，又是重点产业的主要配置地，因此应当说，长江经济区域发展方向与国家宏观调控政策的目标要求相一致。

宏观调控政策尽管主要作用于短期经济形势，但宏观调控本身则是一个长期性政策。从政策目标上说，宏观调控政策的目标与国家长期的产业结构政策、地区发展政策是相一致的。而不论从产业上还是从地区上，国家的有关政策倾斜的重点都明显在长江经济区域。在产业结构政策方面，作为"瓶颈"产业的基础原材料和资源基地，作为老、新支柱产业的钢铁、汽车，作为新兴高技术产业的电子、航天等，长江流域都拥有明显优势而必然在未来的长期发展中成为产业政策实施的重点。在地区发展政策方面，从下游的上海浦东开发、华东地区经济协作区域的形成、中部以

"三峡工程"为代表的大基地开发，西部加速发展与开放，以及缩小地区间不平衡程度等政策，都给长江流域带来了前所未有的契机和优势。因此，在长期政策环境上，长江经济带面临的也是有利条件大大多于不利条件的环境；至关重要的是适应环境，抓住政策提供的机会，寻求自己的发展。

三　长江经济区中、长期发展所面临的国际环境

长江经济区所面临的国际环境和我国国民经济整体长期发展所面临的国际环境相比，既有共性，也有个性。长江经济区不论从地理位置、自然条件还是从原有经济基础、多层次产业结构状况上说，都将是我国在未来发展阶段内对外开放的又一个新的前沿。

在新的一轮战略发展过程中，从总体上看，中国经济长期发展面临的外部环境是一个以和平与发展为主题的外部环境。这一方面意味着经济发展将成为处于不同发展阶段的国家共同关心的首要问题，另一方面意味着国际经济竞争的激化。一方面意味着我们面临的挑战增强，另一方面也意味着我们的发展机会增多。

（一）周边发达国家或地区的结构转换

对长江经济区发展影响最大的、处于结构转换过程中的发达国家或地区，一方面为了在新的国际分工过程中抢占更有利的高科技分工领域，另一方面由于资源成本的迅速上升，正在努力将传统工业产业向外转出，资本输出的势头十分强劲。90年代以来，台资、韩资的对外输出已日益增加。而以外向型经济为立国之本的日本，由于高额贸易赤字长期居高不下，受到国际经济社会的一致挤压，日元被迫急剧升值，1994年日元兑换美元的比率终于突破100:1大关。这种态势决定，日本在90年代的中、后期势必要进一步加速其结构转换过程，而且这种转换不仅包括按垂直分工转出落后产业，而且包括按水平分工转出零部件加工业。其他发达国家也已呈现出这种趋势。这样大量的资本与产业转出不可能不注意到以迅速发展的中国作为配置地的有利条件；不可能不注意到原有加工能力相对较

强，人员素质与企业素质都相对较高的广大华东地区及沿长江上游地区。事实上90年代初期以来，长江下游地区明显地具有与华南地区起步时所不同的国外资本成集团式、成片开发性投入的趋势。

（二）与发达国家的结构转换相对照，一些处于赶超过程的国家出现了新的一轮工业化高潮

传统的重、化工工业在这些国家增长迅速，支持工业化过程的资本密集型产业的生产重心正在从发达国家向这些地区国家转移。在亚洲地区，继"亚洲四小龙"之后，又出现了马来西亚、泰国、印度尼西亚等"新兴工业化国家"；印度正在成为世界前几位的钢铁大国、重工业大国；石油输出国在继续保持世界能源基地位置的同时，也在加强自己的加工制造产业。这些国家的工业化进程都明显具有与外向型经济发展相结合的趋向，各国都在努力争取新的一轮国际分工所提供的发展机会。我国也正处于工业化过程中，长江经济地区是我国工业化阶段所必须发展的重点产业的主要配置地。这一特点是与从80年代开始走在开放前列的华南地区所不同的。与这些赶超国家或地区的竞争、市场争夺以及发展过程的合作，不论从规模上还是从产业分布上，长江经济区都将是首当其冲的地区。同样，挑战也是机会。我国外向型经济的走势，正在从单纯以日、美、欧市场为主转向以发达国家和发展中国家、新兴工业化国家并重。其中特别是东南亚地区迅速增长的贸易机会应当成为长江经济带的重要开拓对象。

（三）90年代初期前苏联解体后，俄罗斯和与中国西部接壤原属前苏联的一些国家，再加上北部的蒙古、南部的越南等，从其自身的经济发展需要出发，都加强了同中国的经济贸易与合作关系

这些国家的产业结构与中国在不同程度上具有互补性。90年代中、后期，不仅边界易货贸易将继续有较大增长，而且有从中国纵深省区组织货源向边界省区就地组织生产转换，从一般贸易向相互投资，其中主要是中国对外投资转换的发展趋势。这就给长江经济区一个利用自己东联西结的地理优势，利用外部资源与开发外部市场的重要机会。

世界经济格局中的各种经济关系以及经济力量对比出现了三方面新特点：一是世界政治局势明显趋缓的同时经济竞争更加激烈，其新特点是区域集团化趋势不断明显；二是世界性贸易保护主义再次盛行，其新特点是发达国家不断以政治借口对处于赶超过程中的发展中国家施行经济排挤；三是新的发展不平衡正在打破原有的国际经济秩序，其新特点是全球性的经济不景气与亚洲地区的持续高速增长形成鲜明对照。90 年代中、后期及以后一个较长的发展阶段内，长江经济区将是一个对外部环境的变化具有较高的敏感度的地区。在产业结构的决定力量上，产业政策导向实际上在很大程度上已让位于外资导向、外部市场导向，外资结构对地方产业结构和产业政策有很强影响力。因此，研究与制定长江经济区经济发展战略，一定要充分考虑正在急剧变化的外部环境影响。

中国社会科学院的奠基人[*]

胡乔木同志的生平和他伟大的革命实践表明胡乔木同志不仅是杰出的政治家，而且是伟大的思想家，是公认的当代学识渊博、造诣很深的社会科学大家，是新中国社会科学战线上杰出的领导人，也是中国社会科学院的奠基人。

胡乔木同志以坚定的马克思主义立场，渊博的科学知识，几十年如一日，呕心沥血，对中国社会科学领域的思想建设、政治建设、组织建设和作风建设作出了历史性的巨大贡献。因为我在胡乔木同志直接领导下工作了八年，所以我想着重讲讲他在创建和发展中国社会科学院中所作的不朽贡献。

粉碎"四人帮"后，胡乔木同志受党和国家的委托，组建中国社会科学院。他模范地执行了党的十一届三中全会的决议，把被"四人帮"破坏殆尽的中国科学院社会科学部组建为中国社会科学院。在创建过程中，他特别注重以下几方面的工作：

第一，他特别强调中国社会科学院要尽心尽力地为社会主义建设服务，注意学风的培养。胡乔木同志一贯提倡解放思想、实事求是、理论联系实际，深入实际调查研究。

第二，他非常注重学科的建设。他不仅恢复了许多被取消的学科，而

———————————
* 本文原载《当代中国史研究》（双月刊）1995 年第 2 期。

且根据中央作出的以经济建设为中心的决定，先后增设了农业经济学、工业经济学、财贸金融经济学和技术经济学等学科和相应的研究所，还增设了政治学、马列学、社会学、新闻学、人口学等学科和研究所。为适应对外开放的需要，创立了分国别和分地区的研究所，如美国所、日本所、西欧所、苏东所、拉美所、亚太所，等等。

乔木同志总是号召大家围绕着如何建设社会主义这个中心，大胆思考问题，研究新情况，提出新思想，解决新问题。这里我举个例子：在党的十一届三中全会前夜召开的中央经济工作座谈会上，乔木同志作了题为"按经济规律办事"的重要发言。这是他从历史唯物主义的哲学高度，科学地概括了"大跃进"和"文化大革命"的经验教训，特别是"唯意志论"盛行所造成的令人痛心的损失而提出的非常具有针对性的正确口号。他在发言中强调指出：我们搞经济工作必须按经济规律办事，不能按违反经济规律的长官意志办事。按经济规律办事就是要按价值规律，按供求规律办事。他提出不但要重视研究马克思主义的经济学，而且要重视研究资产阶级学者所写的经济学，要利用资本主义社会中对我们有用的经验，包括资本主义国家中早已存在并且取得经济实效的公司组织形式托拉斯等，还要学习计量经济学，研究经济活动要将定性研究和定量研究结合起来进行。这些在过去都被认为是资产阶级的东西，视为禁区，噤若寒蝉，大家都不敢讲的东西。这篇文章发表后，在国外引起很大轰动，美国、日本等国的著名学者认为它在经济理论方面为中国吹响了改革开放的号角，在国内，"按经济规律办事，不按违反经济规律的长官意志办事"这个口号随之广泛传开，在全国引起强烈的反响，对拨乱反正起了积极的推动作用。由此可见，胡乔木同志思想是非常解放的，是非常讲究实事求是的，对党的一个中心两个基本点的基本路线，尤其是对改革开放是坚决拥护的，有的人说乔木同志思想僵化，是完全不符合事实的。

乔木同志同样非常重视调查研究。当时，城市的鸡蛋供应，依靠农家一家一户养几只鸡的办法供应，供应差额很大，城市的鸡蛋供应紧张，乔木同志对此很关注。当他听说北京东郊管庄的养鸡场采取现代化的规模经营的方法，获得成功，就立即叫我去实地调查。我在那儿搞了几天调查，当时养鸡场的场长就是现在的农业部长刘江同志。调查之后，我们写了个调查报告给乔木同志。乔木同志认真听取汇报后，亲自仔细修改后上报了中央，使这一经验得到了推广。现在大中城市里鸡蛋供应基本上都能自给了，这不能说没有乔木同志的一份功劳。

第三，他十分关心人才的培养和科技队伍的成长。乔木同志很注意团结新老科学家。对老一辈科学家非常尊敬，经常到老科学家住的地方走访；对新一代科学家非常爱护，经常找年轻科学家谈话，有时还通信，引导和帮助他们。

乔木同志很重视从社会上招募有名的科学家到社会科学院工作。同时，注重中国社会科学院本身的人才培养，为此，专门创办了中国社会科学院研究生院。乔木同志很注意培养和提拔年轻干部，委任年轻的科学家当研究所的所长、副所长，以及副院长。

第四，乔木同志同样非常重视科研条件的改善。在他的亲自关心和支持下，长安街建起了第一座科研大楼，也就是现在的社会科学院办公大楼，建筑面积7.5万平方米；先后建造了3000套约20多万平方米的高层宿舍，基本上解决了当时社会科学院住房困难户的严重缺房问题。同时，还经过多方努力使社会科学院的科研行政经费增加十倍，尤其是设立了面向全社会的社会科学基金，这不仅解决了社会科学院的研究经费问题，而且对全国的社会科学研究的推动具有重大意义。

作为一个曾经在胡乔木同志直接领导下在中国社会科学院工作过多年的老兵，我非常敬佩胡乔木同志对发展社会科学这样的热心，这样的负责和这样的富于远见卓识。

北京红星养鸡场调查[*]

7月21日，我们到红星养鸡场，调查了这个场贯彻执行华国锋同志讲话精神，解决人员过多问题的情况。

红星鸡场，现有雏鸡、成鸡、蛋鸡25万只，其中蛋鸡13万只。计划到今年9月22日华国锋同志视察一周年，装满蛋鸡20万只。这个场过去搞成了"小而全"，摊子铺得很大。在国外，同样规模的鸡场只需几个人，而这个场，原有职工却多达292人。华国锋同志讲话指出这个问题以后，鸡场党支部立即向职工传达，组织学习，采取措施，使鸡场本身的人员减少到44人。

现在的44人，包括书记和场长各1人，饲养员29人，会计、兽医、司机、炊事员各2人，技术员、维修工、电话员、防疫、后勤各1人（另一方案拟增维修工1人）。书记、场长和会计全不脱产，直接饲养人员从原来的38人减为29人，其他服务人员也大为减少。

为什么能从292人减为44人呢？除了紧缩编制，更重要的是按专业化协作原则改变了管理组织。

第一，30名拌料人员划归市粮食局管辖的饲料公司。混合饲料由饲料公司拌好，直接送入鸡场料塔。拌料人员划过去后，将来还可以同时为附近已建和在建的饲养场服务，进一步发挥专业化协作的效益。

* 本文原载《经济管理通讯》1978年第3期。

第二，16 名蛋库人员划归市二商局的蛋品收购站。过去商业部门坐等收购，现在收购上门，鸡蛋的倒箱、整理、运输都改由商业部门承担。这些人划过去后，还负责附近几个收购点的工作，节省了人力。

第三，127 名设备维修、制造人员组成畜牧设备修造厂，直接由市畜牧局领导。分出去后，可使现有人力和设备发挥更大的效能。

通过紧缩编制、改革机构，初步可节省 66 人，其中调出 11 人，精减 55 人。组织机构已于 7 月 5 日调整完毕。精减人员多为合同工，期满者即解除合同；其他人员，准备由市畜牧局转为基建队伍。

从红星鸡场管理组织的变化中，可以看到：

1. "小而全"的问题是能够解决的。红星鸡场，是在我国自动化养鸡事业完全没有经验、基础很差的条件下搞起来的。为了加快建场，有些方面不得不搞得全一些。即使这样，只要各级领导思想重视，各个方面密切协同，认真采取切实可行的措施，"小而全"的问题也是可以解决的。改变了"小而全"，全员劳动生产率马上就可以成倍地提高。由此也可看出，提高工业劳动生产率，也非解决"大而全"、"小而全"的问题不可。工业生产专业化协作的条件，比农牧业好得多，"大而全"、"小而全"的问题更是容易解决的。

2. 潜力在于提高机械化、自动化程度。红星鸡场人员减到 44 名，成绩不小，但同国外先进水平比，差距还很大。关键是机械化、自动化水平低。现在每人管一幢鸡舍，每天要手工捡出一万二三千个鸡蛋，书记、场长顶全班，还有代培的 30 多名饲养员帮忙才干得过来。如果不提高机械化、自动化水平，不但生产效率难以提高，就连现已取得的成绩能否巩固，也成问题。

3. 设备不过关，维修力量必然占用多。现在配备维修工 1 人，由于设备故障多，实际不够用。在畜牧机械修造厂编制中，还配备 5 个人专为红星鸡场服务。现在有几个县也在建鸡场，他们离修造厂远，没有这种便利条件，维修人员必然较多。如果不从设备质量上解决问题，这些场建成后，比红星鸡场人员还要多，效率还要低。

4. 修造厂的方向需要很好地研究。北京只此一家，正在新建的几个鸡场，都要由它供应设备。将来的修配任务，也需由它承担。从长远考虑，养鸡设备需要量很大，迟早会出现制造和维修的矛盾。我们觉得，应当从北京原有机械工业企业中，确定几家较有基础的厂子，生产养鸡专用设备，面向全市乃至全国。现在的修造厂，应集中精力解决全市养鸡设备维修问题。

5. 必须大大降低成本，才能显示出机械化养鸡的优越性。现在蛋鸡尚未装满，全场鸡蛋成本没有精确计算。而且场里对这个问题不大重视，几位负责人都说不出具体数来。只说大体估算，每斤鸡蛋成本九角二分，实际可能比这个数还大。现在国家按收购集体养鸡场的蛋价收购，每斤一元一角二分（零售价是九角）。即使按这么高的价，估计今年上半年也只是略有盈余。显然，如果不大幅度降低成本，很难显示出机械化养鸡在经济上的优越性。

6. 订立合同，是加强协作，促进经济管理的好形式。机构调整后，拌料、收购、机修都成了独立经济单位。现在签订经济合同，通过合同建立固定协作关系，互相承担经济责任。这样一来，大家都认真起来，谁也不敢草率签字。这对加强责任制和改进管理，很有促进作用。

红星鸡场的变化，是华国锋同志直接关怀的结果。各部门和企业，应举一反三，不能等中央一个个指点。因此，如何用经济办法促使每个企业自觉改进管理，是需要认真研究解决的问题。

华南地区经济发展的回顾与展望[*]

中国华南地区，包括大陆南部沿海的广东、福建、海南、广西四省区及香港、澳门、台湾。其中大陆的华南四省区的人口约占全国的 12.5%，土地面积约占 6%，1993 年四省区国内生产总值占全国的 16%。改革开放以来，大陆的华南地区是经济最为活跃的地区，在未来的一个时期，这一地区仍将保持强劲的增长势头。华南地区的快速发展不仅对本地区，而且对整个中国，对东亚乃至世界的经济发展都有重要的意义。这里我想就此谈一些不成熟的看法。

一　世界格局的新变化

冷战结束后，世界格局发生了巨大变化，经济实力在国际力量对比中日益发挥主导性作用。世界各国逐渐将发展经济和贸易摆在发展战略的主要位置。但由于体制、政策、经济基础等方面的差异，各国的经济发展状况和前景不甚相同。

世界经济是从 1993 年开始复苏的，总产出增长 2.3%，1994 年预计达到 3%。1994 年美国经济增长率为 3.8%，夺回了失去八年之久的竞争力强国的桂冠，欧洲经济也正在从衰退中恢复过来，据估计欧盟 1994 年

＊　本文原载《开放导报》（双月刊）1995 年第 2 期。

的经济增长率为 2.6%，高于原来的预测。日本连续三年经济呈下降趋势，1994 年的增长率仅为 1%。但总的来看，亚太地区，特别是东亚地区的发展势头良好。目前，亚太地区占世界贸易量的 41%，占世界产出的一半。这主要得益于东亚新兴工业化国家和地区，东盟国家，特别是中国经济的快速增长。1994 年，韩国、中国台湾、中国香港这三只"亚洲小龙"仍保持了 6%—7% 的高增长率，东盟各成员国平均增长预计将超过7%。中国近十年的经济发展为世人瞩目。80 年代，中国国民生产总值达 9% 的增长率。进入 90 年代后，除前两年的速度偏低外，1992 年和 1993年都到了 13% 的世界最高增长率，1994 年为 11.8%。在经济快速增长的同时，中国的对外贸易迅速扩大，进出口总额 1978 年为 206 亿美元，1994 年已超过了 2300 亿美元。

从一定意义上可以说，未来增长最有希望的地区，就世界范围讲是亚太地区。就亚太地区来说是东亚地区。据预测，在今后的 30 年内，东亚经济的平均增长率为 5%—6%。就亚太地区来说，最有希望的地区又将是中国，在中国又将是华南地区。在今后的一二十年内，中国将可以保持8% 或者更高一些的增长速度。国际舆论对中国经济增长前景也普遍有相当乐观的估计。

二　华南经济的高速增长

就中国大陆而言，华南地区在过去的十几年是经济增长最快的一个地区。在改革开放的前 30 年中，受国际环境的影响，中央在大陆华南地区的投资较少，使华南四省区的经济增长率低于全国平均水平。1978 年，华南四省区 GDP 占全国的比例为 10%，人均国民收入均低于全国水平。其中，发展水平较高的广东仅接近当年全国平均水平，广西低于全国平均水平近 40 个百分点，福建低近 30 个百分点，当时属于广东省的海南低20 个百分点。

改革开放以来，华南四省区抓住历史机遇，实现了经济的高速增长。据统计，华南地区在过去的 15 年中，已经成为世界经济中增长最快的地区。70

年代末以来，中国国内生产总值的平均增长速度超过9%。华南四省区平均近11%，其中，广东省超过了12%。同期，世界经济的平均增长率不到3%，高速增长的东亚经济为7.5%，马来西亚8.7%，印度尼西亚6%。进入90年代以来，大陆华南四省区高速增长的势头更加突出（见表1）。

表1	华南四省区与"四小龙"经济增长率对照			单位:%	
	1990 年	1991 年	1992 年	1993 年	1994 年
中国香港	2.4	4.2	5.3	5.5	5.0
中国台湾	5.0	7.2	6.1	6.0	6.5
新加坡	8.3	6.7	5.8	9.9	8.0
韩国	9.0	9.4	4.7	5.6	8.0
广东	11.3	17.3	22.0	22.3	18.0
广西	7.0	12.7	18.3	21.2	13.0
福建	7.0	14.7	20.8	25.7	20.5
海南	9.5	12.4	23.3	24.5	15.2

在经历了15年的高速增长后，华南四省区已经成长为中国经济中最具活力和最具竞争力的地区。它的经济发展水平有了显著提高。至1993年，四省区的人均国民收入已经是全国平均水平的115.2%，四省区的城市化水平为全国平均水平的131%，工业化水平（工业占工农业总产值的比例）为全国平均水平的109%。1978年华南四省区的总体经济实力（GDP总量）为长江三角洲地区（上海、江苏、浙江）的50%左右，1993年已与之相当；人均GDP也已接近长江三角洲地区，提高了50个百分点。目前，这一地区已经成为我国经济开放程度最高的地区，其对外贸易依存度（出口占GDP的比重）已经高达38%。其中，深圳的对外贸易额已经超过上海，广东的对外贸易出口总量则已相当于长江三角洲地区总和的152%。

目前，这一地区的总体经济发展水平已经接近亚洲"四小龙"70年代末期的水平，并与东盟集团（除新加坡外）目前的经济发展水平大致相当。

三　华南地区经济高速增长的原因

构成大陆华南地区在过去的 15 年中经济高速增长的主要因素，就国内情况说，包括如下方面：

1. 中国坚持不懈地推进改革和对外开放，政治社会稳定，是促进大陆华南地区经济高速增长的基本因素。

进入 80 年代以后，世界政治格局发生了重大变化，由对抗转向对话。和平与发展成为当今世界政治与经济的主题。中国曾对这一历史性的转变发挥过重要的作用。早在 70 年代末，邓小平同志就准确地预见到了这一重大变化的到来，在开始推动中国经济改革的同时，提出并有步骤地实施了对中国经济发展产生巨大影响的对外开放政策。

1979 年在经过周密的调查研究的基础上，中国政府率先在华南地区建立了四个经济特区，即广东省的深圳、珠海、汕头和福建省的厦门。1984 年进一步实行沿海开放城市政策，后来又在更大的范围内实行沿海开放地带战略。1988 年，海南建省并成为中国最大的经济特区。80 年代以华南地区为重点的特区政策和整个对外开放政策，从根本上改变了大陆华南地区的经济发展态势，对华南地区的高速增长产生了决定性的作用。

在过去的 15 年中，尽管中国还存在着一些不安定因素，但中国的政局非常稳定。稳定的政治环境和保持连续性的对外开放政策，对外商来华投资产生了明显的吸引力。华南地区在吸引外资方面的优势更为明显。据统计，1987—1993 年仅广东省累计实际利用外资已达 251.75 亿美元，1993 年当年的实际利用外资额为 96.5 亿美元，比 1987 年增长了 17.93 倍。福建省 1993 年实际利用外资 2.9 亿美元，比 1990 年增长 7.7 倍。

2. 华南地区对外开放具有优越的自然地理和人文地理条件。

充分利用我国港、澳、台和世界其他地方的华人经济是华南地区对外开放的突出特点。

到目前为止，港、澳、台和世界其他地方的华人经济在华南地区外商投资中的比例仍高达 80% 以上。

3. 一段时间以来，在中国的一些地区流行着一种模糊的观念，认为华南地区的高速增长主要源于中央的特殊政策和地理优势，于是，一些地区在盲目地进行对外开放中优惠政策的攀比。开放区热、保税区热已经对正常的经济建设产生了不良影响。尽管许多地区宣布的吸引外资的优惠政策已经明显地优于华南地区，华南地区对外商投资的吸引力依然十分突出。这说明华南地区高速增长还有一个重要的原因，即它在建立社会主义市场经济制度方面走在了全国的前列，初步形成了可与国际惯例接轨的经济运行模式。由此而创造了整体的投资环境优势。

4. 历史上华南地区有一定的商品经济传统，人民的商品经济意识比较强，经济和社会的开放程度比较高。这一点与大陆其他地区特别是内地形成鲜明对比。对市场经济中的新事物，在华南地区往往容易接受和推广，而在其他地区认识上和实施中的阻力则相对大一些。

5. 大力发展外向型经济与提高国际市场的竞争力。华南地区的外向型经济首先开始于"三来一补"工业，进而在轻纺工业和机电产品出口方面取得了较明显的比较优势。随着产品的升级换代和产业结构水平的提高，华南地区在国际市场上的竞争力进一步增强。目前，华南地区的出口总量已占全国出口总值的38%，其中，广东占21.7%，深圳为9.1%。

6. 华南地区在历史上是我国沿海地区交通、通信、能源工业比较落后的地区，但在过去的15年中，华南地区在中央的支持下，对基础设施进行了较大规模的投资，与其他地区相比，比较好地解决了基础设施，特别是电力的瓶颈约束问题，为经济的高速发展创造了必要的条件。

四　如何看待未来华南地区的经济发展

近来有一种比较流行的看法，认为在上海的浦东开发政策实施后，华南地区在中国未来发展中的地位会趋于下降。实际上，这种看法是不准确的。

以上海为中心的长江三角洲地区在中国经济发展中确实具有重要的战略地位，加快这一地区的发展，并与正在建设中的长江三峡工程相配合将对整个长江流域地区的经济发展产生重大的推动作用，同时亦有利于解决目前沿海和内地经济发展差距扩大的矛盾。但是，中国作为一个大国，需要有多个增长极来带动整个经济的发展。从这个意义上说，浦东开发并未改变华南地区在中国经济中的地位。

从国际环境看，我们注意到，目前位于太平洋地区心脏地带的东亚地区正在兴起一条生机勃勃的城市—产业圈带，它起自日本的北海道，经韩国、中国的沿海地区、泰国、马来西亚、新加坡、菲律宾，再到日本北九州地区。以太平洋地区经济行将成为下一世纪的世界经济主要增长区为背景，东亚产业—城市圈带具有进一步扩张内在和外在的有利条件。中国需要充分利用这一城市—产业圈带上的有利条件加快发展自己，同时，促进它进一步繁荣。因此，从长期看，环渤海湾地区、长江三角洲地区和华南地区这三个地区在使中国经济与亚太经济融合方面将承担同样的任务，它们在东亚产业—城市圈带中的地位将会变得更为重要。

从华南地区和长江三角洲地区的经济关系看，确实存在有一定的竞争关系，如近期上海对外资的吸引力较大等。但从长期看，这两个地区的经济结构具有较明显的差异，因此它们间的关系将主要表现为经济互补。在中国经济发展的总体格局中，加速华南地区发展的重大意义还表现为，应在未来20—30年中，实现华南地区和长江流域区经济活动的对接，即在两者的有效经济辐射范围内共同带动湖北、湖南、江西及西南地区的发展，将更有效解决沿海和内地的经济发展差距问题。

我们认为，未来华南地区在中国经济和亚太经济中的地位主要还取决于以下两个重要因素：

第一，经过15年的发展，华南四省区的经济实力有明显的增长，具有继续实现高速增长的积累能力。同时，随着这一地区产业结构的调整，其在国内和国际市场上竞争能力会进一步增强；进入90年代以来，国际资本普遍对中国经济的长期发展持乐观态度，外资在中国的直接投资连续三年超过200亿美元。我们估计到下一世纪初，中国经济仍有可能保持8%—9%的增长速度。在这种情况下，活跃的中国经济和广阔的中国市场会对外资进入中国保持较强的吸引力。在此过程中，华南四省因明显的经济体制改革的优势和优于全国其他地区的对外开放经验，会使自己继续成为外商在中国投资的热点地区。因此在未来的 15—20 年中，华南四省区仍有保持高于全国平均增长速度的可能。同时，按照我们的估计，在此过程中，华南四省区的总体增长速度仍有可能快于长江三角洲地区。到 2010 年，华南四省的总体经济实力有可能超过长江三角洲地区。

第二，进入 90 年代以来，亚太经济在保持着东高西低的传统增长格局的同时，出现了新的地域增长的格局，即南高北低。继日本在石油的冲击下自 1973 年进入低速度增长时期后，以 1989 年为界，亚洲的新兴工业化国家和地区也结束了持续 20 年的高速增长时期，转向了中速增长，并由此引发了东亚地区内新一轮的由北向南的对外投资高潮及产业的空间转移的过程，促使东南亚国家（泰国、马来西亚、印度尼西亚、菲律宾）进入了高速增长时期。这样一种新的国际经济背景，一方面会引起中国政府对华南四省区的经济发展给予更多的关注；另一方面也会促使中国政府、华南四省区政府及港、澳、台之间加强经济联系和发展经济合作。近年来国内外的专家、学者、企业家普遍认为，以香港、珠江三角洲为中心的华南地区是当今世界上最有生命力的增长中心。到本世纪末，在香港和澳门陆续回归后，不仅香港、澳门和大陆华南地区经济发展会走向一体化，同时会更有利于大陆和台湾间的经济联系。在此条件下，大陆华南四省及整个中国华南地区的经济地位在中国和亚太地区都会更加重要。作为一种推算，至 2010 年，包括港、澳、台在内的华南地区的总体经济规模有可能从目前为日本经济总量的 10%，上升为近 30%。

五　未来华南地区经济发展中需要注意解决的若干问题

从现有情况看，主要分为两类问题：

第一，大陆华南地区经济发展中面临的问题。

1. 持续高速增长中的环境问题。在过去 15 年里，大陆华南地区的高速增长付出了总体环境质量下降的代价，工业污染等问题已经不容忽视。要保持持续的高增长的先决条件是防止生态环境进一步恶化。

2. 基础设施建设。尽管华南四省已经作出了很大的努力，但是现有能源、交通、通信等基础设施还难以支持经济进一步的高速增长。

3. 产业结构问题。目前，华南四省产业结构面临的主要问题是，产品的技术含量低，规模经济水平低，重化学工业水平低。在现有产业结构水平上，由于收入水平较快上升引起工资水平上升，加之土地费用上升过快，使华南地区的产业竞争力有下降趋势。进行企业改组，形成规模经济优势，用新技术改造传统产业及发展重化工业和高新技术产业，是华南经济下一步发展中亟待解决的问题。

4. 与全国其他地区，特别是与环渤海和长江三角洲地区相比，华南四省区的人才基础薄弱。在进一步的发展中，如何更有效地引进和培养开放经济条件下各方面的人才，是华南四省区应着力解决的重要问题。

第二，华南四省区与港、澳、台之间加强经济联系，密切经济协作关系，共同促进整个华南经济的繁荣问题。

改革开放以来，华南地区进入持续起飞过程的历史表明，香港作为世界商业、国际贸易、国际金融中心对于华南四省区的改革开放及实现高速增长发挥了重要作用。但是，在过去15年中，香港经济的持续繁荣也同样依赖于华南四省区经济的高速增长。同样，自1988年以来出现的台湾对大陆的投资的增长不仅有利于大陆的经济发展，也为台湾创造了新的经济发展机会。

从总体看，未来进一步加强华南四省区与港、澳、台之间的经济联系和经济协调，不仅会支持华南地区的高速增长，也将有利于香港、台湾获取延长中速增长的阶段的利益，并将在此基础上形成实力强大的华南经济圈。

但在目前，这一地区内华南四省区及港、澳、台之间仍缺乏有效的经济协调。采取何种方式加强这一地区各区域之间的经济合作，显然是需要深入探讨的重要问题。

加快中国石油工业发展的关键是深入改革扩大开放[*]

目前，我国石油工业一方面面临探明储量不足，国内原油供小于求的问题；另一方面随着国内石油产品市场的逐步开放，我国石油工业又面临国际石油产品的竞争。因此，研究石油工业发展战略很重要，很及时。

石油不仅是重要的一次能源，而且是重要的工业原料，对国际收支平衡有着重要影响。70年代两次石油危机以后，石油作为重要战略物资，受到世界各国的重视。许多发达国家把保证石油的稳定供应看做关系国家安全的重大问题；发展中国家也把石油作为国家的命脉。最近几年里，在世界能源需求中，石油天然气约占70%，世界石油年产量一直在26亿—30亿吨。一些西方发达国家主要靠进口石油满足国内对石油的需求增长，而石油输出国组织则因出口石油掌握了巨额美元。

石油工业在我国国民经济中占有重要地位。我国石油天然气的生产和消费总量均占一次能源的20%左右；石油工业的产值和利税均在全国工业中占有重要地位。1993年，石油天然气开采业和石油加工业的总产值约占全国工业总产值的6.1%，工业增加值约占全国工业增加值的7.1%，实现利税总额占工业利税总额的3.3%。我国石油工业在世界石油工业中

---

　*　本文是作者在《国际石油经济》编辑部与中国能源研究会共同组织的"我国石油工业形势研讨会"上的发言，原载《国际石油经济》（双月刊）1995年第3期。

也占有重要地位。我国石油产量处于世界前几位，1993 年产原油 1.4 亿吨，名列世界第五位，占世界原油总产量的 4.8%；1992 年我国石油加工能力为 1.6 亿吨，约占世界石油加工能力的 4%，名列世界第四位。我国不仅是石油生产大国，也是石油消费大国，1992 年，我国石油消费量占世界石油消费量的 4%。

目前，我国石油供需矛盾加剧，生产增长速度低于需求增长速度。1991—1994 年原油产量每年仅递增 1.5%，而需求增长率为 6%—7%。预计今后几年石油消费量仍将以这个速度增长。石油供少于求的矛盾有可能成为制约我国经济增长的重要因素之一。

近几年来，我国石油工业对国际贸易的依赖性越来越强，1990—1994 年，原油进口增加 147%；1993 年成为石油产品净进口国。我国石油工业的生产和消费对世界石油工业有较大影响，世界石油工业的变化也将对我国经济有重要影响。因此，要将我国的石油工业放在开放的世界经济大环境中，根据世界石油工业的发展趋势，确定和调整我们的石油工业发展战略。

这里我重点谈两个有关石油工业发展战略的问题。

一　调整石油产品进出口战略

1993 年以来，我国已成为石油产品的净进口国，1993 年净进口石油产品 988 万吨。随着产业结构调整，重化工产业比重的提高，我国的石油需求增长将加快。为满足国内需求的增长，要增加供给量。一方面要加快国内石油勘探工作，开发西部和海洋石油；另一方面要调整石油进出口战略，增加原油进口。

（一）根据比较利益调整石油产品进出口结构

我国石油资源储备总量较高，但从人均石油资源占有量看，我国石油资源是短缺的。近年来，我国石油资源储采比下降较快，已越过了稳产极限。目前多数主力油田已经进入总体递减阶段，油田平均含水率已达80% 以上，石油开采成本不断提高。“七五”时期以来，石油天然气总公司的平均石油成本年增长率约为23%，投资弹性系数已由50—60年代的1.83，下降到80—90年代的0.19。有些油田的开采成本高于国际市场油价，仍在强行开采。

近几年国际市场油价下跌，1994年达到16美元/桶。据估计1995年油价最多上涨2%。

石油作为我国主要出口产品是历史原因形成的。60—70年代，我国制造业的国际竞争能力较低，处于发展的初级阶段。因此，我们要靠出口初级产品换取外汇，发展制造业。大庆油田开发以来，石油成为我国主要出口产品之一。"五五"期间，我国石油产品出口创汇约占全国的17%（原油占13%）；"六五"期间石油产品出口创汇约占全国的23%（原油占16%）。

随着我国制造业的迅速发展，其国际竞争力不断提高。在出口额中，制造业商品所占份额由1980年的47%上升到1992年的80%左右。1993年石油产品出口创汇仅占全国的3.4%，1994年仅占全国的2.15%。靠石油出口积累外汇，支持制造业发展的时代已成为历史。

目前，在我国石油储采比逐年下降，开采成本逐年增加，国际市场石油价格处于低谷的情况下，我们一方面每年约有13%的原油出口，另一方面又进口1000多万吨原油，用以满足国内需要；一方面国内炼油厂部分能力闲置，另一方面又进口大量成品油。1993年和1994年我国石油出口平均价格与进口平均价格之比分别是83.6%和84%，而成品油的平均出口价格与进口价格之比分别为98%和108%。因此，我们现在出口原油在经济上是不划算的。尤其眼下我国外汇有一定结余，有能力进口一些石油。我们应该抓住有利时机调整石油产品的进出口结构。国家可以动用一部分外汇结余，增加原油进口，减少原油出口，储存国内石油资源；同时充分利用国内石油加工能力，减少石油制成品进口，争取扩大成品油出口。

1994年石油调价以后，虽然国产原油的平均价格仍然低于进口原油价格，但国内一部分原油的价格已高于进口原油的到岸价。而大部分国产成品油和石化产品价格高于国际市场价格。这里面有国内定价不合理的一面，也有国内石化企业效率低下的原因。因此，在调整进出口结构的同时，要淘汰浪费资源和污染环境的小炼油厂，提高石化企业的经营效率，提高竞争力。

从长远观点看，发展我国石油工业要坚持"两条腿"走路的方针，在加快西部及海洋石油勘探开发的同时，走出国门，直接到海外投资，建立海外石油基地。近期则应该抓紧国际原油价格下降的机会，进口原油，储存国内石油资源。总之，我们要以获取比较利益为原则，根据国际石油产品市场价格变化和国际收支情况，不断调整石油进出口结构和石油开采计划。

为了保证我国国民经济能够在稳定的能源供应下持续稳定增长，我们要建立和完善国家石油储备制度，做好规划，抓好落实，以应付可能发生的石油危机及战争等特殊情况带来的危险和挑战。

（二）对大型老油田要采取细水长流的政策，延长油田开采和油田城市寿命

我国石油加工业的布局是除了在沿海和沿江交通方便的地区建炼油厂外，还在一些大油田建炼油厂和石油化工厂（如大庆和胜利油田地区建了许多炼油厂和石油化工厂）。

在油田办社会的情况下，油田城市主要依靠油田。现在这些油田的储量大幅度下降，稳产条件恶化，仍在强化开采。大庆年产原油 5500 多万吨，约占全国产量的 40%；胜利油田年产原油 3000 万吨，约占全国的 21%。胜利油田的稳产条件比大庆还要差。如果这些油田的油源枯竭了，那些炼油厂和化工厂就要完全依靠进口原油。由于交通不方便，进口原油炼油和制造化工产品成本较高。因此，这种石油城市和化工基地也将成为国家的包袱。考虑到这些地区和城市的长远发展，以及资源的合理利用，在调整石油进出口结构的同时，应该适当放慢这些老油田的开采速度，以延长城市寿命，给它一个休养生息，发展其他产业的接替时间。

二　石油工业的体制改革战略

过去影响石油工业发展的主要因素是石油价格不合理。1994 年 5 月国家对石油统一调价后，少量二档原油的价格已高于国际市场价格，一档原油价格仍低于国际市场价格。国内平均油价略低于国际市场价格。因此，今后石油提价的余地很有限。

按近几年石油开采成本以 20% 左右的速度增长计算，石油提价带来的效益，将在几年内被消化掉。因此，提高石油工业的效益要在提高要素利用效率，降低成本上下工夫。我们要抓紧机会，从改善产业组织和企业经营机制着手，使石油工业走上良性循环的道路。

（一）建立几家具有垄断竞争性的开采和加工一体化的石油公司

目前，我国石油工业的体制特点是条块分割。条条分割主要是由于部门管理分割，造成上游开采与下游加工行业分割。块块分割主要是企业经营范围的地区分割，一个油田一个法人，油田企业不能跨地区经营。

国际上石油企业大都是勘探、开采、加工、运输和销售一体化的国际化集团公司。这种企业组织结构符合石油工业的特点。由于石油资源分布不均衡，并且不可再生，国际化经营可以获取稳定资源和保持规模经济；一体化是因为石油开采和加工紧密相连，上下游产业相结合不仅可以减少交易成本，而且有利于合理共担利益和风险，促进供求平衡。

我国石油工业管理体制的主要问题是：

（1）由于资源不均匀，一个油田一个法人的体制造成企业间负担不一。一些老油田资源接近枯竭，社会负担重，又不能跨地区经营，处境日益困难。

（2）上下游分割，造成行业利益分配不均。过去原油价格过低，效益转移到石油加工部门去了；同时发展了一些非经济规模的加工企业，造成加工能力膨胀。现在原油价格提高了，一些加工企业又承受不了。

（3）筹资渠道狭窄，造成发展资金不足。石油勘探开采和石油加工行业都是资金密集型行业，其资金密集程度约为一般工业平均水平的 3 倍。过去条块分割的行业管理体制，使石油企业难以吸收社会和国外直接投资。要靠企业自我积累或行业自身积累，筹集发展资金势必困难。改革十几年来，石油天然气开采业的基本建设和更新改造投资来源仍然主要依靠银行贷款和行业自筹。这种资金来源构成产生几个问题，第一是银行贷款比例大，经营企业的利息负担太重。第二是由于财务预算软约束和行业总承包，企业吃银行大锅饭。特别是国外贷款，是以国家为担保，实际上仍属统借统还。第三是筹资范围小，造成投资资金不足。

过去我国石油工业基本上实行垄断经营。采油的不能炼油，炼油的不能采油。近些年允许石油天然气总公司搞一定的加工，但在规模和价格上都有所限制。1993 年石油天然气总公司的原油产量约占全国的 95%，汽油和柴油产量约占全国的 10%。由此可见，部门内的上下游渗透是极少量的。这样不利于形成经济规模，还可能造成新的部门分割和封锁。在石油加工行业形成一定的竞争，有利于提高效率，但不应是现有部门分割条件下的竞争，而应是打破部门界限，重新组成几家纵向一体化的大公司。

建议在现有的石油天然气总公司、石化总公司和海洋石油总公司三个总公司的基础上，打破部门和地区界限，发展成三家具有垄断性竞争的，勘探、开采、加工、运输和销售一体化的，跨地区经营的大型石油公司。石油开采企业与石油加工企业纵向联合的优点是：有利于减少交易成本，减少价格扭曲造成的利益转移；有利于分散勘探开采企业的经营风险；有利于开采和加工的结构合理化。

目前，各部门基本上认识到石油工业一体化的必要性，并开始研究这个问题，也遇到不少难题。但是如果再继续这样分割下去，随着国内石油产品市场的逐步对外开放，特别是复关后，我国的石油工业将面临激烈的国际竞争和挑战。改革是势在必行的。这种改革方案的设计不能单靠某一个部门的力量。改革涉及现行石油计划管理体制、资产重组、市场组织和利益机制等问题，是一项复杂的系统工程。因此，有关部门，包括综合部门和工业部门，应从国家整体利益出发，一起认真研究改革方案。在做好基础工作（如制定市场规范）的前提下，再采取大的改革举措。

考虑到改革的渐进性和难度，为了防止重复建设，充分利用现有的固定资产存量，近期可以采取相互参股的方式，促进各部门的纵向延伸。

（二）逐步把企业推向市场

建立一体化石油公司的基础是市场机制。因此，石油工业产业组织要向纵向一体化方向发展，企业内部生产经营则要克服目前"大而全"、

"小而全"的弊端，向以市场为导向的专业化方向发展。

改革开放以来，我国石油工业虽然进行了一系列改革，但仍然没有突破高度集中的计划经济体制的格局。石油勘探开采企业没有自主经营权，亏损由国家包。特别是国家把石油勘探行业作为事业单位进行管理。勘探资金由国家拨，勘探风险由国家承担。因此，不讲效益，重复勘探的现象严重。

石油行业内部的改革重点，一是政企分开。实行资源管理部门与资源开采经营企业职能的分离，资源所有权与资源使用权的分离。使企业真正成为独立核算、自负盈亏、自主经营的实体。二是根据资源行业的特点，逐步建立竞争机制。近两年石油系统已经开始探索行业内部作业专业化和服务商业化经营的路子，并取得了一定成效。现在要抓紧建立健全行业内部各专业和各类服务的竞争规则。要处理好搞活与资源合理利用的宏观管理的关系；处理好资源开发利用与资源保护的关系。特别要研究如何把勘探成果作为商品，建立油气勘探市场的问题。这样不仅有利于提高勘探资金的利用效率，而且有利于吸收非国有资金搞风险勘探。

石油企业的发展要利用国内和国际两个市场。我国石油工业的人员素质、技术水平较好。由于国内资源限制，一些老油田人员积压。除了探索国内跨地区经营和多种经营的路子外，还应积极探索走出国门，向国际市场发展的路子。可以从周边中小国家的新油田的开发着手，在勘探、钻井、采油和铺设管道等各个方面进行国际承包和国际合作。先从小项目开始，边干边创中国的牌子，扩大影响，逐步在国际石油开采、石油服务和石油贸易市场上占据一席之地。

建立现代企业制度　搞好国有大中型企业 [*]

一　企业制度改革是我国经济体制改革的中心环节

　　现代企业制度是与现代市场经济和社会化大生产相适应的企业组织形式，是一种规范化、法制化的企业制度。市场经济历史发展的必然趋势是在本质上要求政府与企业、企业与投资者之间在权利与义务关系方面要处于一种合理的对称状态；要求在微观基础上由独立自主经营、自负盈亏的商品生产者、经营者组成市场主体。现代市场经济中的社会化，不仅是指生产社会化，而且还包括资本社会化、风险社会化和经营社会化。这就在客观上要求传统的财产关系要转型成为高级形态的法人组织体制；要求生产过程必须在一个更高层次和新型的经营机制中进行。因此，在现代市场经济条件下，与之相适应的应该是一种明晰化的、具有独立人格的和能够维护企业和投资者合法权益的企业产权结构和组织体制；应该建立以公司制为基本形式的现代企业制度；应该在企业内部形成一个客观的和有效的激励机制、约束机制，并形成一整套新型的管理制度。

　　我国传统的企业制度总的说来是不适应市场经济发展要求的。其主要

---

　　*　本文原载《光明日报》1995 年 7 月 26 日。

问题在于产权关系不明晰、组织制度不合理、管理不科学。采取统收统支统管的经营方式，没有独立的法人地位，国家是唯一的投资主体。在实行有计划的商品经济过程中，国家虽然通过立法形式建立了企业法人制度，但还是不够完整和规范，国有企业名义上具有法人身份，却没有法人所必须具备的独立的财产权，因而难以建立起相应的财产约束机制，国家对企业实际仍负有无限责任，企业也难以做到自主经营、自负盈亏。这种状况与市场经济条件下按财产组织方式和所承担的法律责任划分的现代企业制度相比较是不科学、不合理的，同经济主体多元化、微观基础法制化的市场经济的客观要求显然是不一致的。所以，随着改革的深入发展，企业活力不足的问题进一步显露了出来。

二　建立现代企业制度的基本内容

我国所要建立的现代企业制度，主要内容包括：规范和完善企业法人制度；建立以有限责任为核心的新型企业组织制度；形成一整套新型的、完备的、科学的领导体制和管理制度。

在完善企业法人制度方面，重点是要理顺国有企业的产权关系，实行出资者所有权或终极所有权与法人财产权的分离。企业中的国有资产所有权属于国家，企业拥有法人财产权，是自主经营、自负盈亏的独立法人实体。企业依法对所形成的全部财产享有民事权利，承担民事责任，并对出资者承担资产保值增值的责任；出资者则按投入企业的资本额依法享有所有者收益，承担有限责任；企业以提高劳动生产率和经济效益为目的，按照市场需求组织生产经营，照章纳税，接受政府监督，适应国家宏观调控；政府不直接干涉企业的经营活动。应该看到，在我国的经济发展中，各级地方政府也都投入了相应的资金并且建立了许多国有企业，因此必须承认地方政府对这部分投资的财产权和所有权。总之，通过理顺产权关系，完善企业法人制度，落实企业自主经营权力，使之成为真正意义上的商品生产者和经营者；国家掌握所有权，保证了财产的公有制性质。

公司制是现代企业组织中的一种重要形式，能够充分体现和有效实现出资者所有权和法人财产权的分离，具有资金筹集广泛、投资风险有限、组织制度科学等特点，在现代企业组织形式中具有典型性和代表性。但建立现代企业制度，并不是要把所有的企业都一律改为股份有限公司和有限责任公司，而是把一部分具备条件的企业改组或改建成为公司企业。即使在我国的社会主义市场经济体制建立起来以后，也仍然是独资企业、合伙企业和公司企业并存，而多元投资主体持股的股份有限公司和有限责任公司将是基本形式。

建立现代企业制度的重要内容之一是管理科学化。在企业内部建立健全科学的管理制度，既是一切工作的基础，又是企业改革不可缺少的组成部分，我们通过明晰产权，划分权责，对企业经营机制进行改革，目的是为企业注入市场机制的活力。但是，仅仅靠这一方面工作还是不能把企业搞好，不能建立起现代企业制度的。目前，我国企业在管理方式、管理制度、管理方法和管理技术等方面要加以改革、改进、完善和提高的内容是很多的。所以，经营机制的改革与企业内部的改革，产权改革与管理科学化是不能够截然分开的，而是一个有机的整体。建立现代企业的管理制度重点是对企业的机构设置、用工制度、工资制度和财务会计制度以及把科学技术尽快地转化为生产力的有关管理制度等进行改革，建立科学的组织体制和严格的责任制体制。

三　建立现代企业制度中的问题及对策

建立现代企业制度作为一种深层次的改革举措和根本性制度创新，其艰巨性、复杂性是应该加以充分认识的。

建立现代企业制度的一大难点是如何摆脱传统计划经济体制的束缚去搞市场经济的问题，另一大难点是政府既是改革的组织者，又是改革的对象，涉及利益调整问题。实践也表明，目前建立现代企业制度的阻力，往往不是来自企业，而是来自政府某些部门。在具体实践中，也有不少复杂的问题困扰我们。例如，国有资产由谁来代表，存在着责任主体不到位、投资主体不明确、代表者身份不明等现象；我国目前尚缺乏公正的中介性评估机构，致使国有资产评估不够科学、不够合理；企业债务结构不尽合理，影响企业正常的生产经营活动；不少企业基础工作薄弱，管理水平低，科学管理的配套机制尚待完善等。

对于这些问题和困难，我们首先应该以改革精神对思想观念进行更新，用邓小平同志提出的"三个有利于"的标准来重新认识社会主义。现代企业制度是人们在实践中按照经济规律和生产力发展的内在要求创造的一种文明成果，属于人类的共同财富，对这样的科学成果，我们应该大胆加以运用，而没有必要去担心会导致资本主义。

建立现代企业制度，将国有企业改组为现代法人公司，由此而理顺国有资产的产权关系，从而能够在根本上割断政企之间的脐带，在这种条件下，政府转变管理经济的职能，就更为紧迫。所以必须尽快进行政府机构改革，简并重复设置的机构，大幅度精减人员，改变直接控制的方式，而通过经济法规、经济政策、指导性计划进行间接调控，引导市场健康发展。

现代企业制度是党的十四届三中全会《决定》所设计的社会主义市场经济体制的支撑点。这是由企业作为市场竞争主体的地位所决定的。因此，宏观层次的改革和构造微观基础的改革必须同时全面展开，协调发展。宏观层次的改革包括财税、金融、投资、计划、流通、物价，以及劳动人事、分配，特别是社会保障等体制的改革，必须加快步伐，以建立起适应市场经济要求的宏观调控体系，并加快培育市场体系，完善社会保障体系，建立起一套既能保障国有资产保值增值，又能促进企业高效运行，充满活力的新的国有资产管理体系，制定和完善有关的法律法规。只有这样，才能保证企业改革的深入发展，促进现代企业制度的建立和健全。

彻底转换国有经济增长方式[*]

改革开放以来，我国国民经济运行体制逐步进行了从传统的计划经济向社会主义市场经济体制的转变，极大地解放了生产力，综合国力显著增强。16 年中国民生产总值平均每年增长 9.4%，是近十几年世界经济增长最快的国家之一。工业生产以两位数速度增长（平均增长 11.2%），创造了各国经济发展中少见的高速度；对外贸易迅速扩大，1994 年商品进出口总额达 2350 亿美元，我国在世界贸易中的位次由 1978 年的第 32 位上升到目前的第 11 位；综合国力已由 70 年代的第 30 多位上升到 1993 年的第 10 位。在全社会资产总量中，国有资产总量占绝对优势。国有企业在整个国民经济中居于主导地位，在能源、交通、矿产、高科技、金融、外贸等关系国计民生的产业中国有企业占 90% 以上。城镇居民收入平均每年增长 6.3%，农村居民收入平均每年增长 8.5%，解决了 12 亿人口的温饱问题，人民生活水平明显提高。预计将提前 5 年实现到本世纪末使国民生产总值比 1980 年翻两番的战略目标。小康目标基本上也可以如期实现。我国社会主义建设的成就在中国历史上是空前的。

第一，中国经济良好的发展势头，并不意味其中不存在问题，包括某些严重的问题，如通货膨胀，农业发展滞后，国有企业仍未摆脱困境，社会分配不公，国家财政困难，以及大幅度的经济波动等。这些问题的产生

---

[*] 本文是作者 1995 年 8 月 6 日在五台山座谈会上的讲话。

原因虽然是多方面的，但都与长期以来我国经济粗放型的增长方式有直接或间接的关系。所谓粗放型的增长方式，就是高投入、高消耗、低质量、低产出的经济增长方式。高投入、低产出下的财政困难和过量的货币供给，必然导致通货膨胀；工业的粗放经营势必挤压农业，农业投入不足，国民经济基础地位得不到巩固；热衷于追求新建而忽视对老企业的改造，造成大批国有企业活力不足；这种经济增长方式还导致频繁的大幅度的经济波动，以及地区之间、城乡之间、行业之间差距的扩大，影响了社会稳定。这种粗放型的增长方式已成为现阶段我国国有经济进一步发展的障碍。改变国有经济的增长方式刻不容缓。经济增长方式的本质内容是生产要素的分配和使用方式，分为粗放型（外延型）与集约型（内涵型）两种。粗放型增长方式注重增加投入，依靠生产要素的扩张实现经济增长。集约型增长方式强调改善投入产出关系，通过生产要素的优化组合，提高生产要素效率实现经济增长。集约型增长方式的基本特征是经济增长效率高，国际竞争力强，通货膨胀率低，环境污染程度小。我国国有经济增长方式就是要由粗放型的经济增长方式向集约型的经济增长方式转变。

事实上，转变国有经济增长方式的问题已经提出很久了。我们党的十二大、十三大、十四大以及此后历届政府工作报告都提出要转变增长方式。然而，我国国有经济的增长方式迟迟没有转变。这是什么原因呢？除了农村大量剩余劳动力需要向非农产业，特别是工业转移这个客观条件外，问题的关键是经济体制没有转换，政企没有科学地分开。经济增长方式归根到底是和体制分不开的。有什么样的经济体制就有什么样的增长方式。粗放型的增长方式是传统的计划经济的产物，集约型的经济增长方式则是社会主义市场经济的客观要求。因此，中共中央在刚刚召开的十四届五中全会上提出了要实现两个具有全局意义的根本性转变，一是经济体制从传统的计划经济体制向社会主义市场经济体制转变，二是经济增长方式从粗放型向集约型转变。要转变国有经济的增长方式必须改革现存的国有经济体制。

第二，经济增长方式是与一国的基本国情、社会发展阶段、经济发展战略以及经济体制密切联系的。新中国成立初期，我国不仅经济基础落后，而且还受到帝国主义的封锁，为了建立完整的工业体系和国民经济体系，我国以重工业为重点，通过较高积累支持大量工业投资，不断扩大生产规模，在计划经济体制的集中控制下，保证了国民经济的高速度增长。实践证明，这种优先发展重工业、高积累、高速度的粗放型的增长方式在当时的国情下对改变落后的生产力面貌、对增强国家实力、对缓解供给严重不足、对提高人民生活水平是非常必要的，而且也取得了预期效果。但是经过 40 多年的社会主义建设，特别是改革开放 16 年的迅速发展，我国经济发展所面临的国内外环境发生了巨大的变化。

我国经济发展第二步战略目标的提前完成，标志着我国经济已进入了新的发展阶段。我国经济已基本摆脱了"短缺经济"的局面，大部分消费品已可以满足人们有购买力的需求，相当一部分产品还出现了剩余。我国已初步形成了一个以买方市场为特征的供求格局。人民生活质量和消费结构已发生了深刻的变化。人们更加注重消费品的选择，开始追求商品的质量和档次。那种盲目的低水平的数量扩张已越来越没有市场。所以，从以低加工和低附加值为特征的粗放型向以高加工度和高附加值为特征的集约型增长转变，是当前我国工业经济面临的中心问题。

目前，我国正在由传统的计划经济体制向社会主义市场经济体制过渡。但是我国经济体制改革的深化和我国经济的进一步发展一直受到物价上涨过快的困扰，其根本原因就是效率低下的粗放型增长。由于我国农民相对收益低下，农业劳动生产率不能有效提高，增加农民收入就必然引发农价上涨，进而推动物价总水平的上涨；如果工业劳动生产率不能很快提高，成本的降低速度抵消不了农价的上涨速度，将导致不同程度的比价复归。要从根本上治理通货膨胀，就必须转变经济的增长方式，提高工农业的生产效率。

随着我国国民经济总体规模的不断扩大，经济增长与资源不足的矛盾将日益加剧。12 亿人口，不少资源的人均占有量大大低于世界平均水平，耕地和水资源为世界人均占有量的 1/4，石油为 1/8，天然气为 1/20。但是我国工业用水的重复利用率仅相当于发达国家的 1/4，我国一次产品的合格率仅为 60%，我国能源使用效率仅为 30%，而发达国家为 50% 以上。从 1993 年起，我国成为石油净进口国，据国外专家预测，下个世纪我国石油缺口高达 3 亿吨。粗放型增长难以为继，我国经济增长方式转变势在必行。

随着冷战的结束，和平与发展成为当今世界的主题，世界经济国际化的趋势将不可逆转。国际间竞争主要是国际市场的竞争，市场竞争的法则不是数量的对比，而是效率的较量。以最少的投入获得尽可能大的产出，这是市场竞争胜负的关键。根据我国所处的经济发展阶段和我国资源状况，并参照世界各国经验，我国必须参与国际竞争和国际资源的分配，而资源只能流向竞争中的强者。对于一个人均资源贫乏的大国，这是生死攸关的大事。国际竞争的胜负将取决于我们能否成功地向集约型的增长方式转变。

在国内外经济环境发生巨大变化，国家综合实力和国际竞争的较量日趋激烈的情况下，要使经济不断发展壮大，在国际市场上站稳脚跟，我国势必切实转变经济增长方式，显著提高国民经济整体素质和效益，使社会生产力有一个大的发展。

第三，早在改革开放之初，小平同志就提出了"科学技术是第一生产力"的论断，并且提出要"尊重知识，尊重人才"。这对我们探求新的经济增长方式无疑是一种巨大的启发和推动。对于我国这样一个经历了新中国成立以来快速工业化过程和改革开放以来大规模经济投入的国家来说，寻求新的经济增长方式，首先应当以小平同志建设有中国特色的社会主义理论为指导，深刻领会小平同志关于科技是第一生产力的思想，密切联系我国经济发展的历史和现状，研究出一套行之有效的经济增长思路来。

1. "九五"时期以及今后一个相当长的时期，应当以新的增长方式作为我国国有经济发展的战略方针，把提高经济效益作为经济工作的中心，坚定不移地走内涵集约型经济增长道路。经过 40 多年的建设，我国国有经济已有相当大的规模，固定资产投资累计达 4.4 亿元，建成投产大中型项目 5097 个，小型项目超过 100 万个。但从总体上看国有经济存在着涉及面宽、重复建设、盲目建设、战线过长的问题。要发挥国有经济的优势，就应当在盘活现有国有资产存量的基础上适度收缩国有经济的战线，划定国家资产投资领域，优化国有资产的配置结构。改革国有企业封闭的产权组织形式和所有制结构。对经营性国有资产要实行分级所有、分类管理，增强各级政府管理国有资产、维护国有资产权益的责任心和积极性，使国有资产的所有主体多元化，为国有产权的流动和国有资产的优化配置创造条件。坚定不移地把国有经济发展转到内涵集约的道路上来。

2. 体制改革应当围绕国有经济增长方式的转变来进行。能否使经济增长置于合理的体制保障之下，是决定能否转变我国经济增长方式和提高经济整体素质的关键。今后改革重点应该是推进市场机制的形成与完善，建立现代企业制度，实现经济机制的转换，从而转变资源的配置方式，使市场机制在资源配置中发挥基础作用。

目前我国正处于新旧体制转轨时期。我国国有企业，尤其是国有大中型企业的管理模式、经营方式还没有转变过来，政企尚未分开，旧体制仍在起作用。政府只管投资，实际上很少管回报率和回收率，以致不少项目，一旦投产就亏损。同时又将投资分为基本建设和技术改造截然分开的两块，不许相互调剂，实际工作中又热衷新建而忽视改造；企业重视外延的扩大而不重视内涵的发展，重视生产管理而不重视资产管理，重视数量而不重视效益，这是体制上造成粗放型增长的重要原因。

实现经济增长方式从粗放型向集约型转变，要靠经济体制改革，形成有利于节约资源、降低消耗、增加效益的企业经营机制，有利于自主创新的技术进步机制，有利于市场公平竞争和资源优化配置的经济运行机制。向结构优化要效益，向规模经济要效益，向科技进步要效益，向科学管理要效益。

在市场体制下，企业应当是经济增长的主体，也必须是投资的主体，企业不仅应有生产经营的自主权，而且也要有资产经营的自主权。盈利性投资活动的决策主体要由政府转为企业和作为出资者的集体或个人，投资的主要来源要由拨款改为贷款和股票融资，投资风险要由投资决策者和出资者来承担。从传统的计划经济体制向社会主义市场经济体制转变，就是使企业由投资的被动接受者、生产的组织者、执行者向生产的经营者、投资的主动决策者、资产的全面经营者转变，也就是由粗放的增长方式向集约型的增长方式转变。

为此，在深化改革的同时，宏观上要把计划、投资、金融体制的改革提到更重要、更突出的位置上，强化宏观控制，加强对计划、投资、金融的科学管理，抑制通货膨胀，防止经济波动，建立社会保障制度，消除分配不公，缩小地区差距，为增长方式的转变创造条件。同时，要切实做好政企分开工作，给国有企业以真正的投资经营自主权。还必须加强社会主义法制建设，用法律规范政府、企业行为，维护市场秩序，巩固改革成果，为增长方式转变提供法律保障。

3. 转变经济增长方式，必须贯彻落实党中央提出的科教兴国的战略。早在一个多世纪前的 1857 年，马克思就提出了随着大工业的发展，经济财富的创造较少地取决于劳动时间和耗费的劳动量，相反地取决于一般的科学水平和技术进步，或者说取决于科学在生产上的应用①的趋势。西方经济学最近的研究表明，在现代经济增长中技术进步的作用越来越大，技术对经济的贡献已取代劳动和资本而上升到首要位置，这些观点成为新的增长理论，并因此而获诺贝尔奖。今后国际间的竞争是综合国力的竞争，其关键又是科学技术的竞争，而科技竞争的核心是人才竞争。其实小平同志的科技思想早就敏锐地预见到了这一点，而且更明确地提出了"科技是第一生产力"的论断。前不久，中共中央又发出了《加速科学技术进步的决定》，并隆重召开全国科技大会，提出了科教兴国的战略，这就为我们有效地转变传统的经济增长方式指出了明确的方向和提供了良好的契机。转变经济增长方式，就是把经济建设引到依靠科技进步和提高劳动者素质的轨道上来，使我国在新科技革命的挑战和激烈的国际竞争中立于不败之地。

4. 转变经济增长方式，必须调整现有的财政、货币、产业政策。宏观调控的主要任务是保持经济总量的基本平衡，促进经济结构优化，引导国民经济持续、快速、健康发展。要实行适度从紧的财政政策和货币政策，基本消除财政赤字，控制债务规模。财政政策主要运用预算、税收手段和预算内外的综合财力，并按照中央和地方事权划分，建立起比较规范的财政转移支付制度，着重调节收入分配结构和地区分配结构；保证提供足够的公共产品和公共服务，满足社会发展的需要，从而促进资源配置的更加优化；为了保证经济持续增长的后劲应更多地考虑科研教育支出，加强对人才资源的开发；更多地考虑非盈利的基础设施的投资，优化经济增长的外部环境；并通过税收、政府支出和公债以预定的方式活动，干预公

---

① 《马克思恩格斯全集》第 46 卷下册，人民出版社，第 217—218 页。

共部门和私人部门之间的资源配置及使用，达到经济稳定和增长的目标。税收政策应贯彻公平原则，改变过去所有制之间、地区之间、产业之间税负不公平现象。分配政策应该体现效率优先、兼顾公平的原则。

调整与选择恰当的货币政策，实现货币政策目标由注重经济增长向注重币值稳定转变。控制货币信用总量，逐步使货币发行与经济发展相适应，并保持国际收支平衡，为经济的增长提供一个宽松、稳定的货币环境。要强化中央银行的地位和作用，完善政策性银行机制，规范商业银行行为，构造充分竞争、充满活力的金融机构体系，转变专业银行的信贷投入方式，提高信贷资金使用效益。信贷资金的本质特征在于其安全性、流动性和盈利性，凡是有悖于这"三性"的信贷资金投入都应视为无效投入。如果专业银行继续对濒临破产的企业进行"输血"救济，而对效益好、能够适应市场需要的企业不能进行充分支持，那么经济增长质量和效益仍然得不到改善和提高。

实施促进经济结构合理化的产业政策。要根据经济社会发展需要和社会财力、物力可能，合理确定经济社会发展战略，并通过实施产业政策及投资政策，促进经济结构优化。产业政策应着眼于弥补市场缺陷，注意力应转向企业不愿做或做不了、但对经济增长的效益和质量至关重要的领域上。重点支持外部性强的基础设施的建设，加大对农业和农业生产支持体系的投入，加快高新技术的开发和产业化的进程。更多地使用产业调整援助政策，对老工业基地进行改造，选择重点企业作为新的经济增长点，提高整个行业技术水平，推动产业结构升级。产业组织政策以促进优势企业和名牌产品的扩张为重点，通过资产存量的合理流动，使生产要素优化组合，形成一批大的企业集团，加强支柱产业，发展拳头产品，提高国有企业的国际竞争力。转变国有经济的增长方式，只有把对国有企业的改革、改组和改造结合起来，才能真正促进增长、结构、效益的不断提高。产业区域政策要充分发挥市场在资源配置中的基础性作用，促进地区间公平竞争，打破地区垄断。规范各级政府介入产业活动的行为，引导并干预区际产业的合理分工和布局。同时，加快中西部地区的开发进程，逐步实现区域发展的相对均等化。

新亚欧大陆桥开发开放战略构想[*]

90 年代以来，亚太经济持续高速增长，世界经济重心东移亚太地区的趋势更加明朗，亚太地区与欧洲的经贸交流不断扩大。如何抓住这一历史性机遇，实施新亚欧大陆桥沿桥地带及东方桥头堡开发开放战略，是我国抢占 21 世纪世界经济发展制高点的一个重大战略问题。

一 新亚欧大陆桥在世界经济发展中的重要地位

新亚欧大陆桥东起江苏连云港、山东日照等沿海港口城市，西至荷兰鹿特丹、比利时安特卫普等欧洲口岸，是横跨亚欧两大洲，连接太平洋和大西洋，实现海—陆—海统一运输的国际大通道。新亚欧大陆桥的全线贯通，引起了国际社会和沿桥国家、地区的高度重视，许多国家和地区纷纷制定了相应的措施和对策，以期利用这条国际经济走廊，加速经济发展。

许多专家学者断言，新亚欧大陆桥的诞生，预示着世界经济在江河经济、海岸经济的基础上，将逐步进入一个新的经济时代——陆桥经济时代。与西伯利亚大陆桥相比，新亚欧大陆桥具有明显的优势：第一，地理位置和气候条件优越。整个大陆桥避开了高寒地区，港口无封冻期，自然条件好，吞吐能力大，可以常年作业。第二，运输距离短。新亚欧大陆桥

---

* 本文是作者与宋法棠、高振刚合著，原载《人民日报》1995 年 10 月 25 日。

比西伯利亚大陆桥缩短路上运距 2000—2500 公里，到中亚、西亚各国，优势更为突出。一般情况下，陆桥运输比海上运输运费节省 20%—25%，而时间缩短一个月左右。第三，辐射面广。新亚欧大陆桥辐射亚欧大陆 30 多个国家和地区，总面积达 5071 万平方公里。居住人口占世界总人口的 75%左右。第四，对亚太地区吸引力大。除我国（大陆）外，日本、韩国、东南亚各国，一些大洋洲国家和我国的台湾、港澳地区，均可利用此线开展集装箱运输。如果从 50 年代初期由日本经美国大陆向欧洲运输集装箱算起，大陆桥问世已近半个世纪。但这仅仅是个开端，从发展趋势看，大陆桥运输前景广阔，经济潜力巨大。由于现代科学技术的迅速发展，包括火车、轮船等在内的交通工具的现代化、高速化，特别是时速超过 500 公里的磁悬浮列车的试运行成功，对以铁路运输为主的大陆桥运输，必将产生不可估量的推动作用。还有集装箱运输的迅速普及，既为大陆桥运输提供了稳定的箱源，促进着大陆桥运输发展，又展示了大陆桥运输的巨大潜力。当今时代，世界经济的显著特征是区域化、集团化、一体化，由此推动着国际贸易以惊人的速度增长。国际贸易的蓬勃发展，迫切要求改革传统的国际贸易运输方式，大力开发便捷、高效、可靠的大陆桥运输，以缩短运距，减少运费，加速货物运转。换句话说，发展大陆桥运输，是国际贸易急速增长的必然要求。

拥有世界人口 40%的亚太地区，60 年代中期以来，经济持续高速增长，对外贸易蓬勃发展，增长速度远高于欧洲，贸易额比重不断上升。到 90 年代初，该地区的国民生产总值已占世界的 50%，贸易总额占世界的 43%。1993 年，日本、中国、中国台湾、韩国、中国香港、新加坡、马来西亚等国家和地区均进入世界 20 大贸易区的行列，世界贸易中心正从大西洋移往太平洋。亚太地区与欧洲的经贸合作也越来越频繁，西欧已成为中国、日本的第三大贸易伙伴。新亚欧大陆桥区域经济发展具有明显的互补优势。一方面，对于日本和西欧等发达国家来说，这一区域是一个人口众多、资源丰富的巨大市场，是他们输出资金、技术和管理的理想之地；对中国、中亚和东欧国家来说，通过沿桥开放，可以更好地吸收国际社会的投资、技术和管理经验，加快经济振兴。另一方面，亚太地区经济的迅速增长，越来越需要开拓欧洲市场；而欧盟为寻求发展也需要到亚太地区寻求贸易伙伴，选择投资对象，亚太与欧洲的双向辐射越来越明显。

由上可见，随着陆桥运输的发展，沿桥地区之间通过大陆桥进行的经济交流将日益增多，陆桥辐射作用将逐渐增大，从而促进沿桥地区的经济发展和市场繁荣，使交通优势变为流通优势。这必将有力地推动沿桥地带物流、人流、资金流、技术流、信息流的广泛交换，形成以陆桥运输体系为基础的产业链，促进沿桥城市经济和区域经济的加速发展，最终形成以大陆桥为主轴，以沿线大、中城市为支撑点，以众多小城镇为网结，东西结合，双向开放，互相促进，共同发展，具有强大内聚力和辐射力的经济走廊，进而成为东西方经济文化交会融合的巨大经济带，重振丝绸之路雄风。显然，新亚欧大陆桥的发展，为沿桥国家和亚欧两大洲经济贸易交流提供了一条便捷的大通道，对于促进陆桥经济走廊的形成，扩大亚太地区与欧洲的经贸合作，促进亚欧经济的发展与繁荣，进而开创世界经济的新格局，具有重要意义。

二　不失时机地实施新亚欧大陆桥开发开放战略

在实行沿海、沿江、沿边开放的大格局下，我国能源、资源十分丰富的中原、西北大地成为一个对外开放相对滞后的巨大空间，致使区域经济发展的不平衡不断加剧。抓住新亚欧大陆桥贯通的历史性机遇，不失时机地实施新亚欧大陆桥开发开放战略，对于加快我国沿桥地带的工业化和城市化进程，推动陆桥经济带的崛起，促进我国南方与北方、东部与中西部地区的协调发展和全国生产力布局的合理化，提高我国的综合国力，增强国际竞争能力，维护民族团结，都具有重大战略意义。

众所周知，苏联解体后，中亚各国的对外经济贸易格局发生了根本性变化。目前，陆桥运输已进入中亚地区，充分利用交通优势和地缘优势，开拓中亚各国市场，这是进一步扩大我国的对外经贸合作，努力提高对外开放层次的需要，也是许多亚太国家、欧盟国家日益关注的热点问题。

我国大陆沿海港口处在日本与亚洲"四小龙"等国家和地区的世界

著名大港形成的半环带包围之中。在这一半环带内，分布着神户、大阪、东京、名古屋、北九州、釜山、高雄、基隆、香港、新加坡等世界排名前20位的大港。但是，我国大陆沿海港口无论从地理位置上，还是在港口政策方面，均处于不利地位。新亚欧大陆桥的开通与发展，将从根本上优化我国沿海港口区位，为其开展国际贸易运输创造了有利条件，从而极大地提高了我国大陆桥沿海港口城市的国际地位。东部沿海经济带的发展实践表明，对外开放是推进改革和培育市场经济的催化剂。随着我国对外开放由沿海、沿江、沿边向沿桥地带的延伸，必将促进这一地带的改革进一步深化，开放进一步扩大，进而加快建立社会主义市场经济体制的步伐。因此，在继续搞好"三沿"开发开放的同时，大力开发开放新亚欧大陆桥沿线地带、京九铁路沿线地带，有助于推动我国东、中、西部地区的持续、快速、协调发展。

三　大力培育我国东方桥头堡

近年来，发展新亚欧大陆桥为纽带的经济带，正日益受到党中央、国务院的高度重视。这就需要制定一系列配套政策，促进跨地区、跨部门、跨行业企业集团的发展，大力培育东方桥头堡和沿桥中心城市群，积极而稳妥地推进沿桥地区的发展。

改革开放17年来，我国经济社会发展取得了举世瞩目的伟大成就，形成了一些区域性的发展中心。广州、深圳经济的急剧增长，形成了经济贸易中心，有力地带动了华南地区经济的迅速崛起；上海作为全国最大的经贸中心和港口城市，加之浦东的开发开放，为长江经济发展带注入了新的生机和活力。而新亚欧大陆桥东端尚未形成这样的发展态势，我国东方桥头堡（连云港、日照）发育滞后的问题相当突出。这在很大程度上制约陆桥经济带的发育进程。显而易见，只有尽快建设起开放度高、功能齐全、经济实力强大、对外联系广泛的东方桥头堡，才能加快陆桥地带的内陆型经济向国际意义上的陆桥经济转换。因而，我们要从战略高度重视沿海经贸中心的建设，力争逐步转弱为强，尽快形成与陆桥经济带开发开放相适应的东方桥头堡。

桥头堡是大陆桥运输的起点或中转地，它承担着陆桥国际联运和国内外贸易的水陆中转的任务，是联结国内外两个市场的国际化、多功能的大型海港城市。桥头堡一般应具备四个条件：一是地理位置要优越；二是港口条件要好；三是经济腹地要宽广；四是城市发展的空间要充足，功能要多样化。随着大陆桥运输的发展和辐射功能的增加，在大陆桥两端必然会并入多个港口和交通枢纽。因此，大陆桥桥头堡往往由一组相邻的港口城市群组成。西伯利亚大陆桥东方桥头堡就是由纳霍德卡、东方港等港口所组成；新亚欧大陆桥的西桥头堡则由鹿特丹、安特卫普、汉堡等港口城市组成。

人们之所以认为鹿特丹是亚欧大陆桥的西方桥头堡，主要是它具有以下特征：一是地理位置优越。鹿特丹位于欧洲西海岸中部的莱茵河三角洲，处在世界上最繁忙的两大运输线——大西洋海上运输线和莱茵河水系运输的交接口，素有"欧洲门户"之称。二是典型的组合大港。鹿特丹港区水深6.7—21米，码头长度达90公里，航道无闸，不冻不淤。外港深水码头可停泊巨型货轮和超级油轮，年吞吐量3亿吨左右。三是服务设施十分完善。从60年代起，鹿特丹一直保持着世界第一大港的地位，但仍然不断加强泊位建设，更新设备，强调为世界上每一个货主提供特别服务。四是港城一体化。鹿特丹是一个典型的港城一体化的国际城市，城中有港、港中有市，不仅是重要的国际贸易中心，而且拥有一条包括炼油、石油化工、船舶修造、港口机械、食品等部门的临海、沿河工业带，具有现代港城的多种功能。鹿特丹的发展，拓宽了我们对桥头堡的认识，对建设我国东方桥头堡有着重要的借鉴作用。

随着我国港口、铁路建设的迅速发展，新亚欧大陆桥（中国段）的运输通道与东方桥头堡也在不断壮大。80年代中期，山东省日照市的日照港、岚山港和新（乡）日（照）铁路段投入运营，黄淮流域又增添了一条东西交通大动脉和新的出海口岸。特别是1994年11月，侯月铁路全线贯通，形成了东起山东省日照，西至古城西安，跨越京沪、京九、京广、焦枝、同蒲五大南北干线，与陇海线相平行的又一条东西大动脉，新亚欧大陆桥东部呈现双通道、日照和连云港双桥头堡的格局。今年 7 月底，国家又正式确立山东省日照为新亚欧大陆桥东方桥头堡，并将根据连云港、日照的港口条件、功能和发展方向，搞好整体规划，联合打通对外开放的通道，促进陆桥经济带经济持续快速发展。近 10 年来，江苏省和连云港市高度重视桥头堡的建设，提出打"桥牌"战略，实施江苏省发展战略的北移。山东省和日照市则提出充分发挥新亚欧大陆桥东方桥头堡的龙头作用，加快山东沿桥地带的开发开放步伐，实现山东经济发展战略的南移和全省区域经济的协调发展。面对沿桥开发开放的历史性机遇，我们必须进一步把连云港市和日照市逐步建设成为我国沿海中部的国际性海陆运输"枢纽"，广大内陆腹地进一步扩大对外开放、发展外向型经济，形成带动新亚欧大陆桥沿线地区经济社会发展的"龙头"，才能真正担负起时代赋予东方桥头堡的历史使命。

中国中长期的发展目标、道路与政策[*]

最近，中国共产党十四届五中全会在总结经验和分析形势的基础上制定了国民经济和社会发展的第九个五年计划（1996—2000 年）和 2010 年远景发展目标的建议，并准备在明年春季召开的全国人大会议上讨论通过。现将"建议"的主要内容，向诸位作一简要介绍。

一　发展目标

经过 80 年代以来三个五年计划时期的努力，原定到 2000 年国民生产总值比 1980 年翻两番的任务将于 1995 年提前完成。在此基础上，"九五"期间国民经济和社会发展的主要奋斗目标确定为：全面完成现代化建设的第二步战略部署，2000 年，在我国人口将比 1980 年增长 3 亿左右的情况下，实现人均国民生产总值翻两番；基本消除贫困现象，人民生活达到小康水平；加快现代企业制度建设，初步建立社会主义市场经济体制。要加大改革力度，理顺经济关系，推动科技进步，调整产业结构，提高经济效益，增强发展后劲，为下世纪初开始实施第三步战略部署奠定更好的物质技术和经济体制基础。

2010 年国民经济和社会发展的主要奋斗目标是：实现国民生产总值

---

*　本文是作者 1995 年 10 月 25 日在"第六届中韩经济知识交流年会"上的特别发言。

比 2000 年翻一番，使人民的小康生活更加宽裕，形成比较完善的社会主义市场经济体制。要进一步推进经济管理体制和运行机构的规范化、法制化，更好地优化资源配置，显著提高国民经济的技术水平和整体素质，实现经济和社会可持续发展。

经过 15 年的努力，我国社会生产力、综合国力、人民生活水平将再上一个大台阶，社会主义精神文明建设和民主法制建设将取得明显进展，为下个世纪中叶实现第三步战略目标，基本实现现代化，开创新的局面。

二　实现目标的有利和不利条件

国内国际条件虽然还存在着不少困难，但总的来说，今后 15 年仍有充分条件继续实现经济的较快增长和社会的全面进步。

国内的有利条件是：经过新中国成立以来的建设，特别是改革开放以来的经济发展，我国经济实力显著增强，"八五"计划所提出的主要任务今年将完成或超额完成，为今后的发展奠定了比较雄厚的物质技术基础；经济体制改革和扩大开放，将为经济发展注入新的活力；我国是发展中大国，具有广阔的国内市场，建设事业持续发展和人民生活不断改善所形成的巨大需求，是经济发展的强大推动力；比较高的储蓄率为经济增长提供了重要的资金来源。更重要的是，在实践中发展起来的一整套建设有中国特色社会主义的理论、路线、方针和政策，为继续前进指明了正确方向。全党的团结，党和人民的团结，社会的稳定，是顺利推进改革和发展的重要保证。我国清醒地看到，在前进的道路上也存在不少矛盾和困难，其中有些是长期制约经济发展的因素。农业基础薄弱的问题，国有企业改革滞后和生产经营困难的问题，通货膨胀和国家财政困难的问题，粗放型经济造成效益差、浪费严重的问题，人口增长快、就业压力大的问题，必须引起高度重视，并且采取有效措施切实加以解决。

国际的有利条件是，冷战结束以后，世界向多极化发展，国际形势总体趋向缓和，和平与发展是当今时代的主题。尽管世界仍然充满矛盾，地区性的局部冲突时有发生，今后也难免出现，但国际和平环境可望继续保持，我国仍有可能集中力量进行经济建设。在国际关系中经济因素的作用明显增强，世界各国看好中国市场和经济发展前景，增加了我国在国际上的回旋余地。世界科技革命和产业结构调整的进程加快，亚太地区经济的迅速发展，以及对香港、澳门即将恢复行使主权，给我们提供了新的发展机遇。同时也要看到，在日趋激烈的国际经济竞争和综合国力较量中，我国面临着发达国家在经济与科技方面占优势的压力，如果搞得不好，这种差距还有可能扩大。随着我国与世界贸易的增加，经济摩擦也会多起来。我国还面临着国际关系中霸权主义和强权政治的压力。某些西方大国不愿意看到中国的强大，不愿意看到中国按照自己的发展模式所取得的成功，总是想方设法对我国进行牵制。我们要有忧患意识，居安思危。

总之，从国内和国际看，我们都有许多有利条件，也有不少制约因素。机遇和挑战并存，总体上对我国经济建设比较有利。我们要抓住机遇，趋利避害，努力化解不利因素，积极推进改革和发展，保持社会稳定。这样，再经过 15 年的发展，我国面貌就会有一个更大的变化。

三 实现目标要实行两个根本转变

实现今后 15 年的奋斗目标，关键是实现两个具有全局意义的根本性转变：一是从传统的计划经济体制向社会主义市场经济体制转变；二是经济增长方式从粗放型向集约型转变。一个是生产关系的改革，一个是生产力如何发展，两者是相互联系又互相促进的。经济增长方式的转变要靠改革的深化，也有利于改革成果的巩固。

"九五"计划和 2010 年的奋斗目标，都把推进经济体制改革作为重要内容。"九五"期间要加快现代企业制度建设，初步建立社会主义市场经济体制。在此基础上，2010 年要形成比较完善的社会主义市场经济体制，进一步推进经济管理体制和运行机构的规范化、法制化。建立和完善社会主义市场经济体制，既是今后 15 年的重要奋斗目标，也是实现经济健康发展和社会全面进步的重要保证，所以要把改革和发展很好地结合起来。

转变经济增长方式。经过 40 余年的建设，我国形成了比较完整的工业体系和国民经济体系，经济规模已经相当可观。但在生产、建设和流通等各个领域，资源消耗高，资金周转慢，损失浪费严重，经济效益低的问题都很突出。这种粗放型的增长方式，是当前经济生活中许多矛盾和问题的症结所在。随着经济规模越来越大，再靠消耗大量资源来求增长，是不可取的，也是难以为继的。今后国内外市场竞争将主要是科技、质量、效率和效益的较量，不改变粗放型的增长方式，一个企业乃至整个国家，就很难在越来越激烈的国际竞争中站稳脚跟。

转变经济增长方式是个长过程，涉及许多方面。当前首先要正确处理上新项目与利用现有基础的关系。多年来存在着一种矛盾现象：一方面，不少企业因缺乏资金得不到技术改造，不能适应市场需求变化的要求，生产能力放空闲置；另一方面，各地各部门却热衷于铺新摊子，搞了许多低水平的重复建设项目。这不仅造成资源的严重浪费，而且国民经济的整体素质也提不高。现在要把各方面加快发展的积极性，引导到充分搞好现有企业的技术改造，充分挖掘潜力上来。能够以现有企业为依托，通过改革、改组、改造或扩建提高生产能力的，就不允许再铺新摊子。必要的新建项目，包括引进项目，也要尽量提高技术起点，注意经济规模。同时要坚持资源开发与节约并举的方针，把节约放在首位，通过加强管理，降低原材料和能源消耗，减少浪费，使效益有明显的提高。

转变经济增长方式，归根到底要靠科技进步和提高劳动者素质，关键是抓好科技和教育。科学技术是第一生产力，教育是科技进步的基础，科技教育的发展关系全民族素质的提高和中国现代化的前途。

我国劳动力多，就业压力大，资金和资源相对不足，现在又处在比较低的经济发展阶段。在这种情况下，我们既要坚持集约经营，积极发展资金、技术密集型产业，又要从实际出发，继续发展劳动密集型产业。要实行合理的技术结构政策，通过资金、技术、劳动力在不同地区、不同产业和企业之间的合理组合，多层次地推进经济增长方式的转变，促进国民经济健康发展。

四　进一步扩大对外开放

　　扩大对外开放，充分利用国内和国际两种资源、两个市场，是实现今后 15 年奋斗目标的重要条件。经过十多年来的努力，我国对外开放已经有了一个很好的基础。今后，在继续扩大对外开放范围的同时，要更多地注意提高对外开放的水平。

　　在复杂的国际关系中，像我国这样的发展中大国，必须实行对外贸易的市场多元化，才能增加回旋余地，保持主动地位。要发挥我国优势，在巩固和发展美国、日本、欧洲等市场的同时，多方面地开拓新的市场，包括独联体国家、东欧地区以及拉美、中东、非洲等地区的市场，积极调整出口商品结构，增加机电产品和轻纺产品的出口。所有出口贸易，都要注重质量和效益。

　　要对外商投资企业逐步实行国民待遇。这要根据建立社会主义市场经济体制的要求，规范税制，公平税负，进一步开放国内市场，按照国际惯例，为中外企业创造平等竞争条件。在前一个时期，由于投资环境不够完善，为了吸引外资，给予一定的政策优惠是必要的。国家对五个经济特区和上海浦东新区的基本政策不变，但对有些具体办法要有所调整和完善。所有地区都要按照税制改革的有关规定和实施步骤执行。今后吸引外资应当主要靠创造优越的投资环境，靠健全的法制和高效的管理，靠有吸引力的市场。对外资开放国内市场必须根据条件，经过试点，逐步进行，还要根据行业特点区别对待。对于金融、保险市场的开放要谨慎行事，不能一哄而起。

　　引进外资是推进我国现代化建设的重要举措，今后在进一步扩大外资引进的同时，要更加注意合理引导外资投向，优化外资投资结构。现在我国的产业结构和产品结构已经发生了很大变化，技术水平和管理能力也有了提高，引进外资不要单纯追求数量，而要把重点转到质量和效益上来。要引导外资投向基础设施、支柱产业及高新技术产业，投向中低档住宅项目，严格限制高档建筑和娱乐设施。

五 优化产业结构

产业结构的优化，是今后 15 年经济建设的一个重要任务。要着力加强第一产业，调整和提高第二产业，积极发展第三产业。这是优化产业结构的方向。在今后的经济建设中，要通过市场机制和国家宏观调控的作用，重点加强农业、水利、能源、交通、通信、科技、教育。在加强基础产业和基础设施的同时，还要振兴支柱产业，培育高技术产业，促进和带动国民经济全面发展。

六 正确处理社会主义现代化建设中的若干重大关系

在推进社会主义现代化建设的过程中，必须以邓小平建设有中国特色社会主义理论和党的基本路线为指导，处理好若干带有全局性的重大关系，即：（1）改革、发展、稳定的关系；（2）速度和效益的关系；（3）经济建设和人口资源、环境的关系；（4）第一、第二、第三产业的关系；（5）东部地区和中西部地区的关系；（6）市场机制和宏观调控的关系；（7）公有制经济和其他经济成分的关系；（8）收入分配中国家、企业和个人的关系；（9）扩大对外开放与自力更生的关系；（10）中央和地方的关系；（11）国防建设和经济建设的关系；（12）物质文明建设和精神文明建设的关系。要正确处理上述 12 个方面的关系和相关的方针政策问题。

坚定搞好国有大中型企业的信心[*]

　　燕化的进步和好的经验，给我两点感受。第一点感受是对办好国有企业，或者搞括国有经济，信心更大。眼前摆出这样一个很典型的事物，我们通过典型事物，看到国有企业是可以办好的，是很有前途的，这是一个感受。

　　第二点感受，就是怎么样办好企业，要找到一种正确的路子。这种路子就是要把过去那种外延扩大、速度型的、粗放的增长方式变为内涵的、讲究质量和效益、集约式的增长方式。采取这种新的增长方式，是非常有效的。燕化通过 30 万吨乙烯工程的改建和扩大充分证明了这一点。

　　一个是增强了信心，一个是找到了路子，这就是我的两点最突出的感受。而这两点，也正是不久之前，江泽民同志在上海、长春关于搞好国有企业的讲话里面所期望的，也符合建设有中国特色社会主义的要求。

　　要建设有中国特色的社会主义，中国特色表现在什么地方，我看从经济上讲，一个特色就是要搞社会主义市场经济，就是市场经济和公有制结合起来。公有制在中国主要是国有制，这是世界上其他地方没有的，真正是有中国特色的。正因为是世界上以前没有的，所以人们对这个问题还有各种各样的看法，也有很多怀疑的看法，不仅国内有，国际更多，认为社会主义公有制和市场经济是不能结合的，只有私有制才能和市场经济结

---

　　* 本文原载《光明日报》1995 年 10 月 17 日。

合，认为我们现在搞社会主义市场经济，公有制就是个障碍，一定要把公有制私有化后，才能搞市场经济。这是西方学者的一般看法。在我们国内，也有人受了西方人这种看法的影响。这种看法，我认为是不正确的。这个问题是个很大的问题。对搞好社会主义国有企业缺乏信心，和这个问题有很大关系。这是把两者对立起来。所以燕化所做的工作，带有普遍的意义，证明国有企业也能搞市场经济，而且有办法，能够搞好，有很大发展前途。这种经验特别值得我们重视，应该很好地宣传这种经验，总结这个经验，使它系统化、条理化，由感性认识上升到理性认识，使它更易推广，也使燕化本身的工作得到进一步提高。

第二点，燕化公司为什么可以长盛不衰，越办越好呢？它的基本经验究竟在什么地方呢？我觉得这是值得探讨的。这也是给我们理论工作者提出的问题，要总结经验，就要提出这个问题。

从原则上讲，是不是和两个问题有关系，即进行了两个转变。第一个转变是体制的转变，燕化由过去的计划经济体制，向社会主义市场经济体制的转变。燕化在这个转变过程中，不断发展，不断壮大。第二个转变是由原来的增长方式向新的增长方式转变，就是由原来外延的、粗放的、速度型的增长方式，向内涵的、效益型的、集约型的增长方式转变。这两个方面是相辅相成的。从燕化来看，后一种转变成绩更显著一些，前一种转变还在进行之中，还有很多需要深入改革的地方。如果前一种转变搞得更好，后一种转变取得的成效就会更大。这就是中央所说的要进行改制、改组、改造，把"三改"很好地结合起来，更好地推动我们的工作。

第三点，就是关于原来的增长方式和新的增长方式。经济的增长方式，是由很多因素决定的。第一是国情，国情不同增长方式也不同。我们国家的国情决定了我们的增长方式。第二是发展阶段，发展到什么阶段呢？你是工业化了，还是没工业化，或者是后工业化。从社会主义发展阶段看，你是成熟的社会主义，还是社会主义初级阶段，还是社会主义高级阶段？发展的阶段不一样，增长方式就不一样。我们是个发展中国家，西方给我们戴了个高帽子，说我们是世界上头等强国了，已成为发达国家了。我们对自己的发展阶段应该很清醒。我们处于社会主义初级阶段，还是发展中国家，这与我们的增长方式有关系。第三与发展战略有关系。我们采取什么战略，是追求速度，还是追求效益，本来两者应统一起来，但实际做起来却不是这样。一个时期我们追求速度，而速度对我们也很重要，因为我们还很落后。第四是体制。是传统的计划经济体制，还是社会主义市场经济体制，这有很大不同。增长方式和这些有连带关系。要采取新的增长方式，就对原有增长方式一概否定，是不对的。应该说，新中国成立40多年来，我们采取原来的增长方式，国民经济的进步是很大的，成绩是很大的。我们原来是个一穷二白的国家，经济很落后，基础很薄弱，虽然人口很多，资源总量也不少，但经济发展程度在世界上却排在后面。在这种情况下，不采取原来的增长方式，我们就不可能取得今天这种进步。不能完全否定历史，完全否定过去的增长方式，那不是历史唯物主义观点。但是也应看到，我们经过40多年建设，国家发生了很大变化。新中国成立初期全部国有资产只有100多亿元，按不变价格计算，现在有4万多亿元，增长是很大很快的，有一些产品产量已占世界首位。当然按人口平均我们还是少的，但总量已具相当大的规模。4万亿元是整个国有资产，工业资产有3万多亿元，而国家每年能投入国有资产的新投资只有1000多亿元，如果增长不是使3万亿元或者4万亿元的现有存量资产活跃起来，使它真正发挥作用，而指望于每年1000多亿元的投资来增长经济，那是舍近求远，丢了西瓜捡芝麻。现在经济增长方式到了非改变不可的时候，道理是很清楚的。拿燕化来讲，现有113亿元固定资产，每年新投入的是很有限的。不把100多亿元存量资产用活用好，要靠高利借贷来发展那是很慢的。

新的增长方式也不是今天提出来的，实际上十多年前已提出来了。1982年党的十二次代表大会上，就提出来了，即在提高效益的基础上，加快我们的速度。党的十三大也提出新的增长的路子。党的十四大也提了。李鹏同志的政府工作报告，差不多每次都提到这个问题。但为什么这个转变很慢呢？有各种各样的原因，基本的一个问题是，我国还有大量劳动力是从事农业，效率是很低的。要把相当大的一部分农业劳动转变成工业劳动，还面临着改变工业企业目前人浮于事的现状。这个情况没有得到根本改变时，我们原来的增长方式要全部改变是不可能的。要看到这一点。

影响转变的除了上述客观原因，从主观原因上讲，与经济体制有很大关系。原来的增长方式是传统的计划体制产物，而新的经济增长方式是和社会主义市场经济体制相联系的。不改变原来计划经济体制，就无法改变原来粗放经营的增长方式，要采取集约经营的增长方式就要实行社会主义市场经济的体制。所以改革就成为一个非常重要的问题。

第四点，要改变增长方式，在改革方面需要深化哪些东西？这与国有企业改革有很大关系。我赞成很多同志的说法，改革不是换个牌子，不是做些表面文章，而是真正解决一些实质问题。改革从根本上讲是为了发展。邓小平同志讲，发展是硬道理。不是为改革而改革。为了新的增长方式能够更好地、牢固地树立起来，还有一系列问题需要靠改革来解决，如投资的主体是国家还是企业？这在三中全会关于体制改革决定中已明确提出这个问题。现在企业很难说是投资主体。要采取切实措施真正让企业成为投资主体。再如现在的增长方式中有基本建设，有技术改造。基本建设资金和技术改造的资金是截然分开的，不许相互调剂使用，而实际上技术改造和基本建设能分开吗？30万吨乙烯变成45万吨，是技术改造，还是基本建设？但现在体制上是分开的，管理上是分开的。打酱油的不能买醋，能行吗？这类问题改革以来很久并未解决。折旧金过去也收上去，现在留下也太低下，不足补偿实际损耗，留多了企业成本又太高，企业又负担不起——这是一对矛盾。但越提高折旧金技术越能进步、效益越会提高。

再有怎么培养有理想、有道德、有事业心、有首创精神、有竞争意识、有所作为的职业企业家，为社会为人类创造财富，把企业搞得又大又好。这种人是新时代很需要的。正像革命需要职业革命家，搞建设也需要职业企业家。过去是由企业家到政治家，把企业家分成厅级、局级、省级、部级，把"仕途经济"作为奋斗目标。这不是真正的职业企业家。而真正的职业企业家的奋斗目标是力争企业扩大市场的占有率，力争企业的高效率，为社会为人民作出大的贡献。过去，我们在这方面的提倡是不够的，体制上、制度上也缺乏保证。看这个人工作不错，就调去做官，做官的吸引力比发展企业更大，这就不能鼓励人们做职业企业家。

邯钢管理的创新点是什么[*]

很高兴参加邯钢"模拟市场,成本否决"的研讨会,下面讲四点意见:

一　要正确处理改革与管理的关系

一个时期以来,一些人把"改革"与"管理"的关系摆得不大正确,认为只要把改革搞好了,包括企业管理在内的其他问题就会自然而然地解决了。毫无疑问,通过改革实现体制的转轨,解决了企业低效率问题,包括企业效益低的问题,这是具有根本性的意义的。由不关心管理到关心管理,有一个动力机制。就是说抓了管理有什么好处,不抓管理有什么样的责任,这个问题要通过改革来解决。刚才,邯钢厂长刘汉章同志已谈得很清楚了。但是管理与改革的内容是两个相互独立的问题,在发达的市场经济环境之下,人们也会看到一些企业的情况是大体相同的,但是由于经营管理的水平不同,其经营状况则大不相同,有的发展壮大了,有的破产倒闭了。什么原因?在很大程度上是管理上有差距。在我们国家,这样的例子是不少的。例如,同邯钢体制条件相差无几的企业,产量、质量、产

*　本文是作者 1995 年 10 月参加"邯钢'模拟市场,成本否决'研讨会"时的讲话,原载《经济论坛》1995 年第 13 期。

值、利润与邯钢相比相差很大，其管理水平不高是很重要的原因，就邯钢本身来讲，实行这个管理方法前后经营效果也是大不一样的。因此，我们需要在改革过程中特别强调加强企业管理工作。首先，在改革取得一定成绩的时候，在体制转轨已经取得了阶段性成效以后，更要下大力气来抓管理，而不能把改革与管理对立起来。其次，改革的潜力要由管理来挖掘，改革的成效要由管理水平的提高来体现。一个企业在管理上一团糟，而又说自己改革搞得好，这无论如何是讲不通的。改革搞得好不好，在一定意义来说主要表现在管理的切实改进和效益的实实在在的提高上。不然的话，改革的成绩就是一句空话。

二　关于邯钢经验的意义

邯钢的做法，对如何把市场机制有效地引入企业经营管理，是一个富有创造性的探索。邯钢的模拟市场核算，实行成本否决的管理方法，它的内容和途径，刚才刘厂长已做了介绍。其中有许多值得探讨的问题。这里我着重讲一下如何有效地把市场机制引入企业内部的问题。这个问题的设想和尝试，早在"文化大革命"前就有过。有的尝试也取得了一定成效，有的尝试不大成功，关键的问题在于正确认识企业和市场的功能责任这个根本问题上，在企业之间怎样引入市场机制的作用。有的企业各个部门内的独立性很强，在分厂一级可以实行独立核算，甚至独立经营。市场机制的介入使竞争激烈程度加深。像邯钢这样生产联系比较紧密，分厂之间不能形成独立的生产经营核算单位，就不能硬性实行独立核算，否则将给企业带来混乱。邯钢的高明之处，是在于按当时的市场价格，按照倒推的办法，按市场所能接受的价格压向各个分厂、各个工序，逐层分析潜在的效益，直至原材料的采购。这些都按照高进高出的办法，从而核算出全厂50多个主要产品的内部成本和内部利润。简要来说，就是用市场信号在企业内部算账，这种算账的方法至少有两个优点：一是算账要比不算账好，不算账就谈不上加强管理；二是这种算账与其他算账方法相比，它算得比较合理科学，因为，它是按照市场定价的法则定价，市场定价比其他定价方式更合理。这也正是我们要搞市场经济的理由之一。

在依据市场价格信号算账的基础上，邯钢突出一个"责"字和一个"严"字，就是层层分解成本指标，使责权利相统一，同时，用重奖重罚，实行成本否决制度，促使各级领导和全体职工尽心尽力增产节约，增收节支。承包责任制，是近些年企业通行的管理方式，邯钢的优点在于引进市场信号，利用算账后的指标，再定价，实行企业内部的成本指标承包，并在实行承包过程中，坚持"严"字当头。用经济学道理说，市场和企业都是配置和利用资源的具体形式，邯钢管理的可贵之处在于把市场所确立的价格信号同企业内部的科学管理方法有机地结合在了一起，把市场的优点和企业的优点有机地结合在了一起，这样就使整个企业管理工作上了一个大的台阶，并且产生了突出的经济效益。还有一点，邯钢实行成本否决制度，是符合市场经济的做法，也符合现代管理潮流的做法。市场经济是一种竞争经济，一种消费者主权影响的经济，企业的发展和市场能卖什么价格，取决于供求状态，取决于生产厂家之间的竞争，把企业利润主要寄托于产品涨价的想法和做法，随着各种因素的变化，随着市场竞争的加剧，越来越行不通了，因此降低成本就成为企业在竞争中获得利润的重要途径。邯钢实行成本否决制度，就适应了市场经济发展的客观要求。从当今世界企业发展方面来看，降低成本，已成为企业经营管理的基本着眼点。最近一位日本经济学家指出：以往企业界对产品的定价的思维模式是成本加上适当的利润等于适当的价格。这是过去的模式，而新的模式则是消费者所支持的价格减去适当的利润等于成本。就是说，产品价格过去由生产者定价，变为由消费者支持的价格。不是生产厂家随便想定多高的价格就定多高，而是要消费者承认才行。不仅消费资料是这样，生产资料也是这样。也就是说，价格是由消费者去定的，企业要在市场竞争中生存与发展，降低成本就有了绝对性的意义。因此，降低成本这个事情是个很大的事情。我们近些年来，有些企业很不注意这个事情，很不强调这个事情，我认为这是一个很大的失误，邯钢的经验宝贵之处就在这个方面。

三　正确学习邯钢的经验，加强和改进企业的管理工作

邯钢的经验值得认真研究学习和推广。对那些生产经营条件与邯钢相似的企业来说，邯钢的经验有直接借鉴的意义。但对那些与邯郸的生产经营条件不同或明显不同的企业来说，邯郸的经验可能适合一部分或一定的企业。不过邯钢经验重要的一点是："重视管理"，并在抓管理的过程中，结合市场经济的新形势和本企业特点进行管理到位。与此相联系，在加强管理的过程中也面临一个改革管理的问题。现在讲管理与过去计划经济条件下讲管理在内部体制、外部环境、方法、手段上都有了很大的差别，如果继续利用明显落后的管理方法而不加以改进，恐怕管理工作就难以出现新的局面。邯钢在这方面先走了一步，探索了很多的经验。如果各个行业都能根据新情况和自己的特点，开展管理创新工作，我国的企业管理工作就会实实在在地有个新的提高。当然，管理创新有一个高的要求，对提高一部分企业来说，当务之急是抓好企业的基础管理，从一些基本的事情做起，为管理工作打下一个好基础。

四　加速传统生产方式的转变，促进国家经济素质的提高

以往我国经济增长的模式是外延式增长的模式，主要是依靠大量资金的投入，只注重数量的增长，这种增长的模式，对于增加产量起了一定作用，但是对提高质量、增加经济效益的作用比较差，而往往由于投资的膨胀引发了通货膨胀。中央曾经多次提出要改变增长方式，就是说由外延扩展型，转变为内涵提高型，也就是说要以提高质量、提高效益这样一种增长的方式为主。邯钢在这方面也给我们提供了非常宝贵的经验，这不仅对于搞活大中型企业、加强管理、提高经济效益有着非常重要的意义，而且对我国今后国家经济的长远利益、快速协调健康的发展也具有重大意义。

搞好国有资产的保值增值[*]

国有资产保值增值研讨会在北京召开，我谨代表中国政策科学研究会致以热烈的祝贺！欢迎来自全国各地的代表对国有资产保值增值问题畅所欲言，发表真知灼见，以便使这一工作做到科学管理，杜绝漏洞。下面我谈谈个人的看法。

国有企业是我国国民经济的主导力量，它的改革和发展，对于巩固社会主义制度，实现三步走的战略目标，具有极为重要的意义。改革开放十多年来，我国的国有企业改革取得了很大的成绩，不少国有企业通过改革增强了活力，在国内外竞争中得到发展壮大。但从整体上说，企业改革仍然是整个经济体制改革的薄弱环节。不少企业活力不足，生产经营比较困难，国有资产流失严重，这是目前经济发展中的一个焦点。对于搞好国有企业的重要性和紧迫性，现在全国上下已经取得共识。在刚刚结束的中共十四届五中全会上明确提出，今后一段时间，特别是"九五"时期，务必把国有企业改革真正作为整个经济体制改革的中心环节，同时抓好其他各项配套改革，以全面建立起社会主义市场经济新体制。

我们实行的是社会主义市场经济，无论从政治意义，还是从经济角度上讲，国有经济都应该是国民经济的主导，只有这个经济基础牢固了，并不断发展壮大，社会主义市场经济才可能实现。目前国有资产总量已超过

* 本文是作者 1995 年 11 月 2 日在"国有资产保值增值对策研讨会"上的讲话。

4万亿元，由国有资产作为资本金形成的国有企业，每年为国家上缴的利税占国家财政收入的60%以上；国有企业解决了大约占社会职工人数65%的劳动者就业，是数亿城市居民最可靠的生活保障。因此，国有资产是我国社会主义制度赖以存在和发展的物质基础，是全国人民的共同财富。而国有企业改革成功与否的一个重要标志，在于国有资产能否不断保值增值。

但是，在现实经济生活中，国有资产流失的现象却非常严重。据国有资产管理局的资料，80年代以来，国有经营性和非经营性资产流失每年高达500多亿元。仅对1994年12.4万户国有企业清产核资调查统计，资产损失占总资产的11.6%，若再加上产权交易中的损失，更为惊人。大量的固定资产投资、企业资产存量、金融性资产、资源性资产构成了流失的主要部分，产权交易和中外合资中的流失现象更暴露出我国在国有资产管理上还难以适应市场经济的弊端。如果不采取有力措施加以解决，国有经济的地位势必受到动摇。

国有资产属于国家，这是很清楚的。但在我们的长期实践中，一直没有解决好对国有资产保值增值无人负责的问题，国有资产的权益没有得到很好的保障，这和我国传统计划经济体制下国有资产管理体制存在的权责不明、政企不分以及粗放型增长方式的弊端是密切相关的。

因此，我们必须全面贯彻落实中共十四届五中全会提出的两个具有全局意义的根本性转变：一是从传统的计划经济体制向社会主义市场经济体制转变；一是经济增长方式从粗放型向集约型转变。切实转变我国的经济体制和增长方式，显著提高国民经济的整体素质和效益。

国有企业改革要以建立现代企业制度为目标，把改革同改组、改造和加强管理结合起来，全面准确把握"产权清晰，权责明确，政企分开，管理科学"的现代企业制度基本特征，加大改革力度，使大多数国有大中型企业在本世纪末建立起现代企业制度，成为自主经营、自负盈亏、自我发展、自我约束的法人实体和市场竞争主体。转变政府职能，实行政企分开，是搞好国有企业的关键。必须彻底转变政府职能，把政府的社会经济管理职能和国有资产所有者职能分开、国有资产行政管理和商业化经营分开的原则，对国有资产实行国家统一所有、政府分级监管、企业自主经营，建立权责明确的国有资产管理、监督和营运体系。只有这样，才能增强各级政府管理国有资产、维护国有资产权益的责任和积极性，国有资产的保值和增值才能真正实现。

随着国有企业改革的不断深入，产权制度改革被日益提到重要议程，相当数量低效甚至无效配置的国有资产不能合理流动是近些年国有资产经营状况不佳的一个重要原因。必须着眼于整个国有经济，通过存量资产的流动和重组，对国有企业实施战略性改组。这种改组要以市场和产业政策为导向，搞好大的、放活小的，把优化国有资产分布结构、企业组织结构同优化投资结构有机地结合起来，择优扶强、优胜劣汰，形成兼并破产、减员增效机制。但前一时期国有产权流动中出现了通过低估国有资产等手法导致大量国有资产流失的情况。因此，应当制定相应的规章制度，规范国有资产的交易行为，防止和尽可能减少国有资产的流失。

上面我谈的只是个人的意见，希望能起到抛砖引玉的作用，不对的地方请大家批评指正。

关于民营经济发展的几个问题[*]

今天我们在这里召开民营经济现状和发展研讨会，不少企业家、经济学家和新闻界的朋友在百忙之中与会，我在此再次表示衷心的感谢。下面我想就民营经济的有关问题，谈几点看法。

一　民营经济的定义

民营经济是近些年才流行起来的一个概念。究竟什么是民营经济，现在大家的看法还不统一。有的人认为民营经济是指个体和私营经济；有的人认为还要加上乡镇企业、城市集体企业和三资企业，即所有非国有经济都是民营经济；有的人则进一步认为，国有民营的企业也属于民营经济。对于这个问题，能否主要从以下两方面考虑：第一，民营经济主要是指经营形式，而不是特指其种所有制类型。也就是说，要以经营形式而不是所有制类型作为界定标准。第二，就经营形式来说，所谓"民营"是相对于"国营"、"官营"，即政府直接经营管理企业而言的，是指采取市场经济的运作方式，自主经营、自负盈亏、自我约束，在竞争中谋求自我发展的经营形式。如果从这个角度定义民营经济，民营经济的范围应当是相当宽泛的，它包括了国有经济在内的各种所有制类型。从现实情况看，国有

* 本文是作者 1995 年 12 月在"民营经济发展研讨会"上的讲话。

经济中真正符合民营经济标准的还不多，非国有经济中也不都全属于民营经济，因为还存在着某些非国有经济成分尚未按市场经济方式运作的情况。但从总体上看，目前非国有经济成分在民营经济中占的比重要高一些。

二　民营经济的发展及其意义

党的十一届三中全会以来，我们实行了以公有制为主体，积极发展多种经济成分的新政策。在公有制内部，推行了多种有利于搞活经济，参与市场竞争的经营形式。在这种情况下民营经济获得了蓬勃发展。仅以非国有经济的发展而言，目前其创造的工业总产值占到整个总产值比重的一半以上，创造的国民生产总值占到整个国民生产总值的 70% 以上。加上国有经济中"国有民营"的部分，应该说民营经济在我国经济发展中已经占据了相当重要的地位。

民营经济的崛起对我国的经济发展具有多方面的积极意义。就非国有经济成分中的民营经济来说，其意义大体上有以下几个方面：

第一，推动了社会主义市场经济的发育和发展。这部分民营经济与传统的计划经济没有直接的联系，基本上不存在国有经济那样的体制转轨问题。它们大都由民间自己发起，在激烈的市场经济中求得生存和发展，可以说"天生"就是属于市场经济的。这部分经济的发展，也就意味着市场经济在中国的发展。

第二，已成为我国经济增长的重要力量。如前所述，非国有经济在我国经济增长中已占有举足轻重的地位，正成为我国国民经济上新台阶的生力军，对我国总体实力的提高和改革、发展、稳定三者关系的协调有着很大的贡献。

第三，随着这部分经济的发展，正在成为国家财政收入的重要来源。在东南沿海一些地方，财政收入的大部分已是非国有经济成分创造的。

第四，这部分经济在开辟就业门路，缓解社会就业压力方面起到了重要作用。它们大多数企业规模小，劳动密集度较高，可吸收较多的劳动力。目前很大一部分新就业机会是由这部分经济提供的。

第五，由于这部分经济率先进入市场经济，为企业如何适应市场经济的要求提供的有益经验，对国有企业的体制转轨，特别是如何搞好"国有民营"可以产生示范作用。

至于国有经济中的"国有民营"部分，它们对国有经济的整体转轨起到了积极的作用。从发展趋势看，"国有民营"的比重还会有所扩大。但需要指出的是，从国有经济在社会主义市场经济中的作用来看，一部分国有经济不能采取民营的形式，例如，对国家安全和国有经济全局有特别重要性的部分，某些自然垄断部门等。有些国有经济也只能采取一定形式和一定程度的民营。

三 民营企业也有一个按照现代企业制度加以规范的问题

前面已经说过，民营经济总体上对市场经济有较强的适应性，以至于我们可以说它"天生"是属于市场经济的。但由于历史、地域、体制等条件的不同，民营经济的形成和发展状况差别较大。用现代企业制度的要求衡量，相当数量的民营企业存在着不规范的问题，有些企业的制度漏洞较大。例如，有的集体企业产权关系混乱，企业的所有者是谁说不清楚；有的企业组织结构不合理，几方面的关系没有理顺；有的企业短期行为严重，搞假冒伪劣产品；有的企业偷税漏税严重，不讲商业道德，等等。即使对搞得好的民营企业来说，也有某些不规范、不完善的地方。所以，从总体上说，民营企业也有一个按照现代企业制度加以规范的问题，而且这个任务比较迫切和繁重。

具体地说，主要有以下几个问题需要注意：

首先，不同的民营企业，要选择适合自己实际的现代企业制度形式，不宜搞"一刀切"。目前理论界对现代企业制度的含义还有不同看法，有的认为现代企业制度就是指公司制度，其中包括股份有限公司和有限责任公司，有的则认为除公司企业外，还应包括独资企业和合伙企业。这些问题可以继续讨论。但从现代市场经济的实践看，在企业总数中，多数是独资企业和合伙企业，少数是公司企业，例如，在美国，公司企业不到企业总数的 20%。当然公司企业一般规模较大，其产值和就业人数比重较大。由于民营企业，特别是非国有的民营企业中中小企业居多，可能比较适合采取独资和合伙企业的形式。少数规模较大的企业则可采取公司企业形式。

其次，要逐步按照现代企业制度的要求理顺企业的外部和内部关系。在企业外部，要把产权关系界定清楚，把所有者、经营者的权利、义务、责任和风险用制度形式确定下来。在企业内部，特别是公司企业内部，要按照现代企业制度的组织要求加以规范。这里有个问题需要强调，除了要维护所有者、经营者的合法权益外，还要重视维护劳动者的合法权益。现在有些企业损害工人利益的情况比较严重，有的做法甚至是不人道的，这一点要引起注意。应结合贯彻《劳动法》，切实维护好劳动者的合法权益。

再次，要通过联合、合并、兼并、收购等市场经济中通行的做法，积极推进有竞争力的、有发展前途的民营企业上规模、上档次。目前我国经济正处在一个快速增长时期，进一步发展的潜力很大。根据国际经验，在今后若干年内，我国的产业结构和整体经济实力能否上一个新台阶，很大程度上取决于能否形成一批适应市场经济要求，具有很高技术含量、高附加价值产品开发能力和市场竞争能力的大企业与企业集团。其中相当一批大企业和企业集团将在目前的民营企业中发展而成。有潜力、有远见的民营企业应当抓住目前的有利机遇，借助联合、合并、兼并、收购等形式，扩大企业规模，增强技术开发能力，以适应国际和国内市场激烈竞争的要求。

四　民营经济的发展要有一大批优秀的民营企业家

企业家对市场经济的发展是一个关键性的因素。在市场经济中，企业是由企业家创立的，企业的成长壮大是企业家艰苦奋斗、勇于和善于创新的结果。在我们的实际生活中，也不乏"一个人救活一个企业"的例子。

可以说，在每一个成功的民营企业后面，都有一个或几个优秀的民营企业家。对经济发展来说，体制因素固然重要，人的因素也不可低估。在社会主义市场经济新体制逐步建立和完善以后，一个企业在市场竞争中能否站得住脚，能否发展壮大，很大程度上取决于能否有一个好的企业家。当然，从根本上说，能否把优秀的企业家选择到企业领导岗位上来，本身也是一个体制问题。

对于如何培养一大批优秀民营企业家，我想能否主要从以下两方面来考虑。

一是全社会要为企业家的成长创造良好的条件。要宣传企业家在社会主义市场经济中的地位和作用，弘扬企业家的创新精神，表彰优秀企业家的经营业绩。对企业家工作中可能出现的缺点，只要其主流和本质是好的，应持一种宽容的态度，允许试，允许改。要广开门路，使各种各样具有企业家才能的人脱颖而出。我们现在的企业家不是多了，而是不够，真正优秀的企业家更少。这与我们搞市场经济的时间较短有关。但我们的社会上具有企业家潜能的人并不少，社会应当尽可能地创造条件，使他们能够表现和发展自己。值得提出的是，政府机构改革必然使一部分人分流，其中有些人有丰富的经济工作知识和经验，企业家才能也有一些，应当鼓励、支持他们加入企业家的行列。他们中出现一些建功立业的优秀企业家是完全可能的。

二是企业家自身要自尊自爱自强，不断提高自身素质。社会主义市场经济在我国尚处在起步阶段，对如何搞市场经济，有大量的新知识需要学习，大量的新问题需要研究，每一个人都有一个相当繁重的学习、适应和提高的任务，企业家自然也不例外，从某种意义上说，企业家的任务更重一些。企业家所处的环境较为特殊，手里有权有钱，这些东西既可以作为创业发展的条件，也可能成为腐败堕落的诱因。近年来某些知名企业家堕落的教训应引以为戒。有远见、有事业心的企业家应当在人格和素质上对自己有高的要求，这样才能适应历史对我们这一代企业家的要求，才能真正有助于确立企业家的社会形象。

深化经济体制改革　加快
社会主义市场经济建设[*]

1994 年，在邓小平同志建设有中国特色社会主义理论和党的基本路线的指引下，全国各族人民认真贯彻落实党的十四届三中全会精神和党中央关于"抓住机遇、深化改革、扩大开放、促进发展、保持稳定"的基本指导方针，我国财税、金融、外汇外贸、价格、流通等改革迈出重大步伐，国民经济持续快速增长，人民生活继续改善，社会主义现代化事业取得了重大成就。

一　经济体制改革迈出决定性步伐

根据社会主义市场经济体制的要求，财税、金融、外汇外贸、投资、价格和流通体制等方面的改革取得了预期效果。

以分税制为核心的新财政体制已经基本建立，以增值税为主体的流转税体系开始正常运行，内资企业所得税和个人所得税都实现了初步统一，税种减少，税制简化，税负趋于公平，新的税制运行基本正常，中央和地方财政收入都有明显增加。

金融体制改革在加强中央银行职能、增强国家对货币信贷的宏观调控

---

　*　本文原载《中国经济年鉴》（1995），中国经济年鉴社 1995 年 12 月版。

能力，组建政策性银行等方面，取得积极进展，商业银行开始试行资产负债比例管理。金融秩序进一步好转。金融形势平稳，城乡居民储蓄存款大幅度增强。

外汇改革取得良好效果，汇率并轨顺利，人民币对美元汇价稳中有升。外贸体制按照国际规范，增加了政策法规的透明度，降低了进口关税，减少了进口许可证和配额等非关税限制，对外开放进一步扩大。

政府加强了对固定资产投资的宏观指导，按照不同投资主体的投资范围和各类建设项目的投资效益，将投资划分为基础性、竞争性和公益性三种类型，并由国家开发银行承担基础项目的政策性投资和融资职能，投资规模开始得到有效控制，投资结构逐步趋于优化。

价格改革和流通体制改革继续推进，一些重要商品价格得到调整。调高了粮食、棉花、石油、煤炭等基础产品价格。这些调价措施，进一步理顺了比价关系，增强了基础产业的自我发展能力，调动了农民的生产积极性。

这些重大改革的实施和协调推进，标志着中国向建立社会主义市场经济体制跨出了重要的一步，对今后的改革和发展将产生深远影响。

二　国民经济继续快速增长

1994 年国内生产总值为 43800 亿元，按可比价格计算，比上年增长 11.8%，是 1992 年以来第三个连续高增长的年份，不仅大大高于世界经济 3% 的平均增长速度也高于亚洲经济 7.8% 的平均增长速度。中国是全球范围经济发展最具活力的国家之一。

农业虽然遭受严重水旱灾害，仍然获得较好的收成。农业增加值增长 3.5%。主要农产品产量中，粮食总产量为 4445 亿公斤，比上年减产 120 亿公斤，棉花、油料、肉禽蛋、水产品、水果等产量都有较多增加，总量基本可以满足正常需求。乡镇企业继续快速发展。

全国完成工业增加值 18400 亿元，比上年增长 18% 左右。原煤、原油、电力、钢、乙烯、汽车、家用电器、化纤等都有不同程度的增长。工业经济效益综合指数为 96.7%，比上年有所提高，企业经济效益有所好转。

在国家各项优惠政策的鼓励和扶持下，近几年我国第三产业持续以 8%—10% 的增长速度向前发展。去年第三产业完成增加值 14310 亿元，比上年增长 8.7%，总体上仍保持了较快的增势。其中，运输邮电业增加值增长 13%，商业、饮食业、金融、保险业以及其他服务业均保持持续稳定增长。

固定资产投资增长幅度由上年的 58.6% 回落到 27.8%，增长过快的势头初步得到遏制，投资结构有所改善。"三北"防护林二期工程、京九铁路、举世瞩目的长江三峡工程以及黄河小浪底水利枢纽工程等重点建设项目进展情况较好。

全年社会商品零售总额为 16053 亿元，扣除价格因素比上年增长 7.8%。国内市场繁荣，居民消费的质量、档次提高，名牌家电、黄金饰品的销售势头看好。市场轻纺产品供应充裕，部分农副产品紧而不缺，基本上没有出现脱销现象。

对外贸易继续扩大，全年进出口总额为 2367 亿美元，增长 20.9%，其中出口总额 1210 亿美元，比上年增长 31.9%；进口总额 1157 亿美元，增长 11.2%。国家外汇储备达到 516 亿美元，增长 1.4 倍。财政赤字控制在预算目标内，金融秩序逐步改善，货币发行得到控制，宏观调控取得积极成效。

三　城乡人民生活进一步改善

农村居民人均纯收入达到 1220 元，扣除物价因素比上年增长 5%；城镇居民人均生活费收入达到 3179 元，扣除物价因素增长 8% 以上。居民储蓄新增 6300 亿元。全年城镇新增就业人员 715 万人，乡镇企业、私营企业、个体劳动者新增就业人口 964 万人。城乡居住条件继续改善，全年城镇新建住宅 2 亿平方米，农村新建住房 5.8 亿平方米。

四　科技、教育和各项社会事业全面发展

生产力的发展主要依靠科技进步和劳动者素质的提高被摆在更重要的位置上。科技体制改革继续深化，取得科技成果 26000 多项。普及九年义务教育受到更大重视，办学条件有所改善。社会保险制度改革取得新进展，参加各种社会保险的人数大大增加。社会福利事业日益壮大，城乡社会服务有较大发展。

应该说，1994 年我国的各项事业成绩非凡。这是在党中央、国务院正确决策，全国人民共同努力下，正确处理好改革、发展、稳定三者之间的关系，继续贯彻加强和改善宏观调控，深化体制改革，保持社会稳定所取得的。在肯定 1994 年我国经济改革和发展取得很大成就的同时，我们也应该充分认识到前进中遇到的一些困难和问题。

1. 农业发展滞后

改革开放以来我国农业取得了历史性成就，对解决居民温饱问题，支持改革开放和经济发展起了积极作用。但同工业的发展以及城乡居民生活不断提高的需求相比，还很不适应，农业基础脆弱，抗灾能力不强。农业发展滞后，对整个国民经济的掣肘日趋突出。要大力发展农业，通过深化农村体制改革，增加对农业的投入，搞好农村多种经营和综合开发，支持发展乡镇企业等措施，保证农产品稳定增长，为控制物价上涨，实现国民经济健康发展和社会安定奠定基础。

2. 国有企业发展面临一系列困难

目前，部分国有企业历史包袱和社会负担沉重，设备陈旧，技术落后，管理不善，结构调整缓慢，生产经营比较困难。这主要是由于国有企业深层次的体制问题没有解决。如果不从根本上转变国有企业机制，增加企业活力，将严重影响我国以公有制为主体的经济基础，削弱国家的财政收入和宏观调控能力，造成大量人员失业，影响社会稳定。因此，国有大中型企业应该认真按照党的十四届三中全会确定的建立现代企业制度的要求进一步转换经营机制，切实做到产权清晰、权责明确、政企分开、管理

科学，真正成为自主经营、自负盈亏的法人实体和市场竞争主体。

3. 物价上涨幅度过高

1994 年居民消费价格和商品零售价格分别比上年上涨 24.1% 和 21.7%，是改革开放 16 年来涨幅最高的一年。这是多种因素综合作用的结果，既有持续的政策性价格调整，连续几年固定资产投资和消费基金增长过快，以及几项影响价格的改革措施出台等客观原因，也有我们忽视农业生产，对农业投入不足，对各项改革措施的连带影响估计不够，对市场和物价的管理有所放松，法律不健全，市场不规范等经济工作失误的主观原因。物价总水平持续在高位上运行，不仅加重了部分低收入居民家庭的困难程度，扭曲了经济活动关系，而且不利于经济的持续、快速、健康发展，不利于进一步对外开放。因此，在保持经济持续、快速增长的同时，宏观调控的首要任务应该是坚决控制物价的上涨和防止通货膨胀的失控。应该把稳定市场物价放在重要位置，大力发展农业生产，控制固定资产投资规模，抑制消费基金过快增长，深化流通体制改革，真正实现党中央、国务院制定的控制物价上涨幅度的目标。

4. 地区发展和个人收入分配的差距有扩大的趋势

由于历史条件、经济基础、经济政策等方面的原因，业已存在的东西部差距有拉大趋势；城乡之间的差距在经历了一个缩小的时期后，近年又出现了扩大的趋势。此外，由于在收入分配关系中存在扭曲现象，合理调节个人收入的手段还不健全，出现了一些不符合经济发展现实的收入过分悬殊的现象。如果不恰当处理好这些问题，将对我国的改革和发展带来消极影响。我们应该通过财政税收调节、产业政策倾斜、进一步发展乡镇企业等措施，逐步改善这种收入差距状况。

1995 年是继续深化改革、扩大开放，保持国民经济健康发展的重要一年，也是"八五"计划的最后一年，是承上启下的关键性年份，经济生活中有许多有利的因素。从发展趋势看，1995 年国民经济发展速度有可能实现中央经济工作会议确定的保持 8%—9% 增长速度的目标；在经济增长的同时，居民收入水平将有适度的提高；社会消费品零售总额稳步增长；国有企业改革将迈出重大步伐；固定资产投资规模将有所节制，投资结构将趋于优化；对外贸易将继续稳步增长。

但一些不利于经济发展的因素仍然存在，如果处理不当，将严重影响我国经济发展目标的实现。为实现我国经济的持续、快速、健康发展和社会的全面进步，在 1995 年的经济工作中，我们应该进一步处理好改革、发展、稳定三者之间的关系，切实加强农业的基础地位，确保主要农产品稳定增产，全面发展农村经济；以国有企业改革为经济体制改革的重点，配套推进社会保障制度改革，进一步转变政府职能，培育市场体系，加快建立社会主义市场经济体制；正确处理好经济增长与控制物价上涨两者之间的关系，把抑制通货膨胀作为宏观调控的首要任务，加强和完善宏观调控，继续采取适度从紧的财政政策和货币政策，力争将物价涨幅控制在15% 以内；利用财政税收和产业倾斜等政策缩小地区发展和收入分配的差距；把经济发展的重点放在优化结构、提高质量、增进效益上，提高经济增长的质量和效益，逐步实现经济增长方式由外延为主的粗放型经营向内涵为主的集约型经营转变；坚持不断扩大对外开放，积极有效地利用外资。

发展中的中国经济与亚太经济合作[*]

据统计，1992 年，亚太经济合作组织 15 个国家和地区（不包括 1994 年加入的墨西哥和巴布亚新几内亚），人口超过 20 亿，约占世界人口总数的 38%，国内生产总值总和为 118917 亿美元，约为世界总量的 1/2，进出口总量为 29631 亿美元，为世界贸易总量的 42%，已超过欧共体所占 40% 的比重。近年来，远远超过世界平均水平的经济增长速度预示着亚太经济合作组织在世界生产和贸易总量中的比重还将进一步扩大。

目前，关于加强亚太地区经济合作的问题，正在引起各国和地区的高度重视。在此，我想就"发展中的中国经济与亚太经济合作"这一问题，谈一些不成熟的看法。

一　对亚太经济合作的简要回顾

1971 年，一桥大学的小岛教授在《日本和太平洋自由贸易区》一书中首先提议建立一个由美国、日本、加拿大、澳大利亚和新西兰组成的自由贸易区，80 年代下半期，有关亚太经济合作的问题从学者的书斋走向了现实。

---

[*]　本文是作者 1995 年在"华南地区经济发展方向及其与香港、台湾地区和日本经济关系展望国际研讨会"上的讲话。

1989 年 1 月，澳大利亚总理霍克访问韩国时提出"汉城倡议"，建议召开部长级会议，以讨论加强亚太经济合作问题，是年 11 月，在澳大利亚首都堪培拉举行首届部长会议。1991 年 11 月，在韩国汉城举行第三届部长级会议时，通过了《汉城宣言》，正式确定亚太经济合作组织的宗旨和目标是："相互依存，共同利益，坚持开放性多边贸易体制和减少区域内贸易壁垒。"亚太经济合作组织建立后，不少人就提出，处于东亚经济增长心脏、正在迅速崛起的中国不参加，将使这一组织大为逊色，缺乏代表性。

对于中国的加入，各方面都表现出了积极的态度。1991 年 10 月，中国同当时亚太经济经合组织高官会主席（韩国外交部部长助理）签署谅解备忘录，根据"一个中国"和"区别主权国家和地区经济"的原则，中华人民共和国同中国台北和中国香港分别加入。目前，中国已参加了该组织下设的全部 10 个专题工作组和两个特设工作组的活动。

1993 年 11 月在美国西雅图举行的亚太经济合作组织第 5 届部长级会议和领导人首届非正式会议就 21 世纪的前景、亚太经济合作的优先领域以及促进合作的手段和机制广泛地交换了意见，在一些重要问题上达成了共识，发表了最后文件《亚太经济合作组织领导人经济展望声明》。会议讨论了亚太经济合作的实际问题，并成立了贸易和投资委员会以及咨询机构。参加此届会议的成员已经达到 15 个[①]。此次会议还决定接纳墨西哥和巴布亚新几内亚为该组织新成员，从而使亚太经合组织的成员增至 17 个。

1994 年 11 月 15 日在印度尼西亚"雨都"茂物举行的亚太经济合作组织领导人第二届非正式会议则标志亚太经济合作进入务实的新阶段。茂物会议发表的《亚太经济合作组织经济领导人共同决定宣言》（简称《茂物宣言》）宣布，"不迟于 2020 年在亚太地区实现自由、开放的贸易和投资这一目标"。《茂物宣言》强调，为实现这一长期目标，亚太经济合作

---

① 它们是澳大利亚、文莱、加拿大、中国、中国香港、印度尼西亚、日本、马来西亚、新西兰、菲律宾、新加坡、韩国、中国台北、泰国和美国。

组织成员应"进一步减少相互间的贸易和投资壁垒，促进货物、服务和资本的自由流动"。鉴于亚太经济合作组织成员的经济发展水平不同，《茂物宣言》提出，发达国家和地区、发展中国家和地区分别不迟于2010年和2020年实现贸易和投资自由化的目标。会议还同意以关税及贸易总协定的原则作为实现贸易自由化目标的法律依据，以相互合作、平等互利作为实现这一长期目标的操作基础。

二　加强亚太经济合作符合各国和地区的经济利益

据美国传统基金会提供的数字，1993年，美国同亚太经济合作组织15个成员的双向贸易额达5340亿美元，其中同东亚地区的贸易额达3480亿美元，远远超过美国同加拿大和墨西哥2650亿美元以及同欧洲2270亿美元的贸易额。克林顿总统认为："太平洋地区能够并将成为美国人民的一个就业、收入、合作和经济增长的巨大来源。"美国助理国务卿洛德认为："今天，世界上没有一个地区能够比亚太地区更重要。明天，在21世纪，也没有任何一个地区能够像亚太地区那样重要。"

随着美国对外经贸关系开始向亚太地区转移，克林顿提出建立"新太平洋共同体"的设想，并建议举行亚太经济合作组织领导人非正式会议，共商亚太经济合作大计。这是克林顿政府采取的重大地区战略决策，反映了美国在亚太地区的长远战略目标，也是美国把注意力越来越多地转向亚太地区的具体体现。

近十年间，日本对东亚的直接投资已占其海外投资的50%，成为该地区最大的投资国。日本在亚洲的援助是美国的5倍，同亚太地区的贸易额已超过美国，仅向亚洲"四小龙"出口额就达746亿美元，顺差487亿美元，连续两年超过对美国的贸易顺差。日本对外贸易约80%是在亚太地区进行。因此，日本各界人物都先后提出亚太合作战略构想，诸如"太平洋经济圈"、"太平洋经济共同体"、"亚太大厦"等。日本希望立足亚太，发展成为世界政治经济大国。

在中国国家主席江泽民与韩国总统金泳三会晤时，江泽民表示，中韩可发展的领域很多，地理上又邻近，两国的有关部门可增加接触。金泳三总统说，中国要建立社会主义市场经济体制，经济有了突飞猛进的发展。韩中经贸关系发展很快，1994年两国贸易额已突破100亿美元，我们感到很高兴。他还表示，韩国方面愿意进一步发展同中国在各个领域的合作和睦邻友好关系。

澳大利亚作为英联邦成员国，为推行其亚太战略，掀起了"脱英入亚"的共和运动。其中一个带有根本性的原因是，澳大利亚出口的75%是在亚太市场。无怪乎基廷总理一再声称，澳大利亚的前途在亚太。

另外，对亚太世纪的到来和加强亚太合作，在前苏联各国、东欧、拉美、中东和非洲也都开始引起了广泛的重视。

三　中国对进一步加强亚太经济合作持积极态度

亚太地区对于中国的经济发展具有十分重要的意义。据统计，1992年全世界对华投资达581亿美元，其中542亿美元来自亚太经济合作组织成员，占世界对华投资总额的93%。中国去年进出口贸易总额为2000亿美元，其中，与亚太经合组织国家和地区的贸易，占中国进出口总额的近80%。据中国台湾方面发表的研究报告称，台湾与大陆的贸易额1990年为58亿美元，1993年已经突破了100亿美元。1991年中国台湾在美国的市场份额已由1989年的5.2%降至4.8%，1992年进一步下降到4.7%，而大陆在美国的市场份额则由2.5%增至3.9%，1992年上升到5%；在此期间，中国台湾在日本市场的份额由4.2%降至4%，大陆则由5.3%增至6%，1992年达到6.8%。

江泽民主席先后出席了西雅图会议和茂物会议，这表明中国对进一步加强亚太经济合作持积极的态度。在茂物会议上，江泽民主席就对未来亚太经济合作提出："相互尊重、协商一致"，"循序渐进、稳步发展"，"相互开放、不搞排他"，"广泛合作、互利互惠"，"缩小差距、共同繁荣"的五项原则建议。新西兰总理博尔格认为，这五项原则对今后亚太地区的经济合作有重要意义。

我个人认为，在亚太经济合作组织内把贸易和投资自由化作为一个长远的目标，并制定适当的实施时间表有利于加强亚太地区的经济合作。但是由于亚太地区内部各国和各地区之间经济发展水平相差悬殊，因此对于经济发展水平不同的成员，可以制定不同的大体上实现贸易自由化的时间表；不同的领域也可以采取不同的进度和做法。如果对发展水平和实际条件不加区别，要求所有成员、所有领域同步进行，是不现实的，并且不符合公平竞争的精神。

四　中国"复关"、美国对中国的贸易制裁与亚太经济合作

茂物会议后不久，在加强亚太地区经济合作的主旋律中，出现了两个不和谐的音符。中国"复关"谈判的破裂、美国以知识产权问题为由宣布要对中国实行贸易制裁。

（一）关于中国"复关"问题

众所周知，中国为恢复"关税及贸易总协定"缔约国的地位，进行了 8 年艰苦谈判。为达到关贸总协定的复关要求，中国作出了认真的努力，但是，终因有关国家索价过高使谈判破裂，中国对此已经表明了态度。出现这种人们不愿意看到的事情无疑为进一步加强亚太经济合作蒙上了一层阴影。我个人认为，与中国"复关"和制定亚太经济合作组织贸易与投资自由化时间表有着直接关系的问题是，如何估计中国的总体经济实力和如何估计中国的经济发展水平？

近两年来，一些国际组织对中国的经济发展水平发表的很多有意义的研究成果，中心问题是指出了简单地使用汇率方法对中国 GNP 美元值进行换算会明显低估中国的实际经济发展水平。例如，在世界银行的《世界发展报告》中，80 年代的前 9 年，中国的人均 GNP 始终是在 300—330 美元之间，显然，简单的汇率换算方法存在着明显的误差。最近发表的一些研究报告，采用了新的购买力平价方法，得出的结果是中国的人均 GNP，已经接近 2000 美元，特别是与 12 亿人口相乘，使中国成为世界第二或第三大经济国。与这种评价有关，一些西方国家提出中国应当按照中

等发达国家的条件"复关"。

目前，中国学者对上述评价结果，普遍持怀疑态度，因为这一结果意味着 1 元人民币＝1 美元，显然这是不现实的。这里，我想举一个简单的例子，在美国，一辆经济型小轿车的平均价格在 1.5 万美元左右，若中国人均收入是 2000 美元，一个三口之家 2—3 年的收入应可购买一辆轿车，但实际上从目前中国实际的居民收入和汽车的价格比例看，则需要30 年。

有关准确评价一个国家的经济发展水平，是一个非常复杂的问题，联合国早在 1968 年即开始了"国际比较项目"（ICP）的研究工作，目前已经形成了一个在 GDP 项目下，由 150 个以上的细分类支出指标和 400种以上商品和服务的价格构成的指标体系。因中国还未参加这一项目，故无中国的实际数据，因此，上述若干有关以购买力平价所做的中国经济发展水平的估计，显然是用不完整的价格资料高估了中国的实际发展水平。

我认为，最近 15 年来，尽管中国经济有了很大的发展，但至今为止，中国仍然是一个由 12 亿人口组成的低收入的发展中大国，尽管总量的排位可能提前几位，但人均水平仍很落后，属于低水平的发展中国家，要改变这种状况，达到中等发达国家的经济水平还需要经过相当长的时间。在中国的多数地区工业化的水平还很低，中国的一些产业还处于关贸总协定规定的幼稚产业的水平，对中国复关和在亚太经济合作中应尽的义务提出过高的要求，不仅会使中国经济发展处于十分不利的地位，同时，与一个生机勃勃的中国经济相比，中国经济增长的乏力对亚太经济增长和亚太地区的多边贸易都会产生负面影响。

（二）关于中美贸易问题

这些年来，尽管中美关系经历了种种曲折，两国经济关系有了迅速发展。目前，美国已是中国的第三大贸易伙伴，中国在美国对外贸易中也上升到第九位。相互投资从无到有，不断扩大。这充分表明中美两国在经济上是互补互惠、互相需要的，具有巨大的发展潜力。

中国拥有广阔的市场，同时拥有许多丰富的美国市场需要的产品，这些对美国和其他发达国家的工商企业界都有着广泛的吸引力。农业、交通、能源、原材料、基础设施和技术改造，是中国当前经济发展的重点，美国在这些方面都具有同中国加强互惠合作的优势。经过十几年的共同努力，美国工商企业界与中国的合作已有了相当的基础。可以肯定，如能排除政治因素的影响，摆脱一些人为的羁绊，中美两国的经济合作潜力一定会得到更大发挥，成果更加丰硕。因此，我们希望美国政府能从亚太经济发展的全局出发，从美国经济发展的长远利益出发，在中美经济关系方面采取灵活的态度，合理地处理中美之间的贸易关系。

总之，中国对外开放政策不会改变，中国实行全方位开放，面向全世界，首先是面向亚太地区。中国重视并将积极参与和推动本地区的经济合作。加强同亚太国家的经济合作和贸易往来，是我们坚定不移的方针。

上海应成为世界级大城市[*]

很高兴能参加这次研讨会，下面我想就上海的发展问题谈几点想法，供大家参考。

首先，我想谈一下上海发展的定位问题，也就是说，应该在什么范围、什么意义上认识上海在经济和社会发展中的地位与作用。最近，我在几个场合特别是在今年 2 月中旬于合肥召开的长江流域开发开放研讨会上讲过这么一个观点：未来最有希望的经济增长区，就世界范围来说是亚太地区，就亚太地区来说是东亚地区，就东亚地区来说是中国，就中国来说则是长江经济区。而上海则处在长江经济区的"龙头"位置，堪称是"重中之重"。我想，对上海在未来发展中的定位问题，是不是应该着重从这个角度加以认识。

近些年来，世界范围内出现了经济发展重心转移的现象，这种现象在历史上曾有规律地出现过。在欧洲，首先形成经济中心的是地中海，其重点又集中在沟通东西方贸易的威尼斯。15 世纪初，这个当时人口尚不到 20 万人的商港，就拥有商船 3000 多只，经直布罗陀海峡直通伦敦，向东直通东方的中国。后来，土耳其帝国的兴起，割断了东西方贸易之路，并大肆掠夺威尼斯和爱琴海商业据点，导致了威尼斯的衰落。代之而起的是北欧各国间的贸易兴旺。同时，美洲的发现扩大了贸易范围及航海事业。

---

* 本文是作者 1995 年在"迈向 21 世纪的上海研讨会"上的讲话。

世界商业中心就由南欧向北转移，逐步转向伦敦，长达 18—19 两个世纪。到了 20 世纪，世界商业金融中心又转到了纽约。

第二次世界大战以后，日本经济很快复兴，成为仅次于美国的经济大国，加上东亚"四小龙"的崛起，致使亚太地区与美国的贸易总额在 80 年代中期首次超过欧美之间的贸易总额。这就意味着太平洋已代替大西洋逐渐成为世界贸易的中心。近年来，继日本和亚洲"四小龙"的经济增长奇迹外，亚洲新的"四小龙"正在崛起。不过，最令人瞩目、增长潜力最强的是中国。80 年代，中国国民生产总值增长率居世界前列，近一两年则高达 13% 左右。国际舆论对中国未来一二十年的增长前景给予了相当乐观的估计，认为在下个世纪初中国的国民生产总值将可能超过日本和美国。这种看法不能说没有一定的根据。但是，我们清醒地认识到：要达到这个目标，需要较长的时间，而且即使达到了这个目标，按人口平均，我国仍处于世界上中等发达国家的水平。

我们说在中国，本世纪末和下世纪相当长的一个时期，增长潜力最大的地区就是长江经济区。这样一个判断是否有根据呢？我认为是有相当根据的。在本世纪八九十年代，得益于改革和开放两方面的有利条件，以及优越的自然地理条件，增长速度最快的是以广东等省为"龙头"的东南沿海地区。这种增长对实现第一步和第二步战略目标，起到了非常重要的作用。这一点是有目共睹的。经济发展重心转移现象不仅出现在世界范围内，也出现在一国范围内。到本世纪末和下世纪，在东南沿海地区继续发挥重要作用的同时，经济增长的重心很可能向长江经济区转移。这是因为，长江经济区具有其他地区不具有的特殊优越条件：第一，长江是一条黄金水道，不仅贯通中国的东部、中部和西部，而且连接中国的南部和北部，可以说是贯通和连接全国的脊梁。这个地区的交通运输条件也比较发达。第二，长江流域包括七省一市，地域辽阔。人口 4.5 亿，占全国的 38.6%，人口稠密，文化素质较高，是全国最广阔的市场之一。1992 年国民生产总值 8963.5 亿元，占全国的 37.3%。第三，这个地区自然条件优越，物产资源丰富，有较好的工农业基础。但与沿海地区相比，开发的潜力更大一些，有些地区还是未开发的处女地，可预见的后发收益很大。

第四，正在兴建的长江三峡工程，是当今世界最大的工程，它的开发将有力地带动长江经济区的发展。第五，随着社会主义市场经济体制的建立和逐步完善，以及全方位开放政策的推行，地区间的政策差别将缩小以致取消。这对长江经济区，特别是其中的腹地地带是一个有利条件。另外，由于沿海地区的经济有了很大发展，它们支援内地的力量也增强了。

就上海而言，它虽然地处东部沿海地区，但所直接辐射和带动的主要是长江经济区，而长江经济区，正如前面说过的，在未来全国乃至世界经济发展中有着举足轻重的作用。从这样的角度考虑上海的定位问题，便不能就上海谈上海，也不能仅从长江三角洲谈上海，而必须着眼于长江经济区、全中国、东亚地区、亚太地区以至整个世界的经济发展，来确定上海的地位和作用。能不能这样看，未来的上海，不能仅是全国性经济中心，也不能仅是区域性的国际经济中心，而有可能成为全球性的国际经济中心，即世界级的大城市。

从目前的发展趋势和已有的条件看，对上海作这样的目标定位并非不切实际，经过努力是有可能达到的。从亚太地区来说，我们不妨拿上海与东京、中国香港、新加坡作个比较。就所依托的腹地而言，东京依托的是日本这样一个不大的岛国，中国香港和新加坡属于城市型经济类型，而上海所依托的是长江经济区这样一个广大而富有潜力的地区；就产业基础而言，上海已有的企业门类和规模、劳动力素质、科技开发水平等，在有些方面要优于中国香港和新加坡，与东京比较，差距恐怕也不算很大。就已有和潜在的市场规模而言，随着我国人民收入水平的提高和市场经济的发育，不仅在消费品市场、生产资料市场、劳动力市场等方面，上海要优于上述几个城市，就是金融市场，上海的潜力也是相当可观的。经过一个时期的发展，上海在某几个方面或全面超过中国香港、新加坡甚至东京，不是没有可能。在本世纪初，上海就曾经一度是环太平洋沿岸地区最繁荣的城市，那时东京尚在上海之后，更不必说香港和新加坡了。在旧中国那样的条件下能出现的事情，在经过改革开放而充满活力的新中国，在世界经济重心东移的大背景下，为什么就不可能再出现呢？当然，上海将来有了大的发展，它与其他国际性大城市，例如，前面说过的中国香港、东京，以及作为世界级大城市的纽约、伦敦，并不是简单的替代关系，更多的将是并存和互补的关系。世界经济重心转移，并不意味着原有的大城市不再重要，比如伦敦，虽然它的黄金年代已过，但它仍然是世界上最重要的金融中心之一。世界级大城市不可能只有一个，而是若干个，或者说是一组。不过，后起的大城市除了具有共性的东西外，还会有一些新的特点，因为它们是建立在更新的科学技术水平、更为丰富和完善的组织结构的基础之上的。

如果我们把未来的上海定位于世界级大城市，那么，接下来的一个问题就是上海发展的重点应当放在哪个方面？现在提出上海应当成为经济中心、金融中心、贸易中心，这是很有道理的。上海有全国最好的工业基础，有大批科技人员和熟练工人，具备发展高新技术产业的优势，把上海建成经济中心完全顺理成章。上海有良好的海陆空运输条件，商品市场已相当发达，期货市场也初具规模，完全有条件成为很大的贸易中心。

但是，我想强调指出的是，从世界级大城市的目标要求看，在经济、贸易和金融这三个中心中，最重要、最关键的可能还是金融中心。市场经济是货币经济，所有的经济活动，特别是流通活动，最终都要靠金融活动来引导。现代市场经济又是高度发达的信息经济，金融中心提供了大量而关键的信息，从而使之成为最重要的信息中心。所以金融中心是渗透力、辐射力最强的。缺少强大的金融中心，显然不可能实现经济的市场化、国际化、全球化。如果一个城市是经济中心、贸易中心，但不是金融中心，或者不是第一流的金融中心，那么它恐怕很难成为世界级大城市。在世界经济重心转移的过程中，伦敦、纽约等城市之所以成为世界级大城市，集中表现在它们作为世界第一流金融中心的地位和作用上。这一点只要看一看这些城市证券市场交易量、金融机构的集中度及其对世界经济的影响，就很清楚了。因此，未来的上海，特别是21世纪的上海，应该把建立第一流的金融中心摆在相当重要的位置上来考虑。有些现在能做的事情，应当积极创造条件去做，比如在开放市场、解除不必要的限制、吸引国外金融机构、调整国内金融机构布局等方面，逐步有一些新的举措。经济中心、贸易中心，再加上第一流的金融中心，上海就能对长江经济区和全国的经济起到强大的引导和带动作用，并在国际经济事务中占据举足轻重的地位。

在近期内，上海在产业和企业的布局上，似应着力发展那些跨行业、跨地区以至跨国度的项目，进一步提高上海的开放度，这包括对外和对内开放两个方面。近一个时期国外一些大财团、大公司相继进入上海，国内不少地区和企业也纷纷在上海布点设厂，开辟窗口。这是一个好的开端，应当使这个势头保持下去。只有使上海更开放，才能使上海成为全中国的上海，并逐步成为全世界的上海。

由于在改革开放推动下我国经济发展很快，第二步战略目标有可能提前实现。在下世纪实现第三步战略目标的过程中，长江经济区特别是上海的发展状况将具有决定性的作用。近几年中央对上海发展尤其是浦东开发很重视，采取了一系列促进措施。邓小平同志对上海的发展寄予厚望，他在南方视察的谈话中指出：上海"目前完全有条件搞得更快一点。上海在人才、技术和管理方面都有明显优势，辐射面宽"。他还认为在搞四个经济特区的时候没有加上上海是一个大的失误，"要不然，现在长江三角洲，整个长江流域，乃至全国改革开放的局面，都会不一样"。小平同志关于上海"搞得更快一点"的要求，是富于远见的，也是完全符合上海实际的。正如我们前面说过的，上海拥有全国最雄厚的工业基础，最高的综合技术水平，最大的贸易中心，最重要的国际交通枢纽，加上中央给的浦东开发和其他特殊政策，比其他地区搞得快一点，是完全应该和可能的。

这次我是第二次参加上海发展战略的研究。1984 年我参加了中央工作组和上海调研组的工作，针对当时上海的实际，我们提出了把上海建设成为开放型的、多功能的、产业结构合理化的、高度文明的社会主义现代化的最大中心城市，我国最大的贸易、金融、科技信息中心，对外开放的最重要的门户的设想，并提出由中央授权给上海，使上海在改革开放上先行一步，对上海实行特殊政策的意见。当时上海的情况是与国外的差距在扩大，在国内的领先地位迅速减弱。随着近些年来中央关于加快上海发展一系列战略部署的落实，上海改革开放事业的迅速推进，特别是上海同志的努力工作，上海的面貌发生了很大变化，与国外的差距有所缩小。有些方面已经超出了我们原先的设想。比如对外开放问题，原先也提出过开发浦东，搞外向型，但尚未从把上海建成世界级大城市的高度来考虑问题。但总的来看，十年前提出的那些东西在大的方面还是对头的。看到近几年上海发展很快，面貌正在变化。我们这些人虽然老了，但上海却像早晨的太阳越来越年轻了，对此我感到由衷地高兴。目前上海正面临着前所未有的大发展机遇，希望上海能抓住这个机遇，加大综合改革的力度，富于创新而又扎扎实实地工作，使上海过几年能上一个大的台阶，并能有力地带动长江经济区和全国的经济发展，为实现我国经济发展的第二步和第三步战略目标作出应有的贡献，并在下世纪独领风骚，成为名副其实的世界级大城市。

没有调查研究就没有决策权
和决策咨询权[*]

　　一方面，改革开放 17 年来，我国的经济建设和现代化事业取得了举世瞩目的成就，综合国力显著增强，人民生活水平大幅度提高，各项社会事业迅速发展。这些成绩是全党和全国人民团结一致、共同努力取得的，其中正确决策起到了至关重要的作用。特别是党的十四大把建立社会主义市场经济新体制作为我国改革的总体目标，不久前召开的党的十四届五中全会通过的《中共中央关于制定国民经济和社会发展"九五"计划和 2010 年远景目标的建议》（以下简称《建议》），都体现了邓小平同志建设有中国特色社会主义理论和党的基本路线的要求，是实现国家富强、民族振兴和社会长治久安，顺利跨入 21 世纪的宏伟纲领。

　　另一方面，建立社会主义市场经济体制，实现《建议》中提出的奋斗目标，还有不少困难和问题有待解决。首先是农业发展滞后，农业发展同工业的发展以及城乡居民生活不断提高的需求相比，还很不适应；其次是国有企业社会负担重、设备陈旧、技术落后、机制欠活、管理不善、结构调整缓慢、生产经营比较困难；再次是物价上涨幅度过高，不仅加重了

　　* 本文是作者 1996 年 1 月 11 日在"全国政策咨询工作会议"上的书面发言，原载《中国软科学》1996 年第 4 期。

部分低收入居民家庭的困难，而且扭曲了经济关系；还有地区发展不平衡、国家财政负担重、宏观调控能力减弱等，都不利于经济的持续、快速、健康发展。这些问题有的是传统的计划经济体制遗留下来的，有的是在改革开放后新出现的。要真正解决这些问题，必须按照《建议》所指出的那样，实现两个具有全局意义的根本性转变，即经济体制由传统的计划经济体制向社会主义市场经济体制转变，经济增长方式由粗放型向集约型转变。

然而，应当看到，中国国家这么大，情况千差万别，不仅中央科学地作出各项决策不容易，就是各地方和基层如何结合本地区、本部门的实际情况，创造性地执行中央的决策，作出自己的决策也很不容易。现在我国正处于改革开放和经济发展的新时期，对我们的决策水平自然也就有了更高的要求。我们的决策不仅要适应新情况、新形势的要求，而且必须具有前瞻性、预见性。要做到这一点，一个重要的方面就是深入基层、深入实际进行调查研究。

一　调查研究是科学决策的先决条件

对于调查研究的重要性，毛泽东同志曾有精辟的论断："没有调查，就没有发言权"，并把调查研究提到辩证唯物主义论和方法论的高度。江泽民同志丰富和发展了毛泽东同志关于调查研究的思想，进一步指出："历史经验说明，各种问题的解决都取决于正确的决策，而正确的决策来源于对客观实际的周密调查研究。"并强调"没有调查，就没有发言权，没有调查就更没有决策权"。这对于提高领导水平，对于正确决策，具有重要的指导意义。我们所进行的社会主义建设是极其复杂和艰巨的，没有现成的东西可以照搬照抄，要作出正确的决策，就必须对客观事物有充分的了解。这就要求我们本着老老实实的态度，实事求是地对待工作中所出现的问题，通过调查研究，发现事物的规律性，然后根据这种规律性慎重地定出政策、计划、措施。没有周密细致的调查研究，就不能了解实际情况，掌握客观规律，没有掌握客观规律，也就不可能有正确的决策。我们的决策必须对人民负责，对党的事业负责，没有调查研究，没有发言权，当然也就没有决策权。因此，是否能真正做到决策前缜密细致地调查研究，不应仅仅认为是一般的工作方法和态度的问题，而应该提到检验我们是不是真正唯物主义者的高度。

二　没有调查研究同样没有决策咨询权

随着社会主义建设的不断发展，给我们决策咨询机构也提出了更高的要求。决策咨询机构要为政府和企业的决策提供科学依据，同样必须脚踏实地、深入基层，对实际情况进行认真细致的调查研究，以充分了解情况，找到问题所在，提出解决问题的办法。对当前我国经济生活中遇到的一些深层难点问题，可以从不同的角度提出各种各样的解决办法，但最基本的一条，就是要重视调查研究。现在我们搞的是社会主义市场经济，与传统计划经济有很大不同。咨询机构不论是为中央政府、地方政府服务，还是为企业服务，都必须学习市场经济的知识，对现阶段我国市场配置资源的过程、机制、特点作深入了解，否则是难以胜任的。研究工作应该以调查为基础，绝不能凭自己的主观愿望随意捏造，也不能照搬照抄，从书本的概念出发，用已有的框框去套生动活泼的实际。就是搞调查研究，也不能从走马观花式的、一般化的、粗略的印象出发，而应该真正从实际出发，找到解决问题的有效办法。

三　调查研究是达到实事求是的根本途径和方法

马克思主义者认为，人类为了有效地改造世界，首先必须正确地认识世界，即从实际出发，科学地揭示和掌握客观世界内在的规律性。这就是实事求是。毛泽东同志把调查研究提到辩证唯物主义世界观和方法论的高度，并同群众路线结合起来，论证了调查研究是达到实事求是的根本途径和方法。毛泽东同志指出：共产党领导机关的基本任务，就在于了解情况和掌握政策两件大事，前一件事就是所谓认识世界，后一件事就是所谓改造世界①。要了解情况，唯一的方法是向社会作调查，对于担负领导工作的人来说，有计划地抓住几个城市、几个乡村，用马克思主义的基本观点，即阶级分析的方法，作几次周密的调查，乃是了解情况的最基本的方法②。调查研究作为实事求是的根本途径和方法，就在于它是达到主观和客观统一的桥梁，要求在工作中主观指导符合客观实际，在掌握实际情况及其规律性的基础上制定正确的方针和政策。因而，调查研究是共产党人认识世界和改造世界的重要环节。

四　认真掌握调查研究的方法

要通过调查研究获得正确的认识，达到实事求是的目的，以求正确决策，必须要有正确的态度和方法。如果调查方法是错误的，就不能达到目的。不仅不作调查没有发言权，不作正确的调查同样没有发言权，也就没有决策权，所以我们的调查研究工作必须坚持正确的方法。

（一）调查研究必须坚持群众性原则

马克思主义认识论认为，实践是认识的基础。广大人民群众既是实践的主体，又是认识的主体。天下亲知者是实践着的人。而我们每个人的实践范围是有限的，不能事事亲知。所以，一个人，特别是领导干部，要了解更多的实际情况，就要向他人请教，向群众作调查研究。毛泽东同志曾经告诫全党，一定要注意"眼睛向下，不要只是昂首望天"。只有虚心向群众学习，让群众了解你，把你当做朋友看，然后才能调查出真情况来。今天任何一个单位要制订改革和发展的正确方案，就必须向参与改革和发展的主体——广大工人、农民、知识分子作广泛的社会调查，征求意见，而不能只是由少数人坐在房子里，拍脑袋、想当然地写写画画。正像江泽民同志所指出的那样："如果不了解实际情况，凭老经验，想当然，拍脑袋，把自己的主观愿望当做客观现实，就不可能作出正确的决策。"我们

---

① 《毛泽东选集》第三卷，人民出版社1991年第2版，第802页。
② 同上书，第789页。

在向群众作调查、了解情况时，不能局限于较小的范围，不仅要向思想先进、意见和我们相同的人作调查，还要向思想比较落后、意见和我们不同的人作调查，这样才能获得全面的信息。现在有的信息比较片面，以至于不真实，根本原因就是没有注意群众性原则。

（二）调查研究必须坚持真实性原则

这是调查研究最基本的原则。调查研究，目的是要达到实事求是。这就要求首先能把握事实，反映事物的本来面目。由于人们立场不同，认识水平不同，反映事物的真实性程度也就不同，所以，我们在调查时应该采取客观态度，不能抱定一种成见下去专替自己找证据，要发现事物的真相，不要为各种假象所蒙蔽。一些人在反映情况时报喜不报忧，甚至弄虚作假；有些人喜欢夸大成绩，缩小错误；有些人粗心大意，或者不负责任，反映情况模糊不清，大而化之。这就要求我们在调查时必须学会辨别真伪虚实，要做耐心细致的考察工作，不仅要准确地把握事物质的规定性，而且要准确地把握事物量的界限，即江泽民、李鹏同志多次指出的要把定性分析和定量分析结合起来。这样才能做到心中有数，才能为我们的决策提供可靠的客观依据。

（三）调查研究必须坚持系统性原则

辩证唯物主义认为，事物是以系统的方式存在的，要客观地把握情况，就必须全面地了解构成事物的诸要素及其联系。所以，我们应当应用马克思列宁主义的理论和方法，对周围环境作系统的周密的调查和研究[1]。例如，我们在制定一个地区经济发展规划时，不仅要了解该地区经济结构的各个要素及其内在联系，还要了解该地区与周围地区的经济联系，了解该地区在整个国家经济体系中的地位和作用。

（四）调查研究必须坚持典型性原则

如果说系统性原则强调的是事物的结构与要素、整体与部分的辩证关系的话，那么典型性原则则是强调事物的个性与共性、特殊性与普遍性的辩证关系。要从诸要素中找出一个或若干个要素，从一定范围中找出一点

---

① 《毛泽东选集》第三卷，人民出版社 1991 年第 2 版，第 800—801 页。

或几点，进行深入具体的调查，从中获得细致丰富的第一手材料，加以研究，从个别上升到一般，得出规律性的认识，这就是毛泽东同志一贯倡导并多次论证的"典型性"调查方法，也就是"解剖麻雀"的调查方法，即从个别中看出普遍性。但并不是每个个别的事物都能充分地反映事物的普遍性。所以，要搞好典型调查，不能随意选择个别实例，而是要从事物的整体出发，分类选择具有代表性的典型。现在有一种情形，当上级领导到一个地区视察工作，往往被带到几个安排好的地方，结果看到的都是些好现象，另一方面的情况就看不到了。所以，现在仍应提倡"微服私访"式的调查。

（五）调查研究必须坚持辩证性原则

客观事物发展变化具有辩证性的最根本的原因，在于事物的矛盾运动。所以，"提出问题，首先就要对于问题即矛盾的两个基本方面加以大略的调查和研究，才能懂得矛盾的性质是什么，这就是发现问题的过程"。并在进一步深入调查的基础上，通过对事物的矛盾分析，把握事物的本质联系和非本质联系，主要矛盾和次要矛盾，矛盾的主要方面和次要方面。同时，调查研究作为认识活动，它本身就存在主观和客观的矛盾，调查研究的过程，就是解决主观和客观的矛盾，使主观符合客观的辩证过程。这就要求我们认识事物时，不能只看到一面，而忽略了另一面。比如我们在分析经济形势时，不仅要看到所取得的成绩，更应该注意到存在的问题和矛盾，并找出解决的办法，这样才有助于经济健康发展。

（六）调查研究必须坚持历史性原则

事物内在矛盾的运动，决定了事物的发展变化是一个历史过程。同时，认识活动中主观和客观的矛盾运动，也决定了调查研究活动是一个通过调查把握客观现实，通过研究把握事物本质联系及其规律的不断深化的历史过程。因此，我们不但要懂得外国革命史，还要懂得中国革命史；不但要懂得中国的今天，还要懂得中国的昨天和前天①，要保持调查研究的连续性以认识不断发展变化的事物。例如，党的十四大确立了我国改革的

---

① 《毛泽东选集》第三卷，人民出版社1991年第2版，第801页。

目标是建立社会主义市场经济体制，但我们应该看到，过去计划经济体制之所以长期存在，是有其必然性的，是和当时我国的国情和经济发展水平密切相关的。在当时那种情况下，计划经济曾经为我国的经济建设和各项社会事业发展作出过不可低估的历史性贡献。但随着我国经济建设的不断发展，这种经济体制越来越不适应经济发展的需要。于是，我们提出了改革传统计划经济的问题，提出要尽快实现由计划经济体制向社会主义市场经济体制的转变，以及与传统的计划经济体制密切相关的粗放型增长方式向集约型增长方式的转变。

随着时代的进步，科学技术的发展，调查研究的方法也在不断改进，形式也越来越多，如抽样调查、统计调查、问卷调查、优选法、卫星探测、计算机数据处理，等等，使人们对自然界和社会的认识更加深入，更加广泛。尽管如此，我们在进行调查研究时，仍应该认真遵循上述几项原则。只有这样，新的调查方法和技术手段，才能真正发挥作用，我们调研的目的才能达到。

五　加强调查研究，做好决策咨询工作

今年是"九五"计划的第一年，各级政府决策咨询机构的工作任务相当繁重。面对着新形势、新情况、新问题，咨询机构应当发扬实事求是的精神，大兴调查研究之风，把咨询工作提高到一个新的水平。在过去的一年，各级咨询部门围绕党和国家的中心工作开展研究，对各级政府的正确决策起到了重要作用。从那些做得质量比较好、对决策影响比较大的研究课题看，大体上有如下几个特点：

第一，是关系改革开放、经济发展全局的重大问题。如农业问题、国有企业改革问题、通货膨胀问题、经济增长方式转变问题等。新形势下需要研究的问题很多，可谓千头万绪，这就要求我们善于抓住关系全局的大问题，集中力量攻关，而不被那些细小的具体问题所纠缠。这就涉及我们前面说过的调查研究的方法问题。大问题抓住了，研究有一定深度，小问题也就容易说清楚；反之，小问题上虽然花了不少时间去研究，可能还是

糊里糊涂的。

第二，是经济生活中亟待解决的紧迫问题。上述这些问题，既是大问题，也是难点、热点问题，有着突出的紧迫性，因而为各级决策层所关心，也为广大人民群众所关心。其中有些问题还有具体的时间要求。因此，对这些问题不仅要抓，而且要抓得及时，步子慢了就不能满足决策的需要。

第三，研究中重视实际调查，掌握的材料比较准确、丰富，情况吃得比较透。也就是说，把对实际情况的调查放在了第一位，不是仅从概念出发，不是道听途说，不是走马观花，也不是凭个人一时的"灵感"，有感而发，而是在掌握第一手材料上下工夫，且方法对头。

第四，研究中表现出比较高的理论和政策水平。实际材料有了，如何理解、整理、概括、提高，是对研究者理论和政策水平的检验。理论和政策水平不高，就可能是就事论事，只见树木，不见森林，看不到事物的本质和发展变化的规律性，决策咨询工作的水平就会大打折扣。这就要求我们从事咨询工作的同志加强学习，学习一切做好咨询工作必需的理论，不断改进自己的知识结构。要反对和纠正轻视理论、满足于就事论事的倾向，提倡和鼓励浓厚的学术空气。每个研究人员都应当在学术上对自己有一个高的要求。不能把理论研究与具体的政策研究对立起来。实践证明，只有具备了扎实的理论功底，政策研究才可能达到比较高的水准，才能敏锐地抓住时机，掌握新情况，提出新思路、新观点、新办法、新措施。

第五，重视提出行之有效的解决问题的办法。决策咨询工作的直接目的就是要提出解决问题的办法，决策咨询工作的水平高低的一个重要衡量标准，就是要看所提出的解决问题的办法是否行之有效，符合实际。从目前的情况看，我国改革开放、经济发展的总体目标已经明确，研究工作的重点要放到"船"和"桥"的问题上。当然，好的对策不是凭空想出来的，其前提是把情况吃透，有较高的理论和政策水平，对事物发展的规律性有科学的把握。

第六，不是"单兵作战"而是集体创作。质量高的科研成果，多是由领导亲自挂帅，组织本单位和社会上的有关精干力量，进行系统的调查研究，提出多种方案比较、论证，反复讨论修改，集群体智慧之大成。而不是个人一时即兴之作，像一般文学作品那样。当然，优秀的文学作品，也是根植于深厚的社会生活。

以上几个特点无疑是优点，也可以看成是做得较好的研究课题的经验所在。在新的一年里，相信同志们能够认真总结经验，保持和发扬已有的优点，围绕中央提出的两个根本性转变，为各方面的决策提供更好的咨询服务，使决策咨询工作出现新局面。

六　多出调查研究的精品，为科学决策创造坚实的基础

随着社会主义市场经济的不断发展，研究咨询业也在蓬勃发展，咨询机构如雨后春笋般大量涌现，这既是一种非常可喜的现象，又是一种严峻挑战。竞争日益激烈，优胜劣汰在考验着每个单位和个人。

正像在社会主义市场经济条件下，企业要生存、要发展，就必须按照市场的需要，出精品、创名牌，以不断占有市场一样，研究咨询机构要生存、要发展，也必须出精品、创名牌，才能不断扩大自己的社会影响，否则，就会被淘汰。因此，研究咨询业同样存在创名牌的问题。要创名牌，就得拥有自己调查研究的精品，即不断拿出对党和政府重大决策形成过程能够产生影响，得到党和政府领导同志的重视的，观点正确、内容充实、可操作性强、具有重要的建设意义的研究成果，为科学决策创造坚实基础。这就给我们研究人员提出了更高的要求。我们要适应新形势的需要，加强学习，不断掌握新知识，提高自己的理论素质和研究水平，提供能给我们的社会主义现代化建设事业带来巨大的经济效益和社会效益的研究成果。

加速建立适合我国国情的
社会保障体系[*]

目前国有企业面临的困难甚多，特别是企业富余人员多，办社会的负担重，成了极为普遍而又突出的问题。出路何在？人们多寄厚望于社会保障体系的建立。然而，单凭善良的愿望，是不可能把社会保障体系健全和完善起来的。特别是多年来我们实行的是低工资、高积累的制度，社会保障基金一直没有建立，大量退休人员的重负压在国有企业身上，大量冗员难以分流。面对这种现实，企图一下子就把社会保障体系完善起来，从而把企业的包袱统统卸掉，无疑是一种幻想。因此，我们应当客观地分析建立社会保障制度的必备条件，探讨如何改善或创造这些条件，采取切实可行的措施，加速建立适合我国国情的社会保障制度。

一 建立社会保障制度的制约因素

社会保障能够达到什么样的水准，首先取决于经济发展水平。社会保障是国民生活保障体系的一个组成部分。一般来说，国民生活保障体系分为个人保障、企业保障和社会保障三个部分，而社会保障又包括社会保险、政府救济和社会福利三项内容。显而易见，经济发展水平越高，国家

---

* 本文是作者与吴家骏合著，原载《光明日报》1995 年 4 月 25 日。

经济实力越强，政府对困难居民的救济以及创办社会福利事业的财力就会越充裕，保障的程度也就越能够提高。社会保障的主体部分——社会保险（包括医疗保险、养老保险、失业保险和劳动灾害保险），虽然不像政府救济和社会福利那样主要由政府出资，但各国政府总是要在一定程度上给予补贴，所以它和经济发展水平也直接相关，即经济发展水平越高，政府补贴的财力就会越充裕；经济发展水平越高，职工的工资水平就越高，缴纳保险费的承受能力也就越强，社会保障的程度也会越高。

（一）社会保障能够达到什么样的水准，同人口年龄结构直接相关

社会保障中的政府救济和社会福利一般是面对全社会的，但实际上它的服务对象又是向老年人和儿童倾斜的。因此，这和人口年龄结构关系极大。如果青壮年比重高，上述需求相对就比较少，保障程度就会提高；反之，保障程度就会降低。至于社会保障的主体部分——社会保险更是如此。以养老保险为例，人们常常认为它是由政府全包的，也有人认为它完全是个人的积蓄，即自己在职期间缴纳保险费，老后再领取回来，似乎和年龄结构没有直接关系。其实这是误解。任何国家都不可能由政府把社会保障的费用全部包下来。新中国成立初期，我们对城市职工采取了包下来的政策，随着时间的推移，早已难以为继了。即使是经济发达国家，也不可能持久地做到这一点。同样，个人缴纳的保险费，数量也是很有限的，任何人一生所缴保险费，都很难或几乎不可能维持在他退休以后养老金的常年支用。日本一桥大学教授、著名经济学家高山宪之先生曾按照 1990年数据测算，日本企业职工在职 35 年缴纳的保险费总额，只相当于他退休以后平均余命 20 年领取的养老金总额的 15%，其余的 85% 绝大部分来自未达退休年龄的在职人员缴纳的保险费，政府补贴所占比重很小。也就是说，养老保险既不是政府全包，也不是个人储蓄，而是一种社会统筹的"后代养前代"的社会互助。这就和人口年龄结构发生了密切的关系。在人口年龄结构合理的条件下，这种互助合作方式就会非常有效。例如，老年人口少，青壮年人口多，这时对老人的赡养比率就高，养老金的收支状况就比较宽松。反之，如果进入老龄化社会，青壮年比例下降，对老人的赡养比率就会降低，养老金的财务状况就会恶化。

（二）　社会保障能够达到什么样的水准，还受就业程度的影响

就业程度高，居民中的困难户相对少，政府救济的负担就轻，保障水准就可以提高。相反，如果就业程度低，失业率过高，失业保险和政府救济的负担就重，保障水准就必然降低。失业保险是社会保障的一个非常重要的方面，是为了救济失业者和促进再就业而建立的一种保障制度。从国际经验看，失业保险制度的有效运行，是以较低的失业率和较短的再就业周期为前提的。以日本为例，失业者的补贴，按年龄和工龄分出不同档次，最少的发3个月的工资，最多的发10个月的工资。这就意味着在此时限内，一般能够实现再就业。其间政府设置的"公共职业安定所"负责为失业者介绍新的工作，如果当事人不愿接受，到期停发失业补贴，生活困难者由政府按困难户进行救济，与失业保险无关。不难看出，就业程度低，失业率高，再就业周期长，就会使大量人员成为政府救济的对象。这不但会加重政府的负担，而且保障的水准也只能是很低的。

二　从国情出发建立社会保障体系

不难看出，我们面临的形势是十分严峻的。无论是经济发展水平、人口年龄结构，还是劳动人口的就业状况，都是不容乐观的。我们必须正视这种情况，认真、冷静地探寻解决这些问题的有效、可行的对策。目前最为紧迫、急需解决的有以下几个方面的问题。

（一）　加速经济发展，为提高保障水准创造物质基础

国民经济的健康发展，经济效益的不断提高，是建立社会保障体系、提高保障水准的基础。长期以来，我国经济建设普遍存在着热衷于追求数量而忽视质量，追求新建而忽视技术改造的倾向，走的是外延型、粗放型经济增长的道路。结果是经济增长速度虽快，但经济效益很差。近几年来工业盲目发展、重复建设的势头还没有真正得到遏制，经济效益综合指数至今仍低于"七五"计划已经达到的水平。这种状况如果不尽快改变，就难以形成完善社会保障体系的物质前提。

特别值得重视的问题是，我国人口老龄化的到来已经迫在眉睫。65

岁以上老龄人口由所占人口比重的 7% 发展到 14%，法国经过了 115 年，英国经过了 45 年，日本只需要 25 年时间。而我国人口老龄化的速度还将远远高于法国和英国，同日本相差不多。据预测我国用不了 30 年，65 岁以上老人占人口的比重就会由 7% 增长到 14%。这就提醒我们，必须抓住时机，在今后一二十年的时间里使我国经济有一个大的发展。只有这样，才能从经济实力上保证在人口老龄化的巨大压力到来之时，使社会保障的水准不致大幅度下降。

既然经济发展水平直接决定着社会保障水准的提高，而我国的经济又不够发达，这就要求我们在建立社会保障体系时，保障水准在起步阶段宁可低一些，特别是养老保险不宜规定过高的替代率。目前我国城市职工养老金替代率（养老金占原工资的比率）超过了 80%，这是比较高的比率。当然，我国实行的是低工资制，和发达国家高工资的计算基数差距大，高替代率并不等于维持高生活水准。尽管如此，我国的替代率也只能是逐步提高，不宜在一开始就普遍定得过高，然后被迫下降，那将形成十分困难的局面。我们应当着眼于加速经济的发展。随着经济的发展，首先要保证工资水平的提高，调动在职人员的积极性，促进生产发展，这样才能为提高替代率创造物质前提。

（二）发展多种经济成分，分流国有企业多余人员，有效地降低失业率

社会保障尤其是其中的失业保险，不可能无限度地解决大量失业人群的生活保障问题。它是以较小的失业率和较短的再就业周期为前提的。如前所述，日本失业者的补贴最多发满 10 个月，在此期限内能够安排再就业。只有这样，失业保险才能有效地发挥作用。目前我国名义失业率虽然不高，但国有企业在职的富余人员多达 20%—30%。如此之多的冗员，要想靠失业保险把他们从企业中分离出去，是绝对不可能的。这么多人如果短时期内不能实现再就业，旷日持久地吃失业保险或吃政府救济，都是不可想象的。因此，解决失业问题，首先不是靠失业保险而是靠广开就业门路；只有把失业率和再就业周期降到合理的限度之内，失业保险的有效性才能体现出来。

要广开就业门路，就要更加大胆地发展非国有经济特别是集体经济和个体经济。过去靠国有企业支撑，才有可能给非国有企业以更多的优惠政策，而现在则应当大力发展非国有企业，反过来支持国有企业的改革。我们应当支持和鼓励国有企业的富余人员从事个体经营和到集体企业就业，只有这样才能分流富余人员，减轻国有企业负担，使实际的失业率不断降低，从而使失业保险真正发挥应有的作用。

（三）　充分调动国家、集体、个人及其家庭的积极性，多方筹措社会保障基金

任何社会都有如何赡养老人的问题。在没有建立社会保障体系的条件下，一般是以家庭为单位来赡养老人，这可以称为家庭范围内的赡养老人的制度。建立社会保障制度之后，逐步扩大统筹范围，家庭范围的赡养老人的制度则转变为社会统筹的"后代养前代"的赡养老人的制度。这种转变需要有一个较长的过程，而且要适度，不考虑经济发展水平，过度地实现社会化，是不切实际的。我们应当考虑从个人保障、企业保障、社会保障的结合上多渠道地解决国民生活保障体系问题。社会统筹的部分应当降低替代率，这一部分只保障退休人员的基本生活，可以称之为基础养老保险；有余力的、效益好的企业，可以在社会统筹的基础上自主建立企业补充养老保险，经济条件好的职工个人，如有余力，还可以在企业补充保险的基础上再参加个人养老保障。这样就可以发挥各方面的积极性，形成阶梯式、多层次的保障体系。

无论是企业保障或者是社会统筹，都存在着资金来源的问题。过去我们实行的是低工资制，企业利润全部上缴，基本上用来铺新摊子。目前我国国有资产存量中，有相当一部分是这样形成的。也就是说，本应形成保障基金的部分并没有积存起来，而是形成了新的固定资产。于是就有一种观点，认为应当把这部分国有资产的产权量化到个人。我们认为，这样做无论在理论上或是在实际操作上都是不可行的。按照谁投资谁所有、谁受益的原则，既然已经形成了国有资产，那么其产权的归属就是明确的。但确实存在着过去职工付出的劳动没有得到应有的补偿，以及优秀的经营者创造性劳动所形成的效益没有得到应有的奖励等问题。这些都属于过去的欠账，而且人员是动态的。就一个企业来说，无论是职工或者是经营者，都已几经变迁，若想如实地清算和还原是根本不可能的。考虑到这些实际情况，一种可行的办法是，把清理历史的欠账同建立社会保障体系的任务结合起来，不是把一部分国有资产量化给个人，而是在国有资产存量中切出一部分，出售之后用来形成社会保障的起动资金。这在理论上和实际操作上都是可行的。

走向 21 世纪的亚洲与中国[*]

人类正迈向 21 世纪。在新的世纪，亚洲将向何处去？亚洲与中国在世界发展全局中将起何种作用？目前众说纷纭，深为世人所关心。

世界知名的未来学家，美国的约翰·奈斯比特（John Naisbitt）在其新著《亚洲的大趋势》中明确认为："世界的轴心已从西方转入东方"，"21世纪将成为亚洲世纪"。他并且认为"中国将成为一个新的世界强国"。应当说，奈斯比特是国际学者中对亚洲和中国的未来持乐观态度的一位代表。

但是，国际上也有一些政治家和学者对亚洲和中国的未来持相当悲观的态度。美国斯坦福大学的保尔·克鲁格曼教授堪称是这一方面的代表。克鲁格曼认为"亚洲的奇迹远远不像人们所认为的那样奇特"，"世界经济将以亚洲为中心"的看法需要"重新商讨"。

国际社会和中国的学术界都以极大的兴趣对上述两种对亚洲形势的不同看法进行了讨论，较多的人认为对亚洲的未来应采取"谨慎的乐观"态度，我个人也赞同这种倾向。

一　当今的亚洲

亚洲是世界上面积最大、人口最多的一个洲。亚洲面积包括附近的岛

---

* 本文原载《亚非纵横》1996 年第 8 期。

屿约有 4400 万平方公里，占世界陆地面积的 29.4%。亚洲共有大约 30 亿人口，占世界人口 57 亿的一半以上。

亚洲尤其是东亚是当今世界经济增长最快的地区。进入 90 年代以来，日本经济增长速度明显放慢，甚至连续几年出现零增长，但东亚发展中国家和地区经济继续快速增长。在 90 年代的头五年，东亚（不包括日本）的经济年均增长率达到 8.1%，而西方发达国家（包括日本）的年均经济增长率仅为 1.8%。据经济合作与发展组织统计，同期美国经济增长了 12.7%，欧洲经济增长 7.7%，日本经济增长 6.1%，拉美经济增长 20.7%，而中国经济增长 68.5%，东亚其他发展中国家和地区经济的增幅也高达 40.5%。36 年前（1960 年），包括日本在内的亚洲地区的国民生产总值在全世界国民生产总值中仅占 4%，到 1990 年已占 25%，现在这一比重已达到 27%，亚洲尤其是东亚经济已成为带动世界经济增长的动力源。

亚洲国家（地区）通过相互贸易和投资加强了区域内部的经济联系，大大减少了对西方发达国家市场的依赖。从 1986—1992 年，亚洲区域内部贸易从 2063 亿美元增加到 6312 亿美元，其中区域内出口占亚洲全部出口的比重从 41.1% 提高到 49.9%，区域内进口占亚洲全部进口的比重从 49.9% 提高到 56%。同期，亚洲对美国的出口依存度则从 34.1% 降到 23.9%。亚洲在加强区域经济联系的同时，与其他地区的贸易也有增长。据国际货币基金组织的统计，从 1990—1992 年，亚洲同其他地区的贸易绝对额从 4636 亿美元增加到 6298 亿美元。

亚洲区域内相互投资的增长比贸易增长更为迅速。进入 90 年代以后，东亚地区内相互投资已超过来自地区外的投资。1992 年，日本、"四小龙"的投资已占东亚投资总额的 60%，而印度尼西亚、马来西亚、菲律宾和泰国吸收的外资中来自"四小龙"的占 1/3 以上。中国引进外资的 80% 以上也来自"四小龙"和日本。1994 年东亚引进外资中有外国直接投资 799 亿美元，来自东亚本地区的即占 62.6%。

亚洲地区尤其是东亚通过区内贸易、投资联系的加强，已在区内初步形成经济的良性循环，大大减少了西方经济周期性波动对本地区经济的冲击和影响。

东亚以发展中经济为主体已形成新的经济增长链。例如，亚太地区在1990—1993 年间的进口增加额为 2278 亿美元，其中"四小龙"占 30%，中国占 25.2%，美国占第三位，第四位是东盟占 13.6%，日本仅占6.1%。在这四年中，东亚发展中经济（中国、"四小龙"和东盟）的进口增加额合计 1516 亿美元，占亚太地区全部进口增加额的 68.8%。同期，中国、"四小龙"和东盟的进口增加额占世界进口增加额的比率分别为 15.5%、45.4% 和 19%，合计占 79.9%。事实说明，东亚发展中经济已形成一条新的增长链，在亚太和世界经济增长中起着越来越重要的作用。

亚洲的"亚洲化"和"现代化"。现在我们在报刊和国际场合经常可以看到、听到有关亚洲的"亚洲化"的议论。如 1996 年新年出版的一期《远东经济评论》就刊登了一篇题为《亚洲的亚洲化》的文章。在 1995年亚太经合组织大阪会议上，日本前通产省大臣、现首相桥本龙太郎也谈到了"亚洲的道路"。亚洲的"亚洲化"不仅反映在前面所述的亚洲经济的复兴和自立性的增强这一方面，也表现在世界其他地区对亚洲的重视，积极发展与亚洲的经济联系等方面。如澳大利亚明确提出了"融入亚洲"的口号，在 80 年代初，澳大利亚的出口产品有 1/3 销往亚洲，到 1994 年已增加到 60%。亚洲的现代化是一种带有自身特点的现代化。亚洲既吸收了西方现代化进程中的先进的科学技术和管理方法，又保持了东方行之有效的治理国家、社会和企业的经验；既剔除了传统的东、西方文化的弊端，又在新形势下有所创造。"亚洲化"与"现代化"是正在走向 21 世纪的亚洲出现的两种并行不悖的趋势。

亚洲经济在蓬勃发展的同时也存在一些令人担扰的问题。突出的是由于粗放的生产方式、大量消耗能源、资源而造成的环境恶化问题。大量消耗能源、资源的生产不仅加剧了环境污染，而且如克鲁格曼所说的那样，这种依靠大量投入的粗放生产，总的要素生产率提高不多，其增长是难以持久的。1992 年联合国在巴西里约热内卢召开环境与发展大会提出可持续发展的问题以后，许多亚洲国家已认识到：为实现可持续的发展，必须认真进行环境的治理保护，并使经济增长方式由依靠大量投入的粗放型向集约型转变，以减少能源和资源的消耗，提高经济增长的效率和效益。

亚洲正在出现一个有巨大购买力的"中产阶级"，但仍是世界贫穷人口最多的地区。随着经济的迅速发展，亚洲正以前所未有的规模出现一支新的"中产阶级"队伍。据估计，亚洲（除日本外）目前已有富裕层（年收入在 3 万美元以上）700 万—800 万户；中间层（年收入在 1.8 万美元以上）1400 万—1500 万户；准中间层 1.5 亿户。亚洲社会是由少数"富有者"和占绝大多数的"贫困者"组成。一方面"中产阶级"队伍在迅速扩大，另一方面贫穷人口仍占世界的 60% 以上。在亚洲除日本一个发达国家以外，其余都是发展中国家和地区，尤其是占亚洲人口 3/4 以上的中国和印度均属低收入国家。所以，整个亚洲的扶贫任务仍然十分艰巨。

二　走向新世纪的亚洲

再过四年多，亚洲和全球将步入 21 世纪。在新世纪，我们将看到：

1. 亚洲尤其是东亚将继续以高于世界其他地区的增长速度向前发展。根据亚洲开发银行的预测，从 1994—2003 年，亚洲经济的年均增长率为 7%，其中东亚经济的年均增长率将达 7.6%，继续领先于世界发展中国家年均 4.8% 和西方 7 国年均 2.7% 的增长率。亚洲经济的增长率在 1995年达到 8%，1996 年和 1997 年将放慢到 7.4% 和 7.1%，但这两年的增长率仍将为欧洲或拉丁美洲的 3 倍。亚行专家分析，亚洲经济增长速度的放慢，部分是对经济过热作出调整的一种反映，部分则是经济趋于"成熟"的表现，因而"是一种积极的迹象"。而据新加坡李光耀先生 1995 年 9月在第四届欧洲与东亚经济首脑会议上对东亚经济的预测，今后 30 年东亚经济的年均增长率将达 5%—6%（不包括日本则为 7%）。到 2025 年，东亚国内生产总值合计将占世界的 40%，为北美的两倍或者几乎相当于北美和欧洲国内生产总值的总和。亚洲将继续以高于其他地区的增长速度向前发展，它在世界经济中所占比重也将继续上升。

2. 亚洲将成为世界上最重要的投资场所和最大的商品和服务贸易市

场。据世界银行的预测，在 1995—2004 年的 10 年间，东亚地区（不包括日本）的基础设施投资共需 1.26 万亿—1.51 万亿美元，仅中国就需 6160 亿— 7440 亿美元。按部门计算，东亚在增加发电能力方面的投资需 3910 亿—4930 亿美元，电信设施 2110 亿—2560 亿美元，运输 5280 亿—6070 亿美元，上下水道 1320 亿—1530 亿美元。基础设施本是亚洲一些国家在经济迅速发展中的"瓶颈"，现在也已成了具有巨大投资前景的部门。

除了基础设施以外，亚洲的居民消费需求也在迅速上升。1991 年亚洲（不包括日本）的汽车销量已达 400 万辆，并将以每年 8% 的增速继续扩大。美国通用汽车公司董事长史密斯在一次讲话中谈道："现在人们一致认为，在今后 10 年中，汽车业的增长将集中在东亚地区"，"估计到 2005 年，亚洲将占到汽车市场的 30% 以上"。奈斯比特估计，亚洲（不包括日本）的"中产阶级"到 2010 年可能达到 8 亿—10 亿人，结果将产生惊人的 8 万亿到 10 万亿美元的购买力。

美国政府已制定将出口额从 1993 年的 6600 亿美元增加到 2000 年的 1 万亿美元的目标。为此，美国特别重视"新兴十大市场"，其中在东亚的有中国经济区（大陆加上港、澳、台）、东盟和韩国。美国有关机构预测，美国与东亚的贸易额占其全部对外贸易额的比重将从 1993 年的 35.1% 上升到 2003 年的 37.6%。

3. 日本经济将进入低速增长时期，在带动亚洲经济增长中的领头地位有所削弱，但仍将在资金和技术供给等方面发挥重要作用。日本在过去二三十年中在亚洲经济发展所形成的"雁阵"中确实起了领头雁的作用；但进入 90 年代以后，日本经济出现持续的不景气，而且回升乏力。日本著名学者早稻田大学教授西川润认为：石油危机后，日本结束了高速增长时期而进入中速增长时期（年增长率为 4%—5%）。现在经济中速增长时期结束了，日本将进入低速增长时期（年增长率为 2%—3%）。由此，日本在亚洲经济中的领头地位将有所削弱。但是，日本还不是"没落的帝国"，在低速增长中的日本仍将在对亚洲的资金和技术供给方面发挥重要作用，并将继续是亚洲最重要的商品市场之一。

4. 亚洲经济的发展不仅将继续依靠出口的扩大，而且将越来越多地依靠内需的增长。日本为恢复经济的增长和减少对美、欧的贸易摩擦，已明确提出要逐渐转向以内需为主的增长模式。亚洲发展中国家（地区）随着经济的迅速发展和居民生活水平的提高，内需也增长很快。人均民间消费的增长率远远超过世界的平均水平。世界银行最近的统计显示，过去10年内全球人均 GNP 增长最快的 4 个国家——泰国、韩国、中国和新加坡，全都在亚洲。

这一切表明了在亚洲经济迅速发展中形成的越来越大的消费能力，不仅为其他地区提供了广阔的市场，内需的增长也将愈益成为本地区经济发展的主要动力。

5. 亚洲将继续增加教育和研究与开发的投资，促进经济增长方式的转变。确实，亚洲国家如果像克鲁格曼等西方学者指出的那样，一味靠增加劳力和资源的投入来维持数量推动的增长，不仅无法与西方工业国的"质量推动型"经济增长相比，也难以保持较高的增长速度。但亚洲国家，尤其是东亚国家也不是像克鲁格曼所说的那样，单纯依靠劳动力和其他资源的投入。世界银行专家对东亚奇迹的研究结论是，同其他发展中国家相比，技术进步对东亚经济发展起了"较重要的作用"，经济增长的 10%—40%应归功于技术进步。这与西方发达国家经济增长中技术进步的贡献率占大约 70% 相比是有很大差距，但西方发达国家也经历了由粗放型到集约型生产的发展过程。东亚国家受儒家学说的影响，一向比较重视教育。目前仅在美国大学深造的东亚学生人数就接近 20 万。在经济发展中，东亚国家积极引进先进技术，并正在采取措施进一步增加科技投放，加速调整产业结构，实现经济增长方式的转变。如韩国研究与开发投资占国民生产总值的比重从 1991 年的 1.94% 提高到 1993 年的 2.33%。金泳三政府提出的面向 2010 年的"长期规划"要求韩国的科技水平在 2010 年达到西方七大国的水平。为此，韩国研究与开发投资占国民生产总值的比例将在 1998年达到 4%，2001 年达到 5%，2002—2010 年分阶段达到 5.8% 和 6.7%。中国为实现"九五"计划和 2010 年远景规划的目标，也提出了"科教兴国"的发展战略，以促进经济增长方式从粗放型向集约型的转变。

6. 南亚国家将通过经济改革和调整，进一步与世界经济接轨，加速经济的发展。进入 90 年代以来，南亚主要国家先后实行了一系列经济改革措施，初步取得成效。如印度通过经济改革，实现了经济持续和稳定增长，经济增长率在 1994—1995 年度达到 5.3%，1995—1996 年度预计将达到 6% 以上。外国直接投资的进入也从 1991—1992 年度的 1.5 亿美元增加到 1994—1995 年度的 13.1 亿美元。巴基斯坦的经济增长率在 1994—1995 年度达到 4.7%，预期 1995—1996 年度将达到 6% 以上。外资进入在 1994—1995 年度已达到 15 亿美元。经济改革已使南亚地区的经济出现了转机，若南亚国家能认真排除各种内外因素的干扰，坚持经济改革和调整，进一步扩大对外开放，南亚经济可望跃上新台阶，而构成亚洲经济发展的第三次浪潮，为整个亚洲的崛起增加新的动力。

7. 亚洲将进一步加强区域内的合作并积极参与整个亚太地区的经济合作。亚洲虽还没有全区域的经济合作组织，但次区域的经济合作有明显的发展。突出的一例是东盟将进一步由目前的 7 国扩大到包括所有印支国家和缅甸的 10 国，形成大东盟，并提前在 2003 年建成东盟自由贸易区（AFTA）。南亚区域合作联盟（SAARC）近几年的活动也比以往有所发展。马来西亚总理马哈蒂尔建议成立的东亚经济核心论坛（EAEC）经过进一步的酝酿也有可能在不太远的将来正式建立。已议论多年的东北亚经济合作组织也可能在世纪之交逐步成形。而目前在次区域内的"经济增长三角"更显得活跃。如东盟内部已有的由新加坡、印度尼西亚廖内省巴坦岛和马来西亚的柔佛州组成的"黄金增长三角"，由马来西亚北部、印度尼西亚苏门答腊和泰国南部组成的"东盟北部三角"及由菲律宾南部、印度尼西亚东部、马来西亚的部分地区和文莱组成的"东盟东部三角"。还有由中国吉林省延边地区、俄罗斯远东地区和朝鲜的罗津、清津地区组成的"图们江流域增长三角"，由中国大陆华南地区与港、澳、台形成的"华南经济增长三角"和将由中国沿黄渤海地区、朝鲜半岛及日本九州地区构成的"黄海增长三角"，等等。这些增长三角在促进地区经济合作中将起重要的作用。

亚洲国家不仅在本地区内加强双边和多边的经济合作，形成规模不同的经济合作组织相互配合的格局，并且积极参与亚太全地区的经济合作，推进在亚太经合组织（APEC）主导下的亚太地区的贸易与投资自由化及经济与技术合作，共同解决在投资、贸易、技术转让和环保等方面的紧迫问题，实现亚洲和整个亚太地区的经济繁荣。

8. 亚洲与欧洲的经济联系也将得到迅速发展。欧洲国家与亚洲的经济联系从 80 年代起有所加强，但相对于美洲国家与亚洲的经济联系还是较为薄弱的。1993 年 10 月在美国西雅图召开第一届亚太经济合作组织领导人非正式会议以后，欧盟国家担心美国和日本联合在亚太地区建立"新太平洋共同体"会对欧盟在世界经济中的地位带来巨大压力。为此，欧盟于 1994 年 7 月通过了"对亚洲的新战略"，提出要加强与亚洲国家的合作，建立起一种建设性的稳定和平等的伙伴关系。1995 年 10 月 12—14 日在新加坡举行的欧洲—东亚经济首脑会议通过的"行动纲领"也明确指出，欧洲与东亚的关系目前正处在一个关键时期，改变欧洲与东亚之间关系的薄弱和不平衡的状态将对世界经济的稳定作出贡献。1996 年 3 月初在泰国举行的亚欧国家首脑会议，进一步讨论了亚欧关系和经济合作问题。会议发表的《主席声明》为确立 21 世纪亚欧的新型伙伴关系提出了基本框架，并明确规定今后将隔年举行亚欧首脑会议。

中国十分重视亚欧关系的发展。中国总理李鹏亲自出席了在泰国举行的亚欧首脑会议。他在 5 月 8 日下午会见在北京举行的新亚欧大陆桥区域发展国际研讨会的部分代表时说："今年 3 月在曼谷召开的亚欧会议是一次历史性的重要会议"，"亚洲需要欧洲，欧洲也需要亚洲"，"建立亚欧大陆桥正是发展亚欧新型伙伴关系的具体体现"。

9. 在世界经济全球化的趋势日益加强的形势下，中国非常重视同全球各国发展经济关系，不仅继续巩固和发展同亚、欧、美各国的关系，而且十分重视发展同拉美、大洋洲、非洲大陆各国的经贸合作和技术交流，在充分信任、相互合作的基础上共同发展。

三　走向新世纪的中国

中国经济经过 17 年的改革开放，取得了举世瞩目的成就：（1）从

1979—1994 年，中国经济的年均增长率达到 9.44%，1995 年达到 10.2%。中国的经济增长速度在世界主要大国中居领先地位；（2）与改革前相比，中国的经济实力与综合国力大为增强，1995 年的国民生产总值为 6390 亿美元，人均 532 美元；（3）改革开放以来，中国的外贸进出口总额以年均 16% 以上的速度增长。进出口总额由 1978 年的 206 亿美元增加到 1995 年的 2809 亿美元，增加了 12.6 倍。中国外贸总额在世界贸易额中的位次已上升到第 11 位；（4）随着经济的迅速发展和投资环境的改善，外国投资也不断增长。到 1995 年中国实际利用外资累计已超过 1600 亿美元，其中外国直接投资占 70%，约 1120 亿美元，外商投资企业已开业投产的超过 10 万家。

今年 3 月，中国召开了第八届全国人大四次会议。会议通过的《国民经济和社会发展"九五"计划和 2010 年远景目标》明确提出了未来 15 年的奋斗目标。要求在 1995 年已提前五年实现原定国民生产总值比 1980 年翻两番的目标的基础上，在 2000 年人口将比 1980 年增长 3 亿左右的情况下，实现人均国民生产总值比 1980 年翻两番，人民生活达到小康水平，并初步建立社会主义市场经济体制。到 2010 年，要实现国民生产总值比 2000 年再翻一番，使人民生活更加富裕，形成比较完善的社会主义市场经济体制，从而使中国的社会生产力、综合国力和人民生活水平再上一个新台阶。

对中国能否在未来 15 年实现其宏伟的经济目标，国际舆论褒贬不一。我个人的看法是：

1. 中国经济能够实现持续、快速和健康的发展，中国确实存在农业基础薄弱、国有企业效益不高、通货膨胀率偏高、资源浪费严重和环境恶化、就业压力增大、地区经济发展差距扩大和腐败现象滋长等一系列问题。但中国本着循序渐进的方针实行改革开放，已经积累了一定的经验。在未来 15 年中，中国将继续深化经济体制的改革，实现从计划经济向社会主义市场经济体制的转变，经济增长方式从粗放型向集约型的转变，并实施科教兴国和可持续发展的战略，采取切实措施来解决上述各类问题。世界银行行长詹姆斯·沃尔芬森 1995 年 9 月访问中国后也认为，"中国经济将会实现软着陆，中国政府将能成功地使经济增长和通货膨胀实现有效平衡"。我基本上同意他对中国经济能够实现软着陆的判断。我相信通过进一步改革经济体制和调整经济结构，中国能够克服面临的各种障碍，在未来的 15 年实现预定的增长目标。

2. 即使中国在下世纪中叶成为一个世界经济强国，中国还是一个发展中国家。到下世纪中叶，中国将基本实现现代化，经济总量可能在世界名列前茅。但由于中国人口众多，届时人均国民生产总值可能只有四五千美元，仍属中等收入的发展中国家。在这里，我想对一些国际机构用购买力平价法计算中国的国民生产总值和人均产值，并认为在 2010 年中国的国民生产总值就可能超过美国而居世界第一的说法提出一些看法。中国人民币的汇率曾经一度高估，十多年来中国已就汇率进行了三次大的调整，现在汇率大约 1 美元 = 8.33 元。根据这一汇率计算的中国人均国民生产总值是 500 多美元。而有关国际组织根据购买力平价法测算的中国人均国民生产总值在 1990 年已达 1950 美元，现在则在 2300 美元以上。是中国将人民币过分贬值而导致出现上述差距吗？应当说不是。中国有 9 亿农村人口，其人均年收入人民币才 1500 元，加上城市人口的较高收入，也远远达不到一些国际机构按购买力平价测算的标准。如果考虑到近 3 年中国的通货膨胀率远远高于美国，而由于其他原因人民币对美元的汇率却稳中有升，由 8.7 元换 1 美元上升为 8.33 元换 1 美元，若再要求人民币大幅升值是不合理的。因此，我想还是以人民币现有汇率为基础来判断和计算中国的国民生产总值及人均国民生产总值比较妥当，这样更能反映中国的现实。

3. 中国经济的迅速发展和实力的增强，使其成为东亚经济增长的重要推动力量。如前所述，进入 90 年代以来，日本经济出现了持续的不景气，而中国经济的迅速发展，在相当程度上弥补了日本经济萧条给东亚经济带来的消极影响。而未来发展的趋势是，在日本经济地位相对下降的同时，中国的经济地位还将进一步上升。中国大陆与港、澳、台构成的中国经济区（CEA）按世界银行的统计，其进口额在 1992 年已相当于日本的 2/3，到 2002 年则将超过日本的进口额。因此，世界银行认为："中国经济区正在成为世界经济的第四个增长极"（其他三个是美、日、欧）。

　　由于中国经济的迅速发展和实力的增强，中国在亚洲和世界的经济地位将进一步上升，并在世界经济多极化趋势的发展中进一步发挥它的作用，为全球经济共同繁荣，为世界和平和人类幸福，作出自己应有的贡献。

提高利用外资的质量和效益[*]

我国自改革开放以来，随着综合国力不断增强、市场潜力增大、基础设施和交通通信设施日趋完善，以及工业的不断发展和技术实力的增强，在吸收利用外资方面也取得了显著成效。特别是党的十四大把建设社会主义市场经济作为改革和发展的总体目标以来，我国的各项改革不断深化，投资环境日趋改善，对外资的吸引力进一步增强。在吸收外资的规模上，我国现已成为世界上仅次于美国的第二大国。据统计，截至 1995 年 9 月底，我国累计批准外商投资项目 24.54 万个，开业的外商投资企业达 10 余万家，外商实际投入资金 1100 亿美元左右。我国是一个经济基础落后的发展中国家，大量利用外资对缓解我国工业化进程中的建设资金短缺，引进先进的技术、设备、人才和管理经验，推动我国产业结构的优化，深化改革和促进经济发展具有重要的作用。

一　外商投资的新特点和存在的问题

（一）外商投资的新特点

1. 投资规模迅速扩大。近年来，由于我国全方位对外开放格局的形成，吸引外资的硬环境已经具备，软环境也有很大改善，不仅我国利用外

---

* 本文是作者 1996 年 9 月 19 日在大连"辽宁经济发展与亚太地区经济合作国际研讨会"上的讲话。

资的数量大幅度增加，而且外商投资的项目规模也不断扩大。据不完全统计，1994 年全国超过 1000 万美元以上外商投资项目约为 1800 个，项目平均协议金额由 1994 年的 171 万美元上升至 1995 年上半年的 190 万美元。

2. 外商投资的产业结构进一步优化，投资领域进一步拓宽。由于我国近年来采取了一系列鼓励外商投资的政策，特别是颁布了指导外商投资方向和投资产业的规定后，外商投资项目的行业分布不断扩展。首先是资金技术密集型的基础产业项目、高附加值的机电产品项目明显增多，基础设施项目也成为外商投资的热点。一些尚未开放的金融、保险、贸易等行业，已引起外商重点关注。

3. 世界大的跨国公司来华投资明显增多。国际知名的大跨国公司对华投资增加并将中国列入其国际化经营的重点区域，制订对华投资中长期计划。截至 1994 年年底，已有 120 多家外国跨国公司来华投资，特别是近两年跨国公司来华投资更为踊跃。

4. 收购国有企业成为外商投资的新热点。我国许多国有企业具有较好的工业基础，技术水平和装备水平较高，职工素质好，基础管理较强，特别近几年，我国加大了国有企业的改革力度，出台了一系列推动国有企业转换机制的有力措施，出现了一大批经营好、效益高的企业，但这些企业仍需要有更多的资金进行技术改造。而和国有企业合资不仅能利用原有企业的有利条件，比投资兴建新项目更为经济，而且能享受到一些"优惠"政策。因此，外国投资者对与国有企业合资或收购国有企业表现出很高的兴趣，已经出现了多种合资方式，并逐步从一般性收购转向重点收购效益好的大中型企业。

5. 外商投资的地区更加广泛，由沿海向内地推进。中西部地区自然资源丰富，有大量的国有企业，基础较好，技术实力强，劳动力成本低，市场潜力巨大。而且，为促进地区间的协调发展，我国制定了有利于中西部地区发展的优惠政策，外商对内陆省份的直接投资占全国的比重也不断增加。

6. 外商投资企业进出口额明显增长，有力地推动了我国外贸发展。

外商投资企业自营出口占全国出口总额的 30% 以上，近年来平均每年上升 4 个百分点以上，外商投资企业出口的增加额占全国出口增加总额的比例，近年来一般都在 30%—40%。

（二）外商投资存在的问题

我国利用外资取得了可喜的成绩，但也存在一些亟待解决的问题。

1. 投资结构不尽合理。外资来源比较单一，外商直接投资中有 80% 左右来自港澳台，且投资产业大部分是生产消费品的工业、房地产及服务业，而对中国经济发展至关重要的农业、交通运输、科技、教育等行业投资仍不足，这不利于我国的产业结构调整。投资的地区结构仍偏向东南沿海，1994 年年底，大约 95% 的外资都在沿海地区，而中西部吸引外资相当困难，仅占 3.1%。这种"一头沉"的外商投资倾向，一方面拉大了我国东西部经济发展的差距；另一方面使少数东部沿海省、市建设项目重复，占用了大量耕地，扩大了东部地区的污染源。而中西部的资源优势又不能得到充分发挥，大面积非耕地也未能得到利用。

2. 我国对利用外资的管理薄弱。现在我国对利用外资的政策、法规的制定工作滞后，在引进外资中各自为政、越权审批项目的现象严重，对外商投资企业的综合监督管理薄弱。由于传统计划经济的影响，我国在宏观上仍不能很好地通盘考虑利用外资的对策，对外商资金到位，按合同规定的比例出口，维护职工合法权益和依法纳税等监管工作不强。而外方大公司往往利用其在技术开发、发展战略、融资能力等方面具有的优势，加强投资过程中的协调，在与我国功能比较单一的企业进行竞争中，处在"一方对多方"的有利谈判地位，采取高估外方资产，低估我方有形和无形资产（甚至包括名牌商标和商誉）等手段，尽可能获得最大利益，而使我国国有资产流失严重，利益受到较大损失。

3. 我国效益较好的行业和企业与外商合资，且多被外商控股现象严重。外商投资企业已经成为我国国民经济的重要组成部分，但直接利用外资过程中盈利的行业和企业与外商合资，甚至越来越多地被外方控股的现象引起了越来越多的关注。据统计，1980—1994 年天津市 630 项合资项目中，外商控股的为 235 项，占全部项目中外资总额的 37.3%，外商控股项目 76372 万美元，占全部项目中外资总额的 74.84%。中方控股项目 308 项，占总数的 48.4%，项目外资额 15393 万美元，仅占中外资总额的 15%。其他一些地区也同样存在这个问题。外商合资控股有以下几种途径：一是合资控股，即一些大的跨国公司或实力较强的外商将拥有控股权作为合资的一项条件，而中方出于吸引外资的目的往往采取让步。这是目前外商对合资企业实现控股的主要形式。二是收购控股，即企业全部固定资产评估作价后，外商收购控股比例。三是增资控股，即随着中外合资企业经营与合作期限的延长，一些经济效益好的合资企业中外方投资者看到市场的开发前景，通过追加投资进行控股。现在有很多效益好、市场巨大的行业如啤酒、饮料、洗涤、化妆品等，有的几乎是全行业合资，有的在合资过程中很多由外商控股，且从单个企业的控股开始向控制市场发展，少数行业和地区出现了外商形成垄断势力的现象或趋势。而且很多外商在此之前根本不是从事这一行业，而是属于投资公司一类的金融组织，它们的投资并没有带来新的生产技术和管理经验，只是为了获得丰厚的利润。结果是我国的这些行业及其企业的股权让给了别人，市场也逐渐被别人占有，经济利益受到了极大的损失。如果不采取有力措施改变这种状况，我国的民族工业的前途以及经济公有制的性质将受到很大的挑战，国家宏观调控的能力也将大大削弱。

4. 外商投资的技术比重低。目前，我国的外商投资项目大部分为 500 万美元以下的中小型劳动密集型企业。先进的技术和设备少，投资技术梯度较低。大公司来我国投资，一方面由于各工业发达国家在高技术出口等方面实行严格限制，不可能给我国很先进的设备和生产技术，即使是成熟的技术，外国企业为谋取更多的利润，也只愿意出售有技术含量的商品——成套设备。另一方面由于它们所选择企业一般是我国具有一定经济效益和技术开发能力的，合资后，往往外方控股，拥有决策权，大多取消原有企业的技术开发机构，而利用本公司的技术开发机构，使我国的自主技术开发能力大大削弱。而我国的企业又往往从短期经济效益出发，希望收到立竿见影的效果，合资的主要目的是获得资金，即使是引进技术也只愿购买硬件技术而不想购买软技术，结果只能是技术的反复引进，而没有创新和扩散。因此，在引进外资的同时加强技术的引进，以及引进之后的开发、利用和创新的工作仍有待改进。

二 改进吸引外资的办法

随着世界经济的发展和经贸往来不断增强，现在全球正处于世界资金、技术、产业大转移的又一个新时期，这对我们这样一个发展中的社会主义大国，既是难得的机遇，又是严峻的挑战。过去一段时间里，由于我国的经济增长较快、市场潜力巨大、吸引外资较多，成为支持我国调整经济增长的一个重要因素。但我们的周边国家和其他发展中国家也在不断完善投资环境，制定各种优惠政策吸引国外资金，同时，西方发达国家为进行经济调整，也需要大量资金。因此，能否采取有力措施改善投资环境，加强对引进外资的宏观调控，提高利用外资的质量和效益，不仅关系到我国的改革开放和经济发展能否顺利进行，而且关系到我国在世界上的竞争力和以什么样的姿态进入 21 世纪。

（一）改善投资结构

我国在全面对外开放以吸引更广泛的国外资金的同时，将制定开发中西部的规划，尽快改善中西部的投资环境，特别是尽快改善中西部的交通运输和通信条件，引导外商尽可能向中西部投资。这样，既有利于促进我国中西部地区经济的发展和产业结构的优化，缩小东部与中西部的差距，使东、中西部经济协调发展，又有利于外商投资企业充分利用中西部地区丰富的资源和廉价的劳动力。同时，要从政策上引导外商投资的产业，制定优惠的政策，有意识地引导外资尽可能多地投向我国基础脆弱的农业和交通运输邮电业、科技研究开发业、文教卫生和社会福利业等，加强产业导向，以有利于优化我国的产业结构。

（二）加强引进外资的管理

应使外商投资方向与我国国民经济和社会发展规划相适应，加紧对引进外资的政策和法规的制定和实施，引导外资流向，加强外资对基础设施和基础产业的投入，加强对资本流入、流出的管理和监测。加强行业管理职能，重大项目应由行业管理部门出面，将国内有关企业组织起来，进行可行性论证，并对整个合资的过程进行协调和管理。对一般项目，要通过定期发布利用外资信息和及时修改外商投资项目目录，使外资投向与产业政策结合起来。在对外合资时应尽可能推选大企业战略，形成一些大企业集团，增强与外商的谈判能力。在选择合资对象时，要采取招标投标的方法，对投资项目要实行资本金制和项目监管制。

（三）　扶持国有大型企业、名牌企业

许多国有企业管理和技术水平都较高，效益也较好，但因为资金短缺或债务包袱重，一时难有较快的发展。应在各方面对它们予以重点扶持，否则，这些好企业会被外国投资者收购或控股，导致大量的利润外流和整个经济受外资控制。应加强对控股问题的宏观管理，依据合资项目的重要性和自身的实力来确定我们的投资比例，对不同的行业和产业的投资比例特别是外资控股应有明确的规定，那些关系到国计民生的企业以及目前国内高效益的企业应由中方控股；盈利企业和有发展前途的企业，中方应积极创造条件争取控股。亏损企业或一般性企业的合资，可以根据实际情况，量力而行，不一定要控股。中西部发展所需的资金与技术，要首先着眼于国内尤其是东部的资金和技术，避免出现国内资金闲置却大量利用外资的不正常状况。要及早制定对策，采取有力措施，防止我国市场被国外跨国公司垄断。

（四）　提高引资的技术层次

对利用外资也要从重数量转向重质量、重效益，开放市场应特别注意把引进先进技术放在重要地位。为解决我国引资技术型比重过低的问题，利用外资应逐步实施技术型战略。要有步骤、有重点地选择战略性产业，形成以提高技术水平为核心的"大经贸"新格局。同时，要转换经营机制，促使企业不仅引进硬技术，更注重引进软技术，提高企业在市场竞争中吸收、创新技术的能力。不同的地区应有不同的吸引外资的模式，以形成我国合理的利用外资的技术梯度。经济条件好、基础设施比较完善的大工业城市，应集中吸收规模较大、技术层次较高的欧美日等大公司投资，增加引进外资的技术含量。

（五）对外引资应尽量选择更有效的形式

根据中国目前产业结构的现状，为了提高外商直接投资的效益，提高外商投资的回报率，我们直接利用外资的重点应由过去 17 年以服务业、加工工业为主，向基础产业和资金技术密集型产业为主转移，特别是对交通、能源、通信等基础产业的直接投资。当然，这些产业投资规模大，回报周期长，外商不一定愿意进入。但是，它们又具有相对的垄断性，投资收益比较稳定，只要我们采取一些比较灵活的方式，如 BOT 方式（建设经营转让）；采取建设债券筹措资金，再公开招标建设及营运的方式，以及在海外筹集直接投资于中国企业或以基础设施建设项目为目标的投资基金，还是可以吸引大量外资投向这些领域的。同时，还应该尝试其他有效方式利用外资，将利用外商直接投资与间接投资、利用产业资本与金融资本结合起来，使我方得到较多的收益。特别是一些前景看好、收益稳定、风险较小的重大项目，可考虑更多地利用国外贷款及其他融资方式。

发展中国自己的名牌是一项
伟大的战略任务[*]

探讨发展我国民族工业与名牌战略的关系，是很有意义的。因为，发展民族工业名牌，就是创造属于中国自己的名牌。邓小平同志在视察南方时曾说过，"我们应该有自己的拳头产品，创出我们中国的名牌，否则就要受人欺负"。这是关系到我们国家、我们民族的兴盛或是衰败的大事。因此，它是一个建设有中国特色的社会主义的重大问题，是一个伟大的战略任务。

一 要正确认识名牌现象的内涵

无论从企业的角度讲，或是从国家的角度讲，产品名牌或名牌产品，都有十分丰富的内涵。只有正确认识名牌现象的内涵，才能制定正确的名牌战略。

名牌，首先是一个质量概念。虽然高品质的产品并不一定都是名牌产品，但名牌产品的首要前提是高品质。从发达国家产品名牌的历史来看，名牌像大海浪潮般此起彼伏。旧名牌的衰落和新名牌的崛起，往往在很大程度上是质量竞争所引起的。产品质量的下降或落后，不可避免的是名牌

---

* 本文是作者 1996 年 11 月在"名牌战略研讨会"上的讲话，原载《学习与实践》1997 年第 1 期。

的衰败。

那么，名牌是怎样产生的呢？名牌，既不是上天恩赐的，也不是上级指定的，更不是企业自封的。名牌是在国内、国际市场激烈竞争中经千千万万的消费者认同的。市场犹如战场，优胜劣汰是铁的法则。只有经过市场严酷的较量和考验，站住脚的名牌才是真正的名牌。

企业通过广告媒体提高自己的知名度，是行之有效的，但任何企业决不能只指望借助于广告媒体的自我吹嘘，提高自己的知名度，并误把知名度等同于名牌。可是，目前有些企业并不是奋发图强，力争上游，在产品创新、产品质量以及售后服务上下工夫，而是诉诸于电视媒体，诉诸于广告战，投机取巧，愚弄消费者，结果不是提高了产品的知名度，反而引起消费者的反感，败坏了自己的声誉。一些产品，即使借助广告炒热一时，但很快也会偃旗息鼓，败下阵来。须知，知名度只是名牌的一个前提，而名牌的实质是广大消费者经过反复实践对某种物美价廉产品的认定、青睐和厚爱。

名牌现象与规模经济是密切联系的。产品名牌的形成，要有市场占有率作为深厚基础。较高的市场占有率，不仅有利于名牌的形成，而且也有利于名牌地位的稳定。一种产品品牌，如果没有基本的产品规模，就谈不上是名牌。如果两种品牌是同一种产品，在其他条件相同的情况下，规模小的品牌会逐步为规模大的品牌所挫败。从世界上大型的跨国公司的经济战略来看，他们都把市场占有率和规模扩张的竞争置于追求其他目标之上。在我国，长虹牌电视机之所以取得后来居上的成功，其中规模经济优势和市场占有率是最重要的因素。

还有一个很重要的现象值得注意，就是名牌企业与产品名牌的关系。一个企业如果创造出名牌产品，但未必一定是名牌企业，构成一个名牌企业的因素要比形成一个名牌产品的因素要多。但是，产品名牌的形成，会极大地有利于提高企业的综合影响，是重要的企业形象设计，从而成为名牌企业的基本支柱。

二　发展名牌是关系到我国能否成为世界
经济强国的战略问题

　　发展名牌不仅是关系到一般的质量问题，也不仅是企业的市场营销问题，从战略的角度看，它在很大程度上显示着我国经济增长方式向质量型、效益型转变的程度，并且决定着我国经济在今后一个时期能否上一个新的台阶，能否成为世界经济强国。经过十几年的改革开放，我国社会主义市场经济的发展已经取得了举世瞩目的成就，正进入一个经济增长方式加紧转变、结构迅速转换、经济快速增长的阶段；国民经济的先导部门逐步转向生产高技术含量、高附加价值产品，而这些产品大都是名牌产品。这是因为，在经济发展较低阶段，不论是生产者还是消费者对名牌都没有太迫切的需求，而当经济发展到高技术含量、高附加价值阶段以后，名牌的重要性就大大提高了。一方面，消费者由过去追求数量转化为追求质量，而追求质量必然追求名牌。当然，名牌不一定都是高档的、高价格的产品。根据日本学者的研究，近年来在日本和欧美国家出现了追求产品有质量保证但价格较低的倾向。也就是说广大消费者追求物美价廉的产品。在这种倾向的推动下，新产品开发的重点不是生产者认定的产品，而是消费者心目中价格合适的名牌产品。另一方面，从生产者方面看，名牌产品的高效益也刺激了它们生产名牌产品的积极性。因此，经过一个阶段的市场竞争后，真正能保存和发展下来并占据了大部分市场的是几个名牌产品。

　　还有一个特点是，生产名牌产品的大都是那些规模庞大、实力雄厚的大企业。目前世界上按商标价值排名前几十位的名牌产品基本上是由世界上按销售额排名前几百名的大公司生产的。可以说，在每一家大公司的前面几乎都有一个名牌，或者说在每一个名牌的背后，几乎都有一个经济巨人。名牌是企业综合优势的集中表现。在激烈的市场竞争中创出名牌，要求企业具有长远的发展眼光、雄厚的资金支持、强大的技术开发能力、出色的经济管理，以及正确的发展名牌的战略，等等。不具备这些条件的企业，就难以创出名牌，即使一时创出，保持也很困难。

所以说，在今后若干年内，中国的经济增长方式能否顺利转变，产业能否升级换代，整个国民经济能否上一个新台阶，在即将到来的 21 世纪能否走在世界经济发展的前列，在很大程度上取决于创造出一批高技术含量、高附加价值，在国内和国际市场上有竞争力的世界级的名牌产品，而其前提是能否成长起一批具有国际水准的大企业和企业集团。在展望下世纪我国经济发展蓝图时，必须对这个问题有足够的重视，否则就可能发生战略性失误。只有下决心用很大的力量完成这个伟大的战略任务，才能使我国社会主义经济和综合国力真正屹立于世界强国之林。

三　名牌战略与发展高新技术产业

民族工业的发展战略如何选择，这是一个关系到国民经济全局和国家命运的重大问题。在今年七月中国综合开发研究院召开的秦皇岛会议上，我曾提出：高新技术产业主导经济发展战略全局。这一基本思路，我认为更适合于发展民族工业，尤其是国有工业。如果民族工业的发展是以高新技术产业为主导，在世界经济的竞争格局中，中国就可能赢得主动权，就可能占有应有的经济地位，就可能由一个经济大国发展为一个经济强国。

发展高新技术产业是实施名牌战略的重要基础。世界市场上的名牌产品，无一不是高新技术产品。产品名牌的形成，是高新技术产品的产业化过程。名牌战略，是高新技术产业发展战略的重要组成部分。

高新技术产业和产品名牌都是一个比较性概念，时代的概念，发展的概念。中国"解放"牌汽车，德国"奔驰"牌轿车，在相当长的时期内，都曾作为中国的或世界的名牌。但是，这种产品名牌的内涵，早已发生了重大变化。昨天作为产品名牌的高新技术产品，在今天则可能属于历史的陈迹；今天名牌的辉煌，又必然是明天灿烂的名牌的背景。

因此，我国高新技术产业的发展，应当高举名牌战略的旗帜，用名牌战略带动高新技术产业的产品创新、技术创新和市场创新，把发展民族工业、振兴国有工业企业同高新技术产业成长和名牌战略紧密结合起来。从某种角度讲，这才是中国民族工业大崛起的希望所在。

四　要正确处理发展我国自己的名牌与引进外国资本和外国名牌的关系

近年来外国牌子对中国牌子的冲击较大，而这一点与外资的进入联系在一起。在这个问题上要防止两种倾向。一种倾向是因为有冲击而完全去"堵"外资和外国牌子。应当肯定，这些年外资的进入，在弥补我国的资金缺口，提高技术和管理水平，推动体制转轨等方面都起了重要作用。外国商品的进入，包括一些外国名牌产品的进入，对繁荣我国市场，提高居民的消费水平，促进国产商品质量和服务的改进，也是起到了积极作用的。正如前面所说的，在我国经济对外开放程度不断扩大，并逐步与世界经济接轨的情况下，完全去"堵"，既不必要，也不可能，况且你不让人家进来，人家也不会让你出去。另一种倾向是看不到外资和外国名牌进来后所出现的问题，缺少发展中国自己名牌的意识和措施。近年来外资进入呈现出一些新的特点，如由过去主要以中小资本进入为主变为国际大财团的进入，由资本进入到产品进入、名牌进入，它们要求与行业内的国内带头企业合资，合资时要求控股，并使用国外的牌子。而我们一些企业受短期收益的诱惑，或者缺少名牌意识，合资合掉了自己的牌子。这种做法对我国经济长期发展是很不利的。在这一点上，首先要解决两个重要认识问题。

第一，名牌，或者说驰名商标，是一种重要的知识产权，是无形但可以价值化的重要资产。从表面上看，名牌是一种标志，一种符号，其实，它是一种实实在在的巨大资产，这种资产可以在价值形式上予以量化。有些驰名商标的价值远远超过了其有形资产的价值。"可口可乐"公司负责人曾经声称：即使公司在一夜之间被烧毁，它仍可以凭名牌价值在不长的时间内起家。所以说，名牌是过去对今天和将来的投资，是一种意义不亚于甚至超过有形资产的资产。

第二，发展我们自己的名牌，就是为自己的企业、国家、民族的今天和明天投资，其意义不亚于甚至要超过对有形资产的投资。丢掉自己的牌子，只使用国外的名牌，实际上等于放弃在一具有关键意义领域的投资，放弃自己本来占有的市场。这样做，在短期内可能带来某些收益，但从长期看则是危险的。因为对一个国家来说，没有自己的在国内外市场上具有强大竞争力的名牌产品，只是依附于外国名牌，就很难真正形成自己独立的、有竞争力的工业基础，更难以在日趋激烈的国际商战中取胜。如何在对外开放的条件下创立自己的名牌，是一个重要的课题。我国越来越多的企业，尤其是一些大企业，已清醒而深刻地认识到这一问题。可以相信，随着全球经济的国际化，我国对外开放向纵深层次发展，中国民族工业的名牌战略将逐步获得自己的地位。海纳百川，有容乃大。中国的企业家应当奉行和坚信这一格言。

五 实施民族工业名牌战略是一个伟大的战略系统工程

名牌战略，既属于发展问题，也属于体制和政策问题。在我国，由于从传统的计划经济体制向社会主义市场经济体制转变的过程还比较短，名牌作为市场经济现象，其发展才刚刚起步。面对发达国家产品名牌大举进入中国，全球性的名牌竞争日趋激烈，我们应当把实施民族工业名牌战略作为一个伟大的战略系统工程来进行。对此，我提几点建议。

第一，把实施民族工业名牌战略纳入国民经济发展总体规划。创造名牌固然靠企业，但在我国经济体制转换的特殊时期，政府应当给予企业为创造名牌以战略上的支持。把名牌战略纳入国家经济发展总体战略规划，并在宏观与微观的两个层面上找到实施名牌战略的结合点。进而言之，只有将名牌战略纳入国民经济总体战略规划，才能更好地使总体经济战略更加体现经济增长方式转变这一经济发展的基本方针。

第二，从财政、税收、信贷、社会舆论等各个方面给予企业名牌战略以大力度综合倾斜。产品名牌既是企业的无形资产，又是国家的财富；既是企业利润的来源，也是民族的国际经济形象。创造和发展产品名牌，企业要投资，但仅靠企业自身投资，力量单薄，有可能在品牌的国际竞争中贻误战机。建议政府的经济管理部门创造条件，给予企业实施名牌战略以优越的环境。财政可以支付一些，税收可以优惠一些，银行可以多投一些，社会舆论可以强化一些。通过上述几个方面的综合作用，会极大地有利于我国民族工业名牌战略的加速推进。

第三，目前，假冒伪劣产品盛行，这对发展和保护名牌危害很大。需要制定严格的法律法规加以制止。法律应该严格规定：对制造和经营假冒伪劣产品者，采取严格的罚没制度，严重的处以刑事处罚，以儆效尤。

第四，可以考虑中央政府和地方政府同企业相结合推进"名牌重点工程"。中央政府可以选择一批有前途、有潜力的产品名牌加速进入国际市场竞争，培育我国第一代跨国公司，树立中国在世界市场中的新形象，这不仅能够扬我国威，也有利于扩大开放。地方政府也应当培育一批企业，靠名牌寻求在全国范围内的发展，以至向国际市场发展。中国的企业家也应当看到，未来10年是中国发展名牌的黄金时期。机不可失，时不我待。实施名牌战略应当打攻坚战，打运动战，打总体战。只有这样，在未来的世界经济竞争中，中国才能立于不败之地，才能加速步入富强之路！

深港经济衔接，共创两地繁荣[*]

　　由综合开发研究院、新华社《经济参考报》和深圳特区促进深港经济发展基金会三个单位共同举办的深港经济衔接研讨会现在开幕。首先我代表主办单位对各位领导、同志们、朋友们光临会议表示衷心的感谢。

　　深港经济衔接已引起了社会的广泛关注，足以说明深港经济衔接的重要意义。1995 年年底，江泽民总书记在视察深圳时指出：深圳经济特区除了要继续更好地发挥对外开放"窗口"作用，经济体制改革的"试验场"作用，和按照党的十四届五中全会要求，在改革和发展中发挥示范、辐射、带动作用之外，很重要的一点，还要发挥一个新的作用，就是在恢复对香港行使主权和保持香港繁荣稳定方面起促进作用。这是党中央、国务院赋予深圳的一项特殊的历史使命。

　　以"一国两制"为基础，完成香港主权的回归是小平同志的伟大战略构想，实现香港的平稳回归，保持香港的持续繁荣，是我们要肩负的重大历史任务。

　　保持香港的稳定与繁荣的关键在于保持并增强香港经济的活力。目前，香港经济发展面临着新的问题和压力，它所具有的国际经贸中心地位，正面临来自新加坡、中国台湾地区等地的挑战；香港第二产业的转型升级缺乏相应的动力，服务业的发展也面临成本上升的压力。现实需要香

---

　　*　本文是作者 1996 年 11 月 25 日在"深港经济衔接高层研讨会"上的讲话。

港继续扩大和深化与华南地区的经济合作，以寻找新的发展空间。深圳在扩大香港经济发展空间方面，具有优先的和不可替代的作用。深圳是唯一与香港接壤的城市，深圳所具备的交通、能源、通信、港口码头等基础设施，可直接为香港扩展其城市经济功能。香港要保持稳定繁荣，市场需要扩大容量，产业需要发展空间和增长动力，这使深圳作为香港经济发展的重要支撑点的地位日益突出。

因此，加强深港经济衔接，不仅成为保持香港经济繁荣的重要条件，而且是加快我国改革开放步伐及推动深圳经济发展的关键所在。做好深港经济衔接工作不仅有利于"一国两制"构想的具体实施，有利于香港的长期繁荣稳定，有利于深圳的发展，还有利于华南地区及全国其他地区充分利用香港国际性经济中心城市地位，加快对外开放步伐，进一步发挥深圳特区对内地的示范、辐射和带动作用。

自1980年创立经济特区以来，深圳已从昔日的边陲小镇成长为有300万人口的现代化都市，在我国的改革开放和经济发展的格局中占有重要的地位。深圳的发展成就，首先应该归功于党的改革开放政策，归功于深圳人民在建设有中国特色社会主义的实践中敢为天下先，勇做拓荒牛的精神。同时毗邻香港的特殊地理条件，也是深圳能够在改革开放中迅速起飞的重要条件。

80年代以来的深港经济合作，不但标志着深港经济衔接早已进行，而且也为香港回归后的深港经济衔接打下了基础。目前两地经济已从生产过程的垂直分工型产业合作，逐步上升为多元化经济水平分工型互补合作，两地已形成了密切的人流、物流关系。深圳是全国最繁忙的口岸城市，也是香港与大陆经济联系最重要的通道。在相互投资、贸易、旅游等方面，深圳与香港已成为重要的合作伙伴。香港资本是深圳最重要的外资来源，深圳也成为香港的加工基地和鲜活产品的重要供应基地。此外，深港两地在口岸、交通、能源、通信等基础设施上，正在形成多种形式的对接。由此可以看到，深圳的发展得益于香港；而深圳的快速发展，也为香港保持并提升其国际金融、贸易、航运中心和国际经济中心城市的地位，作出了积极的贡献。

深港经济衔接的主要内容应包括以下三个部分：

第一，城市基础建设的衔接。两地通过充分的协商，在建设重大的交通、通信、口岸基础设施方面展开充分的合作，对于消除两地间日渐突出的交通、通信的瓶颈，扩大香港与内地的经济联系将产生重要影响。

第二，产业衔接。深港两地的产业衔接，已经达到了进行更广泛的高新技术开发合作、金融、商贸、旅游及信息业合作的新阶段。努力进行深港间全面的产业衔接，对于深圳、珠江三角洲地区乃至全国的经济发展具有重要意义。同时，对于扩张香港的经济发展空间，降低成本，提高国际竞争力，进一步提升香港的国际经济中心地位，将产生积极而且深远的作用。

在这里需要指出的是，我们应当对于科技是第一生产力的提法有更为完整的认识。科学技术作为第一生产力，要以一定产业为载体。以往西方学者在对产业分类中经常使用夕阳产业和朝阳产业的提法，我们也自然、不自然地接受这一提法。其实这是不科学的，应当明确产业并无朝阳和夕阳之分。自从人类社会开始到现在还没有哪一个产业消失了，产业只有不断分类，不断发展。但是，应用于一定产业上的技术才有朝阳和夕阳之分，新的技术产生后，旧的技术就衰落了。科学的提法是只有夕阳的技术，而无夕阳产业。一项高新技术应用于一个原有的产业，往往会使它焕发青春并产生出极大的效益。比如农业，原来是最大的产业，它现在从经济全局中所占的比例上看是小了，但这个产业不仅存在，而且它的生产效率大大提高了。

因此，我们说应用高新技术改造现有的产业和发展新的产业，这是现代经济增长的火车头。香港与深圳要在下一世纪成为我国经济高速发展最重要的增长点之一，不仅需要两地服务业方面相互合作，更要求在制造业方面进行合作，这应成为深港经济衔接中的一项重要内容。有效地进行深港两地之间制造业的衔接，是保持两地经济健康、稳定、持续发展的重要保障。目前，香港的制造业、科技主导力以及科技创新机制还比较薄弱，深圳经济发展也迫切需要高新技术产业来引导。深港两地应充分利用各自已经具备的条件和优势，进一步加强合作。要吸引海内外专家、学者，特别是高新技术开发人才，来深港两地从事科技开发活动。深港两地还应加强与内地的科技合作，利用内地的科技优势，大力发展具有高附加价值的制造业。

第三，运行机制方面的衔接。香港在很大程度上体现着国际惯例，深圳应进一步深化改革，转变政府职能，建立新型的市场规则，实现企业行为市场化，形成一套符合国际惯例的区际管理办法，与香港在更深层次上进行经济衔接。

深港经济衔接是一项跨世纪的巨大工程。其目标可以分为近期、中期和长期目标，以及相应的配套政策。从可操作角度看，应注意区分层次，根据循序渐进、先易后难的原则，逐项分步骤地实施。近期，应将衔接的工作重点放在深港双方共同认可、难度较小、容易见效的项目上。对尚存不同看法的衔接内容，可作为中期目标加以考虑，并积极地做好准备，适时实施。对那些难度大、涉及面广、需要时间逐步统一认识的内容，可放在长期目标与规划中加以考虑。深港经济衔接涉及各方面，政策性很强，希望各位领导、同志们和朋友们畅所欲言，为深港经济衔接作贡献。

上市公司兼并收购与证券
市场规范发展[*]

　　证券市场作为我国经济体制改革的一种试验，在短短的几年中，由小到大发展很快，已经成为我国经济活动的重要组成部分。在现代经济活动中，证券市场具有重要的作用。健康、规范、活跃的证券市场有利于实现国民经济资源的合理配置；有利于国家的宏观经济调控从行政手段转向经济手段。我国证券市场的发展对于国有企业的改革也有着重要的意义。因此，在我国证券市场发展过程中，采取有效措施规范市场行为，对建设健康、规范、活跃的证券市场具有重要作用。

　　今年以来，随着我国宏观经济形势的好转，我国的证券市场，特别是股票市场的形势很好，股票市场的扩容速度很快，适度的新股上市对于缓解国有企业资金紧张的压力，对于缓解储蓄存款的过快增长的负作用，对于国民经济资源流向经济发展的瓶颈部门发挥了重要的作用。

　　在证券市场发展形势很好的情况下，我们也应当看到目前在我国证券市场，特别是股票市场发展中也存在着一些不稳定的因素，其中最主要的问题是，在股市快速发展，股票指数成倍上升的时候，上市公司的业绩仍不理想。上市公司业绩下降与深沪两个市场上股指的成倍上升形成了反差。国际的一般经验表明，新兴股市在迅速增长过程中，上市公司的经营

---

* 本文是作者 1996 年 12 月在深圳"上市公司收购与兼并研讨会"上的讲话。

业绩是股指和股价持续提高的基础。如果不能有效地解决上市公司经营业绩下降的问题，在股市迅速扩大后极易引起股市指数和股价在短期内出现灾难性的骤然下跌。这种情况在中国香港、中国台湾都曾经发生。对此应该引起高度警惕。

要有效地改善上市公司的经营业绩，需要在证券市场的管理方面下力气，认真抓好对上市公司的监管工作。与此同时，值得我们注意的问题是，股票市场上发生的对上市公司兼并收购活动对改善上市公司的经营业绩也具有积极的意义。今年以来，在深沪股票市场上出现了二十几起兼并收购的案例。这一现象值得认真研究，当一家上市公司长期经营不善的时候，其他上市公司或非上市公司对其进行收购兼并，并在收购兼并后进行资产重组使之重新具有活力，这会使上市公司具有不断地加强经营管理的外在压力，因此有利于提高上市公司整体的经营业绩水平，从而支持股票市场的健康、规范的发展。需要进行认真研究的问题是，当前在我国出现的对上市公司兼并收购的案例中，也有相当一部分收购兼并案例属于不正当的投机行为，即某些企业把收购兼并的活动当做在二级市场上获得巨额差价利润的手段，其结果是一方面不能使国民经济资源有效地进入短缺的部门，不能有效地对经营不善的上市公司进行资产重组；另一方面又会刺激股票市场价格不正常地过分上升，形成泡沫经济。因此，我认为这次研讨会很重要，在我国股票市场上对上市公司进行兼并收购的活动开始出现的时候，将鼓励合理的收购兼并行为，抑制不合理的收购兼并行为作为一项重要的议题，对于保证我国股票市场长期健康的发展可能具有重要的意义。

我认为，对上市公司的收购兼并活动进行研究十分必要，但是还应当看到，企业间的兼并收购活动绝不仅限于对上市公司的兼并收购，更加大量的兼并收购活动是发生在非上市公司中间。我个人认为，对包括上市公司在内的企业间兼并收购行为进行认真的研究，可能具有更加重要的意义。从我国企业运行状况看，目前有相当多的企业经营业绩不理想，与此同时，我国企业规模小也明显地阻碍了我国企业国际竞争力的提高。发展规模经济，实现规模化经营是我们调整企业组织结构所面临的长期任务，但至今为止，我们还没有找到一条很理想的途径。进行积极的合理的企业间的兼并收购可能是调整我国企业组织结构的一个较好的方式。我个人认为，对我国近年来发展的企业兼并收购案例进行认真总结，还具有多方面的积极意义，比如近两年来，沿海地区的一些企业开始以资本经营的方式进入内地进行企业兼并收购取得了积极的成果，一方面使许多内地企业重新具有了活力；另一方面也使相当数量的东部资金、技术开始进入中西部内陆地区，从总体上有利于缓解中西部内陆地区资金和技术缺乏、经济增长后劲不足的问题。

总之，企业的兼并收购和资产重组问题，是我们在建设社会主义市场经济制度中出现的具有相当积极意义的新现象，应当从保持我国经济持续健康发展战略高度去鼓励和规范企业间的兼并收购活动。应当看到企业间积极的规范的兼并收购和资产重组可能会在实现我国经济运行机制和经济增长方式的转变方面发挥积极的作用。

把开发高新技术产业放在经济
发展战略全局的主导地位[*]

实现经济增长方式和经济体制的根本转变，是我国跨世纪发展战略的基本任务。为了实现这一任务，我国经济界和科技界都在研究高新技术产业的发展战略及其在经济发展全局中的地位，研究高新技术产业的体制模式与技术创新的有关政策。围绕着这个中心，我想讲三个问题。

一 世界高新技术产业发展趋势

科学技术是经济发展的重要动力，是人类社会进步的重要标志。第二次世界大战后，西方发达国家的经济获得了长期的迅速发展，经济增长的主要动力来源于高新技术产业的蓬勃成长。以微电子、生物工程、新型材料和航天技术等为代表的高新技术，不仅直接带动了产业部门的高速发展，而且极大地促进了产业结构的高度化。同样是高新技术产业，使亚洲"四小龙"在短时期内，迅速完成了工业化任务。可以预言，在未来的21世纪，高新技术产业是国际经济竞争的主要力量。现代国际社会的竞争，说到底是综合国力的竞争，其关键是科学技术的竞争，而高新技术及其产业又是整个竞争的焦点。

* 本文原载《管理世界》（双月刊）1996 年第 6 期。

怎样认识世界高新技术产业发展趋势呢？

其一，朝阳技术正在逐步取代夕阳技术，成为占主导地位的产业技术。美国未来学者托夫勒在他那部产生广泛影响的著作《第三次浪潮》中，作了"朝阳工业"与"夕阳工业"的划分。我感到，这种划分是不够科学的，也是不符合实际的。如果大家有兴趣检索一下世界工业100家大企业和美国工业100家大企业，可以看出，被托夫勒称作"夕阳工业"的，如汽车、钢铁、石油、化工、机械、纺织、食品等产业，在获得高新技术的改造之后，不仅没有衰落，而且坚强地挺立于产业结构的变化浪潮之中，持续增长。如果借用"朝阳"与"夕阳"这个形象性的比喻，应当说，"朝阳技术"产业的升腾与"夕阳技术"产业的衰落才是经济增长的必然趋势。

其二，高新技术的发展和高新技术产业的增长正在强有力地推动着就业结构的转换，并创造越来越多的就业机会。现代科学技术应用的历史和当代高新技术产业发展的实践证明：以各种机器的使用为代表的生产条件的进步，不仅不排斥劳动就业，不仅不会使就业机会绝对减少，相反，由于科学技术的发展形成了众多新的就业门类，如计算机、微电子行业，从而开拓了无数新的就业机会。当然，这些高新技术产业领域，对劳动力素质的要求也越来越高，教育对社会经济发展的战略作用和贡献也越来越大。因而，高新技术的发展，只会增加掌握较高科学技术的劳动者的就业机会，而绝对不会减少就业。

其三，产业竞争的主动权取决于高新技术前沿领域的较量，取决于高科技的商品化、产业化和国际化的进程。随着高新技术的产业化及高新技术大规模地转化为生产力，带来了世界范围社会生产力的迅速进步，形成了新的世界经济格局。西方工业发达国家正是依托其雄厚的高科技实力，实现了产品的高技术含量、高质量、高附加值，使其商品和产业具有明显的国际竞争力。从这一点看，在全球经济国际化的形势下，国与国之间产业竞争的主动权取决于高科技前沿领域的较量，取决于高科技商品化、产业化和国际化进程。

邓小平同志早在第一次科技大会上就提出"科学技术是第一生产力"

的科学论断，而作为第一生产力的首要生产力则是高新技术。当然，科技优势是取得竞争优势的一个重要条件，但仅有科技优势还不足以形成竞争优势，还必须抓好高科技的商品化、产业化这一重要环节。我国的科技实力在国际上远高于亚洲"四小龙"和许多一般发达国家和地区，但在技术含量和附加值高的产品的市场竞争力上却无法同这些国家和地区相比。造成这种状况的一个重要原因就是我国高科技的商品化、产业化和国际化进程慢、力度小，很多高科技没有转化为现实的生产力。

其四，高新技术产业的发展越来越多地得到政府及金融机构的支持。高新技术产业具有高投入、高风险、高产出的特点。虽然存在高风险，但它所带来的高收益成为各国企业极力追求的目标。近几年来，发达国家为了鼓励高新技术产业发展，并同时降低企业投资风险，采取了一系列措施及办法，即建立风险投资基金，在高技术企业发行高风险债券上给予政策支持，鼓励金融机构投资高技术企业，等等，建立了一套完备的由政府、企业、金融机构共担风险的风险投资机制，大大加快了高新技术产业化的步伐。

其五，高新技术的渗透性越来越强，产业化道路越走越宽。具体表现为以下几个方面：

（1）以某一高新技术为辐射源，带动一批高新技术企业的发展。例如，美国航天飞机的研制，涉及几千个研究机构和近万家企业，从而带动了新材料、新能源和电子企业的迅速发展。

（2）高新技术已广泛渗入传统产业，形成高新技术与传统技术的相互融合。例如，微电子、信息、计算机技术、自动控制技术在机械产品生产过程中推广应用，便出现了"机电一体化"的新技术和新产品，新机械产品技术水平和附加值大大提高。

（3）利用高新技术在低层次产业中开发新产品。例如，美国军方耗费巨资研究用于解决超音速战斗机管道连接问题的高技术，被日本企业用于制作玩具。这种高新技术向低层次产业的渗透，为高新技术的商品化、产业化拓宽了路子。

二　把开发高新技术产业放在中国经济发展
战略全局的主导地位

未来 15 年是我国经济继往开来的重要时期。中国经济将汇入世界经济的洪流，参与全球经济竞争，努力实现人均国民生产总值（GNP）由低收入国家进入中等收入国家的历史性飞跃。今后衡量我国经济成就的标志，重要的并不在于量的增加，而在于经济质量、效益的提高，也就是要看经济增长是否投入少、产出大、效益高；科学技术对国家经济增长贡献率是否越来越大，等等。因此，我们必须及时把握世界高新技术产业迅猛发展的历史机遇，大力发展高新技术及其产业，不断提高科技进步在推动经济增长中的作用，促进国民经济增长方式从粗放型向集约型的转变，用高新技术产业主导中国经济发展的战略全局，占领新的世界经济制高点，增强综合国力。

（一）　以高新技术产业作为中国经济新的增长点

我国高新技术的发展，起步于军工尖端技术，民用高新技术产业十分薄弱。1994 年，我国高技术产业产值在工业总产值中仅占 8%，远远落后于发达国家。1992 年，美国为 26.6%，日本为 30.9%，英国为 20.2%，德国为 18.6%。我国高技术产品的出口占工业制成品出口总额的比重，1994 年为 8.4%，而 1992 年美国为 48.6%，日本为 54.9%，英国为 39.8%，德国为 26.4%。从以上两组数据，可以明显地看出我国的差距，因此，我们要立足于国际、国内两个市场，瞄准世界先进水平，尽快从我国现有科技基础着手，在计算机技术、微电子技术、航天技术、生物技术、新材料技术等高新技术领域展开攻关，先在技术上突破，再逐步形成新的产业增长点，以此推动我国整体经济的发展。

（二）　加快高新技术成果向现实生产力的转化

我国的科技成果转化率 1995 年约为 20%，高新技术成果由于其风险大、投入大，相对来说，转化率要低，因此，发展高新技术产业还必须重视转化机制建设。前几年关于科技成果转化，经济界、科技界进行了许多有益的探索，比如，科研与生产联合，建立中试基地等。我以为，高新技术成果转化的主体应该是企业，尤其是国有大中型企业。科研成果只有适应市场的需要，为企业的发展服务，才能转化成现实生产力。企业是市场竞争的主体，能在瞬息万变的市场中迅速调整自己的发展战略和经营方针，这对科研成果的转化是至关重要的。现在，国有大中型企业正逐步适应社会主义市场经济的需要，建立现代企业制度，推行大公司、大集团战略。这些企业大多具备较强的技术应用和推广能力，很多已经或正在建立技术开发中心，所以高新技术成果的小试、中试不应放在企业与科研机构之外，应向企业靠拢，主要放在企业的技术开发中心，这样，就可以为今后的高新技术商品化、产业化打下一个良好基础。当然，由于种种原因，许多国有企业技术开发力量薄弱，这是一个现实问题，应逐步通过政策、人才、资金倾斜予以解决。

（三）加快利用高新技术改造传统产业，以高新技术为龙头带动国有大中型企业的发展

发展高科技产业有两个途径可供选择：一个是通过上新项目、建新企业来发展高科技产业；另一个是利用原有企业来发展高科技产业。现在的倾向是一谈发展高科技就喊上新项目、建新企业，这是既不经济又不实际的。当然，在我国有一定基础和优势，一旦获得突破能对国民经济和社会发展有重大带动作用的领域，上一批新项目、投入必要的资金是应当的，但是要量力而行、突出重点。而就全局来说，应当着眼于现有的企业和产业，要在对国有大中型企业进行改制、改组的同时，加大用新技术改造的力度。我国现在有 4 万亿元的庞大的国有资产，这是全国人民经过几十年奋斗所积累的财富。我们的企业改革就是要使这笔财富保值增值。国有资产的凝滞是不能保值增值的，但现在企业通过增加大量投资，采取外延的增长方式，来盘活这部分国有资产又是不现实的。唯一的出路就是以高新技术为杠杆，以国有大中型企业为支点，盘活国有资产，推动整个国有资产的优化组合和合理配置。因此，现在用高新技术改造国有企业，不能停留在过去一般的"技术改造"水平上，更不能采用"古董复旧"的办法。1993 年，我在对辽宁应用高新技术改造传统产业的课题进行研究后发现一个问题，即老企业技术改造已搞了十多年了，虽然取得一定成效，但效果不那么明显，其中一个重要原因，就是技术改造的起点低，出现边改造、边落后的状况。通过研究发现，振兴传统产业，振兴国有企业，必须依靠高新技术，这是别无他途的战略选择。这个认识经过两年多的实践，在今天看来具有更重要的现实意义。因为在当今发达国家，高新技术已经成为推动生产力发展最活跃、最有决定意义的力量。我国的国有大中型企业大多属于传统产业，目前普遍经营状况不好、效益下降。而要使这些传统产业焕发青春，只有选择在国内外居于领先地位的高新技术进行改造，才能使其产品实现跳跃式的更新换代，走出一条振兴国有经济的新路子。

（四）发展我国高新技术及其产业，要注重消化吸收引进的国外先进科学技术，更要不断进行技术创新，提高自主开发创新能力

我们不能不承认西方发达国家在科学技术发展方面比我国先进，这是历史原因造成的。在发展高新技术的过程中，必须引进世界上高水平的技术，但要使我国的科学技术发展得更快些，光有引进是不够的，要在已有基础上进行技术创新，这应该是我国到本世纪末及下个世纪的发展始终坚持的战略方针。只有不断提高我们的自主创新能力，大力研究开发出自己的具有竞争力的高新技术产品，建设强大的民族的高新技术产业，才能减少对技术引进的依赖，提高参与国际竞争的能力，使我国摆脱高新技术落后的局面。

（五）以市场为导向发展高新技术产业，并通过培育、发展高新技术消费市场来拉动高新技术产业发展

高新技术的发展及其商品化、产业化，其最终归宿在市场，因此，必须重视市场，重视需求。

在计划经济体制下成长起来的中国科技工作者，由于传统思维的惯性，在研究与开发工作中大多注重科技成果的完成，不重视市场分析，没有市场观念或者缺乏市场意识，不从需求者角度出发，因而许多高新技术成果只能束之高阁，难以商品化和产业化。这种观念必须转变，必须以市场为导向，开发高新技术，发展高新技术产品和产业。

高新技术的商品化、产业化必须依赖于高新技术的消费者、需求者，即在激烈竞争中渴求生存发展的企业。高新技术尽管有高效益，但同时也有高风险，对于未完全谙熟市场规律、效益状况不好的我国企业，一般是不敢轻易去搞有一定风险的高新技术项目的。而且在市场经济体制还未完全理顺的情况下，由企业来承担全部风险也勉为其难。因此，必须建立高新技术研究和开发的风险基金及风险投资机制，由政府与企业共担风险，从而增强企业对高新技术的需求。

另外，要培育高新技术企业的促销、公关、市场操作能力，促进我国高新技术产品积极进入国际、国内市场。

（六）政府要加大投入，尽快促进高新技术产业的发展

从国外发展高新技术产业的成功经验看，在用于研究与开发的经费比例中，开发比研究费用要高 5—10 倍，产业化投入又比开发费用高 5—10 倍。目前，我国研究开发费用占 GNP 的比例约为 0.3%，而发达国家为 3%—5%。在这有限的费用中，用于开发及产业化的费用微乎其微，加上企业效益不好，根本无力开发高新技术产品，更谈不上使其产业化。因此，政府一方面应加大研究与开发的投入，另一方面应采取优惠政策鼓励企业加大技术开发投入及高新技术产业化投入。

三　中国高新技术产业化政策的重点应由区域倾斜转向产业倾斜和技术倾斜

发展高新技术，是我国一项长期战略。我们要根据世界经济、科技发展的趋势和我们的国情，立足当前，着眼于长远，既要为解决经济和社会发展的现实问题作出贡献，又要高瞻远瞩地规划未来。

我国高新技术产业化的工作自 80 年代中期开始，至今已具有相当规模。国家先后在上海、北京、南京、武汉、西安等知识密集的大城市建立了高新技术开发区，有力地促进了我国高新技术产业的发展。这些高新技术开发区大致上有三种类型：

第一，充分利用原有的设备和人才优势，在原有基础上划定区域范围，严格审定高新技术企业，实行优惠政策，进行集中管理，如北京模式、武汉模式。

第二，选择适当地域，按照高新技术产业的特点，统一规划建设，集中经营，如南京模式、上海模式。

第三，在已规划好的经济特区或经济技术开发区中，划定部分区域为高新技术开发区，如深圳模式、南通模式。

应该说，这些模式都为我国的高新技术产业发展作出了一定贡献。但一个时期，国家放松了对高新技术开发区的审批，许多地区为了利用优惠政策，纷纷办了一批高新技术开发区，大多名不符实，例如，有些高新技术开发区的企业经营服装生意，这大大不利于我国高新技术产业化，同时也造成了国家资金的浪费。基于上述情况，从政策角度讲，应在重点扶持部分高新技术开发区的基础上，由原来的区域倾斜转向产业倾斜和技术倾斜。这样既可以建立新兴产业，又可以利用高新技术有重点地改造国有企业。

（一）　应在六大领域大力扶持高新技术产业

其中包括：（1）微电子技术、自动化技术和机电一体化技术及应用；（2）新材料技术；（3）新能源和高效节能产品及有关的核技术、核产品；（4）以发展农业为主要对象的现代生物技术和有关的食品、农药产品；（5）激光技术、通信技术、超导技术及产品；（6）航空、航天及配套的高技术。

（二）　加强对高新技术产业的组织协调，增强产业发展的技术集中度，实现高新技术产业的集约化发展

在高新技术产业发展方面，过去一个时期，由于组织协调不力，有些地区和部门对认为能赚钱的、成气候的高新技术各自开发，一哄而上。例如，国内各地持生物技术牌子的企业就有上千家，但加起来也不及西方发达国家一个跨国制药公司的实力强，且使技术力量分散、投资浪费，形成高新技术产业的粗放式发展。因此，国家应加强对开发高新技术产业的组织协调、统一管理，提高产业发展的技术、人才、资金集中度，实现高新技术产业的集约化发展。

迄今为止，我国高新技术研究、开发规划的制定和实施，如"863 计划"、"火炬计划"等，经济学家、管理专家均没有参加。在推进高新技术商品化、产业化、国际化的今天，这样重大的国家战略问题的研究没有经济学家、管理专家参加，无疑是一个严重的缺憾。许多中科院院士、工程院院士、经济学家们共同呼吁：除了他们主动结合外，要求中央在制定和实施"超 863 计划"等重大高新技术战略和规划时，应吸收经济学家和管理专家参与，共谋我国经济和科技的振兴。

（三）技术创新的相关政策

为了推进我国高新技术产业的发展，有若干具体政策问题迫切需要研究解决：

1. 在"超 863 计划"、"火炬计划"的基础上，选择若干项关系国家经济、科技发展命脉的赶超世界的项目作为"国家特殊工程"，集中优秀人才，给予充足的财政资金保障，由国务院指定专人负责，像"两弹一星"那样，实行封闭管理，限期完成攻关任务。

2. 经国家审定的商品化、产业化的高新技术产业项目，应组织专门的国有独资公司、多元资产的有限责任公司或股份有限公司予以实施。国家应以投资形式注入资本金，银行应给予贷款额度和贷款担保，财政应给予贷款贴息优惠。

3. 建立高新技术产业风险投资基金，在国家政策性投资银行中，设立高新技术风险投资贷款，为高新技术产业的发展创造融资条件。

4. 对国家审定的高新技术产业和产品实行 5 年的减免税政策。项目投产 3 年内免征增值税，后 2 年减半征收，5 年内免征所得税。

5. 对国家审定的高新技术产业实行 5—7 年的加速折旧政策。

6. 对国家审定的高新技术项目，免征设备进口关税；出口产品实行退税政策。

7. 经国家批准的重大的高新技术改造传统产业的项目，国家在财政资金和银行贷款额度上应给予保证。

8. 实行优惠的工资、奖励和其他社会福利方面的政策，鼓励和吸引国内人员和出国的留学人员回国从事高新技术产业的研究开发和商品化、产业化工作。

9. 为使高新技术产业倾斜政策的实施取得经验，以逐步推广，建议选择上海浦东、深圳等条件较好的地方作为试验基地。秦皇岛自然环境优越，离北京科研中心很近，并有一定的引进高新技术的经验和必要的设施，也可考虑作为一个试验区域。

任何国家发展高新技术，都是需要具备一定条件的，这些条件起码包括政策、资金和人才。而资金、人才的解决又取决于政策因素。只要有了正确的能够调动各方面积极性的政策，那么，没有人才则可以吸引人才、培育人才；没有资金则可以吸引资金、筹集资金。而制定正确政策的关键又在于对高新技术在经济发展中所占地位和作用的深刻理解与掌握，并有一个相应的高度灵敏的机制，认真贯彻执行。那样我国高新技术的商品化、产业化和国际化，就一定会开创新局面，经济增长方式和经济体制的根本转变也能早日实现，我国社会主义现代化事业一定会取得巨大成功。

关于企业跨国经营的几个问题[*]

　　中国企业跨国经营研究交流中心、国务院发展研究中心上海发展研究所先后联合全国 16 省市包括政界、学术界、新闻界的代表连续举行了六届专题研究中国企业跨国经营研讨活动,通过这种形式达到相互交流、共同探讨,为政府和企业提供中国企业跨国经营理论咨询和信息服务,对中国企业经营面向世界发展具有重要意义。今天大家又聚集在海南省海口市进一步探讨这一具有重大现实意义和长远意义的课题,我相信一定能够得出很多有益于政府决策和企业发展的积极建议,下面我就企业跨国经营的问题谈几点个人的看法。

一　世界经济日益国际化、全球化

　　众所周知,冷战结束后,各国纷纷调整全球战略,经济较量逐渐上升为各国竞争的主要内容。为在全球范围内获得最大的经济利益,各国之间既有激烈的竞争,同时相互间的合作也日益增强,世界经济的国际化、全球化趋势愈益明显。特别是众多的发展中国家实行对外开放政策,降低关税和取消贸易壁垒等措施的实施,进一步推动了这种趋势的发展。现在,

　　* 本文是作者 1996 年在"中国企业跨国经营研究交流年会"上的讲话,原载《开放导报》(双月刊) 1997 年第 1 期。

世界各国都不可能完全靠自己的力量发展，只有加强和其他国家间的经济联系，将自己融入全球化经济浪潮中，才能获得长足进步。

世界经济国际化和全球化趋势的一个重要特征就是跨国公司的不断出现，并在全球经济中扮演着举足轻重的角色。跨国公司往往是以一个或几个具有较强经济实力的国家为后盾，依靠其资金、技术、人才、管理等方面的优势，在全球进行投资、生产和经营，尽可能占领世界市场，以获得最大经济利益。世界经济的国际化、全球化孕育了规模巨大的跨国公司，而跨国公司的发展又进一步推动了世界经济的国际化和全球化。现在，世界的各个角落、各行各业几乎都有跨国公司在发挥作用，它们已经成为全球经济的重要推动力量。

二　跨国公司的作用

跨国公司的经营是没有国界的，即是以全球作为其发展的市场。同时，它又是以获得最大经济利益为最终目标的。跨国公司的发展大大促进了资金、技术、人才以及先进的管理经验在全球范围内自由流动，不仅加强了发达国家的经济联系和技术交流，而且促进了发展中国家以及发达国家和发展中国家的经贸合作，使得各国间能做到经济发展中优势互补，共同发展。特别是发展中国家能借此获得一定的后发效益，吸收发达国家先进的物质文明，获得在经济起飞过程中所缺少的资金、技术和人才，学习国外的先进管理经验，提高经济发展的效益和质量，缩短本国的工业化进程。因此，跨国公司为全球的生产要素的合理配置，全球经济的质量和效率的提高，起到了一定程度的推动作用。

同时，我们也应该看到跨国公司的消极作用。跨国公司要获得最大经济利益，势必加强竞争，这种竞争不仅有跨国公司间的，还有跨国公司与非跨国公司间的，有公平的一面，也有不公平的一面。跨国公司往往凭其强大的经济实力在竞争中形成垄断，也就是不自由、不平等的竞争。这种竞争会阻碍生产要素的合理配置，降低经济效率。发展中国家由于经济实力较弱，会在这种竞争中处于极其不利的地位。发达国家的跨国公司在国外经营，往往是资金投入量比较大，而很少投入先进的设备和技术，发展中国家如不在发展过程中，特别注重消化和吸收国外的先进技术，加强对本国人才的培养，最终只会成为他人的加工基地和倾销场所，永远落在世界经济发展的后面。因此，在这种世界经济国际化、全球化趋势逐渐增强，跨国公司在经济舞台上扮演着越来越重大作用的世界背景下，处于发展中国家的中国，同样是既有发展机遇，又面临重大挑战，如果不注重自己在对外开放中的发展政策和战略，发展自己的大型企业集团和跨国公司，增强本国企业在世界经济发展中的竞争力和经济实力，在世界市场中占有一席之地，势必处于非常被动的不利地位。

三　中国应该制定正确的跨国公司发展战略

中国发展跨国公司迫在眉睫，但中国企业集团要成为跨国公司要有长远规划，应当根据中国的实际情况和各企业的具体发展状况，参照国外的先进经验来进行。国际上跨国公司的形成是有各种模式和途径的，但总的说来都是以打进和占领国际市场为目标；结合自身的资源状况、资金实力、生产能力和技术力量，以本企业集团的优势产业和产品，寻找占领国际市场的突破口；先在有优势的领域占领国际市场，进而带动整个集团走向国际，最终形成国际性的跨国公司。

中国的企业集团很多在国内已经具备一定实力，能占据较大市场份额，但一面临国际市场就束手无策，显得非常稚嫩，这既有对国际市场了解不够的原因，也有企业集团本身的机制和产业结构不尽合理的因素，因此中国的企业集团要实现跨国经营还有很长一段路要走，需要政府、企业和社会的力量共同扶持。

我认为，中国的企业集团要实现跨国经营，应当注意以下几个问题。

（一）政府支持，重点发展

从各个发达国家的经验来看，每个经济实力雄厚的国家都有几个大型跨国公司支撑，这种跨国公司一定是代表本国的某些行业或领域的先进的技术和管理经验，生产的产品和提供的服务是高质量的，因而这种跨国公司每个国家不会太多，但就是这几个跨国公司就足以支撑它在国际市场上的竞争。中国组建跨国公司，首先应该立足国内，面向国际，高起点、深层次，绝不能一哄而上。

国家应该在某些行业或领域选择确实具有较大规模和较强经济实力，能够在国际市场上同其他国家的大型跨国公司展开竞争的企业集团，采取一定的政策扶持措施，进行结构改革和产业调整，让它真正面向国际市场，接受国外跨国公司的挑战，在竞争中求生存、求发展，进而真正在全球市场上占有一席之地。到底哪些企业集团能够走向国际市场，如何走向国际市场，除由市场规律决定之外，国家应该有宏观的把握。把一些不具实力的企业推到国际市场的浪尖上，不仅不能发展为跨国公司，还有可能因承受不了国际上激烈的竞争而被淘汰，许多国家都有这种教训。

（二）中国的企业集团要根据可能，积极和世界大型跨国公司联合，共同发展

国外的大型跨国公司经过很多年的发展，在各方面都比较成熟，经验也比较丰富。而中国的企业集团现在在国际市场上仍然是势单力薄，不仅实力不足，而且经验有限。中国现在发展自己的跨国公司非常紧迫，如果仅仅靠自己的力量发展，是很难打开国际市场的。即使成功了，付出的代价也必然是很大的，而且费时也较长。这对我国来说不仅时间不允许，而且实力也承受不起。最经济和便捷的办法可能还是和国外的大型企业集团联合起来，共同发展。

中国的企业集团和国际跨国公司联合可以更有效地吸收它们的资金、技术、人才和管理经验，更重要的是能比较容易地走向国际市场。当然联合是手段，发展自己才是最终目的。在联合过程中，应特别注意防止被国际跨国公司逐渐消化甚至吞并，这就有悖于我们的初衷。而且联合不仅限于一家跨国公司，可联合多家，寻求最佳组合。

（三）加强人才的培训

今后的国际竞争主要是经济领域的较量，而最主要的又是人才的竞争，这对跨国公司尤为重要。世界每天都有几十万亿元的资金在流动，每天都有数以万计的新技术、新发明出现，这些资金和技术往哪里流动，关键是取决于有没有驾驭它们的人才，谁拥有这种优秀的人才，谁就能够运用最多的资金和最先进的技术。所以，要真正组建自己的跨国公司必须有优秀的人才才能在国际市场上正确决策、投资、生产和经营，如果没有出类拔萃的精英人才，这种跨国公司是组建不起来的，即使组建起来了，也是不可能持续下去的。因此，培养人才是长久之计。

跨国公司的人才培训具有更高的难度，需要更大的成本，这些人才不仅要在国内培训，在国内市场上锻炼，而且应该到国际市场上培训和任职。可以和国际跨国公司联合培养，交叉锻炼，既可将中国大型企业集团的人员派到国际大型跨国公司的有关部门中去培训和任职，又可以让国际跨国公司的技术人员和管理人员到中国的企业集团中任职，指导相关部门的中国职员提高水平。

中国应该成立有关人才培训机构，有系统、有计划地组织这项庞大的工作，使中国的大型企业集团职员特别是高级管理人员，能跟上世界经济发展步伐，不断提高自己的业务水平，为企业集团的发展壮大不断注入新的活力。

企业改革和发展需要依靠工人阶级[*]

国有企业的改革和发展，是关系到国民经济发展的重大经济问题，也是关系到社会主义制度命运的重大政治问题。在建立和发展社会主义市场经济的新的历史条件下，如何依靠工人阶级推动企业的改革和发展，在认识和实践上都存在一些问题。重视并解决好这些问题，不仅对做好企业的工作，而且对全局性的改革、发展和稳定，都具有重要意义。

一 企业改革中依靠工人阶级的优良传统绝不能动摇

我们党在 75 年的奋斗历程中，创造了许多优良传统，其中基本的一条就是坚持群众路线，从群众中来，到群众中去，同人民群众保持最密切的联系。改革是一场深刻的革命，是关系工人阶级切身利益的大事。没有广大职工群众的参与，就不可能有真正意义上的改革，改革不可能取得最终的成功。实践经验证明，那些搞得好的改革，都是考虑到了群众利益，获得了他们的拥护，有他们出主意、想办法，有他们的积极参与，才取得成功。反之，那些不成功或不太成功的改革，都不同程度上在依靠人民群众方面出了问题。邓小平同志对改革开放中人民群众的积极性和创造性给予了高度评价。他在总结改革经验时指出，农村改革中的好多东西，都是

---

* 本文原载《全心全意依靠工人阶级》，中国工人出版社 1997 年版。

基层创造出来的，我们只是把它拿来加工后，作为全国的指导。江泽民同志也多次强调要全心全意依靠工人阶级，他指出，离开工人阶级的积极性、创造性，我们的企业和现代化工业是办不好的。没有广大职工群众的支持，企业改革是不可能成功的。因此，尽管历史条件发生了很大变化，我们所面临的问题与以前相比有了很大不同，但全心全意依靠工人阶级的优良传统不能变，也不应变，而且应当根据新时期的特点，探索依靠工人阶级的新形式。在这个问题上必须旗帜鲜明，不能含糊。

二　要正确认识新形势下职工群众在企业中的地位和作用

经过十几年的改革，企业特别是国有企业经营机制、管理方式和所处的外部环境都有了很大的变化，企业由传统的计划经济体制向社会主义市场经济体制的转轨取得了重要进展。面对这些变化，在如何依靠职工群众的问题上也出现了一些值得注意的倾向。

这方面有两个突出的问题。

第一，随着企业自主权的扩大，企业自我经营、自我发展能力的加强，企业经营者的权力增大了，他们的作用得到宣传和强调，其社会地位也有较大提高。清醒的、理智的经营者看到这些变化后，能够正确看待自己和企业、社会间的关系，利用难得的有利条件，在企业改革和发展中发挥更大的作用。但也有些经营者把自己放在不适当的位置，甚至滥用手中的权力。有人认为在市场经济条件下，办事讲究快节奏，便自以为是，独断专行，不尊重职工群众的意见；有人认为办公手段逐步实现现代化之后，"从群众中来，到群众中去"的方法已过时了，虽然口头也讲依靠工人阶级，但做起事来往往严重脱离群众。

第二，在企业打破"大锅饭"、"铁饭碗"，富余职工和下岗人员增加，企业有权自主决定辞退职工的情况下，有人认为职工只是"管理"而非"依靠"的对象，不大关心职工群众的疾苦和呼声，遇事先考虑能给自己或小团体带来什么好处，而不大考虑甚至损害广大职工群众的利益。更有甚者，以权牟私，腐化堕落，走上犯罪道路。这些问题尽管出在少数或极少数人身上，但影响不小，严重挫伤了职工群众的积极性和创造性。

这些问题的出现，都与对新形势下职工在企业中的地位和作用的不正确认识有关。办好一个企业，要做很多工作，经营者的经营风格和方式可能各种各样，但基本的一条是要把广大职工群众的积极性调动起来。缺少这一条，企业要有持续的活力和竞争力是不可能的。所以，听取职工的意见和呼声，关心他们的切身利益，想方设法调动他们的积极性，是一个合格企业家必备的素质之一。那种手里有了一些权力，便目中无人，把群众甩在一边的做法，是很错误的，一个真正的企业家绝不能采取这种态度。如果说在西方经济发达国家，即使是成功的企业经营者也要想许多办法调动员工积极性，那么，在我们社会主义国家的企业内，经营者就更没有理由不关心职工的疾苦，不受到来自他们的支持和监督。企业改革中打破"大锅饭"、"铁饭碗"的措施，并不是针对广大职工群众的，而是为了更好地调动他们的工作积极性和创造性。

企业改革已经带来了许多变化，还可能带来更多的变化，但依靠职工群众这一点绝不应该改变。从一定意义上说，改革就是为了更好地依靠职工群众，并最终给他们带来更多的利益。如果不是这样，改革在方向上就是有问题的，并不可能取得成功。

三　当前应当注意解决的几个问题

（一）建设重视并善于联系职工群众的好班子

实践证明，凡是搞得好的企业，总有一个好的领导班子。一个好班子不仅要具有思想好、善决策、懂管理、能开拓、作风好等优良素质，而且还必须能够全心全意依靠职工群众办企业。要选配优秀人才担任企业领导工作，在班子成员中牢固确立依靠职工群众办企业的指导思想，保证他们能够自觉贯彻党的方针政策，保持清正廉洁，密切联系群众，带领广大职工积极推进企业的改革和发展。同时，要把调查研究作为密切联系职工群众的基本途径，通过基层蹲点、交流谈心等活动，了解真实情况，以作出正确的经营决策。

（二）加强依靠职工群众的制度建设

从企业实践看，用制度的形式把职工在企业改革、发展等方面的权力、利益、责任规定下来，是一种行之有效的办法。

第一，健全职工参与机制，让职工能够通过一定的渠道和程序参与企业的重大决策。在企业改革过程中，要强化职工群众在决策体制中的作用，使之作为企业决策体制的一个重要组成部分；要实行情况通报制度，让职工享有对企业重大改革的知情权；要充分发挥职工代表大会作用，落实职代会的职权。

第二，强化监督机制，畅通民主监督渠道。来自职工群众的自下而上的监督，是保证企业领导干部全心全意为职工服务，保持其清正廉洁的有效措施之一，对于奖金分配、业务招待费等敏感问题，要实行办事公开。对于一些企业领导利用职权营私舞弊、违法乱纪的问题，应实行职工投诉和举报制度。

第三，完善保障机制，维护职工的合法权益。随着社会主义市场经济体制的建立，企业内部的利益关系日趋多元化、复杂化，因此，必须建立相应的协调机制，以保障职工的各项权益不受侵犯，最大限度地调动职工群众的积极性和创造热情，使职工与企业形成休戚相关的命运共同体。

（三）加强工会建设，做好维护职工权益的工作

工会作为党领导下职工自愿结合的工人阶级群众组织，是党联系群众的桥梁和纽带。能否充分发挥工会的作用，对于全心全意依靠职工办好企业至为重要。发挥工会在联系群众方面的优势和特点，就是一方面要把党组织的中心任务、决策和意图，更多地通过工会的各项工作和活动贯彻落实到群众中去，使之变成职工的自觉行为；另一方面要把职工群众对企业改革、生产、生活中的困难和疾苦，通过工会这一渠道及时反映上来，使企业的领导决策更有群众基础，更能体现职工群众的意愿。随着企业改革的不断深入，工会代表维护职工权益的身份更加明确，作用更加突出。因此，要进一步加强工会建设，更好地发挥工会在维护职工合法权益方面的作用，使其成为企业内部上下沟通和协调的有效渠道。

继续加强宏观调控，保持
经济稳定发展[*]

去年年底召开的中央经济工作会议，分析了 1996 年的经济形势，统一了思想认识，确定了 1997 年经济工作的总体要求、宏观调控目标、主要任务和重要政策措施。这使我国今年国民经济持续、快速、健康发展和社会全面进步有了重要的政治保证。

一　经济按照预定目标发展，宏观调控取得初步成效

自从 1993 年我国实施力度较为适宜、持续时间较长的宏观调控措施以来，宏观经济一直向着预定调控目标的要求好转。1996 年是实行我国"九五"计划和 2010 年远景目标纲要的第一年，在国家继续坚持适度从紧的宏观政策调控下，国民经济保持了快速、稳定的增长速度，通货膨胀得到有效抑制。从以下国民经济宏观指标看，1996 年出现了近几年来所未曾有过的好的经济形势。

（1）农业继续稳定增长，粮食再获大丰收。预计农业增加值增长率可达 4.6%。粮食总产量预计比上年增产 150 亿公斤以上，再创历史新纪录，有效地缓解了粮食的供需矛盾，而且农业的内外部环境得到进一步改

---

　*　本文是作者 1997 年 1 月在一次"宏观经济形势座谈会"上的讲话。

善，内部结构趋于合理。

（2）全年国内生产总值达 67800 亿元，按可比价格计算，比上年增长 9.7%，增长速度适宜，略高于年初预定的增长指标。

（3）市场繁荣，全社会消费品零售总额扣除物价上涨因素预计增长 13% 左右，市场货源总体上呈现出"供略大于求"的买方市场新格局。物价涨幅可以控制在 6% 左右，比上年回落 8.8 个百分点，远远低于年初所定的 10% 的目标，通货膨胀压力大大缓解。

（4）固定资产投资预计约为 23800 亿元，扣除物价上涨因素比上年增长 12.5% 左右。投资结构有所改善，重点建设和技术改造得到一定程度的加强。

（5）进出口额全年预计达到 2900 亿美元，比上年增长 3.3%，进出口保持基本平衡，外贸出口经历了上半年的持续下降后 7 月份开始回升。国际收支平衡较好，全年国家外汇储备突破 1000 亿美元。

（6）财政收入连续 3 年的增势保持不衰，财政金融基本稳定，货币流动性有所增强。

（7）改革开放进一步深化，经济和社会协调发展。国有企业改革的力度加大，探索了一些新路子。新推出的金融、涉外税收、外汇管理和价格等项改革进展顺利，利用外资继续增加，预计实际到位 480 亿美元左右。各项社会事业全面进步，人民生活进一步改善。

应该说，经过近 3 年的努力，我国国民经济实现了持续、快速、健康发展，有效地解决了在大步前进中曾一度出现的投资和消费增长过快、金融秩序混乱、物价涨幅过高等突出矛盾和问题，成功地避免了可能出现的经济大起大落，实现了"软着陆"，这是一个非常了不起的成就。整个经济开始进入适度快速和相对平稳的发展轨道，以治理通货膨胀为首要任务的宏观调控基本上达到了预期目标。

二　国有企业发展成为当前经济运行中的最突出问题

在充分看到总体经济形势好的同时，当前存在的问题仍不能低估。在经济总量不平衡的矛盾明显缓解的情况下，经济结构性矛盾愈益突出。"大而全"、"小而全"，重复建设的问题相当严重。农业基础脆弱的问题并没有根本改变。特别是部分国有企业生产经营困难加剧，经济效益不好已成为当前经济运行诸多问题中最突出的一个问题，与宏观经济环境明显改善、总体形势好转形成了较大反差。其主要表现为：一是多数产品的生产能力利用率低，停产半停产企业和下岗待业职工较多。二是资金循环不畅，产成品占压和相互拖欠上升。三是企业生产经营困难加剧，发展后劲严重不足。1996 年 3.3 万户国有工业企业盈利额比上年下降 14.52%。亏损企业 1.26 万户，比上年增长 15.18%。亏损额比上年增长 38.6%，盈亏相抵实现利润比上年下降 38.8%。据劳动部统计，到 1996 年第三季度末，全国有停产半停产企业涉及职工 650 万人，其中停发减发工资的职工达 440 万人。

因此，现在有一种说法，认为宏观经济形势好，微观经济形势不好，我认为这是不太科学的，不能全面反映现在的经济情况。

（1）现在宏观经济情况是不错，但并不是不存在问题。首先，去年物价是调低到比较合理的范围以内，但应该看到是由于采取了较多的行政办法，抑制了一些调价的项目，且工业企业效益长期不好有可能再次引起物价上涨，因此，今年的通货膨胀压力仍然很大。其次，支持宏观经济发展的农业今年是大丰收了，但由于我国的农业基础仍然很薄弱，受自然因素影响很大，如果不在丰年之后妥善处理农业问题，今年农业状况仍然堪忧。最后，现在结构调整仍然缓慢，中央财政赤字较大，银行不良贷款增加，金融方面存在一定风险，如果不在实际工作中制定正确措施加以及时防范，仍有宏观经济形势恶化的危险。

（2）微观经济不好，应该主要指的是工业领域，因为农业情况是不错的。就是工业领域，也不是都不好，应该说主要反映在国有工业上，集体企业及其他经济类型的企业的情况较好，甚至可以说，现在相当大一部分工业企业的活力来自它们。1996 年 1—11 月，在全部企业实现利润总额中，集体企业所占比重上升至 35.6%，其他经济类型企业上升至 40.4%，而国有企业则由 1995 年的 41.2% 下降至 24%。在 1996 年全部工业增长的 13.1% 中，国有经济仅拉动 3.6 个百分点。而国有企业也并不是全盘都不好，这几年来通过改革促进了企业经营机制的转换，国有企业素质得到不断提高，总体实力进一步增强，综合经济效益有所提高，涌现出了一批搞得好的优势企业。目前，有约 30% 的国有企业在市场竞争中表现得好或比较好，它们管理好、实力强、效益高，有的已开始走向良性循环。国家集中力量抓的 300 户重点企业，企业数不足国有工业企业总数的 0.5%，而 1996 年销售收入占全部国有工业企业的 47.7%，实现利税占 68.8%。1996 年 1—9 月，这 300 户重点企业的产销率达 99.33%，高于全部独立核算工业企业平均水平 4.75 个百分点，实现利润 523.2 亿元，是全部独立核算工业企业利润的 4.63 倍。现在国有企业的经济实力和效益正在向优势企业集中，这部分微观较活的经济力量很好地推动了宏观经济的良性运行。

因此，宏观经济总体形势是好的，农业的稳定发展特别是今年的大丰收、优势较大的重点国有企业以及比较有活力的非国有经济是主要的支撑力量。工业企业特别是国有企业面临较大困难，我们对国有企业改革的艰巨性和长期性应有充分的认识。导致企业特别是国有企业出现困难的问题是多方面的，虽有需求总量和结构的变化、农产品提价使部分工业企业利润向农业转移等短期因素的影响，但从根本上看是经济体制不合理导致的经济结构失衡、企业生产经营机制仍不适应社会主义市场经济机制等长期累积的深层次矛盾的集中体现。这应在今后积极推动以建立现代企业制度为中心的国有企业改革中加以解决，以在根本上缓解微观经济困难状况，改善经济效益，进一步促进工业经济运行质量的提高。

三　继续加强宏观调控，保持经济稳定发展

1997 年将是我国历史上极为重要的一年，我国将恢复对香港行使主权和召开党的第十五次全国代表大会，这是两件举世瞩目的大事，因此，保持宏观经济形势的稳定性具有非常重要的意义。

中央要求 1997 年务必保持政治、经济和社会的稳定，同时采取积极

的政策措施，为经济注入新的活力，着力提高经济增长、质量和效益，推动改革和建设更好地发展。因此，1997 年我国经济发展的主旋律仍然是稳定发展，即继续实行适度从紧的财政货币政策，降低物价上涨幅度，加强农业基础地位，切实推进两个根本性转变，加快改革特别是国有企业改革步伐，加大结构调整力度，培育新的经济增长点，积极开拓市场，提高对外开放水平。

近几年宏观经济形势的改善和经济建设所取得的成绩，为 1997 年国民经济的持续、稳定发展创造了良好的条件。首先，经过几年来的宏观调控，我国经济总量不平衡的矛盾已得到明显缓解，为加强经济结构调整工作提供了非常有利的外部条件。其次，自 1993 年以来连续几年实行的适度从紧的宏观政策，农业特别是粮食的连年大丰收，1996 年物价上涨中的新涨价因素较小等，为 1997 年抑制物价上涨奠定了良好的基础。还有，经过 1992 年以来大规模的固定资产投资，交通、能源、通信等基础产业得到加强，制约国民经济发展的"瓶颈"因素大大缓解。最后，1997 年随着居民收入的增加，消费仍将保持比较活跃的趋势，固定资产投资也将保持稳步增长的势头。

从国际环境看，全球经济在 1997 年仍处于上升期。世界经济的增长速度和贸易量的增长速度都将有所提高。世界经济的持续发展和贸易量的不断扩大，为我国国民经济利用国际市场实现稳定发展提供了较大的回旋空间。

因此，1997 年和以后的几年中，总的宏观经济政策应当保持连续性、稳定性和必要的灵活性，即"稳中求进、紧中搞活"，在继续执行适度从紧的宏观经济政策的同时，应切实抓住一切有利时机，针对各类结构问题进行调整，把宏观调控与经济结构调整有机地结合起来，并探索和建立在社会主义市场经济体制中进行结构调整的运行机制，努力促进国民经济从速度效益型向结构效益型的转变，使国民经济发展能通过不断的结构调整和效益提高，逐步适应适度的增长速度，以保持高质量的平稳的持续快速健康的经济发展。

"九七"后香港的经济地位与海峡
两岸的经济协作[*]

1997 年 7 月 1 日，中国将对香港恢复行使主权。这是中国历史上的重大事件，也是对当今世界政治经济活动具有重要影响的大事。

在"九七"临近的时候，我们对"九七"后香港的前途持乐观态度，对香港能够保持持续稳定与繁荣更加充满信心。同时，我认为邓小平先生以"一国两制"方针恢复对香港行使主权的伟大战略构想，将对香港的长期发展和海峡两岸的经济关系产生积极的极其深远的影响。

一 "九七"回归后，香港的持续稳定繁荣具有坚实的基础

近 40 年来，特别是 1978 年以来，香港经济得到了迅速发展。1995 年，香港本地生产总值（GDP）为 11113.91 亿港元，人均为 17.95 万港元，约合 2.3 万美元，居世界前列。香港已经成为当今世界经济活动最具活力、最具吸引力的地区之一，是世界最重要的一个金融、贸易、航运、信息和旅游中心。香港总面积仅 1092 平方公里，却已成为世界第八大贸易实体，1996 年，香港的对外贸易总额达 29336 亿港元，港口集装箱吞

* 本文是作者 1997 年 2 月 27 日在香港召开的"第二届华南（东亚）经济国际研讨会"上的讲话，原载《开放导报》1997 年第 4 期。

吐量为 1330 万只，连续五年居全球之首；目前，香港成为仅次于纽约和伦敦的世界第三大金融中心，还是世界最大的成衣、手表和玩具出口地。

香港从实现经济起飞到成长为经济发达地区，期间仅经历了短短的四十余年时间，这是一个世界奇迹。香港人民、实业界精英的艰苦努力是香港奇迹产生的基本原因；健全而发达的市场经济体系是香港经济持续稳定健康发展的基础；改革开放以来，祖国大陆经济的高速成长亦是香港经济实现经济起飞走向发达经济的重要推动因素。当然，有利的世界经济环境对香港经济的发展也发挥了重要的作用。

我认为，"九七"以后香港能够保持持续稳定的发展和繁荣，能够保持并进一步加强其世界金融、贸易中心的地位，绝不仅仅是一种良好的愿望，而是具有坚实的基础的。

第一，中国将坚决贯彻邓小平先生提出的"一国两制"的构想，严格按照《中华人民共和国香港特别行政区基本法》处理香港事务，继续保持以四大自由为特点的香港自由港经济模式。

同时，香港作为国际的金融和航运中心的地位不会动摇。中国政府将保持"九七"后香港货币金融制度的独立性，内地和香港仍将继续保持两种货币制度，两地金融当局仍将保持现有相互独立的合作关系。香港的经济特点和新型离岸转口贸易将赋予香港作为国际航运中心更新的内容和更强的生命力。

第二，近几年香港经济的实践表明，香港经济具有很强的经济风险意识和经济调整能力。90 年代初期，面对严重而持续的世界经济衰退，香港经济也出现了严峻的困难，1994—1995 年香港经济经历了周期性的局部调整，当时海内外有不少人对香港经济能否在短期复苏持怀疑态度，但在 1996 年的经济实际表明，香港经济不仅没有停滞，而且在加速的经济结构调整过程中，实现了稳定的增长。90 年代以来，香港作为世界经贸中心的地位进一步提升，与它在经济结构调整过程中，航运业、转口贸易及资讯业的快速发展有着密切的关系。

第三，改革开放以来，祖国内地经济高速增长对香港经济的发展产生了极其重要的推动作用。1978 年以来祖国内地平均经济增长 10%，在世界经济严重衰退的 90 年代初期，祖国内地经济增长率仍在 9% 以上，同期祖国内地对外经济贸易有了快速增长，1996 年祖国内地的对外贸易总额已超过 3000 亿美元，这对香港转口贸易和航运业的发展产生了巨大的推动作用。预计未来 20—30 年，中国经济增长率仍将可能保持较高的速度，祖国内地经济快速发展对于回归祖国的香港将产生更加直接的促进作用。

第四，需要特别指出的是，1978 年以来，香港经济的持续稳定的发展还得益于香港与祖国华南地区日渐紧密的经济协作，这一重要的经济协作进程极大地拓展了香港的经济活动空间，使香港开始成为东亚地区重要的生产和经济活动的中心。未来一段时期内，华南地区仍将以高于全国的经济增长率快速发展，香港回归祖国在获得更为直接的可靠的经济腹地后，香港世界经贸中心的地位将更加巩固。

进入 90 年代以后，香港经济结构调整过程中还存在若干亟待解决的发展难题，如地价等经营成本全面而持续上升对香港长期国际竞争力的影响，香港制造业北移后的空洞化问题及与之相关的香港高新技术产业发展的严重滞后问题等。客观地说，近年来港英当局在某些方面所采取的不负责态度和短期性行为是使上述问题难以解决且日渐突出的重要原因。我相信，未来的香港在香港特别行政区政府管理下，能够从长期性、战略性的高度，研究并规划解决制约香港经济发展的重大问题。

二　"九七"回归后，海峡两岸经济协作将进一步加强，香港在其中将由目前的中介作用逐步发展为直接推动作用

海峡两岸由于经济发展水平、经济结构、所处的发展阶段以及各种资源组合的差异，呈现出很大的经济互利互补性，具有极其广阔的合作空间，可惜在 80 年代末期以前，由于种种原因，这种合作的优势没有得到利用。

进入 90 年代以来，海峡两岸的经贸关系有了迅速发展，大量的台湾

企业到祖国大陆投资，积极推动了海峡两岸的贸易往来，也正在积极地推动海峡两岸经济协作的发展。

90 年代以来，海峡两岸经济关系最主要的特征是一般贸易往来已快速发展为投资为主的经济协作。1995 年祖国大陆海关进出口总额为 2808 亿美元，其中对台湾贸易总额已经达到 178.8 亿美元，占总额的 6.4%。估计 1996 年祖国内地和香港已经取代美国成为台湾最大的出口市场。海峡两岸的贸易往来直接促进了台湾对祖国大陆的投资。1988 年，台湾对祖国大陆的协议直接投资金额为 4.2 亿美元，1991 年为 14 亿美元，三年增长 2 倍多。1995 年已骤升为 262.5 亿美元。1996 年估计会保持 1995 年的水平。根据统计，1995 年我国实际利用海外和港澳台投资 481 亿美元，其中台资为 32 亿美元，占 6.6%。目前，祖国大陆已成为台湾企业最大的直接投资地区，约占台湾直接投资的一半以上。

由上述不难看出，经过短短几年时间，海峡两岸的经济协作关系已经达到了较高的水平。长期以来，台湾经济发展主要依靠北美市场，而如今已经明显转向依赖高速成长的祖国大陆市场。

如我们所知，香港在台湾与祖国大陆经贸关系发展过程中发挥了重要的不可替代的中介作用，可以说没有香港的存在，海峡两岸的经济协作不可能在如此短的时间内发展到现在的规模。当然，港台间经贸关系的发展也极大地依赖海峡两岸经贸合作的发展。从贸易方面看，1969 年以前，港台双边贸易额未曾超过 1 亿美元，直到 1978 年才突破 10 亿美元。70年代末，祖国大陆与台湾两岸间接贸易恢复后，港台贸易因之有了较大的发展，台湾在 1987 年开放祖国大陆探亲及解除外汇管制后，港台贸易进入急速扩张期，当年双边贸易额就达 48.2 亿美元，1990 年突破 100 亿美元，1992 年就已达到 171.9 亿美元。从投资方面看，1978 年以后，香港对台湾的直接投资有迅速增长之势。1982—1986 年，香港对台湾直接投资 1162 项，金额 6 亿美元。同期，台湾对香港却投资甚少，不足 1000 万美元。1987 年后情况大变，据台湾方面统计，1987—1991 年，香港对台湾投资 330 项，金额 9.5 亿美元，而台湾对香港投资 93 项，金额约 40 亿美元。此外，港台间的金融业的交往和协作也有了很快的发展。

目前，香港已经成为台商海外投资的资金调度中心，并已成为台湾的第三大贸易伙伴，第二大出口市场和第一大出超地区；台湾则是香港重要的进口与转口市场和资金来源地。

展望未来，我认为"九七"后香港在海峡两岸经济协作中将扮演更加重要的角色。

中国对香港恢复行使主权后，祖国大陆、香港和台湾间的经济协作关系将具有新的含义。十几年来，台湾以香港作为中介与祖国大陆所进行的一切间接经济贸易往来，如今已经具有显而易见的直接贸易性质。同时，香港特别行政区政府就香港与台湾、台湾与祖国大陆间经贸关系，相应地采取一系列政策措施对加强或改善海峡两岸经济协作关系具有重要意义。对祖国大陆与台湾间的经济往来所起的作用将逐步由间接贸易转变为直接贸易。这对于进一步发展海峡两岸的经济协作关系将产生积极深远的影响。

同时，我相信，"一国两制"的伟大构想在香港的成功实践，将成为包括海峡两岸在内的各个国家和地区间解决有关争端的典范。海峡两岸经济协作关系将在其影响下取得长足进步，这是造福全中国人民，也是利及全世界的大好事。

"三步走"战略和小平同志的远见卓识[*]

我国社会主义改革开放和现代化建设的总设计师邓小平同志已经离开了我们，这对我党我军我国各族人民是不可估量的损失。今天，在举国沉痛哀悼邓小平同志逝世的日子里，深切缅怀小平同志的丰功伟绩，追思他的一系列经济思想，尤其是重温他关于中国经济三步走的发展战略，再一次为他非凡的勇气、求实的精神和远见卓识所折服。

在新中国成立后的很长一个时期里，我们对社会主义基本经济规律认识很不深刻，在经济工作中，屡犯急躁冒进的"左"的错误。那时虽说也常讲社会主义的目的是满足人民的需要，但在实际上并没有经常这样做，而是存在着某种为生产而生产的倾向。"文化大革命"又把本来就不富足的国民经济推向了崩溃的边缘。在粉碎"四人帮"后的头两年，我国的工农业生产虽然有了比较快的恢复，其他方面的工作也有所进展，但由于当时对过去一套"左"的东西来不及清理，致使经济工作中急于求成和浮夸现象又重新出现。

在邓小平等老一辈无产阶级革命家的努力下，1978 年 12 月召开的党的十一届三中全会，重新确立了解放思想、实事求是的思想路线，果断地停止使用"以阶级斗争为纲"的错误口号，作出了把党和国家工作重点转移到社会主义现代化建设上来的战略决策。这是新中国成立后又一次伟

---

* 本文原载《光明日报》1997 年 3 月 3 日。

大的历史性转变。

以经济建设为中心，至关重要的是制定一个科学的可行的经济发展战略。这个战略怎么制定？邓小平同志高瞻远瞩，把远大的理想与我国社会主义初级阶段的实际相结合，提出了著名的"三步走"的战略设想：即第一步，从1981—1990年，实现人均国民生产总值翻一番，基本上解决温饱问题；第二步，到本世纪末再翻一番，使人民生活达到小康水平；第三步，到下世纪中叶，人均国民生产总值达到中等发达国家水平，人民生活比较富裕，基本上实现现代化。三步走的发展战略目标为中华民族走向现代化绘制了宏伟蓝图。

为了确保这个战略目标的实现，小平同志认为还要有正确的路线和科学的决策作保障。为此，他又提出并逐步完善了一系列经济理论，其中包括坚持推进改革开放和建设社会主义市场经济的重要决策。

邓小平同志还多次强调在实现三步走的过程中，一定要正确处理发展速度和经济效益的关系，始终要把提高经济效益放在第一位，而不能只追求一时的高速度，损害经济效益。小平同志在《目前的形势和任务》中指出："我们拥有各种有利条件，一定能够赶上世界上的先进国家；但是也要认识到，为了缩短和消除两三个世纪至少一个多世纪所造成的差距，必须下长期奋斗的决心。在相当长的一段时间里，我们不能不提倡和实行艰苦创业。"今天读来，这些话仍有很重要的指导意义。

自小平同志提出"三步走"的战略以后，我们就一直扎扎实实地推进这一战略。众所周知，原定的总值翻一番的第一步战略目标已在80年代提前两年胜利完成；原定的2000年国民生产总值比1980年翻两番的任务也已于去年提前五年实现。现在我们又进一步提出了更高的奋斗目标。按照"九五"计划和2010年远景目标纲要的要求，我们要在本世纪内全面完成现代化建设的第二步战略部署，在我国人口将比1980年增长3亿左右的情况下，实现人均国民生产总值比1980年翻两番；基本消除贫困，人民生活达到小康水平；加快现代企业制度建设，初步建立社会主义市场经济体制。到2010年，实现国民生产总值比2000年翻一番，使人民的小康生活更加宽裕，形成比较完善的社会主义市场经济体制。这两个目标，不仅在实施"三步走"战略已有成绩的基础上提出了更高而又切实可行的新目标、新任务，而且把 2000 年的前五年与后十年连接了起来，实际上是把第二步和第三步战略部署衔接了起来，体现了"三步走"战略的连续性和指导性。

有人说，毛泽东同志的伟大功绩在于他使中国人民站了起来，邓小平同志的伟大功绩在于他引导全国人民富了起来。我认为，这句话是很有道理的。当然，只有先站起来，才有可能富起来；然而，如果仅仅是站起来了，那还是远远不够的。我们的最终目标应是发展社会生产力，使人民过上越来越好的生活，而这正是小平同志的伟大功绩。

邓小平同志和我们永别了。他的英名、业绩、思想风范将永载史册。我们一定要继承邓小平同志的遗志，努力学习并继承他运用马克思主义的立场、观点和方法，研究新情况、解决新问题的科学态度和创造精神，在以江泽民同志为核心的党中央的坚强领导下，在党的基本路线指引下，为建设社会主义市场经济新体制，为全面完成"三步走"的战略目标而努力奋斗！

发展名牌，推动我国经济上新台阶[*]

由"抓质量"，到"质量第一"，到"质量战略"，到"发展名牌"，再到现在提出"名牌战略"，我们的认识和实践都有了很大的发展。在我国现阶段改革开放和经济建设的新形势下，发展名牌有其多方面的必然性。首先，我国经济已经基本走过了"短缺经济"的阶段，由过去单纯追求数量转变为数量和质量并举，并逐步向质量效益型经济过渡。讲质量就要讲名牌，发展名牌就有了迫切的必要性。其次，我们现在实行的是社会主义市场经济，市场经济就是一种竞争经济，商标是竞争的中介。消费者往往要靠商标在众多的商品中辨别好坏，在这个过程中，名牌商标就成为消费者追求的对象。再次，随着对外开放的发展，不仅国外的资金和技术进来了，国外的名牌商标也进来了，对我们的国货形成了很大的竞争压力。为了增强国货在国内和国际市场上的竞争力，我们必须大力发展自己的名牌产品。

实践经验表明，只要思路正确，方法得当，发展名牌产品能带来多方面的经济效益和社会效益。名牌不仅是指著名商标这些标志本身，而是一种综合经济优势的象征。运用名牌优势，一方面可以增强市场竞争力，提高产品的市场占有率，取得可观的经济效益；另一方面可以鞭策企业改善

---

* 本文是作者 1997 年 3 月在"质量万里行活动"一次座谈会上的讲话，原载《中国质量万里行》1995 年第 1 期。

内部管理，提高员工素质，树立第一流的企业形象。

目前名牌确实热起来了。在这一可喜局面的背后也存在着一些令人担忧的现象。现在滥评名牌、虚假广告、谋求暴利、不正当竞争的问题相当突出，对发展名牌事业是很不利的。名牌的确认，说到底要由市场来确认。不能只靠人为的简单评选，就加封名牌。名牌的保护，要正确发挥有关政府机构和社团组织的作用。总之，发展名牌应遵从市场经济的规律，并逐步把名牌战略的实施纳入法制化、规范化的轨道。

发展社会主义市场经济，需要振奋民族精神。发展名牌，就是要通过扎扎实实的工作，培育出一批体现我们经济实力和民族风貌，在国内和国际市场上有竞争力的中国名牌。这样一批名牌的出现，是我们中国经济上台阶，我们中华民族的国际地位进一步提高的显著标志。希望社会各界都关心我国的名牌事业，创造出我国名牌发展的良好社会环境。

应重视对大中型商业企业改革与发展的研究[*]

党的十四大确立了我国建立社会主义市场经济体制的改革目标，市场问题已成为我国经济生活中的一个热点问题。在由传统的计划经济体制向市场经济体制转变的过程中，商业流通在我国经济中的地位和作用发生了根本性的改变，对整个国民经济的影响力日益增强。但是，在社会主义市场经济体制建立过程中，它也面临着一些新的问题需要认真研究和解决。

一 我国流通领域面临新的竞争形势，挑战和机遇并存

进入 90 年代以来，国际、国内的市场竞争形势出现了一些新的趋势，显现出了新的竞争格局。从国际上看，世界范围内商业高科技交流与商品的贸易活动迅速拓展，经济的全球化、集团化和区域化趋势明显加快，国与国之间谋求经济发展和经济合作的意愿日益强烈，为世界各国经济发展提供了巨大的机遇和挑战。随着我国改革开放的不断深入和关税、外贸、外汇管理体制的调整，进入我国的国外商品不断增多，使我国许多商业企业并未跨出国门，就已经直接面临着国际市场的激烈竞争。

* 本文是作者 1997 年 6 月在"大中型商业企业改革与发展研讨会"上的讲话，原载《上海商业》1997 年第 6 期。

在此背景下，我国市场与国际市场的联系日益紧密，经济发展的对外依存度增强，现已由改革前的不足10%上升到大约40%的水平。而且，随着我国流通领域对外开放和引进外资，国外的商业资本进入了我国市场，一些年销售额几百亿美元，甚至上千亿美元的超大型跨国集团也进入了我国流通领域。它们凭借自身的商誉、强大的资金实力、先进的经营管理技术及全球性的信息网络等诸多优势，在经营中极富挑战性。它们的进入，一方面为我国实现商业现代化提供了范例，有助于促进国内流通企业的改革与发展；另一方面，也对我国的商业企业的生存和发展带来了巨大的冲击和提出了严峻的挑战。

从国内来看，我国流通领域正处在重大的转折时期。改革开放以来，我国整个流通领域的发展取得了可喜的进步，特别是90年代以后，我国流通领域的改革更明确地转向了建立新的市场运行机制，包括培养新的市场体系、建立市场规范、明晰产权关系、更新企业组织形态、采用现代化的流通手段，等等。目前，我国流通领域已出现了超级市场、平价超市、仓储售货、专卖店、连锁店、购物中心、综合商社等多种多样的经营业态，电视商场、邮购等无店铺销售、代理配送制等形式也相继出现。

但是，随之而来的是国内市场的竞争也明显加剧。一方面，我国市场基本上已由原来的卖方市场转变成了买方市场。目前，居民的收入储蓄增长远远超过已实现的购买力的增长，市场上94%以上的各类消费品和90%以上的生产资料均处于供求平衡甚至供大于求的状态，且多数商品形成了绝对的买方市场。另一方面，随着我国市场化进程的不断加快，相当一批生产企业已直接进入流通，建立自己的销售网络，开辟新的销售渠道，打破了国营商业一统天下的局面。国内工业企业直销比例已相当高。与此同时，非国有商业企业迅速发展，占领了相当的市场份额，形成了国内市场多种形式、多种经营的竞争新格局。面对这些新变化，不仅使我国的流通领域面临着来自国际、国内市场的双重竞争，而且，客观上对我国商业企业转换经营机制提出了更高的要求。

因此，针对我国流通领域出现的新的竞争格局和亟待解决的问题，重视和加强对大中型商业企业改革与发展的研究是十分紧迫和必要的。国务院领导同志对此问题十分关心，指示积极推进流通体制改革，发展现代化商业，以加强我国商业企业参与国际市场竞争的能力。

二　商业企业的改革与发展

当前，我国正面临着两个根本性转变的历史性时期，深化流通领域的改革，实现大中型商业企业集约化增长，建立与市场经济体制相适应的经营机制，努力开拓国内国际市场是十分紧迫的任务。

第一，努力增强大中型商业企业的竞争活力，抓好企业的改组、改制、改造，加强企业管理。国有大中型商业企业要以建立现代企业制度为目标管理，根据我国的经济结构现状和改革与发展的长远目标，以及国有企业存在经营效率相对较低的问题，通过租赁、兼并、股份合作、拍卖、破产等多种形式，"抓大放小"，加快商业企业的改革步伐。

第二，加强市场营销体系的开发和建设。这些年我国的市场体系有了长足的发展，但流通组织的发展从总体上看还是落后的。针对国有大中型商业企业组织形式不适应市场经济的体制要求状况，要改革相互分割、自成体系的企业经营体系，解决商品流通环节多、成本高、速度慢、效益低，与市场经济规律不相适应的问题，从现阶段的实际出发，开发和建立起一套行之有效的市场营销网络，切实降低流通成本，要发展多形式、多层次的联合与合作，实行贸工农一体化，走工商联合、联营的路子，发展新型的配送网络，提高营销体系的效率。

第三，提高流通企业组织化程度，推行大集团战略。我国流通领域重复建设、经营雷同比较普遍，商品市场地区封锁、行业垄断、市场割据的现象依然严重。流通企业总体上规模偏小，在国际市场日趋激烈的竞争中缺乏优势。因此，要利用国家大力调整国民经济结构的有利时机，引导生产要素在流通领域的合理流动，实现行业内企业结构的优化，从而达到整个社会商品高效流通的目的。"九五"期间国家要扶持一批成规模、跨地区、跨行业、内外贸一体、能直接参与国际市场竞争的流通企业集团，因此，要鼓励发展规模经营，通过组建综合商社、企业集团和连锁企业，加快产品结构、企业组织结构、产业结构的优化和升级，取得竞争中的绝对优势。

第四，加快流通现代化步伐。在日趋激烈的市场竞争中，要求国内商业企业的发展，必须增强企业实力。因此，应加大对大中型商业企业的资金投入，适时扩大直接融资的范围，加快流通设施的改造和建设，推行POS 系统等现代化商品管理。在加大科技投入方面，应重点加强信息网络和配送中心的建设，加强人才培养，提高商业企业的科技含量和技术手段方面的竞争实力，提高大中型商业企业的现代化程度。

第五，加强企业管理，降低经营成本。要强化商业企业自身的市场经济意识，探索与市场新形势相适应的管理办法，变粗放型管理为集约型管理。要杜绝管理的随意性，利用计算机网络将进、销、存等全部数据纳入科学管理的轨道，强化对企业经营的可行性研究和提高资产的运作效率。通过调整企业的经营决策权力结构，相对集中经营决策和减少企业组织的结构层次，净化进货渠道，增强核算意识，加强监控和管理，在确保商品质量、维护消费者合法权益的同时，从根本上实现低成本高产出，有效地提高企业经济效益。

第六，要加强国内市场的开拓和培育，特别是要对广大的农村市场应给予更多的重视，使占我国人口 3/4 的农民成为真正的消费主体。从目前我国流通领域现状看，农村市场的潜能是巨大的，如何发挥农村市场的巨大潜能，是我国商业企业面临的一个重大课题。

第七，加强对国际市场研究和开发。大中型商业企业要勇于开拓国际市场，在国际市场占领一定的市场份额，特别要注重加强对周边国家的市场开拓与经济合作。当前，国际市场的概念不再是以国界为限，世界经济全球化日趋明显，国与国之间的经济竞争日趋激烈。因此，要认真研究国外大型商业企业先进的管理经验和技术，注重配送技术和信息处理技术的消化和吸收。

总之，不论是从国内还是从国际市场看，流通领域多元化、多层次、多种所有制形式以及跨国界的竞争格局已经形成。在"九五"期间，流通领域的重点应是城乡市场的紧密结合、国际国内市场的相互衔接，形成统一开放、竞争有序的市场体系，构造新型的市场关系，使市场在国家宏观调控下对资源配置起基础性作用，真正促进流通领域"两个转变"的实现，以达到整个社会商品高效流通富国利民的目的。

堤清二著《消费社会批判》中译本序言[*]

堤清二先生的《消费社会批判》一书去年 1 月问世不久，即引起了日本经济界和社会科学界的广泛注目，书评纷见报刊，这本理论性很强的著作，竟然在不到半年的时间成为畅销书之一。堤清二先生毕业于东京大学经济学部，是日本最大的流通产业集团之一 SAISON 集团的创始人，是日本流通产业界的著名领导人，他又是一位诗人、小说家、经济理论家和著名的国际社会活动家。

早在 17 年前，他在东京大学经济学部担任流通产业论讲师的讲稿汇集出版了《变革的透视图》。根据他对流通产业多年的亲身实践和考察，将流通产业的性质规定为既为资本的逻辑服务，同时又是为人们消费生活服务的一种"边缘产业"，它本身内含有为资本服务和为人类生活服务的双重性和矛盾性。但随着资本主义进入后工业社会的成熟阶段，其社会经济乃至政治制度进入了老朽化的混迷状态，为人类生活服务的这一面逐渐消失，而从属于资本的逻辑、为利润服务的一面控制了商品经济社会。特别是随着大批量生产方式的发展和普及，为了促销，动员宣传媒体和广告，使真实的商品成了形象化的存在，人类的真实的欲望也为推销、促销广告的虚拟的"欲望"所代替。于是"消费社会"作为后工业社会成熟阶段的社会形态登上了历史舞台。西方发达国家的政治、经济乃至文化出

---

[*] 本文写于 1997 年 6 月。

现了世纪末期的现象。本书既是作者对"消费社会"的批判，也是作者对自己的一种"自我批判"。

作者从几十年的切身体验和考察出发，运用了《资本论》中"商品拜物教"、"货币拜物教"的古典的分析方法，剖析了现代后工业社会形态的"消费社会"的病态及其根源。这些分析对我国正在开始建立社会主义市场经济体制来说，很有参考价值，提醒我们应该防患于未然，避免重蹈西方工业社会和资本主义市场经济的畸形腐败的一面。本书在分析现代"消费社会"方面，充分运用了现代社会科学的研究成果，如控制论、系统论、符号论、法国"调整学派"理论、后结构主义、经济人类学、社会学和语言学等多学科的知识，作者强调现代经济学的重建，应充分吸纳其他学科的成果，经济理论的分析必须考虑运用多学科协作的综合手法，对过去以西方知性为基础的新古典的经济理论，特别是边际效用论和一般均衡论，应该重新进行科学的反思和改革，必须从祖述西方现代经济学的范式中解放出来，必须从本国的实情出发，创造性地运用人类的智慧建立本国国民经济的实际有效的经济理论和政策。

堤清二先生是一位谦虚的文学家，又是一位还在"消费社会"中东奔西走、日夜操作的产业家，由于对现代资本主义，即所谓后工业社会的诸多病态和日本国家当前所面临的社会结构的变革，深感应尽作为社会科学家的责任，本书是他开始作为书斋人的第一部经济理论著作。所以在表述方面多商讨的口吻，且很含蓄，加之又将其他学科的成果引进了经济理论中，这就要求读者阅读此书，要有求知的热情和耐心，虚心向世界寻求知识，为祖国社会主义现代化服务。

在建立现代企业制度中加强
和改善企业管理*

　　我们这次"建立现代企业制度与加强企业管理研讨会暨中国企业管理研究会1997年年会"选择在大庆召开是有特殊意义的。首先，几十年来，大庆不仅为我国经济发展作出了巨大的贡献，而且为我国企业管理提供了丰富的理论和经验，于光远同志和我在1977年夏季与一些同志在大庆做过一整年的考察，写了《对大庆经验的政治经济学考察》和《大庆油田的企业管理》两本书，总结、宣传了他们的经验，参加这两本书写作的多数作者这次也请来了，来参加这两本书写作出版20周年纪念活动，我们表示热烈欢迎和感谢，对已经去世的孙尚清、蒋一苇、吴鼎成、刘佐臣等同志表示深切的哀悼。虽然20年过去了，我国已经发生了翻天覆地的变化，但是大庆经验的基本精神和基本做法仍然是经得起实践考验的，是难能可贵的，它们是我们搞好经济建设和企业管理的宝贵财富，值得我们继承和发扬。其次，根据国家经济发展和大庆发展的需要，根据新的形势的要求，大庆提出了二次创业的口号，制定了宏伟的规划，并已经取得了一定的进展，积累了不少在新时期企业发展和管理方面的经验，大庆的领导同志将要做专门介绍，他们的新经验对

　　* 本文是作者1997年8月在大庆"建立现代企业制度与加强企业管理研讨会"上的讲话，原载《经济管理》1997年第10期。

我们搞好企业管理，提高我们的企业管理的教学水平也一定会有很大的帮助。

我们这次研讨会的主要议题是研讨在当前这种新形势下如何加强和改善企业管理，这是一个大题目，也是一个非常重要的题目。现在我想就这个问题谈几点自己的意见。

一　要处理好加强企业管理与深化企业改革的关系

企业改革和管理既存在密切的联系，又存在一定的区别。因此，既要重视改革，又要重视管理。不能以改革来代替管理，或以管理来代替改革。特别是当前我国正处在经济体制改革转轨的特殊时期，更要处理好改革和管理的关系。要坚持把改革放在首位，以改革来促进企业管理工作的改善和企业管理水平的提高。这是因为：

（一）我国的企业改革是以转换企业经营机制为中心环节进行的

有些时候，西方市场经济国家的企业改革也会涉及企业制度和企业机制的改革，但是在更多的情况下，它们的企业改革只是管理制度和管理方法的改革。我国现在处于经济体制的转轨时期，我国经济体制改革的目标是要建立社会主义市场经济，这就要求必须有适应这种经济体制的企业制度。但是，我国的传统的国有企业制度是适应高度集中的计划经济体制而建立起来的，它们只具有适应高度集中的计划经济体制的经营机制，而缺乏适应社会主义市场经济的经营机制。因此，我国企业改革的头等大事，就是要改革传统的企业制度，建立一种适应社会主义市场经济的现代企业制度，以转换国有企业的经营机制。在对传统的国有企业的制度进行改革，转换国有企业经营机制的过程中，也一定会涉及企业管理制度的改革，比如，国有企业进行公司化改组，就要改革国有企业原来的一些管理制度，建立与公司制度相适应的法人治理结构、成本会计制度、分配制度、劳动制度，等等。当然，也还会涉及管理方法、管理手段的改革。但是这些改革不少是由于改革企业制度，转换经营机制所引起的，它们是围绕企业制度改革而展开的。

（二）我国的企业改革是将改制、改组和改造结合进行的

"改制"就是进行制度创新，建立适应社会主义市场经济要求的现代企业制度，为市场经济奠定基础；"改组"就是调整不合理的产业组织结构，鼓励兼并、合并，促进存量资产优化，重点是发展一批大企业和大企业集团，实现规模经济，从整体上提高我国企业的市场竞争力；"改造"就是加大企业技术改造的力度，加快企业技术改造的步伐，提高企业的技术素质，增强后劲，增强实力。将体制转变与增长方式的转变有机地结合起来，必须转变企业的增长方式，变外延型粗放的经营为内涵型集约的经营。当前，资本主义国家的企业主要是以改革管理制度、管理方法和管理手段为主，企业的兼并、合并也时有发生，但是它们并不涉及企业管理和企业机制的变革。

（三）我国的企业改革是和其他改革配套进行的

在西方市场经济国家，改革是企业自己的事情，在许多情况下，又只涉及管理制度、管理方法和管理手段的改革，所以企业改革不存在配套的问题。而我国的企业改革就不同，我国的企业改革只是整个经济体制改革的一个重要的组成部分，它不仅要和计划、投资、财政、金融、流通、外贸、社会保障等宏观经济体制改革配套进行，而且要和劳动用工制度、分配制度、福利制度等企业的其他改革配套进行。不对这些体制进行改革，企业改革就不能深入，企业改革的目标就不能实现。

二　处理好企业管理与企业发展的关系

企业发展既表现为企业生产经营单位、生产线、职工人数、产品种类、数量、销售收入、地区分布等"量"的扩张，更表现为先进工艺的采用、先进技术和装配的引进等"质"的提高。加强企业管理，特别在企业的高速增长期，企业各个方面都发展很快，如果企业的管理跟不上去，就会出现"增速"不增效，"增产"不增收的局面，让管理拖了企业发展的后腿。以日本为例，它从50年代初开始大量引进美国的先进技术，但是管理问题没有引起企业的足够重视，结果虽然从美国引进了先进技

术，而产品产量、劳动生产率却大大落后于美国，而生产成本却高于美国。在 50 年代后期，企业通过总结经验教训，在学习美国先进管理方法的基础上，创造了一套以提高产品质量和服务水平为中心的现代管理方法，从而使企业获得了迅速发展，对整个日本经济的腾飞也起到了很好的作用。我国也存在类似情况。一些企业花巨资从国外引进了先进设备、技术，扩大了企业的规模，但由于管理和其他工作没跟上去，不能很好发挥这些技术和装备的作用，经济效益也不理想，特别是盲目建设、重复建设，片面追求外延扩大而不注重内涵发展的增长方式，还未得到明显的转变，而近年来企业发展又出现了一些新趋势，如企业兼并激烈的趋势、企业多样化发展的趋势、企业集团化发展的趋势、企业国际化经营的趋势，等等，所有这些都要求企业有更高的管理水平。

三　处理好学习、借鉴和创新的关系

现在国外出现了许多新的管理思想、管理方法和手段，管理更加现代化、科学化。我们应该了解这些变化，有选择性地学习和引进这些管理思想，借鉴这些先进的管理方法和手段，但是绝不能盲目照搬。这是因为：

第一，我们的企业和国外的企业在许多方面都存在着差异，我们的社会主义市场经济还没有完全建立起来，我国企业正处在转换机制，构造市场经济主体的时候，而国外的企业是完全自主经营的经济实体，在成熟的市场经济环境中经营和发展。

第二，有一些管理理论还不成熟，有些管理方法还不完善，还有待实践考验。比如企业再造，据美国和欧洲一些企业的试验看，成功的仅为 30%，大多数是失败的。

第三，各个国家的文化背景不同。管理与自然科学不同，自然科学中的一项发明、一个定理经过科学实验，就可以通用，而管理本身则具有二重性，既涉及生产力的管理，又涉及生产关系的管理。后者受体制、文化的影响很大，必须与本国的国情相结合。因此，必须处理好学习、借鉴和创新的关系，把国外的先进管理思想、管理方法与我国企业的实际情况结

合起来，与我国各个企业的实际情况结合起来，创造适合我国国情的先进方法。

四 处理好引进先进的管理思想、方法、手段和加强企业管理基础工作的关系

任何先进管理思想的贯彻、管理方法和管理手段的实行，都要求有良好的管理基础工作。但是，目前我国企业管理的基础工作存在严重的滑坡现象。据有关部门调查，我国有45%的企业管理基础工作比以前下降了。这种管理的滑坡现象在某些部门和地方表现得很突出。机械工业部1995年组织的调查表明：机械工业有55%的企业基础管理出现了滑坡现象，其中20%的企业大幅度下滑。许多事实表明，企业管理的滑坡现象已经成为我国企业经济效益下降、亏损面和亏损额增加的重要原因之一。

在这种情况下我们更要处理好学习先进管理思想、管理方法和加强管理基础工作的关系，狠抓企业管理基础工作。原始记录、会计凭证、统计资料等基本数据必须完整、准确，能及时、全面、准确反映生产经营活动的全过程和各个方面、各个环节的基本情况，经济信息、市场信息、科技信息能准确、及时满足企业各种决策的需要；劳动定额、物质消耗定额、资金占用定额、费用定额等要健全、合理，能充分利用企业的资源，最大限度地调动各个方面的积极性；各项产品质量、原材料、半成品、零部件、工艺、工装、检验、包装、运输、储藏等，凡有国家标准或部颁标准的，要严格执行，没有国家标准或部颁标准的，应有企业标准，并保证标准的先进性，积极采用国际标准和国外先进标准；计量、检测手段要齐备、准确，原材料、燃料、工艺过程和产品性能凡能计量、检测的都应计量、检测；企业和各种基础制度和专项制度必须健全，并认真贯彻执行。

五 处理好加强企业管理与精神文明建设的关系

企业管理是一项庞大和复杂的系统工程，既包括对物的管理，也包括

对人的管理，其中，对人的管理具有关键的作用。因为，再好的技术，再先进的设备，都要靠人来掌握，再科学的管理，再好的机制都要靠人来实现。

精神文明建设是服务和服从于经济建设的，但又对经济建设产生巨大的推动力。人的精神面貌如何，对企业管理的优劣有直接关系。我国正处于深化企业改革的重要时期，加强企业的精神文明建设，提高全体职工的素质，最充分地调动所有职工的积极性，发挥它们的主观能动性和创造性，做到人力资源的优化和合理配置，求得企业的最大效益，这是加强企业管理，加强精神文明建设的根本要求，也是我国实现两个根本转变和现代化的重要保证。

党的十五大后我国的国有企业改革迈出更大的步伐，要求我国的企业管理水平也要上一个新台阶。我们企业管理研究会的成员既有企业的领导者，又有大专院校的教学人员，既有从事企业管理研究的专家学者，又有管理企业的政府官员，在改善和加强我国的企业管理，促进我国企业管理水平的提高方面具有特殊的重要作用。我相信，经过我们长期不懈的努力，我们一定能创建有中国特色的社会主义企业管理理论，并使我国企业管理水平进入国际先进行列。

重视并加强对市场问题的研究[*]

随着我国改革开放的不断深入和市场经济相当快的发展，在世界市场国际化和全球化的趋势不断发展的大环境下，近几年我国的市场发生七大变化：（1）我国的市场基本上已由卖方市场转变成了买方市场，既包括生活资料市场，也包括生产资料市场，形成了全局性的买方市场。（2）我国市场与国际市场的联系日益紧密，经济发展的对外依存度增加，已由过去的10%左右上升到现在的大约40%的水平。（3）我国市场化程度大大提高。据统计，现在生产资料的价格有85%以上是由市场调节，生活资料的价格95%左右由市场调节。商业流通3/4左右是由非国有经济在发挥作用。（4）我国市场体系全面发育的趋势已很明显。不仅商品市场发展较快，资金市场、技术市场、产权转让市场、房地产市场、期货市场等也有了不同程度的进展。（5）市场购买力分流趋势日益加强。近年来居民消费支出开始呈现多元化、多渠道的特征，非商品支出的比重进一步扩大。由于证券业的迅速发展，股票、债券等市场吸引了大量资金。购房、医疗保健、交通通信、教育文化等的支出大幅度增加。（6）农村市场发展滞后十分明显。有着近9亿人口的农村消费品市场份额仍赶不上3亿多居民的城市市场份额。一方面，现在许多产品有城市化的倾向，不适合农民的需要。另一方面，农村市场开发得又很不够，很多在城市销售

---

 * 本文原载《原理世界》（双月刊）1997 年第 4 期。

不畅的产品，在农村市场上却非常抢手，农民往往买不到或无钱购买。
(7) 我国正在进行两个根本转变，其中经济体制由传统的计划体制向市场体制转变就困难重重，特别是不少国有企业产品没有销路，经济效益下降，其根本原因就是不能适应市场的需要。

因此，国家以及各个地区、行业部门都要深入研究市场问题，密切关注市场的变化。

一　市场问题是当前经济运行中的一个突出问题

一方面，1996 年我国经济在物价涨幅明显回落的情况下，仍然保持了较高的增长率，基本上成功地实现了宏观经济的"软着陆"。另一方面，长期以来存在以及近年来新出现的体制性和结构性矛盾有所加剧，其突出表现是国有企业的亏损进一步扩大，部分职工的生活困难。导致企业亏损的原因是多方面的，但几乎所有的亏损企业面临的一个共同问题是产品销售困难，或者产品不适应市场需求，或者质量差、成本高，或者虽然产品还可以，但营销能力不行。由此造成产销率下降，1996 年大部分时间里工业品的产销率低于 1995 年。产品滞销加剧了企业之间的资金拖欠，使企业本来就紧张的资金更为紧张。总之，市场问题已成为当前导致企业经营困难的一个普遍而又突出的原因。

进一步观察不难发现，当前的市场问题有着明显的结构特征。当许多企业特别是那些亏损企业销售不畅、产品积压的时候，一些优势企业生产的名优产品却在迅速地扩大市场份额，提高其市场占有率，加快了生产和销售的集中过程。这种情况最明显地发生在冰箱、彩电、洗衣机等家电行业，钢铁、汽车等行业也逐步出现变化。以冰箱、彩电等为例，排在行业前几名的企业产品市场占有率达到 80% 以上，这些企业以市场扩张带动企业规模扩张，开始接近或达到我们多年来所追求的规模经济水平,效益情况较好；与此同时，行业内从企业数量来说，多数和大多数的企业市场份额相应下降，陷入困境，日子很不好过。所以，我们所说的市场问题，是在产品和企业发生明显分化的情况下出现的。前一段时间有个说法，叫"宏观报喜，微观报忧"，实际情况是，微观上并非都不好，而是数量上虽占少数，但生产名牌产品、市场占有率高、规模大的企业比较好；数量上占多数或大多数，但生产非名优产品、市场占有率很低、规模一般过小的企业不好或不大好。这种结构性的变化从长期看是积极的，但也带来了一系列必须重视并加以解决的问题。看不到变化，就不能准确把握当前市场问题的实质，也就难以找到解决问题的办法。

另一个值得注意的情况是，外国产品和外商在华投资企业生产的产品对国内市场的冲击。国际资本对进入中国感兴趣，主要是对中国的市场感兴趣，它们把中国看成最大、最有潜力的一个市场。在对外开放条件下，进口外国产品补充和丰富了国内的市场供给，带来了新的技术、服务和时尚，同时又必然与国内生产厂家形成竞争。前些年我们对进口产品有诸多优惠，加上一度走私严重，"水货"泛滥，即使在 1996 年降低关税以前，我国实际的关税水平并不高（据有关专家测算，关税实际征收额与进口额的比例，前几年我国关税实际征收率在 3%—5%），这样就不可避免地对国内市场形成不合理的冲击。外商在华投资企业具有某种战略意图的进入和扩张，对原有的国内企业形成更现实的挑战。近几年外资进入呈现出一种倾向，由过去主要是中小资本进入转为国际大财团的进入，后者要求控股并使用它们自己的品牌，而我们一些企业缺少名牌意识，认为用谁的牌子都无所谓，受眼前利益的驱使，在合资时既没有注意保护、发展自己在市场上已有一定影响力的品牌，又缺少合资后创出新名牌的战略构想。有些中方企业放弃自己在市场上已有一定知名度和竞争力的品牌，转而使用外方品牌；有的企业将自己的知名商标低价转让给合资企业，合资企业弃之不用，将其"封杀"；某些合资企业暂时使用中方的名牌，但将中方名牌产品的盈利主要用来为外方的品牌做广告，对中方名牌宣传很少，使中方名牌逐步失去市场知名度，最终退出市场。由于这些做法，导致一些在国内市场上有相当知名度和市场份额的名牌消失，有些行业的国内名牌近乎垮掉。更令人担忧的是，没有坚持保护、发展自己名牌的企业，合资后大多取消了企业原先在国内属于领先水平的技术开发机构，转而利用跨国公司本部的研究开发机构提供技术，这样就大大削弱了我国自主进行技术开发和创造新名牌的能力，形成对国外技术和国外名牌的长期依赖。

总之，市场问题是新形势下改革、开放、发展中多方面的问题和矛盾的集中反映。对此应当有新的思路和新的办法。

二　关于市场问题的若干认识

为了推进市场问题的解决，需要在一些理论和认识问题上作新的探讨。

一个问题是在社会主义市场经济条件下会不会出现生产过剩以及由此产生的某种危机？过去我们分析资本主义基本矛盾时，指出资本主义经济中必然发生生产过剩危机。在社会主义市场经济条件下，是否会出现某种生产过剩现象？从过去十几年的情况看，我国的市场状况大体上经历了三个阶段。第一阶段是短缺经济，供求缺口较大；随着改革开放的推进，开始获得自主权的各种经济主体纷纷增加供给，并出现了重复建设、重复生产现象，从而进入了以数量扩张为特征的第二阶段；90年代以后则逐步进入第三阶段，在这一阶段，随着产品供给的增加，在大多数领域特别是竞争比较充分的行业，原有的卖方市场逐步转变为买方市场，出现了产品和企业分化，重视品牌、质量和服务的趋势，这一点在近一两年表现得尤为突出。显然，追求品牌、质量和服务倾向的出现不是偶然的，其前提是在产品数量上基本得到满足，以致出现供过于求。据国内贸易部的有关调查，近一两年90%左右的消费品属于供过于求和供求平衡。从生产资料的情况看，产品积压的问题要更严重一些。

据此，我们是否可以认为我国已经出现相当普遍的生产过剩问题呢？首先，应当承认，现在的东西确实比以前丰富得多了，改革前的短缺经济状态基本上结束了，我们所面对的市场形势与以前相比有了根本性的变化。既然是搞市场经济，市场经济固有的一些规律就要起作用的。改革前短缺经济是一种常态，随着市场经济的逐步发展和成熟，供求大体平衡，并在某些时期和领域出现一定程度的供过于求，也将会成为一种常态。这种状态对维护消费者的利益、鼓励生产者的竞争、促进产业结构升级都是有好处的。在这种状态下出现某些方面的生产过剩应该说是自然的、正常的，对此要以正确的态度认识和对待。但是，我们现在所面对的情况与西方国家早期所出现过的生产过剩之间的区别也是明显的。

第一，西方国家曾出现过的生产过剩直接源于人民群众有支付能力需求的相对不足，而有效需求不足则与这些国家经济和社会的基本矛盾有关。由于基本社会制度差异及其他复杂的原因，这些年来我国人民群众的收入在全社会收入中的比重是上升的。

第二，如前所述，目前"过剩"的主要是非名优的、不适销对路的、市场竞争力差的产品，其中的许多产品并不能构成有效供给，只有"过剩"这些产品才能被淘汰，才能被更适合市场需求的产品所取代。

第三，已经出现的供求平衡或供过于求的局面并不巩固，有些产品和服务还有较大缺口，如某些基础产品和基础设施，有些产品经常处于波动状态，如部分农产品。西方国家为了刺激有效需求，曾一度大力推行凯恩斯主义，但结果并不美妙。就我们目前所处的状况看，显然更不适合采取简单的扩大需求的政策。

另一个问题是用何种思路和方式解决前面说到的市场问题。一种思路是维持现有的产品和企业状况，通过一些促销手段把现有的积压产品卖出去。另一种思路则把重点放在产品和企业结构的调整和改进上，通过总体上提高产品和企业市场竞争力来解决产品销售问题。现在确实存在着这样一种情况，企业生产的产品还是不错的，有的质量相当好，企业内部管理也有一定水平，但由于不重视或不懂得市场营销，缺少好的营销渠道和手段，产品销售情况不理想，或者需要打着别人的牌子才能卖出去。对这种企业来说，当然要重点抓好产品促销。但这种情况只是少数或极少数。对面临销售困难的大多数企业来说，问题还主要是出在产品上。产品不符合市场需要，质量低、成本高，只在促销上下工夫是不可能从根本上解决问题的。有的企业"内功"不行，心思主要放在用某些不正当的手段推销产品上，甚至不惜搞假冒伪劣，这就不仅是本末倒置，而且是是非颠倒了。所以市场问题，首先和主要的是产品问题，要按照市场需求开发、生产产品，要调整产品结构，提高产品质量和档次，如此等等。需要强调的是，在产品变化的背后，不仅有管理和技术的变化，而且有企业组织结构的变化，在当前和今后相当长一个时期，后一种变化更为重要，也更为引人注目。在过去一些年，在许多行业，特别是进入比较容易的加工行业，存在着相当严重的小型、分散、重复的问题。这种现象有其特定的体制和历史原因，而且对在短期内迅速增加供给、促进市场竞争起到了某种积极作用，但由此造成的资源浪费也是显而易见的。在那些规模经济具有重要意义的行业，同时存在几十、几百家企业，使用几十、上百个品牌，是不可能持久的。在这些行业，最终能够生存并发展起来，成为名牌的品牌只能是少数几个，其背后企业将主要是达到规模经济要求的、在国内外市场上有竞争力的大企业和企业集团。这意味着要经历一个大的产品和企业结构的调整过程。事实上，这个过程已经开始，前面说到的产品和企业分化趋势就体现了这一点，而且这个过程还将持续相当长的时间。解决企业所面临的市场问题，应当从这个大的背景考虑，而不能就事论事。对目前产品滞销的企业而言，虽然可通过自己的努力创出新的名优产品，但其中相当数量的企业，可能要经过与现有生产名优产品的优秀企业之间的联合、并购等形式的资产重组，在新的专业化分工体系中，寻求自己的产品定位。

三　当前解决市场问题需要重点考虑的一些方面

市场问题具有综合性，解决市场问题涉及企业运行和发展的各个方面。这里提出几个当前似应着重考虑的问题。

第一，进一步提高对企业适应市场重要性的认识。这一点改革开放以来就讲，应该说是老生常谈了，但问题并未完全解决。不管市场需求，只埋头生产的企业比过去少多了，但还是有，现在有的产品积压严重的企业就属此类。有的企业把考核指标仍然主要放在总产值上，有的虽然讲总销售收入，但产品出厂算数，销售款能否收回则不考虑，销售收入中一部分实际上是虚的。还有的地方政府把增加总产值放在首位，借以考核企业和评价自己的工作。所以，如何真正按照市场需求组织生产，评价经营业绩，在认识和考核方式上都有改进的余地。

第二，积极推行名牌战略，培育一批在国内外市场上有竞争力的名牌产品。近几年，名牌问题在引起社会各界广泛关注的同时，在认识和实践上也出现了某些误区。有些企业把精力主要放在外部包装上，对自己的品牌作名不符实的宣传。有些机构出于这样那样的动机，热衷于"评"、"炒"名牌。其实，一个最简单朴实的道理是，世界上没有哪一个真正的名牌是"评"出来的，也不是有关机构"宣布"、"推荐"出来的，更不是企业自封的，而是在市场竞争中产生出来的，是千千万万消费者的自愿购买行为"选"出来的。创立和发展名牌没有捷径可走，必须在质量、技术、管理、营销等方面下真工夫。有条件的企业和地方，应当制定出切实可行的名牌战略，对有前途的品牌给予必要扶持，通过长时间踏踏实实的努力，创造出若干真正的名牌来。

第三，积极推行大企业和企业集团战略，加快企业和资产的重组步伐。大企业和企业集团战略是名牌战略的题中应有之义。从世界范围看，名牌产品几乎都是本行业中规模位居前列的企业生产的，因为只有规模上去了，在产品开发、生产成本降低、营销渠道、广告宣传等方面才能取得优势。我国品牌上的散、乱和企业组织形式上的小型、分散、重复是相对应的，而一批名牌的形成及其市场占有率的提高过程，正是一批大企业和企业集团的成长过程。企业的成长既可通过自身的积累，更多地则是通过联合、并购等重组方式。从现有的情况看，后一种方式有更大的用武之地，它不仅可以促使优秀企业迅速扩张，而且有助于市场竞争力差的企业资产的重新配置，加快产品结构、企业组织结构、产业结构的合理化和升级。对此应有一定的政策扶持，同时要加快资本市场培育和社会保障体制的改革与建设。

第四，加强市场营销体系的开发和建设。这些年来我国的市场体系有了长足发展，但流通组织从总体上看还是落后的。如何借鉴国际经验，结合现阶段企业、市场的实际，开发和建立起一套行之有效的市场营销网络，可以说是摆在每个企业面前的大课题。那些销售业绩突出、市场占有率稳定并能提高的企业，基本上都有一个高效率的营销网络，有一套特点鲜明的营销战略和策略。应当很好地总结这些企业的成功经验，用很大的精力去探索和建立适合各个企业和产品特点的营销体系，在大规模、专业化、少环节等方面多做努力，以切实降低流通成本，提高营销体系的效率。

第五，加强对国际市场和农村市场的研究和开发。开拓市场具有多方面的含义，研究和开发国际市场和农村市场当前应予以更多重视。随着我国开放程度的扩大，国际和国内市场的界限日益模糊，可以说是你中有我，我中有你。考虑市场范围，不仅要看到国内市场，同时要看到国际市场。我国沿海地区许多企业，本身就是出口导向型的。国际市场的竞争更为激烈，有一些与国内市场不同的特点。要了解和适应这些特点，学会合理地保护和增加自己的利益。在今后一个时期，在保持我国企业在劳动密集型产品上拥有优势的同时，要下工夫研究高技术、高附加价值产品的国际市场开拓问题，这对增强我国产品在国际市场上的竞争力、保持外贸的稳定增长具有重要意义。农村市场是我国潜力最大的市场。农村与城镇相比，居民收入水平还有较大差距，消费水平上也拉开了档次，这在客观上拓宽了同一类产品的市场空间。因此，一方面要继续提高农民的收入水平和市场购买力，逐步缩小与城镇居民间的差距；另一方面要大力开发适合农村市场需要的产品。经验表明，这样做的企业往往会有超出预想的收益。随着时间的推移，农村市场的潜力将会更充分地表现出来，在整个市场体系中的重要性也将相应增加。

建设有中国特色的社会主义新文化[*]

今天，我们聚集在中国的沿海名城宁波，研讨全球经济发展与社会文化发展、西方文明与东方文明、现代文化与传统文化等的相互关系，探寻解决当代人类发展所共同面临的矛盾和问题，走和平健康发展的道路，是非常有意义的，我谨对这次会议的胜利召开表示热烈的祝贺。下面，讲几点个人意见，以求教于在座的各位。

一

还有短短 3 年，人类就要进入 21 世纪。回首往昔，人类在 20 世纪，取得了有史以来最大的发展，也经历了很多的不幸。以蒸汽机发明为标志的西方工业革命以来，世界经济取得了翻天覆地的变化，人类从此步入了一个新纪元。但两次全球性的战争，剥夺了人类大好的发展机会和享受正常生活的权利。其后的冷战时期，世界虽然获得了一定发展，但大多数国家仍然缺少平等的发展机会，东西、南北差距不断扩大，部分地区处于动乱、广大地区仍处于贫困状态。进入七八十年代，随着信息网络等高科技的发展和冷战格局的逐步消除，全球重新获得新的发展生机。在这个大发展、大转折、大变迁的年代，各国之间如何消除隔阂，相互理解，和平共

* 本文是作者 1997 年 10 月在宁波一次国际会议上的讲话。

处，共同发展，创造一个繁荣和谐的世界，提高整个人类的生活水平，是摆在全人类面前的共同发展课题。世界经济、社会、文化的协调发展日益成为人们追求的目标，而其中文化的发展，越来越为人们所关注和重视。

第一，世界发展格局的多极化趋势日益明显，过去那种由一两个国家主宰世界的时代一去不复返了，全球的问题需要各国共同协商合作来解决。像地区和种族冲突、人口、地球环境、世界能源和食品、防止恐怖和保持全球安全等问题，如果没有各国之间的合作，都会给人类乃至整个地球造成巨大的灾难。随着世界经济全球化和国际化，全球市场日益超越国界，贸易的自由化程度日益增加，各国之间的经济往来日益频繁，经济关系日益相互依赖。以世界市场为目标的经济发展战略已成为各国的首要选择。在这种全球经济、社会大交融的时代，各个国家和地区已不是以前那样各自为战，而是一种"你中有我、我中有你"的新型发展关系。随着各国经济相互渗透的进一步加深，国际间的矛盾、冲突和摩擦将不可避免。这就需要有一种大家基本认可的，能用以维系这种世界新格局的全球社会观和价值观。而这种社会观和价值观的形成又是由各国的传统文化和现代文明的发展相交融而产生的。即使是所谓的国际标准和诸如企业规则、会计原则、贸易政策等也要和各自的文化和传统相联系，使之尽可能成为国际上能相互协调发挥作用的东西。在这一点上，我国对外政策中的和平共处五项基本原则能在国际舞台上发挥重要作用，受到绝大多数国家的赞同就是一个例证。

第二，处于这种国际大环境下的企业，必须时时走在世界市场发展的前头，不断寻求创新，以使自己的产品、技术和人力资源保持竞争力。而其中人力资源的开发和利用，更是企业发展战略的核心。因为企业发展中的资金、技术、信息等作用的发挥，都依赖于人的技能和素质的高低。人是所有资源中最宝贵的，特别是在信息时代，人的作用更加突出。现代企业的竞争归根到底是人才的竞争，现在，技术和资金在经济全球化的进程中变得相对容易获得，而职工的业务水平及整体素质的提高，却是需要长期努力才能实现。这除了需要社会和企业加强投资外，更要提高对人的管理科学和艺术，如提倡特定的企业精神、重视民主管理，使企业职工产生巨大的向心力和凝聚力，充分发挥其积极性、主动性和创造性，也就是我们常说的注重以人为本的企业文化建设。企业的文化建设具有一定的企业特色，但其根本还是本民族的历史渊源和传统文化。

第三，随着经济的发展和社会的进步，人们逐渐从满足于基本的生活需要转向更高的生活需求，注重生活质量的提高和全球的长远发展。因此，企业在从事跨国经营，进行世界市场的开拓时，不能只抱定一种追逐本企业的高额利润理念，应该将本企业的发展融入当地的发展和人民生活水平提高之中。它的经营管理，应该比以前更重视文化的因素，要采取适合不同文化传统的管理和发展模式。

在这世界到处充满机遇和挑战的年代，只要我们注重在自己传统文化的基础上，去粗取精，对其他优秀文化加以吸纳，遵循一定的价值观和社会观，一定能在这瞬息万变的世界中，化多样性为力量和机遇，推进世界和平健康的发展。

二

在这整个世界处于深刻变化的过程中，亚洲地区更是以其经济的高速增长和政治的基本稳定，成为变化着的世界格局中的一个充满生机的重要部分，成为推动世界发展和进步的重要力量。几百年来所谓先进的西方和落后的东方的历史发展轨迹，已经成为过去，代之而起的将是一个生气勃勃的东方、一个生气勃勃的亚洲。亚洲地区独特的发展道路，与其自身的社会政治环境和文化传统密切相关。同时，这段时期也是亚洲社会从整体结构到日常生活，从物质条件到文化观念发生历史性转变的重要时期。在这新旧世纪交替即将到来之际，亚洲地区的经济变迁和社会发展及其相关的文化传统日益成为世人关注的焦点。

亚洲地区持续、高速、稳定的经济增长，除了经济本身的因素外，与亚洲各国、各族人民丰富多彩、优秀的文化传统不无关系。以前有种误解，认为只有西方文明是先进的，只有所谓"蓝色文明"能推动人类社会的发展，要实现现代化就必须西方化。至于东方文明或所谓"黄色文明"则是落后的，是现代化的对立物，只会阻碍发展。这两种观点，都是不正确的，因为它既不符合历史，更加违背现实。姑且不论古代的东方曾有过不亚于西方的灿烂物质文明和精神文明，即就当代来说，本世纪六七十年代日本经济的惊人发展，七八十年代亚洲"四小龙"及其他发展中国家的崛起，以及中国近 20 年的高速发展由何而来？今天，东亚乃至亚洲地区经济的成功发展，正是东方传统文化对西方现代文明积极的东西加以吸收、消极的东西加以改造的结果。

西方文化中强烈的个人奋斗精神和注重实用、务实的精神及其相应的管理方法和管理技术，使西方的现代科学技术的发展和资本主义经济的发展取得了成功。但随着经济的发展和世界的不断开放，西方过分注重个人主义的文化价值取向的不足之处已为世人公认，而东方文明则重现光彩。

东方文明总体上具有承认价值的多元性、注重协调和谐发展和勤劳节俭、奋斗不息等特点。在亚洲，佛教、儒教、伊斯兰教、基督教等共同存在并相互认同，这种多元性的文化传统和价值观念在如今的信息时代，对扩大流通网络，多方吸收外界的信息为我所用有相当大的便利和作用。同时，在今天更要求集体合成的技术创新和科学研究与应用以及其他更广泛的领域，亚洲文明的多元主义和协调团结的精神，日益发挥不逊色于西方文明的作用。而深受中国儒教文化影响，又善于吸收外来文化的日本企业更是将东方文明推向了新的境地。今天的东方文明已不再纯属东方，而是属于全球的。

三

东方传统文化是以中国的传统文化为代表的，大凡经济取得了巨大发展的亚洲国家，都不同程度地受到了中国儒教文化的影响。在长达五千年的发展中，中华民族形成了自己独特的传统文化，具有勤劳勇敢、自强不息、体现集体主义的精神，豁达乐观的性格，崇尚和谐团结的风气。这是中华民族团结一致、互爱互助，不断进取开创美好前程的精神支柱。不管世事如何发展变化，这总是鼓舞我们前进的动力。但我们也必须清醒地看到，有的传统习惯和价值观念也有不利于经济和社会发展的消极作用。如"重义轻利"的观念和过分崇尚人与人之间的协调，容易导致市场观念、竞争观念、信息观念、效率观念差，以致管理观念薄弱，管理制度不健全，法律制度也得不到应有的发展和完善，而这是不利于市场经济发展的。我们民族心理中沉积的保守观念和守旧意识也还在不时地干扰我们的改革开放事业。因此，我们必须改造和扬弃我国传统文化中的落后成分，克服与社会主义市场经济发展不相符合的旧观念和价值取向，在发扬优秀文化传统的基础上，开展多种形式的对外文化交流，吸纳人类文明的共同成果，博采各国文化之长，建设有中国特色的社会主义文化。

前不久召开的中国共产党的第十五次全国代表大会，对"有中国特色社会主义文化建设"特别加以强调：社会主义现代化应该有繁荣的经济，也应该有繁荣的文化，有中国特色社会主义的文化，是凝聚和激励全国人民的重要力量，是综合国力的重要标志。它渊源于中华民族五千年文明史，又植根于有中国特色社会主义的实践，具有鲜明的时代特点；它反映我国社会主义经济和政治的基本特征，又对经济和政治的发展起巨大促进作用。建设有中国特色社会主义，必须着力提高全民族的思想道德素质和科学文化素质，为经济发展和社会全面进步提供强大的精神动力和智力支持，培育适应社会主义现代化要求的一代又一代有理想、有文化、有纪律的公民。这是我国文化建设长期而艰巨的任务。我们坚信，新的时期在全国人民的团结一致、共同努力下，不仅我国的经济建设能继续取得巨大发展，我国有中国特色的社会主义文化建设也能结出丰硕的果实，并为我国社会主义现代化建设起更大的促进作用。

正确认识和把握"软着陆"后的
经济动向[*]

　　1996 年我国经济"软着陆"的成功,既标志着近几年来中央加强和改善宏观调控取得了历史性胜利,又为未来我国国民经济的持续、快速、健康发展开辟了新的航程。

　　1996 年年底召开的中央经济会议,分析了 1996 年经济形势,统一了思想认识,确定了 1997 年经济工作的总体要求、宏观调控目标、主要任务和重要政策措施。这就给我们正确认识和把握我国国民经济的发展,实现"软着陆"以后新的发展目标与途径指明了方向。

一　宏观调控取得初步成效,经济发展
　　基本实现"软着陆"

　　自从 1993 年我国实施力度较为适宜、持续时间较长的宏观调控措施以来,宏观经济一直向着预定调控目标的要求好转。1993 年国内生产总值的年增长率由 1992 年的 14.2% 回落到 13.5%,1994 年回落到 11.8%,1995 年又回落到 10.2%,1996 年再回落到 9.7%。而商品零售价格上涨率则由 1994 年的 21.7% 下降到 1995 年的 14.8%,再下降到 1996 年的

---

　*　本文原载《中国经济年鉴》(1997),中国经济年鉴社 1997 年版。

6.1%。实现了经济保持适度高速增长而通货膨胀则平稳回落，特别是1996年成绩显著。

据初步统计，1996年全年国内生产总值达67800亿元，按可比价格计算，比上年增长9.7%。农业增加值增长率可达4.6%，粮食总产量预计比上年增产150亿公斤以上。全社会消费品零售总额扣除物价上涨因素预计增长13%左右，市场货源总体上呈现出"供略大于求"的买方市场新格局。固定资产投资预计约为23800亿元，扣除物价上涨因素比上年增长12.5%左右，投资结构有所改善，重点建设和技术改造得到一定程度的加强。进出口额全年预计达到2900亿美元，比上年增长3.3%，进出口保持基本平衡。国际收支平衡较好，全年国家外汇储备突破1000亿美元。财政收入连续3年的增势保持不衰，财政金融基本稳定，货币流动性有所增强。

改革开放进一步深化，经济和社会协调发展。国有企业改革的力度加大，探索了一些新路子。新推出的金融、涉外税收、外汇管理和价格等项改革进展顺利，利用外资继续增加，预计实际到位480亿美元左右。各项社会事业全面进步，人民生活进一步改善。

应该说，经过近三年的努力，我国国民经济实现了持续、快速、健康发展，有效地解决了在大步前进中曾一度出现的投资和消费增长过快，金融秩序混乱，物价涨幅过高等突出矛盾和问题，成功地避免了可能出现的经济大起大落的情况，实现了"软着陆"，这是一个非常了不起的成就。整个经济开始进入适度快速和相对平稳的发展轨道，以治理通货膨胀为首要任务的宏观调控基本上达到了预期目标。

二 正确认识经济生活中宏观与微观的反差

在充分看到总体经济形势好的同时，对当前存在的问题仍不能低估。工业企业特别是部分国有企业生产经营困难加剧，经济效益不好已成为当前经济运行诸多问题中最突出的一个问题，与宏观经济环境明显改善、总体形势好转形成了较大反差。其主要表现为：一是多数企业产品的生产能力利用率低，停产半停产企业和下岗待业职工较多。二是资金循环不畅，产成品占压和相互拖欠上升。三是企业生产经营困难加剧，发展后劲严重不足。1996年，3.3万户国有工业企业盈利额比上年下降14.52%；亏损企业1.26万户，比上年增长15.18%；亏损额比上年增长38.6%，盈亏相抵实现利润比上年下降38.8%。据劳动部统计，到1996年第三季度末，全国有停产半停产企业涉及职工650万人，其中停发减发工资的职工达440万人。

因此，现在有一种说法，认为宏观经济形势好，微观经济形势不好。我认为这种说法是不符合实际的，不合逻辑的，因而也是不科学的。哪有作为宏观经济基础的微观经济不好，而宏观经济反而好？这种说法不能全面真实地反映目前经济的现实情况。

（一）现在宏观经济情况确实不错，但仍存在着不少隐忧

首先，在经济总量不平衡的矛盾明显缓解的情况下，经济结构性矛盾愈益突出。"大而全、小而全"，重复建设的问题相当严重。而在新时期，我国各地方和各部门往往存在投资的冲动，发生经济过热的可能性很大，这对解决经济发展中的结构问题极为不利。

其次，1996年物价上涨幅度是调低到比较合理的范围以内，但应该看到是由于采取了较多的行政办法，抑制了一些调价的项目，且工业企业效益长期不好有可能再次引起物价上涨，因此，1997年的通货膨胀压力仍然很大。

再次，支持宏观经济发展的农业1997年是大丰收了，但由于我国的农业基础仍然很薄弱，受自然因素影响很大，如果不在丰年之后妥善处理农业问题，农业状况仍然堪忧。

最后，现在结构调整仍然缓慢，中央财政赤字较大，银行不良贷款增加，金融方面存在一定风险，如果不在实际工作中制定正确措施加以及时防范，宏观经济形势仍有恶化的危险。

（二）目前微观经济形势虽然不好，也不是笼统的都不好，应该主要指的是工业领域，因为农业情况是不错的

就工业领域来说，也不是都不好，应该说主要反映在国有工业上，集体企业及其他经济类型的企业的情况较好，甚至可以说，现在相当一部分

工业企业的活力来自它们。1996 年 1—11 月，在全部工业企业实现利润总额中，集体企业所占比重上升至 35.6%，其他经济类型企业上升至 40.4%，而国有企业则由 1995 年的 41.2% 下降至 24%。在 1996 年全部工业增长的 13.1% 中，国有经济仅拉动 3.6 个百分点。

但是，国有企业也并不是全盘都不好，这几年来通过改革促进了企业经营机制的转换，国有企业素质得到了不断提高，总体实力进一步增强，综合经济效益有所提高，涌现出了一批搞得好的优势企业。目前，有约 30% 的国有企业在市场竞争中表现得好或比较好，它们管理好、实力强、效益高，有的已开始走向良性循环。国家集中力量抓的 300 户重点企业，企业数不足国有工业企业总数的 0.5%，而 1996 年销售收入占全部国有工业企业的 47.7%，实现利税占 68.8%。1996 年 1—9 月，这 300 户重点企业的产销率达 99.33%，高于全部独立核算工业企业平均水平 4.75 个百分点；实现利润 523.2 亿元，是全部独立核算工业企业利润的 4.63 倍。现在国有企业的经济实力和效益正在向优势企业集中，这部分微观较活的经济力量有力地推动着宏观经济的良性运行。

因此，正确的分析应该是，1996 年宏观经济总体形势是好的，农业的稳定发展和大丰收、优势较大的重点国有企业以及比较有活力的非国有经济是主要的支撑力量。工业企业特别是国有企业面临较大困难，我们对国有企业改革艰巨性和长期性应有充分的认识。导致企业特别是国有企业困难的原因是多方面的，虽有需求总量和结构的变化、农产品提价使部分工业企业利润向农业转移等短期因素的影响，但从根本上看是经济体制不合理导致的经济结构失衡、企业生产经营机制仍不适应社会主义市场经济机制等长期累积的深层次矛盾的集中体现。这应在今后积极推动以建立现代企业制度为中心的国有企业改革中加以解决，以在根本上缓解微观经济困难，进一步促进工业经济效益和运行质量的提高。

三　继续加强宏观调控，保持经济稳定发展

从国际国内环境来看，1997 年我国的经济发展是机遇与挑战并存。

同时,1997年又是我国历史上极为重要的一年,我国将恢复对香港行使主权和召开党的第十五届全国代表大会。这两件举世瞩目的大事要求我国保持政治、经济和社会的稳定,稳定发展经济的主旋律具有关键的基础性作用。

因此,1997年和以后的几年中,总的宏观经济政策应当保持连续性、稳定性和必要的灵活性,即"稳中求进、紧中搞活",在继续执行适度从紧的宏观经济政策的同时,应切实抓住一切有利时机,针对各类结构问题进行调整,把宏观调控与经济结构调整有机地结合起来,并探索和建立在社会主义市场经济体制中进行结构调整的运行机制,努力促进国民经济从速度效益型向结构效益型的转变,使国民经济发展能通过不断的结构调整和效益提高,逐步适应适度的增长速度,以保持高质量的平稳的持续快速健康的经济发展。

搞活资本市场　促进经济发展[*]

随着我国经济体制改革的不断深入，金融改革被摆到日益重要的地位，特别是经济发展对大力发展资本市场的要求越来越迫切。而我国经济体制改革的成功，最终取决于金融体制的改革和资本市场的发展能否与改革的进程相适应。

一　重视资本市场发展的重要性

我国经济在过去 19 年里以较高的速度发展，今后相当长一段时期内仍将保持 8% 左右的经济增长速度。这就要求我们的固定资产投资有一定的增长速度，为保持这样的经济增长速度，对资金增量的要求就非常高。而且，随着我国国有企业改革进入攻坚阶段，为盘活庞大的国有资产存量，推动企业转变机制，也需要一笔巨大的资金投入。

高负债一直是影响我国企业运作和项目投资的突出问题。据计算，"九五"期间，若要将企业的资产负债率降低到 50% 左右，需要补充 2.6 万亿元以上的资本金；若投资项目按 20% 的比率落实项目资本金制度，需要 3 万亿元左右的资本金。两项相加，共需资本金 5.6 万亿元。而同期通过财政投资、企业积累（包括折旧金投资）、个人直接投资、外商投资

＊　本文原载《科学学与科学技术管理》1997 年第 11 期。

等渠道所能形成的资本金不足 2 万亿元。

当前，我国国民收入分配结构发生了很大变化，重心逐步转到居民收入方面。我国城乡居民的储蓄存款余额已达 4 万多亿元，居民手持金融资产已达 5 万多亿元。随着居民收入的较快增长，我国居民，特别是已经步入小康水平的大城市居民的消费需求，正在发生重大变化。以往占较大比重的一般生活消费在总消费支出中的比重逐渐缩小，而汽车、住房、智力开发、文化娱乐、休闲、旅游以及公共服务等方面逐渐成为新的消费热点，特别是近年来证券市场分流了很大一部分资金。尽管如此，目前我国仍缺少有效吸引居民存款直接投入经济建设中的渠道。

在我国财政功能逐渐弱化的情况下，健全和发展融资渠道就显得非常重要。但如果仍然维持以银行为主渠道的融资体制，不仅无法满足经济建设所需资金，银行也将承受过大的风险，因此，应认真研究居民储蓄流向的变化，下大力气培育和发展资本市场。

二 发展资本市场，拓宽政府和企业筹集资金的渠道

一些人对资本市场的认识还比较狭窄，认为资本市场就是资本交易市场，就是沪深股市。事实上，资本市场由一级市场和二级市场构成。一级市场不仅仅是发行股票的市场，它还包括发行国债、投资基金凭证和其他有价证券；二级市场也不仅仅有证券交易所，它还包括场外交易市场和产权交易市场；此外，完整的资本市场还包括中长期信贷市场。因此，要全方位地把握资本市场。

1. 继续加大引进外资的力度，提高利用外资的质量和效益。我国是一个经济较落后的发展中国家，大量利用外资对缓解我国工业化进程建设资金的短缺，引进先进的技术、设备、人才和管理经验，推动我国产业结构优化，深化改革和促进经济发展具有重要的作用。今后，应该继续完善基础设施和交通通信等设施，提高服务水平，使外资能源源不断地流入我国，为我国的经济建设服务。

2. 改变国债资金单纯解决财政收支平衡的做法，提高国债资金通过

财政投资转化为国有企业资本金的程度。

3. 盘活存量，变债为股。可以根据国家对国有企业改革抓大放小的要求，将小型企业在资产评估的基础上，出售给有能力购买企业的投资者，同时，可将非关系国家安全和国计民生的大小型企业的一部分存量资产细分为产权单位，向社会（机构和个人）转让。将这些出售和转让所得的资金用于偿还债务，并把剩余的资金追加投资或转投于其他企业，从而实现国有资产的良性循环。

4. 建立多层次股票交易市场，拓展股票发行数量。如今，股票市场已成为我国企业直接融资的主要渠道，成为城乡居民除银行储蓄、直接投资办企业之外的第三大金融资产。然而，股票市场上的供不应求却仍然是证券市场的主要矛盾。为此，扩大供给是发展直接融资市场的主攻方向。当然，扩容必须有计划、有规范地进行。

5. 发展投资基金等新的金融工具，拓宽直接融资渠道。第一，加快发展投资基金、可转换债券等证券品种，促进居民证券投资行为的规范化和证券市场的规范化，协调好直接融资与间接融资的关系；第二，促进银行等金融机构的债权向社会股权的转换和企业存量资产的股份化，以利于银行和企业的资产关系调整；第三，不仅发展主要从事二级市场业务的投资基金，而且发展主要投资于高科技、基础产业等实业界的投资基金。另外，还可以借鉴国外新的融资方法，采用新的操作方式，比如 BOT 等。

6. 加强政策支持和监管力度。一方面要改变政策法规体系不完整、不准确、不稳定等问题；另一方面要注意降低金融风险，纠正各种违法违规行为，为金融创新和资本市场的大力发展创造良好的外部条件。

增强中国企业的国际竞争力[*]

　　跨世纪世界经济发展的全球化、信息化和市场化使世界更加开放，世界市场的范围空前扩大，几乎囊括了全世界所有发达国家和发展中国家的国内市场、地区市场与区域集团市场，全球性的世界大市场正在形成。在中国企业面对激烈的市场竞争和海外跨国公司的竞争压力的形势下，研究和交流中国企业的联合经营战略以及创造条件跨国经营，进一步增强中国企业的国际竞争力，已经成为中国企业面临的重大课题。

　　世界经济发展的趋势驱动经济、技术、政治和社会变革，使全球性企业竞争的焦点已集中为成本竞争、形象竞争及品牌竞争。这就要求企业向适应市场能力强、充满经营活力、成本有效控制、高效率的经济结构与企业结构转化，这种结构直接与市场需求变化和经营环境连成一体，以增强竞争能力和满足不断变化的市场的需求。

　　经济变革加剧了所有市场的竞争压力。这就要求处于全球市场竞争中的国家和企业采取有利于生存发展的战略和企业组织结构。竞争要求企业结构更有利于开拓市场，企业之间构成各种协作关系，大企业之间组成战略联盟，大企业与小企业间构成几何网络。联合和合作可以产生出新的生产力，同时，联合和协作可降低企业的经营成本和竞争成本，也有利于企

---

　　* 本文是作者在"中国企业的联合经营战略与跨国经营研讨会"上的讲话，原载《文汇报》1997 年 12 月 22 日。

业采取更灵活的市场政策。

但是，中国还有相当数量的企业，特别是同行业的企业之间，存在着严重的内耗，这不仅增加了企业的竞争成本，而且极大地削弱了企业的市场竞争力，有些企业的跨国经营，在资金、技术和管理上比较分散和单一，没有能够发挥企业联合的综合优势，造成严重损失，应该从正、反两方面分析和研究这方面的问题和教训，并研讨解决问题的办法和途径。

企业联合经营战略使企业在成本竞争、形象竞争及品牌竞争中处于有利的地位，也有利于企业新的竞争力要素的形成。这对我国处于困境的国有企业改革具有重要作用。通过联盟合作，少量国有资产能融合外资、集体、个人等多种经济成分，以少量资产调控主导大量的社会资产，有利于国有资产的保值增值和提高国际竞争力。而且，通过联合经营，能使国有企业加快主导产业战略扩张，以较少的代价获得占领市场急需的生产能力与技术开发力量；较快建立起产品进入国际市场的通道和进入国际资本市场的渠道；有利于企业无形资产的增值等，最终提高国有企业在国际市场上的竞争力。但这种联合经营应该是一种政府支持和引导下的市场行为，应尽量减少行政干预。

可喜的是，我国已有一些联合经营成功的典范，上海恒源祥公司实施的"品牌战略"和"战略联盟"取得的巨大成功，就为企业的联合经营创造了极有价值的宝贵经验。"恒源祥"从南京路上一家只有几十平方米的绒线店起步，利用名牌这一无形资产，通过联合经营的方式使资产配置和产业结构得到最大程度的优化，加快了资本集聚，有效地调动了10亿元以上的有形资产，从而迅速地形成规模经济，扩大了市场占有率。恒源祥以品牌为纽带，组建独特的"战略联盟"，其含义已超出一般的资产运作范围，值得从经济结构如何适应生产力需要的视角研讨。

当前，加速国有企业改革是中国经济体制改革的中心环节，在加速经济结构和国有企业大规模的优化组合中，无论是资本的存量调整还是资本的增量投入，都为企业的联合经营并形成资本的可流动性创造了有利的机会，以资产（包括有形资产和无形资产）为纽带组建跨地区、跨行业、跨所有制或跨国企业集团，通过经济结构的改革，提高企业的市场竞争力。

党的十五大引发的思想大解放必将带来中国体制改革的新突破。进一步解放思想,加速国有企业改革的步伐,探讨中国企业的联合经营战略与跨国经营问题,特别是已经联合起来的大企业集团如何适应市场的未来变化,这是联合起来的大企业面临的新课题,也是一篇大文章。要很好研究讨论如何通过组织创新更有利于生产力发展的多种企业经济结构的成功模式,为社会主义市场经济的发展作出贡献。

股份合作制是一个伟大的创造*

最近一个时期，关于股份合作制问题引起了社会各方面的关注，成为我国目前经济改革中的一个热点问题。国家体改委前几天发布了《关于发展城市股份合作制企业的指导意见》，可以预见股份合作经济在近期将会有更快的发展。

股份合作制是改革大潮中的新事物，它产生于 80 年代，近几年来在全国各地发展非常迅速，据统计，截至 1996 年年底，全国已经发展到 400 多万家，其中乡村股份合作企业已超过 300 万家。最近看到一个材料，这个数字可能偏低，仅浙江、江苏两省农村股份合作企业已超过 300 万家。对于这种现象怎么认识，有的同志对股份合作制是姓"公"还是姓"私"心存疑虑，认为股份合作制具有私有的性质。还有的同志觉得在股份合作制过程中把原有的国有资产或集体资产量化或出售给职工有瓜分公有财产的嫌疑；还有的学者认为现代企业制度的典型表现是股份制，股份合作制在某些方面仍有产权不明晰的方面，觉得它的产权改革是不彻底的，等等。当然股份合作制作为我国改革开放中的新生事物，肯定有这样那样的不足，但是我觉得对股份合作经济的认识，要从近十几年来我国经济体制改革演变的大背景和当前经济改革的现实背景下认识，我觉得股份合作制之所以迅猛发展，不是偶然的，它适应了我国当前阶段经济体制

　＊　本文是作者在一次"关于股份合作制座谈会"上的讲话，原载《中国经济时报》1998 年 1 月 14 日。

改革的要求，适应了广大群众发展生产力的要求。

第一，股份合作制是目前和今后我国广大农村走向现代化的一种重要形式。随着经济的发展，从事农业劳动的一部分农民逐步从农业产业中分离出来，从事第二产业或第三产业。尤其是我国中部、西部地区过去乡镇企业薄弱，今后将有大批的农民从农业中转移出来，农民转移出来后，通过什么样的组织形式从事第二、第三产业？办个体、私营经济是一种方式；办乡镇企业，搞股份合作制也是一种方式。从近几年的实践来看，农村新创办的企业有相当部分是股份合作制，这是因为中西部广大农村集体经济的基础相当薄弱，再像沿海地区80年代以前那样办乡镇企业的客观条件已经不存在了。所以股份合作经济有可能成为今后广大农民走上现代化之路的一种可行选择。

第二，股份合作制对于改革和完善我国乡镇企业的管理体制也具有重要意义。过去乡镇企业相对于国有企业而言，它在经营机制上比较灵活，一开始就面向市场，对市场的适应能力相应地强一些。但随着改革的深入，国有企业进一步搞活，乡镇企业原有的经营优势不复存在，而且也逐步暴露出自身的弱点，技术基础薄弱、资金不足，以及产权关系不清，等等。目前，一些乡镇企业已经开始按照股份制、股份合作制进行改造。乡镇企业也只有在理顺产权方面做好文章，才能适应新形势，保持其旺盛的活力。

第三，股份合作制为城市国有小企业和集体企业改革找到了一条出路。国有小企业的改革是我国经济改革的重要方面，它在资产上占国有资产的17%，但数量上占85%。目前国有小企业面临的形势相当严峻，技术水平低、规模小、亏损面大，尤其是国有小企业在发展地方经济、安置就业方面发挥着重要作用，搞活国有小企业意义重大。近几年，国家实行"抓大放小"的改革战略，国家集中力量，集中资源保证大集团、大公司在经济发展的主导作用。对国有小企业则通过承包经营、租赁经营，也可改为股份合作制，以及出售等方式加以搞活。其中股份合作制有可能成为搞活城市国有小企业和集体企业的一种重要的形式。

股份合作制在短短的几年内得到迅速发展，这种现象值得理论界和政策部门研究。我们用过去的理论解释不了它，就应考虑是否我们的认识落后于实践？应当看到，股份合作制绝不是人们过去所讲的那种单纯的合作企业或合伙企业，它目前的涉及面相当广泛，从农村到城市，是广大群众在产权制度改革方面的一个伟大创举。我认为从一定意义上说，它对我们经济体制改革和经济发展的影响将不亚于当年农村实行联产承包责任制对农村改革和农业发展的影响。

应当指出，股份合作制目前还处在探索阶段，还有种种不大规范、不尽如人意的地方。但是我们应当对它积极引导、大力支持，使它健康发展。股份合作制如何进一步完善，应当在实践中解决，应当充分尊重广大群众在改革第一线的首创精神，尊重群众的意志，尊重群众的选择，只有这样，它才能健康地成长起来。

今天会上我们讨论的上海长征镇红旗村的股份合作制改革也是有典型意义的。它的典型性在于，红旗村过去是一个农村的基层组织和农业经济单位。随着城市化的进程，耕地被征用，村民不再从事农业劳动，已经城市化了。但农村的经济组织保留下来从事非农业的经济活动，对于这样的经济组织按照股份合作制方式改造就成了顺理成章的事情。今天研讨这个案例，因为它对全国有意义。随着城市化的发展，许多城市近郊的农村已变成市区，农民不再种地，但仍保留了村队的经济组织，这些单位类似红旗村都面临同样的体制上进行改造的问题。

红旗村股份合作制改造方案大方向是对的，是符合目前改革要求的，这个方案兼顾了集体、劳动者、经营者各方面的利益，体现了共同富裕的精神，希望红旗村在改制中创造好的经验，也希望通过股份合作制改造，进一步完善管理，取得更大的成绩。

当前我国面临的重大课题与加强
政策咨询工作的意见

一 宏观调控取得重要进展

近年来，我国国民经济在成功实现"软着陆"的同时，保持较快速度的稳定增长，特别是今年以来出现了"高增长、低通胀"的良好态势。与此同时，在大多数领域短缺经济转变为买方市场，市场经济在经济生活中开始发挥基础性作用，国家的物质基础和综合国力得到显著增强。可以说，目前的经济状况是许多年来最好的一个时期，绝大多数干部和群众是满意的。在这个过程中，经济工作特别是宏观调控方面取得了不少具有重要价值的经验。

二 经济生活中存在的突出问题

另外，经济生活中也面临着一系列矛盾和问题，这些矛盾和问题大多是深层次的、久而未决的，如推迟解决或解决不当，就会增大社会不安定的因素。其中较突出的问题有：

---

* 本文是作者 1998 年 1 月在"全国政策咨询工作会议"上的讲话。

1. 国有企业的转轨。由于体制和结构上的问题，多数国有企业的困难在加大。要在 3 年内使亏损的大多数国有大中型企业走出困境，必须下大工夫解决一系列牵涉广大职工切身利益的深层体制难题。现在不是像过去那样放权让利，使群众马上得到实惠，而是下岗，甚至要减少收入，所以难度较大。

2. 加快金融改革与防范金融风险。经济转轨中形成的以银行为主渠道的融资体制没有大的改变，银行在发挥动员、分配资金作用的同时，也使经济运行中的诸多矛盾和风险向自己集中。行业和企业结构调整中的亏损问题，国有经济的困难问题，以及前些年一度出现的"泡沫"破碎后的沉淀问题（如某些高档房地产积压），都集中反映到了银行，直接表现就是银行不良贷款的上升。这种过度集中的融资渠道在结构上不易分散风险。但在金融多元化的改革和发展中，由于种种原因，非银行金融机构和资本市场上的风险也在增加。最近东亚的金融风潮，则向我们提出了在经济日益开放条件下如何防范和化解来自国际市场的金融风险问题。

3. 就业和社会保障问题将会集中而突出。结构调整将使经济中有一个面广、量大、相对集中的存量资源调整，其中最棘手的是职工安置。加上城市新增劳力和农村劳力向非农产业的转移，近几年中就业形势将是严峻的。而社会保障制度的滞后，又使人员安置和流动面临更多困难，影响社会的稳定。

4. 培育新的经济增长点，推动结构调整、升级和国民经济的稳定发展。新增长点正在成为制约经济稳定增长的一个重要因素。在城市，要推动住宅商品化，使之成为新的增长点，就要在住房制度改革、住房金融和住房市场培育等方面有大的突破。农村新的增长点的形成，则有赖于科技兴农，发展农村生产力，提高农业产业化的水平，增加附加价值，使农民增产增收，保证收入的稳定提高，不再主要是靠提价增收。其难度是很大的。这里，也有一个工业如何面向农业、开拓农村市场的问题。中西部的开发，要有具体策划，才能形成新的增长点。这些都是防止城乡和地区差距过分扩大而影响社会稳定的大事。

5. 引进外资和发展民族工业的关系问题。近年来国际大跨国公司在我国的战略性投资增加，成为国内市场在一定程度上供过于求、竞争加剧的因素之一。国际贸易、货币、金融市场的波动对国内经济的影响日益增加。在此背景下，如何在进一步开放的条件下正确处理好引进外资和发展民族工业的关系，保护本国的正当权益；如何从积极参与国际分工角度，对哪些是我们自己有现实优势可以重点发展的，哪些是有潜在优势应加以培育的，哪些是不具有优势可以适当放开的，都要作出总体上的考虑和部署。

6. 行政体制改革。现有的行政体制不改革，政府职能不按照新体制要求重新界定，人员没有适当调整、分流、提高，国有企业改革及其他一些改革是很难进一步推动的。但涉及大量干部的安排问题，难度是相当大的。这也是以往政府改革进展不大的主要原因。对此应有周密细致的安排。

总之，我们现在面临的问题是多了，而不是少了；问题的难度加大了，而不是减小了；而且不少问题是新的，以前没有遇到过的。所以，政策咨询工作的任务比过去更重了。

三　政策咨询工作的新特点

面对新形势、新课题，政策咨询研究工作应有新的面貌，相应地上一个台阶。从为中央服务的角度看，研究工作应有超脱、超前、综合性、中长期这样一些特点。"超脱"就是不受制于地方和部门利益，真正从党中央、国务院的角度出发考虑和研究问题，为中央着想，站在中央的立场上说话。"超前"就是要有预见性，先想一步，未雨绸缪，尽可能赢得主动。"综合性"就是要有大局观，全面考虑各方面因素，减少片面性。"中长期"就是对问题要有中长期的考虑和把握，对短期问题的处理也要有中长期眼光。从党中央、国务院为国务院发展研究中心所确定的性质和任务来说，完全应该和可能按照上述要求做好研究工作。中心成立十几年来，积聚了一批人才，积累了一些经验，经过进一步努力，也具备了一定条件按照党中央、国务院的要求在新形势下做好工作。

四　加强和改进政策咨询工作新因素

1. 目前社会上不少机构开始重视政策研究，特别是一些有大的资金背景的国外驻华机构和国内的大企业（特别是民营企业），用优厚待遇从国家机关和社会上吸引高水平的研究人员，如有的券商 1 年用于研究的费用达数千万元，很大程度上用于对国家政策的对策研究。政府研究机构特别是中央政府研究机构的研究力量已日渐不占优势。如此下去，不要很长时间，下面研究"对策"的可能就要胜过上面研究政策的。

2. 知识界近年来较为活跃，有些学者经常发表一些有别于官方政策的言论。政府需要一些适当的渠道与之沟通、交流，由政府的政策咨询机构出面讲话，比行政长官直接出面讲话，在不少场合可能更易于对方接受和相互理解。

3. 国内外的某些势力对我们的决策程序经常说三道四，许多怀着善意的人们也关注着我们的进步。加强和改善政策咨询研究工作，将有助于提升我国决策民主化和科学化的水平与形象。

五　加强和改进政策咨询研究工作的一些设想

1. 开展若干重大的中长期研究项目。

2. 加强对改革开放、经济发展的一些紧迫性问题的调研。

3. 运用新技术、新方法，对宏观经济的一些重要内容进行及时的跟踪研究。

4. 在政府的机构调整中，加强发展研究中心等直接为中央服务的咨询研究机构。一方面要大胆起用一些年富力强、有一定工作能力和经验的中青年干部；另一方面也可组织一些退居二线的老同志开展调查研究工作。

5. 做好发展研究中心干部特别是主要负责干部的选配工作。

以上意见，仅供参考。如有不妥，请予指正。

重视租赁业在发展社会主义市场经济中的作用[*]

现代租赁业起源于第二次世界大战以后，是在科学技术不断发展和市场金融制度不断完善的基础上产生的一种融资贸易方式。20世纪50年代初创立的从事设备租赁的美国租赁公司的诞生，标志着现代租赁业的开端。到60年代，西欧、日本和大洋洲的大部分工业国家都成立了租赁公司，开展租赁已成为许多设备制造商扩大产品市场的一种有效手段。从60年代末起，西方各国的租赁业务已开始向海外扩展。70年代中期以后，银行开始加入租赁业，租赁在西方各国得到急剧发展，并扩大到一些发展中国家。当前，现代租赁以其独有的融资与融物相结合、金融与贸易相结合的功能，已成为广大发展中国家和有些发达国家吸收外资、引进技术、促进投资及推动出口的重要手段，并在世界经济发展中发挥着越来越重要的作用。据有关资料统计，在1983—1988年间，设备租赁的平均增长率为22.5%。1994年美国租赁成交额为1400亿美元，日本租赁成交额为737亿美元，韩国租赁成交额为132亿美元。

改革开放以后，为了扩大国际经济合作的技术交流，开辟利用外资的新渠道，以引进国外先进技术和设备。1979年10月中国国际信托投资公司在北京成立并创办国际租赁业务，租赁业在我国逐渐兴起。从1981年4月中国第一家租赁公司——中国租赁有限公司成立至今，经过十多年的

﹡　本文原载《浙江经济》1998年第3期。

发展，我国租赁业的经营范围日益广泛，租赁方式更趋灵活、方便、向多样化发展，租赁物件从小型单机到成套设备，从新设备到二手货，从各种运输工具到各类设施，融资租赁已成为我国租赁业的主要形式，租赁用户遍布全国各行各业。目前，在我国从事租赁业务的机构主要有两类：第一类是融资租赁公司及兼营租赁业务的非银行金融机构，例如信托投资公司、企业集团财务公司；第二类是中外合资的租赁公司，以经营进口设备的租赁业务为主，即按用户需要从国外购置设备租给国内使用。

我国租赁业在其十多年的发展过程中，为我国经济建设发挥了不可低估的作用，越来越受到人们的重视。（1）租赁业的发展有利于利用外资，引进先进技术设备；（2）租赁业的发展有利于节约资金的使用，提高资金的利用效率；（3）租赁业的发展，为企业的技术改造开辟了一条新的融资渠道；（4）租赁业的发展有助于促进我国的出口增长，它既可以用来引进国外先进技术设备，也可以用来发挥我国工业的特长，将机电设备、运输工具等在国际市场上出租，增强出口竞争能力；（5）租赁业的发展对我国的经济体制改革，特别是金融体制改革起着推动作用。

目前，租赁业在我国有着广阔的发展前景。

第一，社会主义市场经济体制的建立，为我国租赁业的发展奠定了基础。（1）经济体制改革的深入、所有制结构的变化、非国有经济的发展及投资主体的多元化，为我国租赁业的发展提供了广阔的空间。（2）经济增长方式的转变，将使租赁业在我国产业结构的高度化和存量资产的调整中发挥应有的作用。目前全国库存积压商品已逾3万亿元，租赁业的发展，为解决这一问题提供了良好的途径。

第二，企业技术改造的需要。（1）为国有大中型企业技术改造服务。尽管我国已经建立起比较完善的工业体系，但是，国有工业企业的设备陈旧、技术落后的问题是十分突出的。据有关统计资料，在大中型企业已安装的生产设备中，80年代出厂的占33%，70年代出厂的占44%，60年代以前（含60年代）出厂的占23%。而根据世界银行研究，我国国有企业设备技术落后状况更严重，属于六七十年代水平的占20%，仍可以使用的占20%—25%，应淘汰的占55%—60%。国有企业技术装备的整体水平与国际技术装备水平存在二三十年的差距。利用租赁杠杆等形式，可以充分发挥租赁在提高我国国有大中型企业技术水平中的媒介和桥梁的作用。（2）为中小企业服务。由于中小企业特点决定了其融资能力的缺陷，而租赁业则通过融资与融物的有机结合能弥补中小企业融资能力的不足。

第三，建立健全现代金融体系的需要。《中共中央、国务院关于深化金融体制改革、整顿金融秩序、防范金融风险的通知》中要求，力争用3年左右时间大体建立与社会主义市场经济发展相适应的金融机构体系、金融市场体系和金融调控机构监管体系。金融租赁作为一种新型的非银行金融机构是我国现代金融体系中不可或缺的组成部分，因此，金融租赁业的发展对我国建立健全现代金融机构体系有十分重要的作用。

十多年来，我国的租赁业虽得到较快的发展，但与建设我国社会主义市场经济的要求很不适应。规模小、档次低、适用面窄、普及率低，与国外发达国家差距很大。租赁业缓慢发展的主要原因：一是我国目前没有统一的租赁业法规，无法可依；二是缺乏促进租赁业发展的扶持政策；三是缺乏现代租赁专业人才。

为加快我国租赁业的发展，我们必须做好以下工作：

第一，加强理论研究，建立适合我国国情的租赁理论。尽管租赁在我国有久远发展的历史，但是现代租赁理论在我国传播的时间并不长，理论研究较为欠缺，企业对租赁业在经济发展中作用认识不足，租赁业的优势还难以发挥。必须加强理论研究，使其尽快为我国社会主义市场经济服务。

第二，加强宏观管理，加强立法建设，建立行业协会。我国租赁业从80年代初开始兴办，一直没有统一的管理部门，政出多门，管理分散。既有人民银行审批的融资租赁公司，也有外经贸部批的中外合资租赁公司，还有地方政府审批的租赁公司。整个行业的发展方向、速度、规模、重点等缺乏统一安排和部署。到目前为止，尚没有规范租赁业的法规，从我国实际出发，参照国际惯例和成熟的经验，尽快制定出租赁的法规和与之配套的制度，改变融资租赁活动无法可依、无章可循的局面。在加强政府管理的同时，通过组建行业协会进行自律管理。

第三，建议有关部门给予必要的政策扶持和相应的法律保护。从国际上看，美、法等国，其租赁业的迅速发展，都是在政府的种种优惠政策下实现的。所以，在规范我国租赁业发展的同时，还要研究对我国租赁业的倾斜政策，给予必要的扶持。同时建立健全相应的法律规章，保障租赁公司的合法利益，解决租赁公司收租困难、拖欠严重的问题。

第四，融资租赁必须建立在效益性、安全性、流动性相结合的原则基础上。去年爆发东南亚金融危机对我国经济的发展也是一个重要的警示。在积极发展我国租赁业的同时，必须把防范和化解金融风险放在十分重要的地位。

第五，加强培养现代租赁人才。现代租赁作为一种新兴行业，对其从业人员有较高的要求，培养一批懂金融、经济、管理、技术的高素质的现代租赁人才是我国现代租赁业健康发展的关键。

加紧培养能够驾驭金融国际化活动的人才[*]

经济全球化及其相应而生的金融国际化不是一个新概念。从 80 年代我们改革开放之始，就我们这一辈经济理论工作者所接触的信息和理论来看，国外早就有人在讲"经济全球化"和"金融国际化"。然而，一段时期以来，受到我国经济发展和社会开放程度的局限，不少人对这个问题理解和认知还是相当有限的。这次发生在东南亚地区的金融风暴所引发的全球性金融市场动荡，及其对世界经济的冲击，无疑是经济全球化的产物，是金融国际化时代才可能发生的现象。经过这一冲击，促使我们不仅对经济全球化和金融国际化有了更进一步的认识，而且更加感受到了加紧培养能够驾驭金融国际化活动的金融人才的迫切性。在这种背景下，趁深圳发展银行在我国最大的金融中心——上海开设分行之际，由该行发起召开这样一次研讨会是有重大意义的事情。重视人才，不仅金融界要如此，而且经济界也要如此；不仅经济界要如此，而且党政界也要如此。

一　世界经济日益国际化、全球化

众所周知，冷战结束后，各国纷纷调整全球战略，经济较量逐渐上升

---

[*]　本文是作者 1998 年 4 月 20 日在"深圳发展银行召开的金融研讨会"上的讲话。

为各国竞争的主要内容。为在全球范围内获得最大的经济利益，各国之间既有激烈的竞争，相互间的合作也日益增强，世界经济的国际化、全球化趋势愈益明显。特别是众多的发展中国家实行对外开放政策，降低关税和取消贸易壁垒等措施的实施，进一步推动了这种趋势的发展。现在，处于世界中的各国都不可能闭关自守、孤立发展。只有加强和其他国家间的经济联系，将自己融入全球化经济浪潮中，才能获得长足进步。

世界经济国际化和全球化趋势的一个重要特征就是跨国公司的不断出现，并在全球经济中扮演着举足轻重的角色。跨国公司往往是以一个或几个具有较强经济实力的国家为后盾，依靠其资金、技术、人才、管理等方面的优势，在全球进行投资、生产和经营，尽最大可能占领世界市场，以获得最大经济利益。世界经济的国际化、全球化孕育了规模巨大的跨国公司，而跨国公司的发展又进一步推动了世界经济的国际化和全球化。现在，世界的各个角落、各行各业几乎都有跨国公司在发挥作用，它已经成为全球经济的重要推动力量。

世界经济国际化和全球化趋势的另一个重要特征是国际金融机构的成长壮大，他们通过在国际货币、股票和债券市场上的经营活动（投资或者投机）积累了巨额财富，在世界资本、货币市场和经济合作交流中发挥着举足轻重的作用。当今世界资本市场的流动性越来越大，每天数十万亿美元的国际资本在全球范围内流动，寻找可盈利的投资，资本不可阻挡地流向任何能够产生高收益的国家和地区。可以说，所有经济活动都离不开金融市场作用的发挥，金融正成为现代市场经济的重要组成部分，日益发挥重要作用。

世界经济国际化和全球化趋势的第三个重要特征就是当代电子、信息技术的革命性发展，对资本的全球流动、贸易的全球扩展、企业的全球竞争，产生了难以估量的巨大作用。

二　辩证地看待经济全球化和金融国际化的作用

跨国公司和国际金融机构经营是没有国界的，即是以全球作为其发展的市场；同时，它们又是以获得最大经济利益为最终目标的。一方面，跨国公司、国际金融机构的活动大大促进了资金、技术、人才以及先进的管理经验在全球范围内的流动，迫使各国和各地区的竞争者加倍努力，推动全球的生产要素的合理配置，全球经济的质量和效率的提高。其中，成功的竞争者会依靠不断变革和对外开放，通过从全世界吸引各种资源，不断提高经济调控或经营管理水平以及有效地规避可能发生的经济金融风险，从而创造其发展的机遇。另一方面，我们也应该看到跨国公司及国际金融机构的消极作用。其一，跨国公司往往凭借其强大的经济实力在竞争中形成垄断，与经济实力较弱的发展中国家展开不平等、不自由的竞争，使之成为他们的加工基地和产品倾销场所，永远落在世界经济发展的后面。其二，从最近这场亚洲金融风暴来看，全球化的风险暴露无遗，全球化带来的风险、矛盾和不利因素已经开始引起争议。人们在这场无情的灾难面前，越来越深刻地认识到现在的经济变化极其复杂，数目惊人的国际流动资本，遍及全球的生产专业化分工，日新月异的高新科技变革，既可以为人们带来前所未有的机遇，又为从前无法想象的危机和灾难的产生提供了可能。因而，不仅是从经济角度，而且从社会和政治（国家安全）的角度来看，全球化都是值得特别重视的课题。

　　金融发展到现在这个阶段，它不但可以调控商品交易，可以调控经济规模，甚至可以控制一个国家的经济发展。最近的亚洲金融危机，就是一个很好的例证。发达国家的少数国际金融炒家，不用一兵一卒，既不用航空母舰，也不用原子弹，只使用金融市场做投机交易，就可以使一个国家的中央银行屈服（1992 年的英国中央银行和财政部就被迫屈服，使英镑贬值），使一个国家的经济崩溃，人民生活水平下降，货币贬值，社会与经济发展倒退若干年（1997 年 5 月以来发生的亚洲金融危机中的泰国和马来西亚等国就是如此）。

　　因此，在这种世界经济全球化、金融国际化趋势逐渐增强，跨国公司和国际金融机构在世界经济舞台发挥着越来越重大作用的全球背景下，作为新兴的发展中大国的中国，同样是既有发展机遇，又面临重大挑战，如果不注重自己在对外开放中的发展政策和战略，尤其是本国企业包括金融企业为适应世界经济全球化和金融国际化需要而加强自己的人才培养，势必处于非常被动的不利地位。

三　加强人才培养既是当务之急又是长久之计

这次东南亚金融危机蔓延到整个亚洲，震撼了世界，也使我们头脑清醒了许多。我们应该经常注意国际金融动态和国际金融的研究，认识到加紧培养这方面的人才的迫切性，大力加强金融工程人才的培养。这样才能同国际金融交易专家们有对话条件。我们才能了解世界各国情况，提出正确对策，防范金融风险。最近，在北京的一些讨论"知识经济"的会议上，一些社会科学家和经济学家，都对下个世纪的发展归纳出"三个工程"：信息工程、生物工程、金融工程，也有提出"五大工程"的，即再加上环境工程和海洋工程。总之，科学家和经济学家的一个共识已经形成，就是无论是"三大工程"还是"五大工程"，都有"金融工程"在内。

今后的国际竞争主要是经济领域的较量，而最主要的又是人才的竞争，这对跨国公司和金融机构尤为重要。世界每天都有几十万亿的资金在流动，每天都有数以万计的新技术、新发明出现。这些资金和技术往哪里流动，关键是取决于有没有驾驭它们的人才，谁拥有这种优秀的人才，就能够运用最多的资金和最先进的技术。所以，要真正组建自己的跨国公司，打赢金融战，必须有优秀的人才，能在国际市场上正确决策，投资生产和经营。如果没有一大批出类拔萃的精英人才，不仅这种跨国公司是组建不起来的，即使组建起来了，也不可能持续下去，而且我国的金融机构也没有能够同国际金融交易专家们对话的条件，得不到经济全球化和金融国际化全面准确的信息。因此，培养人才是长久之计。

当然，跨国公司和金融机构的人才培养具有更高的难度，需要更大的成本，这些人才不仅要在国内培训，在国内市场上锻炼，而且应该到国际市场上培训和锻炼。可以和国际跨国公司、国外金融机构联合培训，交叉锻炼。将中国大型企业集团和金融机构的人员派到国际大型跨国公司的有关部门和国外金融机构去培训和任职，可以让这些公司和机构的中国职员提高水平。中国应该成立有关人才培训机构，有系统、有计划地组织这项庞大的工作，使得中国的大型企业集团和金融机构的职员特别是高级管理人员能跟上世界经济发展步伐，不断提高自己的业务水平，为企业集团和金融机构的发展壮大不断注入新的活力。

发展边境贸易　加快融入世界经济区域化步伐[*]

　　我国开展边境贸易是从 1951 年开始的。但由于国际"冷战"大环境的制约，曾经走走停停，一直不太景气；直到 80 年代初才得以恢复。1992 年国务院批准绥芬河等 13 个边境城市进一步对外开放以来，边贸迅速发展。中国商品在周边国家的市场占有率提高，边民的市场意识增强，拓展了国内企业的发展空间，边境城市的经济建设也进入了一个新的全面发展的历史时期。例如，作为我国国际大通道之一的绥芬河这个只有 3.7 万常住人口的小城市，1996 年与 1995 年相比其经济发展的各项指标在全省同行业都处于领先地位，进出口贸易额实现 3.5 亿美元，增长 77.6%；进出境旅游人次 16.3 万，增长 28.8%；旅游企业直接创汇 900 万美元，增长 9.7%；过货 110 万吨，占全省过货量的 65%；过客 45 万人次，占全省过客量的 37%；财政收入实现 8200 万元，增长 17.7%；职工人均货币收入 6015 元，增长 14%；农民人均纯收入 3013 元，增长 34.9%。由此可见，一个口岸城市的发展，主要取决于物流量的大小，物流越大，就能带动越多的人流、资金流、信息流和技术流，这对繁荣本地区贸易、促进经济发展、提高人民生活水平都具有决定性作用。

　　物流运动有三种形式，即通过、中转和集散。这三种形式都能创造一

　　* 本文原载《港口经济》（双月刊）1998 年第 2 期。

定的经济效益。在通常情况下，集散对口岸及周围地区创造的效益最大，对该地区的经济带动作用也最大；中转次之；不落地的一般通过效益较小。各交通枢纽和口岸城市，应根据本地的交通条件、经济发展情况和地缘优势选择物流形式。就绥芬河市本身来说，现在发展较大比重的集散功能，条件还不是很具备。今后相当长的一段时期内应该主要发挥口岸的中转功能，即依靠商品聚集、分检、分包、组装、调配、储存、转运等方面的作用，创造更多的经济效益，尽可能争取做到进出口商品落地增值和过埠增值，提高转口贸易的比重和经济效益。在这方面，绥芬河市已取得了很大成绩，今后的发展前景会更好。

边贸在我国虽然不是主导的贸易形式，但对于边境地区的经济发展至关重要，与边境地区的民生问题休戚相关。因此我国如何稳定发展边贸，边贸政策的走向如何，不仅是我国边境城市关注的大事，也是周边国家关注的大事。因为我国陆地边境线长达 2.2 万公里，沿边 9 个省区与 15 个国家相毗邻，我国边贸政策的一举一动都会对双方产生深远的影响。我们只有进一步把现有的绥芬河等 13 个边境城市的对外开放搞好，起到良好的示范效应，才能使我国 143 个陆地边境县（市）的人民看到希望，得到实惠。

但是我们也应该看到，随着全球贸易和投资进一步趋向区域化和自由化，我国边境城市的边境贸易与民间贸易发展面临着严峻的挑战。绥芬河作为我国联结与环日本海周边国家的"大通道"的发展也不例外。这种挑战有的是来自于周边国家的激烈竞争，有的是发端于国内不同地区的无序竞争，还有的是受制于边境开放城市自身条件欠缺的限制。在世界经济全面整合的年代，挑战虽意味着风险，但更是机遇，从而为边境开放城市走向 21 世纪展现了一个乐观的前景。之所以前景乐观的内在原因是，中国加入亚太经济合作组织（APEC）和加快进入世界贸易组织（WTO），必将提升我国与世界经济的融合程度，全面推进对外开放的步伐；外在原因是，由于我国边境开放城市与周边国家在地缘区位、经济结构、市场经济体制等诸方面比较优势的存在，必将促进边境邻国之间经济交流、合作的广度与深度。

　　在挑战和机遇面前，人们都在进一步思考边贸的功能何在？现在大家已清楚地看到边贸的功能对于利国、富民、兴边、睦邻、安邦的特殊重要性，这是认识上的一个大进步；但这仅是边贸本身对内开发的局部功能，我们同时应当重视边贸对外开放的放大功能，这就要加快我国融入世界经济区域化的步伐。从国务院批准的 13 个边境开放城市的布局看，有两个特点：一是与毗邻国家的经济区域化布局相一致。例如，黑龙江的绥芬河、黑河，吉林的珲春，内蒙古的满洲里、二连浩特，都处于环日本海经济圈的辐射范围；新疆的伊宁、博乐、塔城，毗邻中亚经济圈的开发地带；云南的畹町、瑞丽、河口，广西的东兴、凭祥，位于澜沧江—湄公河流域，是与东盟经济圈进行经济交流的便捷地带。二是大部分边境开放城市都拥有相对先进的口岸设施，并且都处于跨国经济交流所需的海陆运输渠道的联结点。例如，绥芬河、珲春、满洲里是联结环日本海国家——中国——欧洲欧亚大陆桥的大通道；博乐是以连云港为起点的欧亚大陆桥的必经之路；凭祥、河口是越南狭长的 3000 多公里铁路进入中国的仅有的两个联结点；畹町、瑞丽是我国瑞丽江与缅甸境内全长 2150 公里的伊洛瓦底江之间的联结点。由此可以看出，边境开放城市的发展不仅对内具有区域开发的局部功能，而且具有对外开放的放大功能。为此，国家还应该在政策上对绥芬河等边境开放城市的发展继续给予扶持。以绥芬河市为例，有条件建设成以贸易为中心，基础设施完善，第三产业发达，第一、第二产业配套发展的商贾云集、经济繁荣、社会文明、人民富裕的现代化的外向型边境口岸城市。因为它是一座具有典型意义的边境开放城市，应当研究确定一个可行的迈向 21 世纪的经济发展战略。

从买方市场看中国经济[*]

一

　　1997 年中国经济的运行呈现两个突出的特点：一是经济在保持快速增长的同时，物价涨幅进一步回落，"软着陆"成功，出现了"高增长、低通胀"的良好发展态势；二是国民经济的市场化程度进一步提高，"瓶颈"制约继续缓解，以短缺经济为特征的卖方市场已初步转变为供略大于求的买方市场。我们多年来梦寐以求达到的目标现在终于实现了。这是党的改革开放政策的巨大成功，是值得大书特书的。买方市场的形成，为经济体制改革的进一步深入创造了比较宽松的外部环境，使国家的宏观调控更为有力，为经济运行实现稳中求进的总体要求提供了良好的物质基础。

　　现在，中国粮食、农副产品、工业消费品以及主要生产资料的供应明显改善，总体上处于供求平衡或供略大于求的状况。据对 613 种典型商品的调查统计，1997 年下半年供过于求的商品有 195 种，占总数的 31.8%，比上半年增加 26.5%；供求基本平衡的商品有 408 种，占总数的 66.6%，比上半年减少 22.8 个百分点；而供不应求的商品仅有 10 种，只占总数

　　* 本文原载《经济白皮书：中国经济形势与展望》(1997—1998)，中国发展出版社 1998 年版。

的 1.6% 。

从国内需求看，消费品和生产资料需求增长缓慢并有回落的趋势。1997 年社会商品零售总额约为 28000 亿元，同比增长 12.8%，扣除物价因素实际增长 11.5%，实际增长比 1996 年回落了 1 个百分点。1997 年生产资料销售额为 38500 亿元，同比增长 8%，增幅回落了 5 个百分点。国内生产资料产品的生产和消费大体同步增长。

从物价水平来看，近几年来物价水平呈现持续快速回落的趋势。1995—1997 年，社会商品零售物价上涨指数分别为 14.8% 、6.1% 和 0.8%。1996 年和 1997 年生产资料价格总水平分别下降 1 个和 2 个百分点。农业生产资料价格下降之快也是近年来少有的，1996 年农业生产资料价格上涨 8.4%，涨幅较 1995 年回落达 19 个百分点；1997 年农业生产资料价格总水平比 1996 年下降 1 个百分点，已呈现负增长趋势。物价水平的快速回落，进一步说明商品市场供求关系已发生了很大的变化，买方市场的初步形成则是物价得以持续回落的基础。

二

经过改革开放以来近 20 年的经济快速增长，中国开始走出短缺经济的困境，国内生产能力的大幅度提高和国内市场对外开放进程的加快，使市场供求状况已经从过去的卖方市场初步转变为买方市场；市场的主要矛盾，已从过去的商品短缺变为供求平衡或供略大于求。当前，中国的买方市场表现出以下特征：

1. 这种买方市场的形成，不是在居民收入减少，而是在居民收入水平不断提高的条件下形成的。改革开放以来，中国人民的生活水平不断提高，近两年虽然收入水平的提高有所减缓，但仍保持了一定的增长。1996 年城乡居民储蓄存款比上年增长 29%；1997 年 9 月底，全国城乡居民储蓄存款已达 44139 亿元，增长速度为 18%。

2. 这种买方市场的形成不是在物价上涨的情况下出现的，而是在经济增长保持较高水平的同时，市场价格总水平持续走低。1997 年全国商品零售价格比上年仅上涨 0.8%，居民消费价格比上年上涨 2.8%，价格涨幅是近 20 年来的最低点。这在以前短缺经济条件下是难以想象的。

3. 这种买方市场，不是一般的供过于求，而是通过竞争，优胜劣汰。随着经济体制改革的深入，市场导向日益明显。在买方市场条件下，企业的生存与发展基本上取决于它是否能适应新条件下市场需求总量和结构的变化。相当一部分企业在参与市场竞争中，因其产品不能适应市场需求的变化，以致生产能力放空，库存增加，效益下降，处于困境。而适应市场需要的名、优、特、新产品在市场上则销售旺盛，生气勃勃。市场竞争优势逐渐向能适应竞争需要的，拥有名牌产品，具有规模效益和科技、人才优势的企业与企业集团集中。企业的优胜劣汰和产业结构调整加快。

4. 过去制约经济发展的所谓"瓶颈"已开始发生变化。1997 年交通运输能力出现了一定的闲置，电力生产也出现了供求平衡，原材料、燃料、动力购进价格则有所下降。

5. 居民的消费心理已趋正常，理智消费、按需选购已成为主要的消费行为。1997 年的几次调低利率，并没有像以往那样形成消费热潮，说明消费者在新的市场条件下，消费行为趋于理性和正常。消费者对商品的质量、外观、档次、牌子的要求更高，选择性更强，从而对厂家和商家的要求也就更高。

当前中国买方市场的这些特征，有利于我们解决改革开放进程中的深层次问题，对保证经济的持续、快速、稳定、健康发展将起积极的促进作用。

三

对中国出现的买方市场，有两种不同的看法。一种认为这是市场经济的正常现象，有利于中国的改革开放进一步深入和经济结构调整。另一种看法认为，买方市场的形成是由于需求不足造成的，会引起经济偏冷，因此，应该放松银根，刺激需求。对这两种看法应有进一步的分析。观察现在市场上供求状况，应该着眼于整体经济发展，特别是供求的结构变化，而不能像计划经济时期那样仅仅注意总量的变化水平。否则，出现一定程度的"供大于求"状况，就会担心"有效需求不足"，从而要求"放松银根、刺激需求"，结果很可能又重走经济过热的老路。

现阶段，中国确实存在着一定程度的供略大于求的现象，表现为在经济保持较高增长速度的同时，仍有部分行业和企业开工不足，生产能力闲置较多，部分产品库存超过正常水平，企业间债务拖欠较为严重，甚至一些公共产品的生产能力也出现了暂时性的、局部性的过剩。出现这种情况不能简单地认为是"有效需求不足"，它的形成是有多方面原因的。

1. 计划经济体制造成的供给结构与需求结构脱节是导致当前有效需求不能实现的根源之一。原有的利益分配机制仍然在中国现实经济生活中起一定的作用，大量本应通过市场解决的供给与需求问题，依然通过计划的途径解决，这就严重阻碍了消费需求的增长。例如福利性分房制度就严重制约了房地产业的正常发展。

2. 中国在改革开放之前和改革开放以后的一段较长时期中，采取了数量扩张的增长方式，必然带来经济增长质量低下和结构失调。在以前多次经济过热中，由于改革尚不到位，随着地方、部门、企业权力和财力的迅速扩大，造成盲目追求粗放扩张，重复建设、重复引进超过正常需求，造成供给结构的扭曲，一旦需求膨胀消失，结构问题便暴露出来。

3. 当前，效益不好的企业和市场上严重积压的产品，大多是因为不能适应新的市场要求。这些企业的发展观念仍没有摆脱计划经济时代的烙印，只注重生产和暂时的需求，没有在市场调查和预测、提高技术水平和科技含量、提高产品质量和档次上下工夫。它们生产的产品大多是质次价高，产销不对路，不能满足消费者的需要。这样的产品在市场经济条件下当然没有市场。

4. 近期缺乏新的消费增长点。目前居民消费支出开始呈现多元化、多渠道的特征，非商品支出的比重进一步扩大。由于证券业的迅速发展，股票、债券等市场吸引了大量资金，而国有企业改革和结构调整，使下岗职工增多，这都使得即期消费大大减少。在中国当前所处的经济发展阶段，大多数居民的收入水平决定了其消费水平仍然处于较低层次，市场上基本生存与发展所需要的消费品市场竞争十分激烈，继续增长的市场空间受这类商品的低需求收入弹性制约，难以快速扩大。而像家用汽车、住房等 10 万元级的商品消费，距离普通消费者的购买能力尚有相当大的差距，且商品消费基本上是现金交易，目前难以形成新的消费热点。

5. 中国农村市场仍开发不够，农民的很多需求仍得不到满足。中国的广大人口在农村，市场潜力是非常大的。而现在，很多在城市卖不出去的产品，在农村却很抢手，由于缺乏畅通的销售渠道，农民可能还买不到。农村往往需要功能简单、操作方便、实用耐用、价格便宜的产品，但这没有引起充分的重视，大量的资金和资源被浪费在过度的城镇市场竞争中。

6. 市场竞争日益激烈，发达国家跨国公司给中国企业发展带来巨大压力。90 年代进入中国的外资企业主要以发达国家跨国公司为主，它们的进入已不是看中中国廉价劳动力和引进外资的优惠政策，而是看中中国巨大的市场。这些跨国公司纷纷以直接投资和倾销产品的方式进入中国市场，凭借其资本、技术、经营和品牌优势，对中国企业展开了挤占市场的强大攻势。在国内大部分企业刚刚从供不应求的市场环境中走出，对买方市场还极不适应的情况下，这些跨国公司没有付出太大的代价，就占领了中国相当大的市场份额，而国内企业则感到困难重重。

因此，中国市场潜力仍很大。所谓饱和，只是在现阶段，居民收入不高条件下较低档次消费品市场的暂时饱和。随着中国经济发展到一个新的阶段，这种状况是会有所改观的。

四

以最近一次的经济"软着陆"为标志，中国的短缺经济和以数量扩张为主的发展阶段基本结束，今后相当长的一段时期里，中国经济发展中的主要矛盾将从以总量为主转变为以结构为主，国民经济开始进入以结构优化和升级、整体经济素质提高为特征的阶段。因此，不能因为现在有些有效需求实现不了，一些国有企业发展遇到困难，就放弃"适度从紧"

的宏观调控方针。否则将又一次引起重复建设和盲目扩张，以致引发通货膨胀，进而错过进一步深化改革、进行国民经济调整和产业升级的大好机会。

现在，中国经济已经步入一个新的时期，要继续在"适度从紧"的宏观调控政策下，寻求突破当前制约经济发展的消费结构和产业结构升级障碍的途径。应该引起我们注意的是，1997年的亚洲金融危机虽然没有导致中国的经济动荡，但将给中国的经济发展带来一定影响。其中很重要一点是，由于东南亚各国的货币贬值，而人民币不贬值，将给中国的出口带来较大压力，如果处理不当，将影响中国经济的发展。在这种背景下，我们的经济发展应该更注重国内需求。中国的国内市场广阔，潜力巨大，只要注重开发，保持合理的投资和消费需求，今后，中国的经济仍然能够保持较高的增长。这就要求花大力气研究如何形成国内新的经济增长点和消费热点。

1. 大力调整和优化经济结构，扶持支柱产业，发展新兴产业。目前结构不合理是制约经济发展的主要矛盾。在中国经济进入一个新的成长阶段后，以市场需求为导向，依靠科技进步，对经济结构进行战略性调整，积极推进经济增长方式的根本转变，提高国民经济整体素质和效益，将是一项长期任务。应压缩和淘汰那些不适应市场需求的产品的生产能力，提高市场需要的产品的有效供给水平，培育具有良好潜在市场前景的产业和产品。大力发展能够带动整个经济增长的支柱产业，发展新兴产业和高技术产业，加快发展科技含量高、附加价值大、支撑经济增长强的产业和产品，加速产品更新换代。应大力发展以电子信息产业为代表的新型产业和高技术产业，振兴装备制造业，提高国家装备水平，带动传统产业技术进步和升级。要解除制约房地产发展的体制弊端，拓展购房抵押贷款业务，加快城镇住宅建设，使建筑业成为国民经济的支柱产业。加速发展环保产业和海洋经济等新兴产业。

2. 加强对农村市场的研究和开发，这在当前具有重要意义。一方面，近几年农村居民的收入和消费水平增长较快，消费结构和行为出现令人瞩目的变化，消费重点正在从衣、食、住等方面迅速向以改善生产、生活方式的各种工业产品方面转变。据调查，目前农村居民对家用电器等耐用工业消费品的购买意向远高于城市居民，各种农用车辆机具的销售增长比较迅速。另一方面，农村与城镇相比，收入水平还有较大差距，消费水平上也有档次差距，这就在客观上拓宽了同一类产品的市场空间。因此，一方面要继续提高农民的收入水平和市场购买力，逐步缩小与城镇居民间的差距；另一方面要大力开发适合农村市场需要的、实用耐用、物美价廉的产品。

3. 要有针对性地增加投资，以促进形成有效需求。这对促进经济的发展和结构调整也是必需的。但绝不能再回到过去那种盲目上项目、铺摊子的老路上。应该将有限的资金投入到那些市场前景好、能够产生良好效益、能够促进经济结构优化和带动产业升级的重大项目上。要注重对基础设施和基础产业的投资，而这也必须将投资政策和产业政策、区域政策相结合，特别注意对中西部地区的基础设施建设投资。今后，资金应该主要投入到农田水利基础设施建设、市政基础建设和高新技术领域以及很快能见效的工农业技术改造等项目。李岚清副总理在前不久的达沃斯经济论坛—提出，今后 3 年，中国将投入 7500 亿美元用于基础设施建设，这将对中国形成新的经济增长点，扩大国内需求，使中国经济在新的国际国内背景下保持较高增长速度起到积极作用。但我们不能将这简单地看成是放松银根，要以此为契机，优化经济结构，继续加大宏观调控力度，加强对投融资的监督和管理，对全社会投融资进行引导和优化，提高投融资的效益和质量。因此，要加快推进投融资体制改革，完善资本金制度，继续完善项目法人责任制、招标制和工程监理制，以有效途径解决资本金的来源问题，实现投资主体的多元化。

4. 加快流通体制改革，加强市场营销体系的开发和建设。这些年来中国的市场体系有了长足发展，但流通组织从总体上看还是落后的。如何借鉴国际经验，结合现阶段企业、市场的实际，开发和建立起一套行之有效的市场营销网络，可以说是摆在每个企业面前的大课题。那些销售业绩突出、市场占有率好并能提高的企业，基本上都有一个高效率的营销网络，有一套特点鲜明的营销战略和策略。应当很好地总结这些企业的成功经验，大力探索和建立适合各个企业和产品特点的营销体系，在大规模、专业化、少环节等方面多做努力，以切实降低流通成本，提高效率。

5. 在经济不断增长的基础上，进一步改善人民生活，提高人民收入水平特别是农民的收入水平，增加购买力，拓宽消费领域，引导合理消费。在改善物质生活的同时，提高生活质量，扩大服务性消费。实行保障城镇困难居民基本生活的政策，应该从多方面采取措施，加大扶贫攻坚力度，以减缓居民收入水平差距的进一步扩大。要加大分配体制的改革，坚持按劳分配为主体、多种分配方式并存的制度，完善分配结构和分配方式。

6. 增强中国企业和产品在市场上的竞争力，扩大它们在国内、国际市场上的占有率。随着世界经济全球化国际化的趋势日益加强，中国开放程度的不断扩大，国际和国内市场的竞争日益激烈。在考虑市场范围时，要将国际国内市场结合起来。现在，国内市场是国际市场的一部分，国内市场的竞争激烈程度往往并不亚于国际市场。企业的发展战略将以长期占有和扩大市场份额为目标，而不再仅仅满足于短期的利润目标。这就给中国企业增强竞争力提出了更高的要求，迫使它们不断提高产品的质量，降低成本，提高效益，形成合理的企业结构和产品结构。政府应该运用宏观调控政策，一方面，要加强对外资的引导和管理，尽可能地保护国内有发展前途的幼稚产业免受太大的市场冲击；另一方面，以信贷和财政优惠等措施，积极推行大企业和大企业集团战略，培育一批在国内外市场上有竞争力的名牌企业和产品，同时促进形成中国合理的大中小企业格局，以保持和加强中国经济整体的市场竞争能力。尤为重要的是，要加大科技投入。21 世纪的经济发展趋势将是知识经济，每个企业乃至国家的竞争力，主要是科学技术的竞争力，要加大科学技术转化为现实生产力的力度，解决促进经济发展的重大和关键技术问题。1997 年秋季，中国共产党胜利召开了第十五次全国代表大会，制定了跨世纪的发展目标和纲领，对中国新时期的发展将起重大指导和促进作用。我们相信，在中国共产党的正确领导下，全国人民团结奋进，一定能克服前进中的困难，保持经济的持续、快速、健康发展，把一个繁荣昌盛、兴旺发达的中国带入 21 世纪。

积极创造条件加快小企业的
改革与发展[*]

很高兴能有机会参加这次研讨会，向大家学习小企业的发展问题。我对这个问题没有太多的研究，现在根据我学习党的十五大精神的体会谈几点个人想法，以求教于诸位。

第一，我国国有企业改革经过了近 20 年的历程，取得了不小的成绩，企业的自主权和经营权得到扩大，市场适应能力和竞争力不断增强。但与社会主义市场经济体制的要求还有很大的差距，这需要我们在理论与实践上都要有所突破。1997 年召开的党的十五大，以邓小平理论为伟大旗帜，为全党全国人民指明了新世纪发展的方向与道路。同时在改革开放与国有企业发展等方面在理论上都有重大突破。这次会议明确提出继续调整和完善所有制结构，进一步解放和发展生产力是我国当前经济体制改革的重大任务，并决定把公有制为主体、多种所有制经济共同发展，作为我国社会主义初级阶段的一项基本经济制度。

改革国有企业既是为了搞活国有企业，也是为了建立社会主义市场经济体制。这两个任务是紧密联系、相辅相成的。实现社会主义市场经济体制最困难的问题是公有经济尤其是国有经济如何同市场经济相结合。为了解决这个问题，一方面要建立现代企业制度，使国有企业成为真正的法人

＊ 本文是作者 1998 年 5 月在江苏镇江"小企业发展国际研讨会"上的讲话。

实体和市场竞争主体；另一方面要对国有经济进行战略性改组，保证公有经济在国民经济中起主导作用，同时为非国有经济的健康发展提供条件，建立起公有制为主体、多种所有制经济共同发展的所有制格局。这为我们在"三个有利于"的标准前提下，寻找能够极大促进生产力发展的公有制实现形式提供了理论上的指导。

公有制在我国国民经济发展中的作用，应该主要体现在如下三方面：（1）公有资产在社会总资产中占优势；（2）国有经济控制国民经济命脉；（3）国有经济对经济发展起主导作用。所谓公有资产占优势，不能仅仅理解为必须保有公有资产在数量上的绝对比重，更重要的是注重公有资产质的提高，也不能理解为国有经济数量越大、比重越高越好。国有经济主导作用主要应体现在对国民经济发展的导向和经济运行整体态势的控制力上，而不在于国有资产在布局上的面面俱到。我们要根据我国社会主义初级阶段的基本国情，全面认识和科学界定公有制经济的含义和地位。应当相信，有党的领导，有巩固的社会主义政权，国家控制着国民经济命脉，在以公有制为主体的条件下，国有经济资产布局集中一些，企业个数减少一些，并不会影响社会主义性质，也不会削弱国有经济的主导作用。只要国有企业改革成功了，国有经济有了活力，真正成为市场主体，集体经济有了更大发展，并深入城乡各个方面，完全可以防止财富的两极分化，最终实现共同富裕，保证国家的社会主义方向。

党的十五大对近 20 年来我国的国有企业改革工作实践进行了科学的总结，并将成功的经验确定为今后工作的指导，如"三改一加强"，"抓大放小"，实行"鼓励兼并、规范破产、下岗分流、减员增效和实施再就业工程"等。提出公有制实现形式可以而且应当多样化，一切反映社会化生产规律的经营方式和组织形式都可以大胆利用。要从战略上调整国有经济布局，对关系国民经济命脉的重要行业和关键领域，国有经济必须占支配地位。在其他领域，可以通过资产重组和结构调整缩小比重，以加强重点，提高国有资产的整体质量。即国有经济要有进有退，加强重要产业、关键领域和效益好的企业，丧失竞争力的领域就退出，逐步消除所有制结构不合理对生产力的羁绊。这些理论突破，对深化国有企业改革，更好地发挥公有经济的主导作用，加强国有大中型企业的扶持力度，搞活小型企业具有重大促进作用。

从现在起到"九五"末期，我国将加快国有企业改革步伐，积极支持国有大中型企业和大型集体企业的股份制改造，建立现代企业制度，并鼓励对国有小企业、集体小企业以股份合作等形式进行改造。

第二，对国有大中型企业的改革建制，各级政府都给予了极大的重视和领导，并已初显成效。现在我只结合今天的主题谈谈小企业的改革发展问题。在讨论国有企业改革时，我们有时将大中型企业放在一起讲，有时又将中小企业一起考虑，中型企业的界限划分好像总是不太确定。从整体上搞活国有企业的角度出发，中型企业的改革是否和小型企业结合在一起考虑较好。我下面的讨论可能包含部分非国有经济关键领域，主导部门的中型企业。

小企业在各国的经济生活中都有极其重要的地位。它们在工业化阶段和市场经济发展过程中具有强大生命力，其存在的基础，是灵活机动地满足不断变化的市场需求；高度专业化分工基础上通过"批量"生产以较低成本为大企业作配套；企业效益和所有参与者的利益直接联系等。现在国际上大企业兼并、联合，资本全球化愈演愈烈，但同时也有一种说法，"世界经济越是全球化国际化，小型经济实体越有力量"。这虽有一定的片面性，但也说明小企业具有比大型企业不可比拟的更贴近市场，更加接近顾客，有更大的应变能力等优势，特别是信息、资金、技术等在全球范围的迅速流动，为小型企业提供了更大的发展机遇。

改革开放以来，我国城镇集体企业迅速增长，广大农村乡镇企业异军突起。"三资"、私营、个体以及股份合作企业得到了较快发展，初步形成了以公有制为主体、多种经济成分共同发展的格局。中小企业在其中也得到迅速发展，并日益发挥独特作用。据统计，全国中小型企业比重高达99%，而且在工业总产值中也占到60%左右，实现利润占到40%，就业人数占到80%左右。其中小型企业占了绝对比重。多数小型企业贴近市场，机制相对灵活，富于创新，起到了活跃市场，缩小大型企业的生产周期，降低大型企业生产成本，为大型企业解决分离社会职能和分流富余人员，成为大企业改革与发展的重要依托的作用。而且由于小企业产权关系相对明确、利益驱动较直接，能够根据企业自身发展状况和市场竞争需要，进行技术创新和应用推广，成为高新技术产业大力发展，推动经济增长方式转变，形成新的经济增长点的一支不可或缺的重要力量。实践证明，哪个地区的小企业搞得更活，这个地区的市场经济就搞得较好。因此，深化小企业改革，加快小企业发展是当前经济体制改革和国民经济发展诸多问题的关键一环。如就业问题、市场机制形成问题、农业发展问题、人民生活水平提高问题以及国有大企业改革与发展的依托问题等。加快小企业改革步伐，对于推进整个国有企业改革，对整个国民经济的持续健康发展和社会稳定都具有重要意义。

但目前小企业的发展也面临一系列的问题，如果不引起我们的充分注意，对我国的国有企业的改革与发展将有极其不利影响。（1）效益状况普遍恶化。近年来，乡镇企业的亏损面在 10% 左右，其他中小企业的盈利面不到 1/3，现在亏损的国有企业，95% 以上是中小企业。中小企业的总资产报酬率和资金利税率也远低于大型企业。中小型企业的流动资金占固定资产净值的比率比大型企业高出 30%—50%，而国有小企业情形就更不好。（2）吸纳就业的能力下降，这与大量小企业特别是城市小企业的经营状况恶化直接相关。（3）发展资金短缺。由于长期以来企业的部门条条管理，又缺乏支持小企业发展的政策，特别是金融方面的支持，小企业较难从现有的商业银行系统中获得信贷支持。（4）技术落后，技术开发及市场开发能力薄弱。这是我国小企业的普遍现状，也是近年来效益下滑，竞争力下降的主要原因。由于它们大多分散在中小城市和村镇，进入市场不仅需要资金的支持，更需要政府为其提供咨询、教育、信息、技术和产品开发及市场开发等方面的服务。

第三，由于小企业在国有经济中处于极为重要的地位，搞活国有小企业就成为关系到从整体上搞活国有经济、进一步发挥国有经济的主导作用的重大举措。只有把占国有企业总数 90% 以上的国有小企业在竞争性领域放开搞活，并坚持因地制宜的改革方式，将改组、改制、改造与管理有机地结合起来，才能使国有小企业真正放开搞好，并将起到以小促大的作用。

现在市场竞争日益激烈，大量小型企业为了更好地生存和发展，不仅要彻底摆脱旧体制框架，摆脱对政府的依赖，走上在市场经济中自主经营、自我发展之路，而且要在所有制关系上加大发展力度。这些企业没有必要完全坚持"国有"形式。除一部分可以出售或为大企业兼并外，主要可以采取"股份合作制"的形式，由职工共同拥有或若干投资人共同拥有，通过强化经营者以及劳动者同生产资料之间的直接经济联系增强企业的内在活力。企业中的国有资产既可以通过出售股权收回，也可以采取租赁、承包、入股的方式继续参与企业的经济活动。

目前城乡大量出现的多种多样的股份合作制经济是以劳动者的劳动联合和资本联合为主要内容，有利于灵活地组织经济活动的企业组织形式和资本组织形式，有利于调动职工群众的积极性和创造精神。在新形势下，人民群众通过实践摸索出来的一种非国有的其他公有制经济实现资产重组和资本结构优化的良好方式。虽然这只是在市场经济初级阶段的一种较有效的组织形式，仍有很多不完善的地方有待于改进，但对现阶段我国的城乡小企业改革具有较大的实践意义。有利于小型企业在改革中，实现经营规模化和投资社会化，提高企业竞争能力。目前许多地区都把它作为国有小企业和集体企业改革的主要形式。有关资料显示，在已经改革的国有小企业和集体所有制企业中，有 50% 以上采用了这种形式。但这种形式比较复杂，还很不规范，需要加以支持和引导，不断总结经验。而且股份合作制也不是小企业改革的唯一形式。要根据不同情况，选择适当的改革形式，不要盲目追求一种形式。实行股份合作制要尊重职工意愿，不能强迫入股，也要防止股权集中在少数人手里。否则，将适得其反。

第四，国有小型企业改革涉及面广，政策性强，必须坚持政策引导、企业自主、市场推动三位一体的战略。政府要对改革分类指导，多方配合，给以必要的支持和优惠措施。而企业本身要以市场为导向，以制度创新为核心，通过推动资产的流动来达到搞活整个国有经济的目的。

1. 统一思想认识，把放开搞活小企业工作放到应有的位置上。最近一段时间，党中央、国务院领导同志多次强调搞好小企业问题，各地也从实际出发，表现出极大的热情。但从实践来看，还有待于进一步提高认识，统一思想。现在仍有人是从甩包袱的角度来看待小企业，没有提高到中央所要求的"搞好大企业"、"放活小企业"的高度来认识这个问题，因而不可能真正搞好小企业。要切实转变政府职能，实现政企分开，减少行政干预，为小企业发展创造自主经营、平等竞争的市场环境。同时，要制定必要的法律法规，以规范小企业改革的更好运作。

2. 开拓思路，大胆试验，勇于探索。现在中央的方针政策、基本思路都已经明确，主要还取决于如何结合实际进行创造性的工作。因此，要进一步解放思想，勇于实践，大胆探索，这是我们改革能否成功的关键。国有小企业改革和其他改革一样，要在闯的过程中及时总结经验教训，允许犯错误，不成功的，及时改过来，只有这样才能将中央的方针政策具体化，变为可操作的办法，也才能不断深化我们的认识，以进一步指导我们今后的改革实践。

3. 宏观上加强对国有小型企业改革与发展的引导。深化国有小型企业改革的最终目标，是把国有小型企业从政府的直接干预、行政管理下解脱出来，让企业真正走向市场。放开、放活国有小型企业，要以提高经济效益为中心，重点在于促进企业转换经营机制和进行制度创新。但放活不是放乱，绝不能简单化，一放了之、一卖了之，更不能撒手不管、放任自流。改革必须因地制宜，因企施策，规范动作，分类指导。各地市、各部门要进一步转变观念，切实加强领导，根据本地区、本行业的具体情况制定放开搞活国有小型企业的措施。积极引导小企业围绕名牌产品或为大型企业集团提供配件和服务，向"小巨人"方向发展，逐步形成一批"小而专、小而精、小而特"的小企业。

4. 处理好放活与扶持的关系。没有政府的扶持，小企业很难克服先天的不足，走出低水平盲目发展状态。而从金融、信息管理、科技、人才等多方面扶持小企业发展应该是政府的一项重要工作。国家要有选择地为国有小企业注入资金，给以扶持。要从政策上保证小企业的制度创新和管理创新、技术创新相结合，增强企业的"造血"功能，以提高产品的市场竞争力，增强企业的发展后劲。同时要培育和造就一批以经营企业作为

终身追求的职业化的企业经营者。这是小企业改革成功与否的一个重要
因素。

　　5. 加大配套改革力度，特别是要加快社会保障制度改革，加速再就
业工程实施和加强劳动力市场建设，为大胆放活国有小企业创造必要的条
件。多年的实践证明，没有相应的外部环境，要推进企业改革是非常困难
的。与小企业改革配套的社会保障制度改革，重点是要尽快建立既覆盖国
有企业又覆盖非国有企业的养老保险、医疗保险、失业保险等，以及社会
再就业工程。

　　我们相信，在邓小平建设有中国特色社会主义理论和党的基本路线的
指导下，以"三个有利于"作为判断改革和各方面工作是非得失的标准，
扎扎实实地工作，我们一定能成功地走出一条具有中国特色的国有企业改
革发展之路。

《面对世纪之门》前言[*]

理论是灰色的，而生活之树常青。这是伟大的思想家列宁非常欣赏的一句名言。这句话，在我心中留下了深刻的印象，我也很喜欢它，因为它耐人寻味，给人激情。尽管岁月不饶人，我还是在常青的生活之树之荫上下求索。

出版社要我把近几年的经济学短论挑选一些出版，我表示赞成。因为现在人们都很忙，能抽些零星的时间读一些相对短小的东西总是不无益处的。

收入本书的40多篇文章，涉及的面比较宽泛。从宏观经济理论到国有企业改革，从现实经济问题到持续发展理论，从中国文化建设到国外腾飞经验，从研究中国买方市场到融入国际潮流……生活本身不断提出一些人们普遍比较关心的现实经济问题和基本经济理论问题，不断给人们以启示。

近几年由于年事已高，体质下降，研究工作进行得不是很多，也一直没有抽出时间整理我的文章。本书收集的大都是近两三年的短文。发表时均按出版社的意见重新归类，以使读者能够比较清晰地找到自己感兴趣的内容。

本书的内容和体例的不足之处在所难免，希望得到读者的指正！

---

[*] 本文是作者1998年8月为《面对世纪之门》文集写的前言，文集中的短文这次均按写作时间分别编入各卷。

华南经济发展[*]

在迈向新世纪的发展进程中，华南地区应当进一步加强与港澳台地区的经济合作，建立以高科技和高附加值产业为主体的区域合作及经济发展机制，推动产业升级和经济结构转型。在面临金融危机冲击的影响下，重新提出这一发展方向，对华南地区、港澳台地区乃至东亚地区，都具有重要的现实意义。

一　东亚金融危机对华南地区未来发展的启示

东亚金融危机是在世界经济全球化步伐加快、金融自由化及金融动荡加剧的背景下，由东亚国家或地区自身存在的内部经济问题决定，同时受国际投机资本冲击的外部因素的影响而产生的。既有 20 世纪 90 年代后全球金融危机频繁爆发的共同原因，同时又有由自身经济问题决定的特殊原因。把它简单归结为"东亚经济发展模式"的失败，并从而得出"东亚经济奇迹"破灭的结论是轻率的，是缺乏科学依据的。

对于"东亚经济发展模式"和"东亚经济奇迹"两个相互联系的问题，目前还存在各种不同的看法。有人承认东亚发展模式在一定时期发挥过积极作用，因此出现经济奇迹。有人认为东亚发展模式不是好的模式，

＊　本文原载《华南经济的现状和迈向二十一世纪的课题》，香港西迪商务出版公司 1999 年版。

所产生的"奇迹"只不过是经济泡沫,这种模式并不会产生真正的经济奇迹。

我们认为:第一,东亚各国(地区)在经济发展过程中,大多形成以资本和劳动的投入为特征,主要依靠政府主导的出口导向型发展模式,对带动东亚地区实现经济高速增长,形成"东亚经济奇迹",发挥了不可磨灭的历史作用,这是必须肯定的。

第二,任何发展模式只能适应一定条件和特定时期,当它发展到一定阶段后可能产生一些问题,但这些问题并不是模式的必然产物。对东亚国家或地区而言,形成于东亚国家工业化初期和中期阶段的经济发展模式,在这一时期发挥了积极作用。但也随之出现了高速发展后的经济泡沫现象,在外部投机压力的冲击下,进而爆发金融危机。从本质上讲,东亚金融危机并不是"东亚模式"的必然产物,而是东亚一些国家在经济条件和形势变化后,没有及时调整发展战略和经济结构、整顿金融秩序而产生的经济动荡,是这些国家经济高速增长过程中积累的各种经济矛盾的集中爆发。

第三,不能因为东亚发展模式没有及时调整而爆发的东亚金融危机,就轻易否定东亚发展模式的长期作用,同样也不能轻易认为依赖于东亚发展模式出现的东亚经济奇迹就不复存在了。虽然东亚金融危机暴露出东亚各国或地区在长期高速发展中存在的问题,但总体而言,产生"东亚经济奇迹"的基础仍然存在,推动东亚经济增长的各种因素仍然会继续发挥作用。经过一段时间调整后,东亚地区能够重现生机,仍将成为世界经济中最活跃的地区。

东亚金融危机对华南地区未来发展,提供了不少值得借鉴的经验教训与启示。

1. 在经济实现长期高速发展后,必须及时转换经济增长方式,调整经济结构,主动消除经济泡沫。东南亚国家普遍选择出口导向型的工业化道路,但在基本实现一定阶段的经济发展目标后,未能及时调整产业结构和完成经济增长方式转换。即使进行了调整,也存在这样或那样的问题,结果在国际竞争日益加剧的冲击下,出口扩张势头放缓,带动经济增长下降，导致经常项目赤字增加、外汇储备减少，进而对固定汇率产生压力，最终使金融危机在区内连续发生。

2. 健全的金融体制是实现经济长期稳定发展的重要基础。东亚金融危机表明，东亚国家或地区金融体系存在根本缺陷，如金融市场结构不合理、金融资产结构不合理、银行资产质量差、金融风险加剧，结果导致金融危机在区内泛滥，此外，在金融制度不健全的情况下，实行金融自由化，直接加剧了金融危机的破坏程度。

3. 政府干预经济必须适度。东亚金融危机表明，政府不适当地干预经济，不论是发展战略和政策取向不当，还是政策操作失误，都会加剧金融危机的破坏程度，受金融危机冲击的东亚各国或地区在国际国内经济目标、开放资本账户与保护本币安全、单一汇率政策等宏观政策方面还存在不少问题，在经济体制方面，政府直接干预经济主体，形成政府与企业、企业与银行的关系不当，影响市场对经济运行的自动调控，引致政府管理的专制和腐败现象。此外政府在金融危机中应对不当，干预无力，也会加剧金融风暴的破坏程度。

二 东亚金融危机对华南地区经济发展的影响

东亚金融危机反映了重大突发经济事件在世界经济全球化进程中的快速扩散、持续震荡、反复冲击现象。在东亚金融危机的冲击下，不但东亚各国或地区的经济社会受到直接冲击，而且美欧等地区也不断受到直接或间接影响，出现全球性的经济共振。从总体上看，东亚金融危机对华南地区和全国形成了很大的压力，但却并未动摇华南地区经济健康发展的根基。改革开放以来，包括广东、福建、广西、海南四省区的中国华南地区一直保持着持续高速的发展水平，这一方面得益于1978年后中国实行的体制改革和对外开放，另一方面又与华南地区实行类似于东亚经济发展模式的出口导向型发展战略密切相关。从这一背景来分析，尽管东亚金融危机对华南地区发展产生一些短期负面影响，但中国改革开放的进程依然不变，特别是自1993年以来加大宏观调控力度、加强金融监管、化解金融风险、推动经济结构调整等举措得力而又及时，因此东亚金融危机并未动摇华南地区经济健康发展的基础，从长期来看仍然有可能继续获得快速发展。

当然，东亚金融危机也对华南地区带来相当严峻的负面影响，主要表现为：

1. 经济增长放缓。华南地区作为中国向外开放程度较高的地区之一，与所处经济区域和全球经济趋势密切相关。由于金融危机使东亚主要受灾地区经济紧缩，失业率上升，经济增长放缓，华南地区也就不可避免地相应出现经济增长放缓的趋势。

2. 出口压力上升，由出口推动的经济体系面临动力不足问题。华南地区已成为亚太经济体系中重要的经济环节和生产场所，其生产体系和产品出口结构与东亚国家具有很强的同构性，相互之间存在市场竞争关系。在周边国家货币大幅贬值，产品出口的竞争力上升的背景下，中国政府承诺人民币不贬值，对华南地区出口竞争力也会产生相当大的影响，出口增长下降，对依靠出口带动的华南地区经济增长影响较大。

3. 引进外资的难度增加，导致推动经济增长的另一动力源不足。由于周边地区货币不稳定，特别是日元大幅度贬值，加速了本地区资金外流的压力，大量准备投入的外资或持观望态度，或转向收购区内货币大幅贬值国家的廉价企业或金融机构，或暂时转向经济相对稳定地区。其结果不仅影响全球经济，而且也导致东亚各地间引进外资竞争加剧，使外商对华投资最为集中的华南地区的经济增长动力不足。

三　金融危机冲击下的华南地区发展对策

针对东亚金融危机可能带来的各种影响，华南地区应根据国际国内形势的变化，及时调整经济发展战略。在未来一段时间内，特别应注意以下几点：

首先，调整经济发展战略，优化经济结构。爆发金融危机的东亚国家或地区，在经济长期高速增长后，普遍未能及时调整发展战略，产业结构升级也存在一些问题。这种情况在华南地区也不同程度地存在着。在过去十几年的经济发展中，我国的港澳和台湾地区都将一些因生产成本上升而竞争力下降的劳动密集型生产转移到华南地区，使华南地区经济获得了迅速的发展。但随着世界经济全球化和我国经济的不断发展，这种经济结构的弊端也日益显现。因此调整经济发展战略、优化经济结构是必然趋势，也成为未来华南地区一个十分重要的任务。在产业政策上，应大力发展高新技术和高附加值产业，不断提高经济中的科技含量，并加强对传统产业的技术改造。同时大力发展各种民营经济，加快对国有企业进行战略性重组。

其次，整顿金融秩序，加强金融监管。与东亚各国或地区相似，华南地区在高速发展过程中，也出现过房地产投资过热、股市投机过度的现象，不同程度地存在银行资产质量不高等问题。从东亚金融危机的教训来看，华南地区必须加大整顿金融秩序的力度，切实加强金融监管，努力降低银行不良资产比重，从而建立稳定有序的金融秩序，防范和化解金融风险，提高企业和金融机构抵抗金融风险的能力，确保经济长期健康发展。

再次，提高对外开放水平，合理引导外资投向。引进外资是东亚各国（地区）的成功经验，也是华南地区持续增长的重要因素。东亚金融危机表明，一个国家或地区在发展过程中并不是不要引进外资，关键在于引进外资时应当用健全的产业政策去引导其投向。未来华南地区应进一步改善投资环境，扩大引资渠道，同时引导外资合理投向，促进本地区产业结构的提升和出口创汇能力的增加。

最后，积极开拓国内外市场。优化市场组合，巩固和扩大出口市场，对以外向型经济为主体的华南地区具有十分重要的意义。为此华南地区应当组织国内低成本区域协作生产，增强出口产品的国际竞争力，从而保持和扩大欧美、南美市场份额，巩固在东南亚市场的出口竞争力。此外，华南地区还应与港澳台合作开拓内地市场。

四　继续推进华南地区与港澳台地区的经济合作

从华南地区经济发展的成功实践来看，加强与东亚经济体系特别是港澳台地区的经济合作，是一个十分重要的经验。在东亚金融危机的冲击下，华南地区应继续加强与港澳台地区及其他东亚各国或地区的经济合作，建立以高科技和高附加值产业为主体的区域发展机制，推动产业升级和经济结构转型。

在东亚金融危机背景下，重新提出这一华南地区的未来发展方向，在当前有着特别重要的现实意义和指导作用。

中国大陆与香港、澳门和台湾地区自20世纪80年代以来经贸关系得到迅速发展，成为东亚经济中的重要力量。大陆与港澳台地区在资源禀赋、产业结构、劳动生产率等方面所存在的经济互补，使得两岸四地形成了日益紧密的经济合作关系，推动了各方的迅速发展。在东亚金融危机压力下，继续推进相互之间的经济合作，也就成为共同应对金融危机冲击的重要选择。

以各方经济资源互补为动力，在"两岸四地"实现经贸合作基础上，加强华南地区与港澳台地区的区域经济合作，对于华南地区具有十分重要的作用。一方面有助于继续克服华南地区原本存在的政策优势弱化、产业基础薄弱、经营成本上升等不利因素，同时削弱金融危机后世界经济新形势对华南地区主要依赖外资和对外出口的发展模式的冲击。另一方面则有助于进一步发挥华南地区在中国内地与港澳台地区之间的比较优势，进一步增强总体经济实力，推动产业结构调整，加快培育知识经济条件下的经济增长动力，进而提升综合竞争力，增强抵抗外来金融危机冲击和防范自身经济风险的能力。

从港澳台地区的角度来看，东亚金融危机暴露出各自存在和共同性的问题。香港在将劳动密集型产业转移到华南地区后，由于地理上较接近，经济联系方便，与华南地区尤其是珠江三角洲地区形成了"前店后厂"的关系。正是由于华南地区低廉生产成本的支持，使香港密集型加工工业的生命周期延长，推动了香港制造业结构的及时升级。因此香港在经济转型过程中，需要探索与知识经济相适应的经济结构及转型方式。而台湾虽然将部分加工工业转移出去后，由于没有香港的这种条件，本身的工业不得不进行升级，产业结构和技术水平都有了很大的提高，但台湾经济发展需要广阔腹地的支持。此外港澳台地区虽然取得可观的经济成就，但在抵抗经济风险、培育新经济增长动力等方面仍存在明显不足。因此积极推动华南地区与港澳台地区的经济合作，对于港澳台地区加快复苏进程，推动经济结构调整和产业升级，增强抵抗外来金融风暴冲击和自身经济风险能力，也具有十分重要的作用。

但华南地区今后与香港和台湾之间的经济合作是有所不同的。香港工业的升级要同华南地区共同完成，因其制造基地已转移到华南地区，实际上已成为一个经济共同体。而同台湾的经济合作，大部分仍然是输出资金、技术、产品或是垂直分工的关系。但随着台湾产业结构的调整，华南地区的相关工业也要随之调整。同时，华南地区的生产成本也在上升。生产成本上升后，工业也要被迫向内地生产成本更低的地区转移。

在东亚金融危机中，中国内地及港、澳、台地区通过各方加强合作而增强经济实力和国际竞争力，其结果不但可以成为金融危机中稳定东亚地区经济体系的重要经济力量，而且还可以成为金融危机后推动东亚地区经济发展的新动力源泉。从这个角度来看，以华南地区为主的中国内地与香港、澳门和台湾地区的经济合作，具有明显的国际意义。

中国 20 年的重新定位[*]

中国实行改革开放已经整整 20 年了。回顾这 20 年的历程，观察它取得的业绩，可以这样说，中国在自身发展的历史上和在与世界经济体系的联结中，重新确定了自己的位置。

毛泽东这一代老革命家有一个非常强烈的愿望，就是要把中国建设成为自立于世界民族之林的强国。这一点从 60 年代重提现代化口号看得很清楚。但是毛泽东晚年犯了错误，这一错误从某种意义上讲，是建国方法的错误，其根源是错估了中国的基本国情。然而，毛泽东对国际形势变化，始终保持着清醒的认识，没有失去正确的判断。在他生命最后的岁月里，促成了一件大事，就是决定与西方世界特别是美国建立新的政治经济关系，并使中国重返联合国，由此确定了中国在世界上新的地位。这件事情为中国在这个世纪最后 20 年改革开放与发展，产生了重大而深远的影响。

邓小平作为中国改革开放新时代的领导者，敏锐而深刻地把握了时代的脉搏，清楚地了解历史赋予他的使命。他为中华民族作出了两大杰出的贡献：以新的思想理论重新装备了全党全民，以社会主义市场经济的实践改变了中国的面貌。关于真理标准的讨论，既是新时代开局的气势恢弘的序幕，又是贯穿整个新时代的精神动力。20 年改革开放的实践取得了伟

---

*　本文原载《开放导报》1998 年第 11 期。

大成就，不仅在中国历史上写下了光辉的一页，而且确立了中国在世界经济体系中日益重要的地位。

党的十一届三中全会，拉开了我国改革开放的序幕。随着改革开放的不断深入，我国经济和社会发展取得了举世瞩目的成就，在世界经济中的地位显著提高。

1978—1997 年这 20 年，我国国民生产总值年均增长 9.8%，比同期世界经济年均增长率高出 6.5 个百分点，比发展中国家高出近一倍，居世界首位，经济总量由世界第 10 位上升到第 7 位，进出口总额从过去的第 27 位跃升到第 10 位。现在我国的外汇储备居全球第二，引进外资的数量也居全球第 2 位，在国际竞争力的排序已上升到第 24 位。

改革开放，有力地促进了我国工农业生产迅速发展，1997 年，农、林、牧、渔总产值达 24709 亿元，剔除价格因素，比 1978 年增长 2.4 倍，年均增长 6.6%，全国乡及乡以上工业企业完成总产值 11.2 万亿元，剔除价格因素，比 1978 年增长了 13 倍，年均递增 14.9%，其中国有工业和集体经济年均递增 7.6% 和 19.7%。主要农产品产量，如谷物、棉花、油菜子、肉类等跃居世界首位。基础性工业产品产量与 1978 年相比成倍增长。钢铁、煤、水泥、棉布、电视机产量也跃居世界首位；原油产量和发电量在世界上的位次也有较大提高，分别由 1978 年的第 8 位和第 7 位，上升到第 5 位和第 2 位；糖产量和化肥产量也分别由 1978 年的第 8 位和第 4 位，上升到第 5 位和第 2 位。

在经济快速增长的基础上，我国人民生活水平也大大提高。1978 年以前，城镇人口一年的可支配收入只有 340 元，1997 年已经达到 5160 元，年均增长 6.2%。1997 年农村居民家庭人均纯收入为 2090 元，比 1978 年增长 14.5 倍左右，1978—1996 年，我国居民消费水平年均增长 7.5%，居世界前列，城乡居民金融资产总额超过 6 万亿元，中国居民的生活水平正在向小康目标迈进。

以公有制为主体，多种经济成分共同发展，是社会主义初级阶段的一项基本制度。20 年来，我国所有制结构发生了很大变化，1978 年，我国国内生产总值中公有经济占 99.1%（其中国有经济占 56.2%，集体经济占 42.9%），非公有经济占 0.9%。而到 1997 年，国内生产总值的所有制结构改变为公有经济占 75.8%，非公有经济占 24.2%。公有经济中国有经济占 41.9%（其中混合经济中的国有经济占 6.5%），集体经济占 33.9%（其中混合经济中的集体经济占 2.2%）。

这 20 年，我国综合国力明显增强，在世界经济中的地位日益提高，如果没有改革开放政策的正确指引，这是难以想象的。

20 世纪是一个充满革命和变动的世纪，社会关系变化和物质技术进步，为以往任何世纪所无法比拟。时间积累效应表现得非常明显，在社会能量剧增的情况下，社会变化的速度提高，频率加快。社会运动是一个不间断的"流"，即使在某种意义上看来，这个"流"也会呈现出"间断性"，但以前的条件必然是后续变化的基础，它深刻地影响着后续变化的性质、形式和特征。中国近 20 年的经济改革和开放，看起来是把改革前的计划经济体制作为它的初始条件，实际上还应该再向前推，即把新中国建立前的经济状况也包括在内。改革过程中关于社会主义初级阶段理论的提出，揭示了这次改革的深刻源头，这就是中国的真实国情。社会主义不是在一张白纸上画图画，而是在既有的物质技术和精神条件下建造新的大厦。中国从前是一个贫穷落后的国家，这个世纪的前半叶主要解决了国家主权独立问题，为经济、政治、文化的发展创造了基础性条件。无论从物质到精神，中国选择社会主义，都只是处于初级阶段。而就经济来说，商品经济仍然不可逾越，解放和发展社会生产力，是基本的历史任务。这就是中国的国情，把这个国情同世界发展潮流结合起来，就是中国改革开放的深刻基础。

中国改革开放取得成功的重要条件之一，是"路径"选择正确，开局的思想解放工作，是实行改革开放的全民认同的基础。而实践的路径选择，并不来自上层的事前设计，而是从现实生活中已经存在的多样性创造中，经过认真地比较后作出的选择。政策为实践创造提供了较大的空间，地区发展的不平衡性，也为改革多样性提供了依据。邓小平的新实践论在这一过程中起了重要的指导作用。农村改革是极好的例证。改革前的农村实际上存在着两种制约农民经济行为的体制，计划经济体制不能保证农民有最大的经济活力，市场经济体制虽处于"地下"，但足以激励农民去挖掘和利用各种资源。改革不是从上面肯定一种体制，否定另一种体制，而是从总结农民的生活经验入手，在两种体制之间寻找平衡点，统分结合的家庭联产承包制，就在农民能够接受的情况下确立起来。乡镇企业的建立和发展，为农民开放了更大的空间，可以利用更多的农村甚至城市资源。农村经济和社会的稳定和发展，又进一步成为城市全面改革的基础性条件。

在城市改革中，经济特区的设立和沿海开放城市的确定，是影响全局的关键性布局。这些"点"在过去对国际形势的严峻估量下，在计划经济体制下具有的某种劣势，在和平和发展成为国际形势主流的新的认知下，在市场经济体制下则转变为优势，容易进入改革状态，也极易于同世界经济体系连通，以充分利用机遇和内外部资源。事实证明，特区和开放的沿海城市不仅迅速发展起来，而且为整个改革带来巨大的效应，成为对内辐射改革开放、对外联结世界经济体系的桥梁和纽带。中国一定要加入到世界经济体系中去，这是邓小平经济思想中非常重要的思想。快速发展经济必须具备两个至关重要的条件，一是内部要有良好的结构和机制，二是要充分利用外部机遇和吸纳外部资源。发达国家发展经济的经验教训，也是一种宝贵资源。加入世界经济体系又同时存在较大风险，只有少数素质较高的城市，有"资格"进入世界经济体系运作，有能力承担它的风险。特区和沿海开放城市对保障整个改革开放的顺利进行，具有重要的促进和调节作用。

历史地看，中国的改革开放仍处在半途之中。最近世界经济的演变，给我们传来重要的信息。知识和技术正在成为新生产力的主要特征，发达国家为适应这一变化，已经和正在进行紧张的内部结构调整，这给发展中国家带来了很大的压力。结构不适应是东亚金融危机产生的重要的内部原因。中国应该充分理解这些信号的意义，利用改革开放已经形成的良好态势，抓住这一机遇，以全球经济发展的视野，努力把改革开放事业成功地推向前进。

抓住机遇　开拓进取　促进
我国租赁业健康发展[*]

作为以融资和融物相结合为特征的现代租赁业，继第二次世界大战以后在世界范围内蓬勃兴起，并在各国的经济发展中发挥着重要的作用。面向 21 世纪的中国，随着社会主义市场经济体制的不断完善，租赁业也呈现出蓬勃发展的趋势。

我们知道，租赁业的发展有利于我国利用外资，引进先进技术设备，节约资金的使用，提高资金的利用效率，促进外贸出口，增强我国国际竞争能力。同时，租赁业的发展对我国的经济体制改革，特别是金融体制改革起着巨大的推动作用。

如果说西方国家 20 世纪 60 年代滞胀是现代租赁业发展的良好契机的话，那么我国在由卖方市场向买方市场转变的今天，则为我国租赁业发展提供了广阔的空间。现阶段，租赁业对推进市场化进程、盘活国有资产、优化资源配置、引导消费、增加就业有着重要的现实意义。租赁业作为一种具有很大发展潜力的产业，在我国现阶段有着广阔的发展前景，将成为一个新的经济增长点，对实现我国今年国民经济的"保八限三以及人民币稳定"的目标，起着十分重要的作用。

＊ 本文是作者 1998 年 12 月在"中国租赁业发展研讨会"上的讲话，原载《中国商贸》1998 年第 23 期。

一　我国租赁业发展现状和取得的成就

1981 年 4 月中国第一家租赁公司——中国租赁有限公司成立，经过十多年的发展，我国租赁业的经营范围日益广泛，租赁方式更趋灵活、方便，向多样化发展，租赁物件从小型单机到成套设备，从新设备到二手货，从各种运输工具到各类设施，租赁用户遍布全国各行各业。到 1996 年年底，我国现有各类租赁公司 1000 多家，可分为四大类。第一类是由中国人民银行负责审批、管理，主要经营范围是金融业务和租赁业务的金融租赁公司（共 16 家）以及兼营租赁业务的非银行金融机构，例如信托投资公司、企业集团财务公司，共 329 家。第二类是由对外经贸部负责审批、管理的中外合资租赁公司，现有 36 家，是由国内金融机构、大型企业集团、对外贸易公司与国外大银行投资组建，体现了"银企"结合的特点，以经营进口设备的租赁业务为主，即按用户需要从国外购置设备租给国内使用。第三类是由地方政府进行审批、管理的生产企业和流通企业成立的租赁公司，现有 1000 多家。第四类由原内贸部（现内贸局）审批管理的租赁市场，共 4 家。

1995 年，原内贸部根据李岚清副总理"在商品市场中还要发展租赁市场"的指示，按照"先易后难，逐步发展"的原则，有目的、有选择的先后在无锡、济南、北京、沈阳 4 个城市试点，筹建租赁市场。今年上海投资 1.2 亿元筹建了上海金海岸租赁中心市场。

二　制约我国租赁业健康发展的主要因素

我国作为发展中国家，经济不发达，资金短缺，对特定生产企业和消费者而言，租赁要比购买更经济、更方便、更实惠、更有诱惑力，这虽然为租赁业的发展提供了空前的大好机遇，但我国租赁业赖以生存和发展的环境还存在着许多制约因素。

（一）消费观念落后、信用基础差、对租赁业认识不足

在传统观念和生活方式的影响下，消费者只注重所有权但没有消费品的所有权与使用权分离的概念，"重买轻租"；消费者、企业对租赁业的信任和依靠的程度还不能适应现代市场经济发展的需要。各类媒体对租赁活动的报道和宣传也极为鲜见，消费信用尚没有深入人心，这些认识和观念方面的局限性，无形中削弱了租赁业发展的基础。加之我国市场经济体制不完善，市场无序的特点较为明显，欠租现象严重，信用较差。

（二）管理混乱、法规不健全、租赁业的地位难以确立

国家对租赁业在国民经济中的地位始终没有一个明确的界定，特别是实物租赁业未受到有关行政部门的重视，认为租赁业是一个可有可无的行业，没有认识到它的重要性。目前，租赁业存在多头管理的局面，使国内三种不同类型的租赁公司，分别归属于三个不同的管理部门。多头管理，政出多门，很难制定统一政策协调租赁业发展过程中遇到的困难和问题，不利于租赁业的健康发展。

（三）条块分割、税收不统一、缺乏必要的政策扶持

从我国租赁业的发展过程来看，政府缺乏对该行业的必要、有力的支持，相关政策的扶持力度不够。国家财政未对租赁业给予必要支持，银行信贷资金中没有设立关于租赁业的专项贷款，致使我国租赁业缺乏国内资金支持。国家对三种类型的租赁公司在营业税征收上没有统一的规范标准，税基不统一、租赁业普遍存在的垫税现象严重影响了租赁业的迅速发展。

（四）租赁经营范围窄、档次低、没有形成经济规模

现有租赁企业与租赁市场多是小型分散，经营规模小，效益差。从地方政府审批和管理的 1000 多家租赁公司来看，1995 年以前，由于经营规模相对较小，所做的租赁项目大部分是当地中小企业和乡镇企业，对承租企业的经营状况比较了解，因此租金回收较好，一般在 85% 以上，相对金融租赁和中外合资租赁好一些。1995 年以后，由于税收等方面的原因其经营状况也逐渐恶化，企业租金拖欠较多，使大部分租赁企业陷入困境。

（五）理论研究滞后、人才不足、缺乏发展后劲

现代租赁业务作为一种特殊的交易方式，对从业人员提出了更高的要求。需要一大批既要懂经济、管理、法律、金融、外贸等知识，又要懂租赁物品的性能、技术等专业知识的综合型的高素质人才。而目前我国租赁业的经营管理人员大多数没有经过必要的业务培训，不具备系统的专业知识，致使人才缺乏的问题尤为突出。

三　完善和发展我国租赁业的政策建议

租赁业虽然在我国得到较快发展，但与建设社会主义市场经济体制的要求还很不适应，规模小、档次低、适用面窄、普及率低，与发达国家差距很大。在我国租赁业的起步阶段，应循序渐进，先易后难，摸索经验，稳步前进。我国应着重于生活资料租赁和生产资料租赁相结合，重点是耐用生活消费品、闲置的生产设备；实物租赁和无形商品租赁相结合，以实物商品租赁为重点，试验性地推出与人民生活紧密相关的无形服务产品租赁；经营性租赁与融资性租赁相结合，以经营性租赁为重点；国内租赁与国外租赁相结合，以国内租赁业的发展为基础，逐步开拓国外租赁市场；直接租赁和间接租赁相结合，以直接租赁为主，间接租赁和转租为辅。国有经济同非国有经济租赁共同发展，以国有经济租赁为主，积极稳妥地发展我国的租赁业。

为加快我国租赁业的发展我们必须充分认识租赁业发展的重要意义和作用，加强对租赁业的理论研究和宣传。加强宏观管理，建立统一完善的租赁法规，尽快出台《租赁法》以及与其发展有关的法律。抓紧制定相关政策，给予必要的政策扶持。积极开展租赁业试点工作，按照"先易后难，逐步发展"的原则，有目的、有选择的在试点的基础上逐步推开。积极培育和发展租赁市场，并将租赁市场建设纳入我国商品市场建设规划，建立行业协会，实行行业自律。使这一发展潜力巨大的产业在发展社会主义市场经济中发挥其应有效应，成为一个新的经济增长点。

转变政府职能的关键是
真正实行政企分开[*]

　　早在 1986 年，小平同志在一次中央政治局常委会上就指出："我们所有的改革最终能不能成功，还是决定于政治体制的改革。"根据小平同志的指示，党的十三大明确地提出了政治体制改革的目标和任务。去年，江泽民同志在党的十五大报告中又进一步强调："经济体制改革要有新突破，政治体制改革要继续深入。"政治体制改革涉及多方面，从民主法制建设到我们党在新时期的任务，从政府职能转变到实行政企分开，从正确处理中央地方关系到基层政权组织的建设，等等。但从目前经济体制改革与经济发展的需要看，政治体制改革的一个最迫切的任务，就是如何按照社会主义市场经济体制的要求，真正加快政府职能的转变和实行政企分开。

　　为什么讲真正实行政企分开和加快政府职能转变，是目前继续深入推进政治体制改革的一个最迫切的任务呢？这个问题需要从我国经济发展与经济体制改革两个方面的需要来认识。

　　改革开放近 20 年来，中国在改革传统的计划经济体制和经济建设上取得的巨大成绩，举世瞩目。特别是在 90 年代以后，中国经济在实现了持续两位数高速增长的同时，又有效地抑制了通货膨胀；企业的所有制结

　　* 本文原载《理论前沿》1999 年第 1 期。

构发生了重大变化,国有经济在整个国民经济中的比重下降,而多种公有制形式以及国外独资、合资和私人经济获得了迅速发展;随着财政、税收、金融、外汇、计划、价格和投资等方面改革的进一步推进,市场机制在资源配置中的基础性作用已明显增强。

但是,随着经济发展和改革的深入,很多过去来不及解决、不好解决甚至没有充分认识到的深层次问题,也逐渐突出和显露出来了。这些问题是过去长达几十年的传统计划经济体制的遗产,因而与习惯于权力集中、行政命令、条块分割的行政管理体制有着直接的关系。这主要表现在:一是政企不分,政府代替企业决策或运用行政手段来设立"租金",随意干预企业的经营活动,损害企业利益,干扰正常的市场竞争秩序;二是机构臃肿,部门林立,效率低下,在经济管理权力不断下放的条件下,政企不分又进一步导致市场分割,地方和部门保护主义抬头,阻碍了资源的优化配置和统一市场的形成;三是权力过于集中,又缺乏有效的监督机制,使政府部门和政府官员以权谋私和贪污腐败的现象难以遏制。

总之,中国经济体制改革的实践越来越清楚地表明,改革实质上是一场深刻的社会革命。经济体制改革不可能再"单兵突进",它所面临的一些深层次问题如果不解决,就会越来越严重地阻碍生产力的进一步发展,甚至使很多经济体制改革已取得的成果巩固不下去。因此,在经济体制改革的现阶段和面对跨世纪可持续发展的各种挑战,客观上对加快推进政治体制改革提出了迫切要求。

转变政府职能的关键,是真正实行政企分开。这个问题我们讲了多年,但始终没有得到彻底的解决,说明这个"老问题"也是个"难问题"。现在看来,要在体制上根本解决这个问题,就不能再在放权让利和企业经营自主权划分上兜圈子,而应从国有经济结构的战略性改组、企业制度创新、国有资产管理体制的建立和宏观经济的调控手段与方式转变等几个方面同时入手。

单一的和无所不包的国有经济是传统计划经济体制的一个突出特征,也是它得以存在而且至今仍未在根本上有所变化的一个重要的组织基础。改革开放以来,虽然国有经济一统天下的所有制结构已经被触动,但过去那种单一的和无所不包的国有经济结构并没有实质上的变化，这就使得由此所产生的种种传统体制的弊端，特别是政企不分、政资不分等很难消除。因此，中央提出要对国有经济结构实行战略性改组，即根据建立社会主义市场经济体制和我国经济发展现阶段的客观要求，重新定位国有经济的功能，将国有资产集中到那些非国有经济"不愿干，干不了也干不好"的公益性、基础性和主导性的产业领域，同时，采取多种方式逐步从那些非国有经济会干得更好、更有效率的竞争性产业领域中转移出来。这样，既能更有效地提高国有经济对整个国民经济的控制力，为国民经济的可持续发展提供坚实的实力基础，又可"让利于民"，充分发挥社会各个层面的积极性和创造精神，加快经济发展。对国有经济结构实行战略性改组会直接地改变传统体制的组织基础，是实行真正政企分开和转变政府职能的一个重要条件。实行国有经济结构战略性改组和企业制度创新，是进一步深化国有企业改革两个并行不悖的关键环节。企业制度创新就是要在进一步理顺和明晰企业产权关系的基础上，将绝大多数国有企业改制成为有限责任公司和股份有限公司，实现股权结构的多元化，并通过建立规范的公司治理结构和强化激励机制，从根本上转变国有企业的经营机制。明晰产权关系，股权结构多元化和公司治理结构的建立，会更有效地促进政企真正分开，使政府的干预和行政命令不再那么容易实现。

但是，如果政府职能不随之转变，机构还是那么多，那么臃肿，原有的那些行政管理手段和方式就会沿袭下去。"政出多门"，随意提高企业从事经营活动的"租金"，滋生腐败等现象，也就无法杜绝。因此，转变政府职能就是要在体制上使政府各部门不再能够以行政命令等手段直接干预企业的经营活动，而要做到这一点，同样重要的是要进一步建立并完善国有资产管理体制。通过建立国有资产控股公司和一整套民主的决策、审议程序与科学的资产预、决算制度，将政府对整个国民经济的宏观调控职能与国有资产具体的经营活动分离开来。转变政府职能，从政府本身看，就是要以经济手段和法律手段为主，对整个国民经济进行间接的宏观调控。今年，根据党的十五大精神和第九次全国人民代表大会的决议，国务院机构已顺利地完成了部委一级的重大调整，这次调整的重点是加强综合部门，这对于转变政府宏观调控方式提供了一个重要的基础。根据部署，各省、直辖市和自治区政府机构的改革同样将按照国务院机构改革的原则，在近期开始实施。

最近，党中央和国务院又决定军队、武警、政法机关和党政机关都一律不准办企业，这也为政企分开创造了更加有利的条件。随着政治体制改革的深入和政府职能转变的加快，我们有理由相信，社会主义市场经济体制将会日臻完善和成熟，我们的人民政府将会更有权威和更有效率，一定会在中国跨世纪的可持续发展中发挥越来越重要的作用。

认真学习邓小平理论　努力探索咨询工作的新路子[*]

在邓小平理论的指导下，我国社会主义市场经济体制逐步建立，社会经济生活的各个领域发生了前所未有的深刻变化，作为政府从事综合性政策研究和决策咨询的机构，也面临着新的情况和问题，应该担负起更艰巨的新任务，特别是在政府行政机关转变职能、精简机构、提高办事效率，正在从中央到地方逐步推进的情况下，也有一个进一步明确自己的定位、转变职能的问题。

我们各级发展研究中心本身是改革进程中的产物，是为推进我国改革与发展出谋划策的智囊机构。面对这种新的形势，应该以积极的姿态，齐心协力，把握机遇，迎接挑战。如何实现这一转变，需要我们各级政府的研究咨询机构的人员，首先是领导干部认真学习邓小平理论，深入实际，花大力气去实践、去探索。

一　把为政府决策提供咨询服务作为主要职能的同时，逐步加大为社会提供咨询服务的力度

政府研究咨询机构经过十多年的摸索实践，积累了为政府提供决策咨

---

* 本文是作者 1999 年 1 月在"全国政策咨询工作会议"上的书面发言。

询的宝贵经验，在人才培养、信息来源、社会网络、成果发布渠道等方面已经形成相当的优势，是可贵的社会资源。但是，以前的政策咨询研究工作主要局限于为政府提供服务，面向社会、走向市场非常有限。这样，一方面，广泛的社会需求得不到满足；另一方面，一部分社会资源无法有效利用。

随着我国改革开放的逐步深入，特别是机构改革、精减人员、事业单位逐步走向市场的要求日益紧迫，政府研究咨询机构进一步明确定位、转变职能的问题已经凸显出来。政府研究咨询机构明确定位、转变职能，就是要从为政府决策提供服务的单一职能，转变为主要为政府服务的同时，逐步地加强为企业、为市场服务的职能，逐步适应市场经济体制和自身改革的要求，在市场中找到自己的位置，实现自己的价值。具体地说，为适应新形势下的新要求，研究咨询机构要形成理论研究、政策分析、市场（企业）咨询三者兼容，政府任务、自立课题、市场委托三者结合的主体业务框架。研究咨询工作必须紧紧把握时代脉搏，时时盯住热点、难点和普遍关心的社会经济问题，为政府、为社会、为企业提供高水平、高质量的研究报告、政策建议和咨询服务。

现阶段，我们政策咨询工作的主要职能应该是对事关社会主义市场经济体制建立的全局性、战略性、长期性的重大问题进行研究，提高研究的宏观性和综合性，为国民经济和社会的可持续发展提供政策建议。虽然这些工作的主要对象是政府，但也要求我们面向社会，走向市场。因为在社会主义市场经济建立过程中，只有和市场紧密结合，我们为政府决策提供的咨询才能是符合客观实际的，因而也是最能解决问题的，最为政府所需要的。而且，咨询服务的社会和市场需求也在不断增加，迫切需要有咨询机构提供优质服务。这些工作将大大拓宽我们的视野，强化工作的针对性和有效性。今后，为地方政府制定经济社会发展战略规划，对重大投资项目进行可行性分析研究，帮企业制定战略规划，为企业改制改组提供咨询，在企业制度与文化建设上进行研究，为外商投资提供咨询服务，等等，都可以是研究咨询机构面向市场后的工作。

从我们咨询研究机构的生存和发展的角度来看，咨询研究工作面向社会、走向市场的任务也日益紧迫。根据国务院关于机构改革的精神，今后国家事业单位的经费来源应主要依靠自身解决。这也要求我们的工作应该逐渐面向社会和市场，为企业多提供服务，多提供高质量的服务，这样，我们才能获得存在和发展的条件。否则，我们这些政府咨询研究机构将在市场竞争中面临各种研究机构的激烈挑战，并逐渐失去自己的地位。现在国务院发展研究中心正在筹集中国发展研究基金，主要目的就是为今后能支持我们的政策咨询研究工作，促进政策咨询工作的发展和提高。这项工作做好了，我们的政策咨询研究工作也就更为积极主动了。因此，应该尽快地开展这一工作，以便更快地筹集资金，而这也取决于我们的工作面向社会和市场的程度与质量如何。

当然，我们所有这些工作的最终目的应该是更好地为政府决策咨询服务，不能厚此薄彼。否则，我们这些政策咨询研究机构和社会上的一些研究机构就没有区别，也就很难有存在的价值和意义了。

二　积极探索建立咨询机构新的运行机制

研究咨询机构实现职能转变的过程，也是我们思想观念、工作方式发生变革的过程，而关键是要按照社会主义市场经济的要求，尽快建立新的运行机制。目前，我们政府的研究咨询机构还是一种官方研究机构，端的是"铁饭碗"，吃的是"大锅饭"，存在冗员多、忙闲不均、奖罚不明、效率不高等现象，进行改革的必要性和紧迫性日益增强。现在国务院发展研究中心先行一步，精简机构的工作已经完成，希望各级研究中心也能加快这方面的工作。

研究咨询机构应按照社会主义市场经济的要求建立新的运行机制。在用人方面引进人才竞争机制，实行竞争上岗、优胜劣汰、人员流动，保持一支富有生机活力，既有专业素养又能适应市场变化的人才队伍。在工作环境方面，要以科学、有效的规章制度，鼓励研究咨询人员发挥积极性和创造性，既提倡集体主义精神，又鼓励个人有所创新；既严格把握政策界限，内外有别，又鼓励研究人员独立思考，创造有利于人才脱颖而出的良好氛围，多出成果，出好成果。在收入分配方面，要逐渐做到摒弃平均主义"大锅饭"，实行多劳多得、向主业务人员倾斜的政策，敢于重奖有突出贡献者，敢于淘汰不称职者，建立起有效的奖罚激励机制。在运作模式方面，实行小机构、大网络的方式，精简机构，做到不养闲人、不留冗员，充分调动和利用社会力量为我所用。在思想观念和工作方式方面，要放下官员的架子，树立服务的意识，要加强学习，努力提高服务的本领和水平。

建立新的运行机制是一个改革的过程。这要求我们克服思想认识上的障碍，以改革的精神积极推进。以前我们给别人做过许多改革方案、提过许多改革建议，是改革的促进者；现在改革到自己头上，也同样应该有清醒的头脑、明晰的思路、果断的决心、得力的举措。我相信各级研究咨询机构一定能够经受得住改革的考验，成为自我改革的促进派。

三 充分利用现代信息手段，提高咨询工作的效率和现代化水平

现代市场经济的特点是全球化、信息化。高效率、快节奏地处理大量信息，即迅速从各种传媒、各种渠道获取所需要的信息，科学地分析信息，及时地作出判断和决策，是各级领导部门和企业决策者经常面对的难题，更是研究咨询机构的职责所在。研究咨询机构作为智囊、参谋机构，历来被人们认为是思想库、"点子"库，是出主意的机构。在新的形势下，只有充分利用现代化信息手段，用新的装备武装自己，学习新知识，运用新方法，才能承担起应尽的职责。

过去我们的研究咨询工作的基本程序是，通过深入的调查研究，掌握第一手资料，然后一本稿纸、一支笔，写出初稿大家讨论，集思广益，形成最终报告。这个程序中的调查研究和集思广益是我们多年形成的行之有效的好方法，必须坚持和发扬，但同时又必须予以拓展和延伸。这就需要在深入实际、周密调查研究的同时，充分运用现代信息手段，应用信息网络技术。作为政府的研究咨询机构，各级研究中心有必要在建立网站网页

和建立内部数据库两个方面加大工作力度。首先是在国际互联网申请域名，建立网站，将自己机构需要对外宣传的内容装进去，并随时在网上发布信息，以加强与国内外有关机构的沟通与联络，扩大对外影响；我们的研究人员通过在网上查询检索，可以及时掌握各种信息和研究动态，扩展视野，开拓思路。这是对外。其次是对内，建立内部数据库，信息资源共享，有利于大大提高研究咨询工作的效率。

现在已经有很多机构在这方面先行一步。它们的经验证明，运用现代化的信息手段和网络技术，有利于我们站在研究咨询的前沿，保持研究的先行性；有利于我们对各种突发情况作出快速反应，及时向领导机构提供决策建议；有利于我们及时掌握咨询市场需求的情况和变化，为企业提供高效、优质的服务。可以说，我们的研究咨询机构逐步走向社会、走向市场，掌握和运用现代网络技术是十分重要的硬件条件，是对研究咨询人员的必然要求；咨询工作的现代化也是时代对咨询工作的必然要求。

只要我们高举邓小平理论的伟大旗帜，坚持党的基本路线，认真贯彻执行党的十五大精神，积极转变职能，面向社会，走向市场，提高工作的质量和效率，我们的政策咨询工作一定会越做越好，为我国社会主义市场经济体制的建立发挥日益重要的作用，为我国决策的科学化、民主化，为建设有中国特色的社会主义作出更大的贡献。

企业管理的新发展[*]

一　企业生产特点的变化

（一）从大批量生产转向多品种小批量生产

大批量的生产方式是工业时代的生产方式。工业化生产时代的特点是生产不能充分满足消费。由于生产不能满足需求，加足马力进行生产就成为工业生产的基本模式。由于生产相对不足，消费模式具有大量的、统一的特点。当生产发展到了一定程度和全球市场的饱和，特别是在信息时代的高效率生产情形下，消费的格局就必然会发生变化。目前在一些发达国家，生产能力已经出现冗余和过剩。多样的、小批量的消费模式开始取代大规模的、单调统一的消费模式。消费者更富有个性和选择性，从而使单一品种大批量生产的工业体系受到沉重打击。

消费模式的转变使得生产方式不得不转变。由于市场供需关系的变化，企业的生产模式也开始发生变化。目前只有个别生产行业保持着大批量的生产方式，大部分产业开始转向以小批量、多品种为主的生产方式。

（二）从机器化产品的生产转向知识化产品的生产

在工业生产时代，机器化生产主要提供了更高的生产效率、更强大的

　　* 本文原载《中国工业经济》1999 年第 1 期。

生产能力，以耗用大量资源为特征，其中包含的技术和知识较少，许多工业产品也可以用半机械化，甚至手工方式生产。例如，我国的第一辆红旗轿车的车身是用手工敲出来的，而不是用模具冲压出来的。在转向知识化生产以后，产品中凝结的不仅有更高的效率，更主要的是大量的知识和技术。例如，计算机的核心部件 CPU，其中复合了成百万上千万的晶体管。同样，现代机械产品如汽车，现代化工产品如药品，在它们中也包含有大量的技术和知识。

决定企业产品竞争力的不仅是价格，更多的是产品中包含的技术和知识。顾客所购买的并不是产品中包含的技术和知识本身，而是产品中凝结的技术和知识的效果。例如，可口可乐卖的就是其独特配方的口感效果。产品中包含的特有知识越多，产品的竞争力就越强。由于产品中包含了大量的技术和知识，就需要企业生产的机器设备具有更多的技术含量，需要使用设备的人具有更多知识和技术。据统计，在过去的 10 年中，经济合作与发展组织成员国（OECD）国家投入的研究与开发费用已占 GDP 的 2.3%，教育经费平均占政府支出的 12%，用于职业培训方面的投入估计占 GDP 的 2.5%，相应的 OECD 成员国的 GDP 的 50% 以上是以知识为基础的。

（三）从单纯的产品生产转向产品和服务的生产

工业时代的观点认为，生产型企业提供的是产品，服务只是产品的延伸，企业为顾客提供良好服务的目的也仅仅是为了其产品出售。人们认为，只有服务业才专门提供服务。其实，生产型企业提供的服务也可以成为独立的商品。企业正在从单纯的产品生产转向产品和服务的双重生产。例如，美国 IBM 公司从 60—70 年代，只要顾客购买了公司的硬件产品，公司就提供免费的规划设计，可以说是"大方地挥霍服务"。后来，顾客的要求越来越复杂和庞大，IBM 公司再也负担不了免费的服务，而服务也成为 IBM 公司最有价值的商品。现在 IBM 公司的服务事业每年以两位数的速度增长。更为奇特的是，一位以色列人开的咖啡店中，顾客可以真的购买咖啡，也可以假买咖啡。假买咖啡就是服务人员只送来一些空杯子和盘子，也是要收费的，但价格要低一些。店主认为，有许多人就是要到咖啡店里来坐一下，并不要真的喝咖啡，他也要为这些人提供服务。

目前我们国家的情况是，企业提供的服务，无论是免费的或收费的服务，都太少了，而且是和硬件出售混在一起，不能形成独立的销售关系或产业。比如，夏天安装空调，就是一种服务。这种服务是作为顾客购买空调的一部分提供的，没有独立提供。但是，目前许多空调用户对这种安装服务是不满意的，是有需求的。首先是初次安装就不能使所有顾客满意，例如，安装过程中没有用表测量压力的维持时间，根本不符合轻工业部规定的安装标准。其次是顾客可能要在屋内挪一个位置等，却找不到谁可以提供这种独立的服务以及服务价格。

二 企业管理的变化与发展

（一）人本管理

"人本管理"就是以人为本的管理。这种管理思想既把人视为管理的主体，也把人和人际关系作为重要的管理内容，即人是"经济人"和"社会人"的统一，认为人是企业中最重要的资源。"人本管理"的发展经过了 X 理论、经济人、Y 理论、超 Y 理论、Z 理论、社会人、管理人、文化人、企业主体、职工持股等若干变化过程。

X 理论是对传统企业管理中对工人不信任、劳资关系尖锐对立情况的总结。在传统企业管理中，工人是雇佣劳动者，工资、契约收入、成本三位一体，而利润和剩余收入则完全属于资本所有。所以，X 理论就是"受雇人"理论。经济人理论则有了一定进步。泰勒是经济人理论的最先倡导者。他提出，通过提高劳动生产率提高产量，企业主和工人有可能既得到更多的利润，也获得更多的工资收入。但是，泰勒的经济人理论主要是针对个人的作业操作，一方面它会导致更高的工作标准，增加工人劳动强度；另一方面由于经济危机的出现，企业效益受到影响。因此，泰勒倡导的经济人理论没有在企业管理实践中得到普遍的推行。经济人理论后来在企业管理中有一些实践。高工资是经济人理论的一种实践模式：美国福特汽车公司曾经通过增加工人工资的办法为企业创造了更多的利润。现在也有许多知名的公司保持较高的工资水平，以吸引和留住优秀人才。奖金制度是经济人理论的又一种实践模式，许多企业在结算年度以后对职工发放一定数额的奖金。利润分成是经济人理论的第三种实践模式，欧洲国家有许多企业实行利润分享制。我国在企业改革中也实行过六四分成、工效挂钩等。

Y 理论、Z 理论、社会人、管理人、文化人、企业主体，都是强调工人不仅受经济利益的驱动，也受其他因素，如尊重、参与、平等、人际关系、精神激励以及职工地位等方面的影响。民主管理是这些理论在企业管理中的实践，是"社会人"假设向"管理人"假设演化的结果，是企业员工自我实现的重要方式。民主管理的主要形式有参与管理和自我管理。

职工持股是人本管理的最新发展。职工持股的特点是地位、权力与经济利益的结合和统一。美国企业在很早就实行过职工持股，但由于每一职工的持股量少，又没有统一的代言人，职工基本上没有相应的经济权力。日本企业是首先在职工持股中实行职工持股会制度，并赋予职工相应经济权力的，持股会可以代表职工统一实行投票权（尽管其本意是为了防止外国资本对企业的兼并）。70 年代以后，美国企业又学习了日本的职工持股办法，不仅赋予职工统一的投票权力，而且职工可以借款购买股份，由企业向银行担保和还贷。职工持股与利润分享的区别是：（1）职工持股有经济权力，利润分享没有经济权力。（2）在职工持股中，利润的分享比例是由资本股权与职工股权的比值决定的，不是事先确定的数值，是浮动的比例关系；利润分享中的分享比例一般是一个事先确定的数值，是固定的比例关系。

中国企业在人本管理上有一些实践经验是有创造性的，是需要很好加以总结推广的。在 50 年代，"大庆精神"和"两参一改三结合"等都是人本管理的丰硕成果。这些成果在国际上也得到肯定，日本企业的管理就曾吸收了大庆的成功经验。改革以后，蒋一苇同志提出的职工主体论，认为职工是企业的主体，也是人本管理的重要实践活动，这是他对中国人本主义管理理论的概括，具有相当高的理论价值。

（二）管理信息化和计算机的应用

在多品种小批量的生产模式下，企业的计划编制、产品设计、工艺设计、生产过程控制、产品的原料、在制品、最终成品以及财务核算的管理都比大批量生产模式下的管理要繁重得多。因此，企业管理信息化和计算机应用是企业生产模式发生变化以后的客观要求。

企业管理信息化包括这样一些方面：（1）企业生产管理的技术发展与模式创新。一般认为，生产管理是对生产活动进行计划、组织和控制，其目的在于高效、低耗、灵活、准时地生产合格产品和提供顾客满意的服务。但是，在大批量生产的生产模式下，强调的是高效、低耗地生产合格产品，相对忽视了灵活、准时，忽视了服务。企业能够高效、低耗地生产合格产品，是由于惠特尼提出了"互换性"和"大批大量"的制造办法，爱温斯将传送带引入制造系统，泰勒提倡了"科学管理"，这些都是对企业发展的重要创新。在企业的生产模式转为多品种小批量，转为知识和服务的生产以后，也出现了许多新的生产管理技术，这些新的生产管理技术都是与信息化管理或计算机应用相联系的。如准时生产（JIT）、制造资源计划（MRP、MRPII）、最优生产技术（OPT）、柔性制造系统（FMS）、精益生产（LP）、集成制造系统（CIMS）、灵捷制造（AM）。（2）企业信息系统与决策支持系统。计算机技术可以应用在企业生产过程和管理的各个方面。例如计算机辅助设计（CAD）、计算机辅助工艺编制（CAPP）、计算机辅助制造（CAM）、管理信息系统（MIS）、计算机辅助管理系统（CAMS）、数控加工制造（NC、MC、AC）、计算机辅助质量控制（CAQC）、决策支持系统及专家系统（DSS、ES）、并行工程（CE）、信息网络（Internet、Intranet）。（3）企业管理信息化的新发展。进入90年代以后，企业管理信息化又有了新的发展，朝着信息技术集成化的方向迅速发展。其中CALS的发展具有特别重要的意义。CALS的直译是"连续获取与全程支持"（Continous Acquisition and Lifecycle Support）或"光速商务"（Commerceat Light Speed）。CALS是以数据库、高速网络、多媒体技术等为基础，按照统一的标准与格式，将企业商务信息分级分层次保存和调用的集成化企业信息环境。CALS全面支持市场分析、预测决策、产品设计、物资采购、生产制造、营销、企业间协作、并行等生产经营活动，也支持人事管理、财务管理、设备管理等企业职能管理活动。目前，以美国为首的发达国家正在积极推进 CALS，一些著名的大跨国公司，如美国波音公司、日本富士通公司、丰田公司和欧洲空中客车公司等，已经在进行相关的技术实验。

我们在信息化管理方面也取得了相当进展。我国在管理信息化建设方面下了很大力气。从企业外部的经济环境上看，国内已建有 1500 个信息中心，在信息咨询服务业上已投入 13 亿元的基础建设费，成立了国家信息化领导小组，组织实施了国家重点经济信息工程，如金桥工程、金关工程、金卡工程、金税工程、金企工程、金农工程、金智工程、金策工程。从企业内部管理上看，很多企业早已开始应用计算机进行了局部的辅助生产、辅助设计和辅助管理，一些企业也开始能够比较成功地应用计算机进行全系统的管理，如建立企业的 CIMS、MRPII 系统。全国已有 60 多家企业开展实施 CIMS，其中 10 多家通过国家验收。到 20 世纪末，将有 150—200 家企业应用 CIMS，而应用 MRPII 的企业是相当多的。

（三）企业无形资产管理

现代企业发展到 20 世纪 90 年代，对企业的品牌、企业形象、知识产权等更加重视，对这些无形资产的管理和经营成为企业管理的重要内容。企业的无形资产管理最初是由企业业主或企业家直接负责的，后来发展为由企业的某一管理部门兼管，而现代企业的无形资产管理则是由专门的无形资产管理机构管理。通常把企业无形资产分为四类，即知识产权类、契约权利类、关系类、综合类。知识产权类一般包括专利技术、非专利技术、商标、著作权等；契约权利类一般包括独家销售代理一类的契约权利；关系类无形资产一般包括企业与其他企业、客户、政府机构、社会组织的良好协作关系；综合类无形资产则包括商誉、企业形象、企业文化、企业人力资源素质等。以便于对无形资产管理的角度，也可以把无形资产分为三类，即知识产权类、对外关系类和自我内涵类。

重视无形资产管理是现代企业管理发展的必然趋势。随着时代的发展，企业的生产能力和竞争能力不仅取决于企业设备，而且取决于知识、技能、信息的综合运用。所以加强对企业无形资产的投入、管理、经营、使用，就是理所当然的。由于无形资产无形、价值不易确定的特性，加之我国经济正处于转轨时期，许多企业无形资产产权主体不明确、产权边界不清晰，法律也不健全，造成了企业无形资产的流失。为了加强企业无形资产的管理，一是要加快企业产权制度的改革，建立现代企业制度，形成必要的有关企业无形资产保护的激励和约束机制。二是企业应该强化法律意识，社会要健全法律体系，确保企业无形资产产权得到法律保护。三是要加强对无形资产评估的研究和管理，制定科学规范的无形资产评估方法和指标体系，建立信誉良好、操作规范的无形资产评估机构。四是要在企业内部建立专职的无形资产管理部门，对企业无形资产管理提供组织机构上的保证。五是要制定科学的无形资产管理和决策程序，避免无形资产的经营决策失误。

（四）学习型组织

为什么要建立学习型组织？因为这个世界变化得太快。企业环境的变化要求企业不能再像过去那样被动地适应。1970 年列入 500 家大企业排行榜的公司，到 80 年代却有 1/3 已经销声匿迹。企业只有不断学习才能适应快速变化的市场环境。美国壳牌（Shell）石油公司总裁卡洛说，"应变的根本之道是学习"。1990 年，美国麻省理工学院斯隆管理学院的彼得·圣吉（Peter M. Senge）教授出版了他的享誉世界之作：《第五项修炼——学习型组织的艺术与实务》，引起了世界管理理论界的轰动。理所当然的也引起了正在进行国有企业制度改革的中国同行们的高度重视，成为大家讨论的一个热点。

彼得·圣吉提出了学习型组织的五项修炼技能，这就是：（1）系统思考。系统思考是为了看见事物的整体。进行系统思考一是要有系统的观点，二是要有动态的观点。系统思考不仅是要学习一种思考方法，更重要的是在实践中反复运用，从而可以从任何局部的蛛丝马迹中看到整体的变动。（2）超越自我。超越自我既是指组织要超越自我，也是指组织中的个人也要超越自我。超越自我不是不要个人利益，而是要有更远大的目标，要从长期利益出发，要从整合全局的整体利益出发。（3）改善心智模式。不同的人，对同一事物的看法不同，是因为他们的心智模式不同。人们在分析事物时，需要运用已有的心智模式作为基础。但是，如果已有的心智模式不能反映客观事物，就会作出错误的判断。特别是企业的领导层出现这种情况时，小则使企业经营出现困难，大则给企业带来灾难性影响。改善心智模式的办法是，一要反思自己的心智模式，二要探询他人的心智模式，从自己与别人的心智模式的比较中完善自己的心智模式。

（4）建立共同愿景。愿景是指对未来的愿望、景象和意象。企业作为一个组织，是以个人为单元的。如果企业建立了全体员工共同认同的目标，就能发挥每个人的力量。共同愿景的建立不是企业领导人的单方面设计，而是对每一个人的利益融合。共同愿景的建立不仅不要求牺牲个人利益，而且要为个人留下选择空间，这样员工才能为自己的选择而努力。

（5）团队学习。团队学习是发展员工与团体的合作关系，使个人的力量能通过集体实现。这样做的目的一是要避免无效的矛盾和冲突，二是要让个人的智慧成为集体的智慧。深度会谈是团队学习的一种形式。深度会谈也就是我们经常提倡的对职工深入细致的思想工作。深度会谈是对企业的重大而又复杂的议题，进行开放性的交流，使每一个人不仅表达自己的看法，也了解了别人的观点，通过交流，减少差异，从而能够相互协作配合。

彼得·圣吉教授系统地阐明了学习型组织的丰富内容，给人一种耳目一新的感觉。但仔细琢磨，我们不难发现，其中很多东西并不是他首创的。我国在几十年的经济建设中也逐渐形成了一定的企业管理方法，有很多经验在现在世界经济日益全球化、国际化、企业的生产和经营活动日益跨越国界和经济制度的背景下，仍具有极强的生命力，应该继续利用和发扬。如我国的企业管理历来强调个人利益、集体利益和国家利益相结合，个人利益服从集体利益，集体利益服从国家利益，当有利益冲突时，应以集体利益和国家利益为重；我国的管理强调近期利益和长远利益的协调，尽量做到二者的统一，当有不一致时，近期利益应服从长远利益；我国的企业自诞生之日起，就在管理中重视思想工作，贯彻群众路线，提倡集体主义精神，实行民主管理，并在社会主义经济建设和企业发展过程中不断丰富和发展。同时，应该肯定彼得·圣吉教授的理论中有更符合时代精神的新的东西值得我们好好学习和借鉴，并和我国经济发展及企业的具体情况相结合，形成符合我国实际的、有中国特色的企业管理模式。

（五）管理革命与企业再造

如果说学习型组织是企业自我变革的渐变，可能类似于锻炼身体和吃药调理，那么管理革命与企业再造就是企业自我变革的剧变，类似于局部或全局的动手术。在企业面临生产模式的转变时期，特别是在我国由传统的计划经济体制转变为社会主义市场经济体制，由粗放经营的增长方式转变为集约经营的增长方式，由卖方市场转变为买方市场的情况下，这就要求国有企业改革必须适应新的情况，进行深入改革，建立适应新时代要求的现代企业管理制度。这种制度必须是彻底、深刻、根本性的改变，而不是只具形式。那么，怎样使新建的现代企业制度代替过时的旧制度呢？在这方面彼得·圣吉教授提出的企业再造理论给了我们重要的启示。企业再造的目的在于提高企业竞争力，从业务流程上保证企业能以最小的成本、高质量的产品和优质的服务提供给企业的客户。企业再造的实施方法是，以先进的信息系统和信息技术为手段，以顾客中长期需要为目标，通过最大限度地减少对产品增值无实质作用的环节和过程，建立起科学的组织结构和业务流程，使产品的质量和规模发生质的变化。

企业再造的基本内容。企业再造的基本内容是以企业的生产作业或服务作业的流程为审视对象，从多个角度，重新审视其功能、作用、效率、成本、速度、可靠性、准确性，找出其不合理的因素。不仅是对现有流程进行改进或改造，而且是实行变革性、革命性的创造，通过重新设计，以效率和效益为中心重新构造企业的生产流程或服务流程，以达到业绩上的质的飞跃和突破。企业再造强调以顾客为导向和服务至上的信念，对企业的整个运作流程进行根本性的重新思考，并加以彻底的改革。再造革命的推动力和目的可以用三个 C 表示：顾客（Customers）、竞争（Competition）和变化（Change）。在由卖方市场转变为买方市场条件下顾客有更大的选择余地，更为精明、老练和挑剔；企业间的竞争已经是生死攸关；无论是生产技术还是顾客偏好，都变化得如此之快，令人目不暇接。因此，企业必须把重点从过去的计划、控制和增长转到速度、创新、灵活、质量、服务和成本上，目的是为吸引顾客、赢得竞争和适应变化。企业再造必须以人为中心。企业再造的首要人物是进行再造的领导人物。这样的领导者必须既有权力又有决心，以发动一场巨大的变革行动。这个人要有远见，这种远见通常不一定是第一线或接近第一线的人所拥有的。

企业再造的过程。企业再造是以流程为对象展开的。对于某一个特定的生产流程或服务流程的再造，首要人物必须指定一个资深人员对流程及再造成果从头至尾负责。再造流程的工作将由一个团队承担，这个团队由两种人组成，一种是内部人员，即目前和将来在这个流程上工作的人，他们熟悉流程情况、有实际经验，对再造流程有责任感；另一种人是外部人员，他们对现有流程一无所知，但能提供创造力，因为外部人员具有新的、客观的观察力。一个认真地进行再造革命的企业，可能会有许多团队在同时开展工作。保证所有这些团队工作的互相协调、促进和支持，则是再造首要人物的工作。他对各个流程的团队负责人进行指导，以保证企业再造的整体成功。再造革命是从流程的重新设计开始，但又不止于此。经历根本性变革的流程没有不涉及企业其他部门的，这又势必引发管理系统和管理组织的变革。这时，再造的首要人物将要审时度势，作出正确的抉择。实际上，这就已经开始了企业管理系统和管理组织的再造。在进行企业管理系统和企业管理组织的再造过程中，又会对企业的根本性的管理观念发生冲突，从而涉及企业文化、信念、原则和思想。这时，企业内外的观念交流是非常重要的，企业领导人的固执、守旧会妨碍企业再造获得成功。这样一个从流程开始，到管理系统、管理组织，以至管理观念、企业文化的全面的企业再造过程，将使得企业在各个方面完全不同于原来的企业，从而构成了一个全新的企业。

我国企业管理在企业再造方面也有一些创新。如我国越来越强调企业领导者的素质，并逐渐形成有效的机制和外部环境，保证他们能团结全体职工群众按市场经济规律对企业进行全方位的、创造性的改革，这是一项力度很大的工程，将积极推动其他改革的深入。

深圳跨世纪发展应注意的几个问题*

深圳经济经过 20 年的发展，已经取得了巨大的成就，经济总量和经济效益在全国排名的地位不断上升。深圳也从一个边陲小镇一跃发展成为一个充满活力的现代化城市。在人类即将进入 21 世纪的时候，深圳经济要保持可持续性发展，应着重注意以下几个问题：

一　如何大力发展高新技术产业的问题

（一）要处理好巩固和提高加工贸易与大力发展高新技术产业的关系

把这两个问题放在一起，是要从深圳发展的历史经验来观察。深圳的发展从产业的角度来考察，可以说是由加工贸易、"三来一补"发展成为高新技术产业的。"三来一补"在深圳经济发展中究竟起了什么作用呢？可不可以说，没有"三来一补"就没有深圳？当然，"三来一补"从低级到高级，也有一个发展的过程。它未来的发展方向是什么？它将扮演什么新的角色？发挥什么作用？是要否定它，还是要引导它，是要削弱它，还是要巩固和提高它，这个问题要好好研究。

在深圳加工贸易发展的起步阶段，大部分为劳动密集型项目。近年来，由于深圳市致力于发展高新技术产业，注重消化吸收引进的先进设备

＊　本文是作者 1999 年 8 月在"深圳市政府高级顾问会"上的讲话，原载《开放导报》1999 年第 8 期。

和技术，从事加工贸易的技术密集型企业发展迅速，逐渐形成群体。加工贸易迅速发展的主要原因在于它顺应了国际经济结构调整和国内实行改革开放的两股大潮流，适应我国当前生产力发展的需要。深圳毗邻香港，拥有较好的地理优势，再加上内地有充足的劳动力资源及不断改善的投资环境，吸引了不少外商兴办来料加工企业及进料加工企业，由于政策对头，深圳这类企业如雨后春笋般地发展起来。

加工贸易与发展高新技术产业并不是对立的。很多搞加工贸易的企业科技含量并不低。进入 90 年代以后，深圳的加工贸易总体上处于提高时期，其特点为项目起步高，高新技术项目增多，由劳动密集型向技术、资金密集型转变，粗加工向精加工转变，单一品种向多品种、多功能转变。因此，深圳市在发展高新技术产业的同时，也要注意巩固和提高加工贸易，特别是要发展附加值较高的加工贸易。

（二）深圳发展高新技术产业的优势和存在的问题

深圳发展高新技术产业的经验是什么？尤其是对于全国有条件发展高新技术产业的城市有什么好的经验？我看过李子彬同志的一篇总结性文章①，写得很好。深圳在发展加工贸易的基础上，重点解决了科技与经济发展两张皮的问题，将企业的创新机制作为发展高新技术产业的动力，政府通过营造良好的政策环境、法律环境、生活环境，推动和引导高科技产业的发展，努力实现科技与经济的结合，取得了很大成就，对全国发展高科技产业也是一个很大的促进。

深圳发展高新技术产业的优势，一是产业优势，经过十几年的发展，深圳已经形成了较强的产业规模和产业配套能力，形成了以计算机、通信设备、微电子及机电一体化产品等信息技术为主导的高新技术产业，这些产业的产品有四成是拥有自主知识产权的，表明深圳已经初步形成了引进与创新相结合的技术体系。二是机制优势，创造了适合高新技术产业发展的新的机制，包括以技术开发奖励为核心的激励机制、以技术入股为特点

---

① 李子彬：《积极探索科技与经济结合新机制，加快深圳高新技术产业发展》，《开放导报》1999 年第2—3 期。

的知识产权保护机制、科技人员持股经营的分配机制以及灵活的企业经营机制等，不仅与国际惯例接轨，而且符合高科技产业的特点。三是人才优势，人力资源是深圳发展高新技术产业的最大资本，优秀的科技人员是人力资本，优秀的企业家、金融家、法律专家也是人力资本，是发展高新技术产业所必需的；四是政策优势，政府创造了一个鼓励高新技术产业发展的政策环境，优惠政策是重要的政策环境，高起点的规划、有效率的服务、良好的城市基础设施、公平的法律制度等是更为不可缺少的政策环境；五是毗邻香港的优势，香港是国际金融中心、信息中心、运输中心，为深圳高新技术产业的发展提供了技术来源和资金来源。

深圳在发展高新技术产业的过程中，也要注意解决存在的深层次问题。比如，技术储备不足，如何能够形成源源不断的技术源？此外，创新活动是一个高风险的投资领域，如何才能促进风险投资机制的形成，这个问题还要进一步探索。再者，附加价值较高的一些高新技术产业，由于前沿技术掌握在一些外国高技术大公司手中，附加值的较大一部分被外国大公司拿走，从长远来看，这将阻碍深圳市高新技术产业的进一步发展。从产业的角度看，深圳市高新技术产业产品的关联度有待加强，从而促进对深圳市相关产业的带动作用。

（三）明确深圳高新技术产业的发展方向，将深圳建设成为我国重要的科学技术城

历史经验表明，科学技术是现代化进步和发展的基本动力。教育和科技是推进建设社会主义示范城市的重点。深圳要从长远的发展出发，建立深圳的教育体系和科技进步体系。当今世界是一个竞争的世界，竞争的关键是科学技术，特别是高新技术，谁在高新技术领域处于领先地位，谁就能在世界经济竞争中占领制高点。从科技发展史上看，每次科技进步都推动人类社会的发展。科技进步、科技创新对于一个国家、一个民族具有极为重要的意义。深圳的高新技术产业发展得好，对于国家也是一个重要的贡献。

为了跟上高新技术发展的时代潮流，世界上许多国家都在兴建自己的科学技术城。深圳要努力成为我国重要的科技城。经过东南亚金融危机的

冲击，新加坡提出移植美国的"硅谷"，发展高科技，香港提出建"数码港"，重点发展资讯科技，全国其他城市也提出发展高科技。深圳有自己的优势，可以根据自己的实际情况，提出自己的发展方向。首先，深圳的优势就是重点在信息技术产业领域，要紧紧围绕数字技术，开发与互联网相关联的产业。深圳的发展不仅要注重硬件的开发，而且要注重软件的开发；不仅要发展与信息技术产业相关的设备工业，而且要发展网络服务业，使信息技术产业成为深圳经济发展的"火车头"。其次，要把发展高新技术产业与改造传统产业结合起来。美国学者托夫勒在《第三次浪潮》一书中所作的"朝阳工业"和"夕阳工业"的划分，我认为是不科学的，也是不符合实际的。人类科技发展的历史证明，在科学技术上确有"朝阳技术"和"夕阳技术"之分，但产业则无朝阳和夕阳之别。高新技术已广泛渗入传统产业，形成高新技术与传统技术的相互融合。深圳要成为全国重要的科技城，既要发展新兴产业，又要用高新技术改造传统产业，使高新技术覆盖各个产业领域。

（四）建立深港高科技产业带，促进深港经济合作

深圳毗邻香港，深港经济合作对于深圳经济发展和香港的繁荣稳定有着重要意义。深圳作为香港的后方和腹地，一直致力于为香港的繁荣稳定提供支持和服务，积极推进深港经济合作。深港合作已经走过了简单合作的阶段，从产业发展的角度来看，未来的深港合作主要是高新技术产业的合作。香港搞高科技比我们早，但发展比我们慢，香港有香港的实际情况。我们就深港合作发展高科技提出过建议，但进展不大，主要是香港方面情况很复杂。这个建议我们还要提，因为这种合作对于促进两地的经济发展都是有益的。我们可以把方案做得更细，不要泛泛而谈。也可借用研究机构的力量，民间的力量加以推动。

建立深港跨界高新技术产业区带是深港两地合作的重大问题。我们需要，香港也需要。在东南亚金融危机中，香港凭借着健康的财政和金融体系，保证了港元汇率及香港经济的基本稳定，但是香港经济缺乏高科技产业支持，服务主导型经济缺乏稳定的产业基础等缺陷也充分暴露出来。为此香港各界纷纷要求发展高科技产业，为长期成长建立坚实的产业基础。

目前，香港经济比较困难，需要寻找新的增长"火车头"。利用深港间的地缘优势，在边界地带建立深港高新技术产业区带，将对保持和提高华南地区经济的国际竞争力有重大的影响。

二　搞好国有企业改革的问题

（一）深圳国有企业改革的特点

党的十五届四中全会将对国有企业的改革和发展作出重大决策，说明全面推进国企改革已经是当务之急。目前，国有企业改革的重要任务，就是坚决贯彻执行党中央和国务院的决定，加快建立现代企业制度，切实转变政府职能，实行政企分开，对企业进行改组改制，切实转变企业的经营机制。

深圳的国有企业与内地不同。内地的国有企业是在计划经济条件下形成的，靠国家投资发展。深圳的国有企业是在改革开放以后形成，是在市场经济条件下发展的，负担较轻，相当一部分是靠负债经营搞起来的，没有资本金，和内地的一些老的国有企业相比，盈利情况还不错。发展背景不同，形成的机制，面临的问题和改革的步骤与方法也不同。

深圳的国有企业既有全国国有企业中普遍存在的一些问题，又有发展中的一些特殊问题，深圳要摸索出一套改革国有企业的经验，对于全国的国有企业改革都有重要的借鉴意义。

（二）深圳国有企业改革的经验对全国建立现代企业制度的启示

深圳的国有企业改革有哪些经验和特点呢？我认为，主要有两点：一是宏观管理，二是微观机制。

在宏观管理方面，深圳是实行政企分开较好的地方，深圳对国有资产管理形式进行了大胆探索，实行资产管理与资产运营的分开，即建立了国有资产管理委员会（办公室）—国有资产经营公司—企业三个层次的管理架构，避免了政府直接干预企业生产经营活动；实行政府审批制度改革，减少了行政阻碍企业的经营效率；在建立现代企业制度方面，深圳较早实行了股份制改革，在公有制实现形式的多样化方面，也有了许多好的经验。比如，同样是国有控股，有授权给民营企业或职业经营者经营，又允许并鼓励外方以知识产权或销售渠道折价入股。同样是产权主体多元化，有多个国有企业法人持股，又有内部员工持股或国有企业多层次控股；在社会保障体系方面，由于深圳的国有企业历史包袱小，企业办社会负担轻，企业冗员过多的问题也较内地企业少，深圳已初步形成了社会共济和个人保障相结合的社会保障体系。

在微观机制方面，深圳的国有企业也形成了有特色的经营机制。通过让员工持股，把产权改革与激励机制结合起来。对企业领导者实行年薪制，把企业的发展与经营管理者的权、责、利结合起来，这是激励机制；深圳的企业，有的实行内部竞聘，有的实行年度淘汰制，一些企业每年对公司领导层实行信任投票制，信任率达不到的实行淘汰，这是竞争机制；初步建立公司领导层分工合作和监督制约机制的法人治理结构，根据竞管干部的原则和《公司法》的精神，调整了企业领导人员的管理权限，将一、二类企业领导人员的管理权交给资产经营公司，将总经理的任免权真正交给公司董事会，这是干部和人才选拔机制。总之，切实转变国有企业的经营机制是建立现代企业制度的关键，深圳在这方面的经验要好好总结。

（三）深圳国有企业改革中要注意的问题

比如在产业布局上，国有企业主要集中在基础设施领域、高科技领域以及传统的竞争性领域，要推进国有企业的战略性重组，就是要加强基础设施领域，退出高风险领域。深圳在国有控股公司的资本经营方面，迈开了步伐，但需要在体制上进一步完善，以便提高资本运营公司的资本经营能力及抗风险能力。比如，在已经实行年薪制的国有企业，可不可以引入主要经营者期权持股，进一步调动其积极性，增强企业的长期可持续性发展。完善企业的法人治理结构，建立和完善通过经理人才市场选聘国有企业经营者的机制。

在搞好国有企业改革的同时，要大力发展中小企业。深圳的中小企业很有特色，许多有名的成规模的高科技企业都是由中小企业发展而来的。大力发展中小企业的政策要与发展高科技的政策结合起来，形成一种全面系统的扶持中小企业的环境，在金融、法律、技术等各个环节支持中小企业的发展，摸索出一些经验，为全国提供示范作用。

三　防范和化解金融风险的问题

防范和化解金融风险是我国经济工作中的一项长期艰巨的任务。东南亚金融危机给我们上了一堂生动的金融风险课，使我们认识到在经济全球化的今天，如果不注意防范和化解金融风险，容易给国民经济造成极大危害，广信事件就是我们金融风险隐患的暴露，给我们敲响了警钟。深圳毗邻香港，深圳证券交易所又是我国两大交易所之一，在化解和防范金融风险方面，更具复杂性和特殊性。

（一）深圳毗邻香港，加大了金融风险的程度，为此，对商业银行要加强规范管理和加强监督，注意防范来自金融部门的风险

香港是国际金融中心，是全球重要的银团贷款中心、外汇交易中心和股票交易中心，深圳在经济发展的过程中，既得益于香港的国际金融中心的地位，为深圳的经济发展筹集并提供了大量的资金，同时也使深圳的金融风险防范更具复杂性。由于深圳的许多企业与香港的企业和金融机构有着千丝万缕的联系，增加了外汇和债务监控的难度；深圳的外贸80%以上是为香港服务的加工贸易，容易受来自外汇市场的风险冲击；深圳的银行在开展离岸业务的过程中，也加大了来自国际金融市场的风险。为此，对商业银行要加强规范管理和监督，增加金融部门的抗风险能力。

商业银行客观上存在规模扩张和稳健经营的矛盾。一方面，要增强资本的流动性和支付能力，需要扩大经营规模，消化不良贷款；另一方面，如果过快扩张，又可能形成新的不良贷款。这就需要加强内部监控，提高人员素质。

另外，对于个别可能存在支付能力危机的商业银行，需要政府加大支持力度，包括增资扩股，增加营运资本金，增加政府性资金来源等。同时积极探索对已有的呆账、烂账采取剥离或托管的办法，通过各种途径防范和化解金融风险。

（二）深圳的证券市场是全国性的市场，因此，要加强对上市公司的监管，注意防范来自证券市场的金融风险

和没有证券市场的地区相比，深圳来自证券市场的金融风险要大得多。首先，证券市场本身是有风险的，如果市场不规范，投资者的利益得不到有效的保障，市场的大起大落不利于证券市场本身的培育和发展；其次，货币市场与资本市场是相互联系的，资本市场的风险容易影响和传导给货币市场。和上海的证券市场相比，深圳的证券市场的风险有什么不同？在目前，我们主要应注意深圳市场上本地上市公司亏损加剧的现象，要注意改善上市公司的资产质量。深圳市去年本地上市公司共有 67 家，从公布的 1998 年年报看，本地上市公司总体效益滑坡严重，由于本地上市公司是深圳股票市场上重要的主体之一，这势必会对市场建设产生不利的影响；本地上市公司又是深圳市经济发展中的重要增长点，也是金融风险防范的重要领域，因此需要特别关注。

此外，目前深圳大型国有企业和上市公司互相担保可能产生潜在的金融风险，处理不当可能影响到证券市场的稳定。应摸清情况，重点治理，及早防范，稳定局面，化被动为主动。短期内应判明情况、分清责权、定出措施，长期来看，则要总结提高、形成制度，在完善国有资产管理方面，建立立法程序，使之法律化、程序化，为国有企业和证券市场的健康发展提供制度性的保障。同时加快对重点国有企业及国有资产比例较高上市公司的股本、债务进行全面的重组。

（三）深圳在大力发展高新技术产业的同时，要加快高科技风险投资市场的培育，注意防范来自高新技术产业的风险

高新技术产业是一个风险极大的产业，一方面我们要加快高科技产业的发展，另一方面，又要注重来自高科技产业的风险及可能对国民经济造成的负面影响，这就要积极探索高科技产业和高科技企业的退出机制。国外成功的经验表明，培育和发展高科技风险资本市场，既是发展高科技产业的关键，又是化解和防范金融风险的有效措施。

深圳在建立高科技风险基金方面已经在积极探索，但要注意的是政府只能引导市场，而不能去代替市场，高科技风险市场的形成更多地要依托民间资本，而不是政府资本或者是银行资本。此外，应让国有企业从高新技术产业中退出来，高新技术产业中形成所有制形式的多元化，让民营和混合所有制结构的企业充当高新技术产业的主角。

　　加快高科技风险投资市场的培育，关键是要形成高科技发展风险投资机制。目前，深圳已经在筹建高新技术创业投资公司，并积极探索在香港设立高科技风险投资基金，这将有利于拓宽高科技企业的融资渠道。风险投资机制的其他途径也应继续探索，如产权交易第二板市场方面的运作机制，是高科技风险投资市场的重要方面。

正确认识经济形势，力促经济稳定增长[*]

一 当前经济形势的基本特点

今年以来，国内外形势依然复杂多变，遇到了一些新的困难和挑战，党中央、国务院采取了一系列有效措施，使国民经济保持了平稳增长的态势。前三个季度，宏观经济呈现出波动运行特征。进入 7 月份后，出现了一些积极变化，例如，工业产销衔接状况好转，库存下降；企业经济效益总体水平继续提高，国有及国有控股工业企业实现利润成倍增长；外贸出口大幅度回升；城乡居民储蓄存款增幅有所下降，而社会消费品零售总额上升；消费品价格降幅稳定，部分生产资料价格回升，通货紧缩状况出现缓解迹象。

但是，经济增长内在力量的推动仍然不足，经济回升仍具有短期特征，而且前景不很确定。首先，经济增长对政府宏观调控政策的依赖程度进一步提高。今年以来，受政府宏观调控措施力度强弱变化的影响，经济运行出现了较大的波动。在上年末积极财政政策的滞后影响逐步削弱之后，第二季度经济增长即出现下滑。此后，政府及时出台了一系列促进经

---

* 本文原载《中国经济年鉴》（1999），中国经济年鉴社 1999 年 10 月版。

济回升的政策措施，包括增发 600 亿元国债、增加城镇居民的收入、大幅度提高出口退税率、进一步降低存贷款利率等，对抑制经济继续下滑起到了相当重要的作用。其次，经济运行中出现的某些积极变化与外部经济环境的好转有关。7 月份以来外贸出口大幅度回升，得益于部分受亚洲金融危机冲击较大国家的经济复苏和政府新的出口退税政策。再次，在社会消费品零售总额增长略有加速的同时，8 月份以来固定资产投资增长明显减速，贷款扩张步伐减缓等，如不采取有力措施，将会影响今后一段时间的经济走势。

总之，目前尚不具备经济稳定回升的牢固基础，扩大内需，拉动经济增长仍要付出极大努力。从目前的情况看，明年还需要继续实行扩张性的财政政策，进一步发挥货币政策的作用，把工作重点放在经济结构的调整上，在结构调整中注重科技进步。国有企业改革是经济改革的中心环节，是明年经济改革的重中之重，党的十五届四中全会已经作了全面部署，目前企业效益好转，相信明年会取得更大成绩，对经济增长作出积极贡献。

二　促进经济稳定增长需要着重考虑和解决的几个问题

防止经济进一步回落，挖掘增长潜力，使经济能够在较长时期内稳定增长，是当前面临的主要任务。为此，需要着重考虑和解决几个重要问题。

一是加快培育新增长点，通过结构调整和升级扩大内需。国际经验和我国过去二十年的发展经验都表明，保持经济的较快增长（如 8% 或以上），必须要有相当数量的高于平均增长速度的行业。近年来的经济增速回落，从产业的角度看，就是因为以往支撑经济快速增长的那些行业速度减缓，新的快速增长行业未能跟上。判断经济是否走出低谷，一个简单方法就是看经济中是否开始或即将出现足够数量具有持续性的快速增长行业。现阶段我国内需扩大，并不是依赖简单的数量扩张，而是需要消费结构和生产结构的调整与升级，新增长点恰恰能够起到以结构升级带动结构调整的作用。正是从这个意义上说，新增长点的培育至关重要，属当务之急。在这个问题上，有些领域已经采取了措施，如住宅、非义务教育、装备工业等；有些领域尚未引起足够重视，如大城市轨道交通建设、家用汽车等。在当前和今后较长一个时期，应当在新增长点的培育上采取更为切实有效的措施。

二是在坚持不懈防范和化解金融风险的同时拓宽融资渠道。近年来从宏观上看资金供给是充裕的，另外企业对银行"惜贷"反应强烈，不少企业依然声称资金短缺。这种情况反映了当前我国金融领域问题的复杂性。自 80 年代初实行拨改贷、银行成为企业资金的主要来源以来，经过十几年时间，在企业负债率持续升高的同时，不良债务也达到了相当高比例，金融体系中的风险随之增大。1996 年以后经济增长速度放慢，金融和产业部门中低效率（以亏损的形式）和风险（以坏账的形式）比较清楚地暴露出来。在这种情况下，撇开银行的短期政策和管理办法不论，银行对放贷采取一种谨慎态度是必然的。在具体的贷款业务中，坏账限制了银行承担风险的能力，而企业已有的不良债务则增大了新贷款项目的风险。这种情况表明，金融体系中累积的风险使其无法支撑现有经济规模像以前那样的速度扩张。当然，某些过度强调贷款风险，忽视银行资金收益的管理方法，也确实导致了有的好项目得不到贷款的情况。另外，非国有企业、小企业的融资渠道仍然不畅，这里既需要加强为这些企业提供专业服务的金融机构和工具的建设，也需要解决信用担保问题。

三是加大社会保障体系建设的力度。近年来在下岗职工和离退休人员基本生活保障上作出了多方面努力，对社会稳定和内需扩大起到了积极作用。但社会保障资金不足和覆盖面不够的问题依然存在，基本生活保障和养老、医疗、失业保险资金不到位的情况仍在出现。现在已经看得很清楚，社会保障问题不仅影响到居民当期消费支出而且也影响中长期的消费预期，因而成为目前扩大内需的一个重要因素，同时也是国有经济布局调整和国有企业战略性改组中的基本制约因素之一。目前社会保障体系建设最需要做的一件事情，就是采取非常举措弥补由于历史上国家对职工的"隐形负债"而形成的资金缺口，并建立制度化的稳定的社会保障资金补充渠道。在这方面，政府已经提出了减持国有股股权、出让国有土地使用权、发行专项债券以补充社会保障资金缺口的设想，但尚缺少具体实施方案，在有些问题上也还有分歧意见。

四是重视从根本上解决农民增收的问题。粮食已经连续 5 年过剩，国家库存原粮达 5300 亿斤，致使粮食市场低迷，粮价难以回升，农民增收的难度很大。随着宏观供求关系的变化和结构调整力度的加强，乡镇企业增长速度放慢，近三年来乡镇企业个数减少 300 多万个，从业人员减少近 2000 万人。与此同时，城市经济的景气回落、就业压力加重，缩小了农民进城就业的空间，一些城市还出台了多种限制农民进城的规定。尽管增加农民收入的呼声很高，但缺少切实有效的办法。调整农产品的供求关系和供给结构，在短期内对农民增收是必要和可行的，从长期来说，从根本上说，农民增收必须着眼于非农化的多种经营和城市化，政策的制定和调整应当有利于而非相悖于这个基本方向。

以上四个方面对当前经济运行和发展具有基础性的影响，可以说是短期与中长期问题的结合点。新增长领域通过消费结构和产业结构升级解决扩大需求空间的问题，融资渠道解决有效供给的问题，社会保障和农村问题涉及城乡居民的消费和储蓄预期，而农民增加收入的要求，是经济非农化和城市化最重要的动力。经济的有效回升，客观上要求以上几个方面，至少是一两个方面发生实质性的显著变化。

三　总结经验，调整政策，开创扩大内需、经济发展的新局面

当前的经济运行和发展面临着以往未曾遇到的新矛盾和新问题，而且要有应对更加严峻局面的准备。同时，要坚定对我国经济发展前景的信心，对此我们的依据是充分的，其中最重要的是我国经济中依然蕴涵着巨大的、毋庸置疑的增长潜力。只要政策对头，扎实工作，经济持续、快速、健康发展的新局面完全可以出现。今后一个时期经济工作的基本思路，可在认真总结前两年扩大内需经验的基础上，将重点放到培育和扩大新增长领域，增加有效需求，创造经济稳定回升的体制和政策环境上来。

具体地说,应在以下几个问题上予以重视。

首先,扩大内需要致力于推动经济内在增长力量发挥作用。我国人均GDP 800 美元左右,有着经济继续快速增长的潜力,但目前却不能不面对有效需求不足的现实。从我国现阶段经济循环过程看,扩大内需首先有赖于城镇居民消费结构升级,由此带动产业结构升级,再带动部分农村人口的非农化和城市化,提高城乡居民的总体收入水平。但在这一过程的诸多环节上,都存在着体制和政策上的障碍,限制了增长潜力的发挥。所以,扩大内需必须强调经济内在增长力量发挥作用,而要做到这一点,又必须强调改革和政策调整,特别是那些与增长直接相关的改革和政策调整。这方面的改革涉及福利制度、收入分配制度、金融制度和企业制度等,政策调整重点是以往短缺经济时期形成的消费政策。有一种观点认为,改革和政策调整是"慢变量",对短期宏观经济变动影响不大。但从我国现阶段的实际看,某些直接制约增长的环节的改革和政策调整,可在短期内显著促进某些领域乃至整个宏观经济的增长。所以,除了重视改革和政策调整的中长期效果外,在当前应特别重视其对短期经济增长的作用。

其次,依据变化了的情况及时调整财政政策的作用方向和方式。近两年的经济增长中,财政政策发挥了至关重要的作用。可以说,没有积极的财政政策,就不会有 7% 以上的增长速度。积极的财政政策是在内需不足的新形势下宏观调控的重要探索,对社会主义市场经济条件下宏观调控方式的改进和完善,有着重要的现实意义。另外,正如中央一再指出的那样,积极的财政政策是特殊情况下的权宜之计,不可能长期实行。目前中央政府发行国债还有一定余地,但对此不能估计过高。下一步的宏观调控可能还需要发债,在发债渠道、所筹资金的使用方向和方式上,应根据变化了的情况有所调整。从目前国债占 GDP 的比重较低,但占中央当年财政支出比重较高的实际出发,可以考虑发挥中央和地方两个积极性,允许部分符合条件的地方政府发一定数量的债券,这样可以加强地方政府的责任,同时减轻中央政府的还债压力。为了防止信用风险和地方之间的相互攀比,可考虑对有关地方政府进行独立的信用评估,符合发债条件者发,不符合条件者不发。按照《预算法》规定,可由国务院提出地方政府发债方案，并组织实施。发债所筹资金的使用，应重点放在培育和拉动经济内在增长力量上，用财政资金这种"外生变量"刺激经济增长的"内生变量"，用政府投资尽可能多地带动民间投资。

最后，要正确认识和对待可能继续偏低的增长速度。近年来我国经济增长速度逐步回落。今年实现7%的增长目标是可能的。明年的增长速度估计在7%左右。对这种局面，容易产生两种倾向，一种是过于悲观，一种是过于急躁。这两种倾向对经济的稳定和回升都是不利的。应当使全党同志特别是各级领导干部对目前的增长速度问题有一个正确认识。首先，7%的速度从国际上看仍然是较高的；其次，我国正处在结构转变和体制转轨的特定阶段，多种矛盾交织在一起，问题的解决需要一个过程，这是由事物发展的客观规律决定的；再次，经济低谷时期并不意味着无所作为，许多基础性工作，如结构调整、加强管理等应当在这个时期去做，最重要的是把这些事情做好。总之，当前需要强调增强信心，但又不能急于求成、草率行事，需要强调鼓实劲，不鼓虚劲，振奋精神，扎实工作，尽快把经济增长的内在力量调动起来，开创扩大内需、经济发展的新局面。

具有中国特色的城市化道路与城市规划和管理[*]

伴随新世纪的来临，探讨我国城市化的道路和面临的问题，总结半个世纪以来我国城市规划、建设和管理的经验教训，充分展示我国城市发展所取得的辉煌成就，探讨新世纪城市现代化的发展路向和发展战略，这将有利于承前启后，继往开来，把我国的城市建设得更加美好。

我想着重讲两个方面：一是我国城市化的发展水平和发展道路问题；二是我国城市的规划和管理问题。

城市是政治、经济、文化、社会的中心，城市的发展和城市化的水平是衡量一个国家现代化程度的重要标志。城市发展的一般规律显示，城市化发展水平与工业化水平、社会经济发展水平有着密切的联系。城市是现代文明和现代经济的聚集地，也是企业、人才、科技、信息和物质财富最集中、最活跃的地方。随着城市化水平的提高，城市的工作也越来越重要。城市化不仅是生产方式的变革，而且也是生活方式和思想观念的变革。在我国有些经济发达的地区，如广东珠江三角洲地区，城乡的概念越来越模糊，据《羊城晚报》1999 年 9 月 4 日报道，珠三角的农民对于城市中拥有的公共汽车、超级市场、门牌、公寓已经不陌生，成为生活不可

---

* 本书是作者 1999 年 11 月在"具有中国特色的城市理论与实践研讨会"上的致辞，原载《开放导报》1999 年第 11 期。

缺少的一部分，由此可见，工业化、城市化提高了农民的生活水平，给农民带来了生活方式的变化。

在我国，由于农村人口规模大，使我国长期面临着大量农村劳动力转移的压力，城市化的实质问题是农业人口向非农业人口的转移。改革开放二十年来，我国城市化水平飞速发展，截至1997年，已设市668个，设建制镇1.89万个，以城镇非农业人口占总人口的比重为标志的城市化水平已接近30%，和在改革开放之初20%的城市化水平相比，有了较大的提高。但和世界上其他国家相比，我国的城市化水平仍有较大的差距，发展中国家的城市化平均水平已达40%，而发达国家的平均水平则在80%以上。

目前，我国正在考虑编制"十五规划"。在下个世纪初的十五年的发展过程中，我国的人口和就业问题非常突出，这就决定了城市化问题需要特别关注。这一时期，正是我国城市化进入比较活跃的发展时期。因为一旦我们跃过城市化水平在30%以下的初级阶段，就要进入城市化水平在30%—70%的中级阶段。因此，如何加快我国的城市化发展水平，是我国在中长期发展规划中需要考虑的重点。

在城市化过程中，我们需要发展大城市，还是发展中小城市，或者是以小城镇建设为主呢？这个问题有争论。国外大多数国家的城市化走的是大城市化道路，城市化水平体现在大城市的水平上。经验表明，大城市过大、过多，片面追求城市规模，容易导致"城市病"，不一定是可取的。什么是中国特色的城市化呢？我认为，主要体现在依据城市客观发展规律而形成的大中小型城市合理组合的网络结构上，这是由中国有漫长的海岸线、广阔的内陆、经济发展不平衡、城乡差别很大等中国的具体特点所决定的。中国那么大，没有几个大城市不行，但绝大多数人口应主要集中在中小城市。在一定时期，中小城市在中国特别重要。但是，光注意小城市，不注意大城市的发展，也是不对的。没有一定的规模，不能形成规模效应，在经济上不合算，也是不可取的。我认为，发展什么规模的城市，要根据不同地区、不同的资源条件和当地的经济政治文化发展水平而定。

城市的规模总是与城市的类型、城市的功能、城市的定位有关。我们现在主要是按行政级别划分城市类型。还有一种划分的方法，是按社会主义市场经济的规模来划分，将我国 668 个城市划分为一级城市 13 个，二级城市 170 个，三级城市 475 个，这种划分更能反映城市经济发展水平和市场的重要性。从城市的功能来看，城市有一般的功能，也有特殊的功能，应根据不同的功能进行定位。城市的定位很重要，定位不好，不利于发挥各自的优势，造成重复建设，资源浪费。因此，在社会主义市场经济体制下，如何系统、全面地认识城市的地位、作用与功能定位，如何恰如其分地对城市发展的区位作用、优势条件进行历史分析，进行城市之间的优势互补，是值得深入研究的重要课题。

加快城市化的发展水平，不能只看城市的数量，还要看城市的质量，这就要提高城市的规划、建设和管理水平，这是一个相当复杂的系统工程。提高城市的质量，就要搞好城市的基础设施建设，包括交通、通信，在信息时代，通信尤为重要。提高城市的质量，在科教、文化方面也要下工夫。文明城市的建设，要解决不文明的现象，关键在于依法治市，提高管理水平，当前城市交通拥挤、大气和水污染以及不文明现象等城市头痛的问题，都和管理有关。随着现代城市的功能趋于综合化，城市要素之间的关系越来越复杂，城市管理的任务日趋繁重。对于城市规划，建设和管理之间的关系，大家有一种共同的感觉，就是规划是总纲、建设是基础、管理是关键，说明大家提高了对城市管理重要性的认识。

规划是总纲，纲举目张，这个道理现在看起来很简单，但在我国城建历史上也是付出了相当大的代价后，人们才认识清楚的。做规划既然如此重要，因此有必要强调做规划的几项重要原则。一是超前性和战略性原则，规划要经得起时间的考验，立足于建设可持续发展的城市，为城市未来的发展留足空间。二是先进性、科学性和协调性原则，规划要讲究总体设计的先进性、科学性和单体设计的艺术性，二者完美结合，使城市的设施在相当长的时间里能满足城市进一步发展的需要。三是系统性原则，规划要把整个城市作为一个系统，覆盖城市每一块土地和每一个角落，海、陆、空立体规划。四是可持续发展原则，规划要坚决杜绝急功近利，严重破坏生态环境的做法，力求做到经济效益、社会效益和环境效益的和谐统一。

城市建设是基础，这一点目前人们已经取得了共识。改革开放 20 年来，我国的城市建设取得了长足的发展。最近，广东作出经济特区和珠江三角洲地区率先基本实现现代化的战略部署。率先基本实现现代化，首先包括城市建设的现代化。当然，我们也应当清醒地看到，我国城市建设中仍存在一些重要问题需要研究、解决，比如，如何在城市发展过程中有效地节约与保护水资源和土地资源？如何合理引导房地产业的发展？这些问题我们有经验，也有教训。

管理是关键，这是近几年来才逐步深入认识到的。城市管理为什么能起到促进城市发展的"龙头"作用呢？主要是因为：城市综合效益取决于城市管理水平；城市系统功能的发挥，整体功能的优化越来越依赖于城市管理的优化；城市管理是保证现代城市几乎所有经济活动的润滑剂，规划和建设都具有阶段性，唯有管理是贯穿始终的。城市管理要全面体现依法治市、注重社区建设，只靠政府投资、政府管理是不够的，还要体现人民城市人民建、人民管。

中国内地与港澳台及日本经贸关系展望[*]

一　在世界贸易组织的框架下，"华南经济圈"内的
经济合作将得到强化

（一）中国加入世界贸易组织（WTO）后，包括港澳台在内的"华南经济圈"间的经济关系和与 WTO 其他成员国的经济关系既有相同之处，又有不同之处

根据最惠国待遇的原则，港澳台和其他外国资本进入中国内地市场的条件是一样的，但港澳台资本更具有明显的优势。中国加入 WTO 后，中国内地与香港、澳门、台湾仍要按照"一国两制"的原则促进经贸互动。"华南经济圈"是不同的独立关税区，这一点是我们与 WTO 其他成员国的不同之处。一个多边、平等、互惠的国际经贸环境，将大大促进中国内地与港澳台的经济贸易的发展。同时，作为各自独立的关税区，中国内地与港澳台又可以按照 WTO 的规则，采取更加方便、灵活的措施开展经贸合作。

尽管加入 WTO 后，港澳台资本与外资处在竞争的同一起跑线上。但港澳台资本所具有的不少独特优势仍然会发挥作用。而且，这种优势将随

---

* 本文原载《开放导报》2001 年第 1 期。

着中国经济对外开放程度的提高而得到加强。外资仍将借重港澳台资本的优势开拓中国市场，这就给港澳台资本提供了众多与外资合作发展内地业务的机会。"华南经济圈"特殊的人文、地缘和政治关系及各自经济发展方向的互补性，使港澳台地区具有优先进入角色的可能。

（二）中国加入WTO后，港澳台资本参与中国内地经济建设的范围更广，规模更大，经济合作将更为紧密

港澳台在加大对中国内地投资的同时，其投资重点也将从一般制造业向技术密集和资本密集的产业转移。以开拓中国内地市场为目标的港澳台资企业将大量涌现，预计以借助内地企业现有市场份额和销售渠道为目的的合资企业将成为主要进入方式。在服务贸易领域逐渐开放的影响下，四地之间的贸易额将有明显上升。

加入WTO后，中国将掀起又一次对外开放的高潮。尽管有迹象表明，跨国公司有可能在对中国的新一轮投资中领先，但港澳台资本仍可凭借20年来在中国内地市场打下的基础而扮演更加积极的角色，发挥更大的作用。港澳台一向在实业投资方面占有重要地位，在金融领域也有不少资本和人才涉足其中，这些资金、人才、技术和经验都是中国发展所需要的，从而给港澳台资本提供了更多的商机。

（三）中国加入WTO后，"华南经济圈"的经济合作将在更高层次上得到强化，形成新的产业分工和合作

最近几年，港澳台资本在内地的投资和经营活动已进入一个调整阶段，内地沿海地区经过十多年的高速增长，工资和地价水平已大幅攀升，对主要从事劳动密集型加工装配的港澳台资企业形成越来越大的成本压力。这就必然要求港澳台资对内地的制造业投资，一方面应锐意创新，大力推进技术升级，巩固既有的相对优势；另一方面则应深化与内地的国际分工关系，在更高层次和更宽阔的领域构筑合作平台。从区域经济的角度来看，充分整合珠江三角洲地区基础设施建设、加强高新科技和环境保护等产业，提高包括香港、澳门、台湾在内的整个华南地区产业结构的档次，已是紧迫的任务。

二　中国加入 WTO 后，"华南经济圈"所扮演的
经济角色有可能发生一些变化

（一）中国大陆与台湾的经济关系将更为紧密，原来的垂直分工体系会有弱化的趋势，而水平分工体系将会得到强化

从 80 年代中期开始，台湾制造业大规模向大陆转移，首先是大批下游产业中的小企业内移，集中在粤闽两省，有些大企业的某些工序转移到内地生产，与台湾大致形成了垂直分工体系。90 年代后期，台湾的大中型企业和高新技术产业开始向大陆转移，原先上下游的产业分工模式逐渐为水平分工模式所替代，投资区域逐步向具有良好投资环境和雄厚工商业基础的沿海地区以及内陆地区大面积辐射和延伸。

中国加入 WTO 后，这种垂直分工的体系会进一步弱化，而水平分工体系则会得到强化。尤其是信息产业，中国内地不仅是重要的制造基地，也是重要的消费市场。中国台湾的信息产业在全球占有重要地位。目前中国台湾主要的电脑商均在内地设厂开业，电子信息产业已逐渐取代传统产业，成为台商对祖国大陆投资的主流。台资云集的广东东莞市，已成为全球著名的电脑配套、采购中心。

台商投资持续发展，会促使两岸的经济关系更加紧密，竞争与互补并存。预计台湾对祖国大陆的出口会继续保持增长。同时，台湾当局将不得不按照世界贸易组织的有关规定大幅放宽对祖国大陆进口产品的限制，同时进口额会大幅提高。台湾的贸易顺差将会逐步缩减，两岸贸易不平衡的局面有望得到改善。

（二）中国内地与香港、澳门的经济关系会发生一些变化。特别是与香港，原来的"前店后厂"关系会有所弱化，而作为金融中心、信息中心的服务功能则会得到进一步加强

加入 WTO 后，港澳的"中介"、"桥梁"作用仍然不会消失。香港是以服务业为主导的经济体系，服务业占本地生产总值的 84%。香港专业服务的从业人员将成为中国加入 WTO 的最大受益者。无论是意欲走向世

界的内地企业，还是准备进军内地市场的外资公司，都不仅需要香港的专业服务，也需要以香港作为过渡。中国加入 WTO 后，会逐渐开放金融与资本市场，香港金融界可为内地企业的改组改制、发行债券和融资提供服务。而且中国对外贸易总量的大幅度增加，将为香港银行的整体业务提供广阔的空间，有利于巩固香港的国际金融中心的地位。

中国加入 WTO 后，粤港澳在 80 年代初期形成的"前店后厂"关系的经济合作会出现新的变化。香港的发展空间狭小，需要充分利用邻近地区的条件才能得到更好的发展。如果香港、澳门和毗邻的深圳、珠海以及整个珠江三角洲地区间建立起互为配合、取长补短的经济关系，经济合作就会踏上一个新的台阶。

（三）两岸有可能实现"三通"，香港和台湾的经济角色会随之发生变化，台湾经香港转口的货物将相对减少。但总的来看，香港国际航运中心的地位不会动摇

随着两岸先后加入 WTO，"三通"问题势必提上议事日程。两岸"三通"有利于香港经济的稳定，但同时也会使香港的中介角色淡化，对香港的航运、金融服务及旅游业带来一定的冲击。据估计，香港每年处理来往于两岸的货运量达 100 万个标准货柜箱，如果两岸全面实现"三通"，预计香港转口的货量会流失八成。目前，珠江三角洲与台湾的货物主要经香港转口。如果船只可自由进出深圳的港口，则香港的航运及货运业就会在一定程度上受到影响。

有人担心，随着中国内地外贸体制改革步伐的加快，加上中国港口等贸易口岸的迅速发展，将会加剧两地的竞争，弱化香港作为中国主要港口的地位。从总体来看，尽管香港在处理中国进出口货物总额中所占的比例会有所减少，但由于香港在吞吐量、航线、效率及支援服务素质方面的优势，其转口贸易量不会减少。据预测，华南地区的货物量足以维持香港及国内相应港口的经营。即使实际的货柜起卸、堆放、集装、仓储等作业在其他港口进行，而很多与转口贸易有关的行政、商务及财务事宜仍然会继续在香港办理。因此，中国加入 WTO 后，香港作为中国主要港口的地位在可预见的一二十年内不会动摇。

（四）随着中国参与经济全球化进程的加快，金融风险也将会加大，这就需要加强"华南经济圈"在金融领域的合作，增强抵御金融风险的能力

加入 WTO 后，面对经济全球化和资金流动日益加速的发展趋势，中国将进一步加快金融体制改革和对外开放步伐，努力提高本国金融机构的国际竞争力。我们要在实际工作中促进"华南经济圈"金融领域的进一步合作与协调发展，从宏观角度注意防范金融风险。

三　中国加入 WTO 后，华南地区与日本的经济合作关系呈进一步加强趋势

日本已连续 7 年成为中国的最大贸易伙伴，中国也已成为日本第二大贸易伙伴。日本是中国吸收外资的主要来源国之一，在华日资企业已有近 2 万家，实际投资总额 264 亿美元。日资在中国香港、中国澳门、中国台湾的投资以及透过三地对中国内地的投资，使中国华南地区与日本的经济关系呈现进一步合作的趋势。

在中国加入 WTO 后，中日作为两个经济大国，经贸合作还将促进亚太地区经济的稳步发展，对探索亚洲区域合作的理想途径，从总体上提高亚洲地区的经济和贸易水平，将起积极作用。另外，在区域经济合作进一步紧密的背景下，加强多边交流也将是中日经贸合作发展的重点。最近召开的东盟加中日韩经济部长会议，即 10 + 3 会议，讨论了加强合作开发湄公河流域等有关亚洲国家经济发展的重要问题，这将促进亚洲国家的经济合作与发展。

中国的华南地区是日资投资的密集区之一，中国加入 WTO 后，华南地区仍将是日资投资的重点地区。这一地区经过近 20 年的发展，已拥有相当的经济实力，在高技术产业加工和制造方面尤为突出，具备了参与国际分工的有利条件。日本会有更多的技术密集型企业转移到中国的华南地区，从而带动中国华南地区的产业升级。中日双方应在进一步扩大合作规模的同时，提高合作的质量，尽快形成一个更高层次的合作新格局。

四　有关对策

在"一国两制"的政治构架和 WTO 的有关规则下，我们应该有选择地在某些领域如金融、商贸、航运、咨询等服务贸易领域先行向香港、台湾、澳门开放市场，借助港澳台多年来形成的与国际交往的优势和市场经验，培养内地企业的适应性，增强在国际市场竞争中应有的"抗体"。对于港澳台资本，应采取更加灵活的政策吸引到中国内地投资。

为了进一步促进"华南经济圈"的经济合作，促进区内经济的发展，在 WTO 的基本原则下，可考虑首先在广东等地与香港之间寻求一条更加紧密的合作途径。

"华南经济圈"应加强金融领域的合作。为共同抗击金融风险，在货币的监管方面应建立紧密的联系渠道，就有关问题互通信息，增强防范金融风险的能力和警觉性。同时可建立经济预警系统，分享研究成果。

进一步加强粤港澳经济合作。在制造业方面要继续加强合作，提高合作档次。在信息产业、物流业、银行业、法律服务及其他服务业方面，进一步加强合作，克服目前存在的体制性障碍和限制，为"华南经济圈"在 WTO 框架下的经济合作提供更广阔的领域。

抓住机遇，促进我国中小企业和民营企业大发展[*]

党的十一届三中全会以来，我国实行了以公有制为主体，积极发展多种经济成分的政策，民营经济得到了蓬勃发展。目前非国有经济的工业产值，占工业总产值的一半以上，所创造的国民生产总值占整个国家国民生产总值的70%以上。1997年党的十五大更指出了新时期的发展方向和道路：要继续调整和完善所有制结构，进一步解放和发展生产力，确立了把公有制为主体、多种所有制共同发展作为我国社会主义初级阶段的基本经济制度。可以说，进入新的世纪，我国民营经济发展的政策更宽松、条件更成熟、前途更广阔，我国中小企业和民营经济面临着新的发展契机。我们应抓住机遇，落实政策，使我国中小企业和民营企业有一个更大、更好的发展。

一 我国中小企业和民营企业面临着新的历史机遇

（一）我国国有企业的改革为中小企业和民营经济的发展提供了良好的机遇

在我国，民营企业以中小型企业为主，也有少部分发展成为大型企

---

[*] 本文原载《中国民营科技与经济》2000年第8期。

业，但毕竟数量有限，有待进一步发展。反过来说，中小企业并不都是民营企业，国有企业中也有相当一部分是中小企业，这就是"抓大放小"中的"小"，即放开、搞活的那一部分，形式可以是多样的，绝大部分国有小企业也要民营化。别小看这个放小，实际上是一个促大的过程。小企业搞活了，大型企业的改革就有了更好的条件。

实践证明，中小企业和民营企业的发展和壮大，吸纳了相当一部分国有企业下岗分流人员，不仅满足了社会和市场的需要，还为大型国有企业的改革与发展起到了依托的作用。世界各国的经验也证明，中小企业在提供就业机会方面的作用特别大。我国的民营企业绝大多数是中小企业，它们的经济活力很强。我国沿海地区发达程度高，与民营企业（包括乡镇企业）的发展，是紧密相关的。因此，民营企业和中小企业的发展，对中国宏观经济和社会发展的影响将越来越大。随着我国国民经济战略性调整加快和国有企业改革的深入，我国民营企业和中小企业的发展条件会越来越好。

（二）中国即将加入世界贸易组织后面临的新的改革开放形势

最近，中国和美国、欧盟等就中国加入世界贸易组织（WTO）的谈判达成协议以后，这就意味着中国加入世界贸易组织（WTO）日益临近。

加入 WTO 后，中国产业将会产生一些积极深远的变化。WTO 所带来的挑战，主要是在产业组织、企业经营战略、产业重新定位、引入现代管理诸方面。同时对于各种所有制结构的发展，必将产生重要影响。加入WTO 后，新的国际经济环境和全球化国际生产，带来了新的机遇，但各国从全球化的获益程度是不同的。这样，企业竞争往往成了国家之间的竞争，因此，必须在国家层面上作出努力。

因此，在扩大对外产业开放的同时，有必要尽快实行广泛的对内开放。这个过程中，中小企业和非国有企业的发展领域将大大扩展。因此，中小企业和民营企业要努力通过按照现代企业制度的规范化来提高自身的竞争力，更要通过这个过程来培育和造就我国的民营企业家。

目前，我国的中小企业和民营企业发展有一个良好的契机，国家正在制定政策，放宽民营企业自营进出口的审批；允许民营企业通过并购、控股、参股等形式参与国有企业改革；一般竞争部门的投资由审批转为登记；允许外资进入的产业同样向民营企业开放，民营企业上市融资等问题，都将有新的规定出台。

（三）我国实施西部大开发提供的新的历史性机遇

在西部大开发中，政府主要负责基础设施的改善；制造业的投资，主要由企业在市场经济基础上进行。西部大开发也将促进西部的产业结构和所有制结构的深入改革，相当一部分省区都提出大力推进国有企业改革和发展的同时，放手发展非公有制经济。西部大开发，为西部的民营企业的发展创造了良好的政策环境，为东部的民营企业创造了更为广阔的市场机会。

二　抓住机遇，落实政策，使我国的中小企业和民营企业有更大、更好的发展

在历史性的机遇面前，我国中小企业和民营企业的发展存在着先天不足，面临着一系列的问题，如果我们不加以重视和着力解决，对我国下一步的国有企业改革与国民经济的发展会产生不利影响，这些问题主要表现在：企业效益普遍恶化，亏损面加大；吸纳就业的能力下降；发展资金短缺，融资和融资担保没有体制保证；技术装备水准普遍落后，研发和市场开拓能力薄弱；管理水准低下，中高级管理人员和技术人员缺乏；财务、技术、信息等服务体系很不健全；社会保障等配套改革的进展有待加快等。总之，民营经济有政府政策扶持不到位，外部环境不利，自身素质不高，信用低、融资难这四方面的主要问题急需解决。

（一）政府政策扶持方面的问题

要进一步地转变观念，落实政策。目前有关政策对国有企业和民营企业不能一视同仁，在落实外资国民待遇政策的同时，对民营企业也应落实国民待遇政策，在一些即将开放的投资领域允许民营企业先期进入。同时要进一步地完善社会保障体系，在这方面政府也要制定恰当的政策，以完善公平竞争的市场环境。地方政府要转变职能，转变管理企业的方式方

法，维护当地的市场竞争秩序。

（二）民营企业发展的外部环境问题

要加快私有财产保护等民法立法问题。要看到，在立法和私有财产的界定上工作大大落后于现实，民营企业一旦发生纠纷，诉讼难以获得公正的解决，因为法制不健全和地方保护主义作祟，执法环境和民营企业合法权益保护方面有待改善。

（三）民营企业家素质问题

民营企业在人才、技术和管理等方面有待进一步提高，因为技术落后，管理手段原始等问题在民营企业特别突出。随着企业的发展，管理难度逐渐加大，管理者素质低，又不注重提高，难以适合市场经济需要。

（四）民营企业的信用和融资难问题

民营企业难以获得贷款支持，除了政府政策扶持不到位以外，民营企业自身也有责任，因为相当一部分民营企业信用较差，难以获得贷款。小型科技型企业一般固定资产规模小，无形资产的比重较大，难以通过抵押获得贷款扩大生产。鉴于现在贷出风险加大，银行只愿意"锦上添花"，不愿意"雪中送炭"。因此出现的怪现象是，在资本市场上，一方面是企业急于获得贷款，另一方面则是金融机构惜贷。结合国际援助中小企业发展的通行做法，中国也需要政策性资金来协助商业银行降低风险，否则民营企业和中小企业难以获得贷款。另外，要研究加快建立符合中小企业和民营企业贷款的担保制度。

东亚有可能成为新经济的沃土[*]

　　本届论坛以"新经济与亚洲"为主题，这是很有意义的。当前，新经济是否存在，它的确切含义是什么，世界是否已经进入了新经济时代，都是学术界所关注的热点。我个人认为，新经济目前还没有在世界经济中占据主流的地位，其是否应以"新经济"冠名也是需要讨论的问题。但重要的事实是，一种具有新的基本特征的经济已经出现。对这一事实的肯定，对其演进趋势的进一步的确认，以及通过研究而为在经济活动中的人们提供明确的方向，则是学术界应当进行的工作。

　　我们现在正处于一个大的经济过渡时期。我们或许可以把传统的各种经济形式笼统地称为"旧经济"，而把已经明显地表露出新的特征的经济形式暂且称为"新经济"。在现阶段，旧经济无疑仍处在优势的地位，而新经济则处在相对劣势的地位。但后者的相对劣势是仅就其数量而言，绝不是指其质量。新经济在质量方面是占有绝对优势的，其原因就在于它是建立在新的技术——以数字信息技术为代表的高新技术的基础之上的。而这些高新技术的产业化、商业化和工业化，将使人类的经济行为发生变化，使传统经济原有的一些矛盾发生变化，使以往的一些经济活动的规律发生变化，从而使经济进入一个全新的发展时代。新经济所具有的优势将

---

　* 本文是作者2001年7月在"一次以新经济与亚洲为主题的论坛"上的讲话，原载《开放导报》2001年第7期。

使其成为带动整个社会经济发展的一种力量，这就是我们密切关注它的原因。

新经济的产生导致了世界经济的两种不同的趋势。第一种趋势可以美国为例。经济的全球化和高新技术的飞速发展正在深刻地改变着美国经济。由于新经济的影响，美国实现了其历史上持续时间最长的经济增长，许多宏观经济指标突破了旧有的经济发展模式，以往的经济周期发展规律至少在表现形式上已大为改观。在最近十年中，美国的经济增长、收入增长、资本升值同低失业率、合适的通货膨胀率同时并存。贸易在美国GDP中的份额由80年代的不到20%增加到目前的25%。跨国资本流动在美国GDP中的比重则由10年前的10%上升到22.3%。美国充分利用其技术优势，特别是在信息技术方面的优势，不仅发展了高新技术的新产业，而且改造了传统产业，并广泛地吸纳世界各地的资源，大大地促进了本国经济的良性发展。

另一种相反的趋势可以日本为例。日本经济陷入不振已达十年之久。日本经济研究中心的分析报告指出，在以欧美为中心的发达国家和亚洲主要国家的范围内，日本经济的竞争力已大幅度降低。1990年时，日本在这些国家和地区中尚居第3位，而目前已下滑至第16位。20世纪90年代初日本泡沫经济破灭后，日本政府曾10次采取刺激措施，相继注入1万多亿美元，但一直未能实现经济的持续回升。不少经济学者认为，日本之所以能够在第二次世界大战后迅速崛起而成为全球的经济强国，其重要原因就在于日本当时建立了一套能够促进其经济发展的新体制和新机制。但是，在这次经济大转换中，由于现存的体制和机制未能随着日本经济发展的需要而进行相应的改变，遂成为经济和社会改革的阻力。

在经济转换时期，我们还应当特别关注同新经济的某些特点相联系的泡沫经济现象。泡沫经济现象在虚拟经济中表现得最为突出。在经济、政治、社会结构陈旧以及宏观经济政策和微观经济政策不适当的情况下，泡沫经济现象容易致使整个经济陷入危机。日本近十年的经济状况就是突出的例子，而发生于20世纪90年代下半期的东南亚的金融危机，则是泡沫经济波及范围更广的例子。

实际上，泡沫经济在全球范围内也同样是一个严重的问题。去年，美国的纳斯达克综合指数在上半年达到顶点后一路暴跌，道·琼斯 30 种工业股票的平均价格指数比最高时期下降了 20% 多。而在欧洲，德国、法国、意大利和英国的股价下跌情况与美国相仿。在一年多的时间里，全世界约有 10 万亿美元的市值消失了，这个数字相当于同期全世界 GDP 总值的 1/3。由此看来，泡沫经济在世界各主要发达国家中是普遍存在的，它在日本和东南亚的出现不过是较欧美略早了一些而已。这是新经济发展的一个副产物，颇值得世人警惕。要维护社会政治和经济的稳定，就必须建立新体制新机制，并要有正确的政策的支持。否则的话，世界经济是很难走上自律增长的轨道的。

经济全球化和科技革命不仅改变着经济的微观层面，也改变着经济的宏观层面。新经济的内涵不仅是新的生产力，也包括新的生产关系，它要求社会经济各方面的深刻变革。现在的问题是，以数字信息技术为代表的高新技术发展速度很快，而习惯于在旧经济旧体制下生活的人们还不能及时地适应这种变化，以至于产生了这样那样的症结。

在东亚地区，最近几年所出现的大的经济问题的性质，我认为是以新经济为背景的全球化进程同该地区旧有的经济、政治和社会结构之间的冲突。正是这一冲突引发了东南亚的金融危机。在这次危机中，泡沫经济首当其冲。东南亚的金融危机使我们更进一步地认识到，旧有的经济结构以及相关的其他结构已经过时，必须对此进行根本性的改造。但这个改造的过程将是漫长而痛苦的，是要付出代价的。

自上个世纪 80 年代开始，中国实行了以经济建设为中心、以改革开放求发展的新战略，有步骤地推进两个历史性的转变——由传统的计划经济体制向社会主义市场经济体制的转变；由粗放经营、注重数量的增长方式向集约化经营、注重效益提高的增长方式的转变。在这两大转变的过程中，中国克服重重困难，成功地抵御了东南亚金融风暴的侵袭，实现了生产力的跨越发展。在短短的 20 年间，中国的国民生产总值翻了两番，人民生活水平在总体上达到了小康的目标，发展速度一直处于世界的前列。

但是，我们在前进道路上还有许多困难。例如，农民的生活水平仍提高得很慢，城市中有大量的下岗待业职工需要安排，国有企业改革尚处于攻坚阶段，经济结构的战略性改组任务仍很繁重，自然环境的恶化还未能得到有效遏制等。尽管如此，我们相信，实行了新战略的中国是有条件和能力来逐步地解决这些问题的。

今年年初，中国制订了第十个国民经济社会发展的五年计划（2001—2005）。这预示着中国每年的经济增长率将为7%左右。在以后的一个时期内，我们仍会努力争取一个较高的发展速度。这样，到了本世纪的中叶，中国才有可能达到一个中等发达国家的水平。这就是说，中国的发展只能增强世界的和平与发展的力量，而不会对任何其他国家构成威胁，更不会成为潜在的敌人，中国是同世界各国互利合作的可靠的伙伴。

在对全球各地区的经济进行对比和观察的时候，我们看到，经受了20世纪90年代下半期金融危机的沉痛教训之后，亚洲各国正在认真地总结经验，扬长避短，趋利避害，进行"基础"建设，并在稳定的基础上继续发展。我们这里仍是全世界经济最活跃的地区。正是以这样的对比和观察为依据，我得出这样的判断：东亚仍有可能成为本世纪新经济的沃土。

深圳能源集团发展的战略思考*

一 "十五"时期深圳能源集团面临的形势、基本任务和总体战略

（一）外部宏观环境

第一，经济全球化及我国加入世界贸易组织后对电力企业的影响。经济全球化和我国加入世界贸易组织（WTO）后对电力企业的影响主要表现在两个方面：一是加入 WTO 后，由外商投资和经营的发电企业数量会不断增加，外商企业在资金、技术和管理上的优势对我国发电企业将形成一定的压力，将出现国内发电企业与外商企业更加剧烈的市场竞争局面，这是直接影响；二是加入 WTO 后，激烈的市场竞争使我国产业、产品结构必然进行大规模调整，高耗电企业需要减少成本支出，必然要求电力企业提供充足可靠、廉价的供给，要求降低电价，提高供电质量，对电力企业的生产提出了更高的要求，由于其他行业结构变动影响进而对电力企业产生的间接影响要比直接影响更加突出。

第二，电力市场需求总量、结构的变化趋势。"十五"期间全国电力供需矛盾由缺电量转化为主要缺电力，由于电网峰谷差日益增大，电网调

* 本文原载《管理世界》（双月刊）2001 年第 4 期。

峰特别是低谷调峰成为电网运行面临的严重问题，随着第二产业特别是内部高耗电行业和供给行业用电比重减少，低电耗、高附加值行业用电比重相应提高，第三产业和居民用电量提高，使得负荷增长速度持续超过用电增长速度。

广东电网电量与电力供需矛盾并存。目前，广东电网共有装机 3156 万千瓦，实际供电能力 2088 万千瓦。2000 年电力部门在新投产发电机组 231 万千瓦的基础上，按最大极限能力发、供电和接受西电、购买港电，仍总计拉电 945 条次，限负荷 275 万千瓦。"十五"期间，广东电网为优化电源结构，平衡供需，规划新增电源容量 1544 万千瓦，扣除单耗高、污染重的火电退役容量 155 万千瓦，将净增电源容量 1390 万千瓦。

深圳市是广东电网的第二大负荷中心。"十五"期间深圳 GDP 年均增长 10%，预计全社会用电量将相应年均增长 7.7%，最大电力负荷增长 8.0%。到"十五"期末的 2005 年，全社会用电量达 258 亿千瓦时，全市最大电力负荷 508 万千瓦。考虑到小火电油机电厂和企业自备机组负荷显性化因素，从深圳的经济发展需求、电网安全运行以及远期直接接受西电需要看，都需要本地较强的电源支撑和坚强的电网结构，特别需要建设大型燃煤电厂、大型燃气（LNG）电厂和具有快速调峰调频能力的抽水蓄能电厂。2001—2005 年，深圳电网至少需新增电力 250 万千瓦新增容量。

第三，技术进步对电力企业的促进作用明显增强。从市场需求变化和国家产业政策导向看，技术进步的方向是，系统需增加的发电机组将全部以大容量、高参数、高自动化机组替代退役小机组，煤电代油电，气电代柴油机组调峰；鼓励水电发电、外区电力（西部电力、三峡电力等）、热电联营、燃气蒸气联合循环发电、洁净煤发电以及太阳能、海洋能、地热能、垃圾能、生物质能、风力发电等；大力推广和应用电力环保、节能、配网自动化、大容量、高密度输变电、跨区电网互联、电网及变电自动化、电网商业化运营技术；加速高新技术改造传统产业步伐，把引进技术与消化吸收紧密结合，加快电力设备国产化，实现技术发展的跨越，提高科技在电力企业经济效益的贡献份额。

　　第四，环境保护和可持续发展对电力企业提出更高的要求。电力是公认的清洁有效能源，随着我国工业化进程加快，降低电力成本、扩大电力在终端能源的需求比例、不断提高电气化程度是"十五"期间我国改善总体环境状况的根本性措施。同时，我国以煤炭为主的一次性能源构成，决定了我国电力装机中煤电将长期居于主导地位，因此要求电力企业在加大水电等清洁能源开发利用的同时，必须加大内部环保管理力度，采用新的环境保护技术、特别是煤炭清洁燃烧技术，加大对电厂二氧化硫污染的控制和排放的综合利用，实现可持续发展。

　　第五，实施"西电东送"战略措施的影响。我国经济发达地区和人口主要聚集在东部，而煤炭、水电资源又集中在中西部，将西部电力送往东部，不仅可以促进西部水能和煤炭资源的开发利用，缩小东西部差距，还可以缓解东部缺能和环保问题。国家"西电东送"的规划原则是，以市场需求为导向，科学规划、分步实施、市场对接、规范运作、厂网同步、东资西流。

　　按照总体规划，广东电网在统筹安排好省内电源建设和布局的同时，加快电网建设以接受外区电力。规划接受西电在现有172.8万千瓦的基础上，2001年增加90万千瓦，2003年增加到205万千瓦，2004年增加到235万千瓦，2005年达到505万千瓦。这对深圳能源集团的负面影响是西电可能以低廉的价格挤占电力市场份额，正面影响是可直接参与西电电源建设，为更大范围内配置资源创造了条件。

　　第六，深化改革、厂网分开、竞价上网的影响。厂网分开，建立统一、公开、竞争、有序的电力市场，依靠市场竞争形成合理的电价和电力投资机制，实现电力资源优化配置是"十五"期间电力体制改革的基本方向。广东电网改革先行一步，其直接影响一方面表现在发电企业的上网电价和成本的竞争，必须强化管理，使供电煤耗、油耗、单位运营费用得到有效控制，具备上网或合同订价的基准条件；另一方面，厂网分开后，广东网内分离和组建若干个有实力的发电集团公司，加上外资和国内有实力的能源集团参与收购和企业并购重组，在规模和集约化管理上对深圳能源集团形成新的竞争压力。

（二）　机遇与挑战

目前看，深圳能源集团发展的有利条件是：

第一，区位优势。深圳能源集团地处深圳特区，政策环境宽松，为国有企业深化改革和超常规发展提供了广阔的舞台。深圳市国有企业改革与发展工作会议提出，要经过几年时间的努力，力争使深圳市拥有一批主业突出、实力雄厚、管理先进，在全国甚至国际都有影响力、竞争力的大型集团和上市公司，使其成为深圳经济发展的支柱。深圳能源集团所在的能源领域是市政府重点扶持的领域，从集团目前的良好基础和今后的发展前景来看，只要继续坚持以能源产业为主导的发展战略，坚持以改革促发展的方针，经过全体员工的共同努力，"十五"期间将企业迅速做强、做大、做实是可能的。

第二，规模优势。集团公司电厂技术装备先进，已初具规模优势。主导电力产业总装机容量275万千瓦，占深圳市装机总容量的75%，占广东省网的10%，主力电厂均是国外和国内先进成熟的装备，也是国内大型火力电厂的主流机组，供电煤耗、非计划停运次数、等效可用系数、劳动生产率等主要指标均达到国内较好水平。严格的生产、设备、物资、安全管理和控制系统自动化为电厂的安全文明生产提供了保障，占集团装机容量近一半的妈湾发电厂获得了2000年"一流电厂"称号。集团总体装备水平按设备生命周期40年计算，目前仅运行了10年左右，正处于"青壮年"时期，可满足实现安全、满发和低耗要求，在同行业中初具规模竞争优势。

第三，市场优势。集团所属电厂均处于负荷中心，近期受电网限制，深圳市外来电容量受限；远期由于就近供电，输电费用低；"十五"期间深圳发展面临电力、电量均不足的状况，为集团发展新的电源项目和保证电网安全运行具有不可替代的作用。

第四，机制优势。目前集团内部初步形成了责任分明、运转协调、办事高效、相互制衡的决策和运作机制。

第五，人才优势。集团10年的发展，已形成了一个团结一心、锐意改革、开拓进取的坚强领导集体和一支敬业乐业、甘于奉献、敢打硬仗的高素质员工队伍。

在充分认识有利条件的同时，对深圳能源集团面临的严峻形势和挑战也应有足够的清醒认识。

第一，管理体制和运营机制面临激烈的市场竞争的挑战。随着全国全方位改革开放格局的形成，集团管理体制、机制的优势已不十分明显，内地一些先进企业的管理体制与运营机制通过深化改革已经在很多方面处于领先地位。在面临国内市场竞争的同时，更面临着世界范围内尤其是大型跨国公司的竞争。作为国有独资公司，与管理先进、机制灵活、运转高效的国内先进企业及大型跨国公司相比，集团在激烈的市场竞争中压力明显加大，管理体制与运营机制的创新是集团继续做强做大必须面对的重大挑战。

第二，产业规模面临适应国家电力市场化改革的挑战。电力市场化改革的大力推进，厂网分开、竞价上网势在必行。"十五"期间，国家将以"西电东送"为契机，以三峡工程为中心，加快南北电网互联，大力推进全国联网，形成全国统一的互联电网。这样，随着互联电网的形成，集团面临的将是在更大范围和更强对手之间的竞争。从市场范围看，集团目前辐射区域仅限于深圳；从规模看，集团目前的装机容量不到广东省的1/10，不到全国的1%；从电源结构看，集团的电厂主要是成本与上网电价相对较高的火电机组，缺少必要的水电与抽水蓄能电站，难以在未来的竞价上网中发挥整体优势；从行业看，集团目前主要限于电力行业，还没有真正拓展到其他能源领域，不能发挥规模优势。从一定意义上说，产业规模的挑战对集团而言不仅仅是发展问题，而且还是生存问题。

第三，企业兼并重组浪潮对集团构成新的压力。广东电力市场今后几年将掀起资产重组与企业并购的高潮，市场格局将发生巨大变化，国内外多家知名企业已瞄准广东电力市场需求旺盛的前景，准备重拳出击。在这种形势下，如果不及早作出应对，不能在扩大广东电力市场份额方面有所作为，集团就会将这块市场拱手相让，在广东的市场份额将进一步下降。

第四，集团产融结合刚刚起步，各种金融工具运用不多，资本运作的人才不足。在国内、国际资本市场融资能力和规避防范风险的能力需要增强。

（三）基本任务和总体战略

面临"十五"期间的形势，集团的主要任务是巩固和扩大已有的比较优势，将不利因素的影响降低到最低限度，抓住机遇，迎接挑战，经过5年的努力，把集团塑造成以电力为主导产业、核心竞争力强、占有较大市场份额、实行现代企业制度的大型能源企业集团。

据此，其总体战略目标有二：一是实施"大能源"战略，确保到2005年年底，集团装机容量突破600万千瓦，总资产达到200亿元，净资产达到100亿元，销售收入达到80亿元，利润总额达到15亿元，为深圳社会经济发展和国有经济的不断壮大作出更大的贡献。二是实现产权主体多元化，完成集团整体上市目标，使集团成为机制灵活、管理先进、技术水平高、核心竞争力强、综合实力雄厚的大型集团化上市公司。

二　"十五"时期深圳能源集团的发展战略

确定"十五"期间深圳能源集团的发展战略要从国内外形势和总体战略目标出发，并遵循以国家"十五"计划纲要为指针，以市场为导向，以提高企业经济效益为中心，以制度、技术、管理创新为动力等项原则。在发展方面似可采取以下战略。

（一）在发展主导产业的电力基础上，强化市场份额领先的战略

这是促进"十五"期间集团健康稳定发展的极重要战略。为此，一要充分把握广东省和深圳市新一轮经济发展而带来的缺电形势的历史机遇，竭力争取在深圳市和区域电网内建设新电源点，巩固集团在深圳市的电力装机绝对优势地位，并提升集团在省电网和区域电网中的相对优势地位。"十五"期间完成西部二期5号、6号机组（60万千瓦）续建工程；积极争取东部电厂（一期规划建设3×34万千瓦LNG电厂）开工建设，并与广东LNG项目同步建成投产；实现2005年12月首台机组发电，2006年6月和12月投产第二、三台机组；积极寻求机会参与惠州、前湾的LNG电厂项目；积极参与"西电东送"电源和电网建设项目，以高压

直流方式直供深圳，提升集团在广东及区域电力市场的份额；争取在"十五"期间完成抽水蓄能电站项目可行性研究和初步设计等工作，2004年达到开工条件，到 2010 年，使 80 万—100 万千瓦抽水蓄能机组逐步投入运行。继续开展燃油电厂"以大代小"工作，在确保月亮湾电厂和南山热电厂"以大代小"完成的同时，针对深圳市的其他 10 个小型燃油电厂，适应国家电源结构调整的要求，开展深入的市场研究，力争使"以大代小"容量扩大到 73 万千瓦。二要在电力体制改革中不失时机地参与、兼并与收购竞价区域内电厂，通过资本运作，在二级市场融资及现有股权相互置换或实行强强联合等方式，收购或控股资产质量较好的电厂（竞价区域内及西电东送电力）装机容量 160 × 180 万千瓦，并努力开拓国内或国外的电力市场。

（二）实施电力跨地区经营战略，参与"西电东送"重点项目的建设和经营

国家西部大开发战略，给集团开发西部地区电力市场带来良好机遇。公司应把握时机，顺应国家政策导向，积极跟踪西电东送战略部署，做好贵州响水燃煤电厂等西电东送重点项目的跟踪研究工作，选准、选好优势项目，参与西电东送重点项目的建设与经营。

（三）大力推行电力产业多元化战略

大力推行集团发电形式多元化战略，改变单一的火电模式。一则顺应国家电力结构优化政策，减少污染，利于环境；二可减少对燃料价格的依赖性，利于在未来电力市场中的竞争；三可掌握多种发电技术，形成掌握多种发电技术的专业技术队伍，有利于企业的再扩大与再发展。"十五"期间重点发展抽水蓄能发电、LNG 发电和垃圾发电产业，实现集团电力产业多元化。

（四）积极开拓高新技术领域，发展环保型电力产业，拓展清洁能源利用

一是充分发挥集团优势，加大研究开发（R&D）经费投入，推动产、学、研结合，密切关注能源产业高新技术发展的新态势，积极选择优势项目和有利时机，介入高新技术产业化的新领域。

　　二是要利用集团在环保型能源产业的良好基础，以垃圾发电为突破口，发展壮大新兴环保产业，大力推进垃圾焚烧发电产业化、规模化。"十五"期间，要加快对引进技术的消化、吸收，努力形成具有集团自主知识产权的垃圾焚烧技术，实现设备国产化。积极推进垃圾电厂建设，要高质量、高水平、高效率地建设南山、盐田、龙岗等一批样板垃圾电厂，取得示范效应。在此基础上，积极开拓珠江三角洲及国内其他地区垃圾发电市场，走规模化发展之路，努力形成投资、设计、制造、建设、运营"一条龙"的垃圾发电产业，力争使垃圾发电产业成为集团电力产业之外的另一个支柱产业。

　　三是以西部电厂海水脱硫为依托，联合有实力的科研、设计单位，抓紧关键技术的开发，努力掌握海水脱硫的核心技术，推进海水脱硫设备的国产化和产业化。按照国家"十五"电力发展计划，"十五"期间要在1500万千瓦燃煤电站安装脱硫装置，而且东部沿海地区新建火电厂必须安装脱硫设施。集团应抓住脱硫产业刚刚起步这一大好时机，在东部沿海地区积极开拓国内海水脱硫市场，力争成为国内海水脱硫产业的主力军。

　　四是继续跟踪了解国内国际 IGCC 技术的进展，争取在条件成熟时，应用和推广这方面的技术，以促进环境质量的改善和经济效益的提高。五是密切注意新能源和新电力技术（如微动力技术）的开发和运用，为集团的长远发展做好相应准备。

（五）积极推行突出主业与多元经营相结合的战略，在加强电力产业的同时，发展配套产业和相关产业

　　一是加大多元化经营投资力度。随着经济全球化进程的加快以及社会主义市场经济的逐步完善，电力企业发展面临着更加市场化和打破垄断的挑战，资源与环境方面也会遇到更大的压力。面对新的形势，电力企业不能仅仅依靠单一的产品生存，还必须介入多元化经营领域，规避企业风险，提高电力企业抗御风险的能力，降低生产成本，拓宽电力企业的生存空间，寻求新的利润增长点，制定切实可行的集团多元化发展战略。对重点发展的多元化领域，要设置相应的管理机构，规范多元化经营行为，促进企业转变机制，实现技术创新和管理创新，在市场竞争中谋求发展。为了保障集团投资多元化经营领域的收益，应充分考虑多元化经营的发展前景，研究和控制集团用于多元化经营领域的资产的适当比例。二是扩大对能源相关产业的延伸。要抓住国家批准广东 LNG 项目开发的机遇，结合东部电厂 LNG 发电项目，以 LNG 接受站和输气管道为切入点，从适应市场要求出发，充分发挥集团的优势，争取市政府的支持，参与 LNG 气站部分股份及其相关的后续建设和运营，介入深圳市的燃气供应与销售领域。要继续逐步加大对燃料运输产业的投入，提高集团自运能力，并增强在深圳运输市场的竞争力。要寻找机会介入深圳市油品供应与销售。还要采用控股和参股方式参与其他多元化经营领域。适度投资于交通领域，主要参与城市轨道交通设施的建设。谨慎投资于金融领域（银行、证券、保险）。

（六）推行运用资本运营战略

"十五"时期是国有经济战略性调整和国有企业战略性改组的重要时期，深圳市计划到 2005 年基本完成这种调整和改组，形成更为合理的国有经济布局。同时，全国电力行业将加大改革和竞争的力度，扩大资产重组的规模和范围。在"十五"期间，大力推行资本运营战略。为此，一要将资本运作的职能从财务部分离出来，专门设立集团公司的资本运营部，或成立隶属于公司总部的资本运营投资公司，专门从事资本运作和产权交易。二要积极推行规模扩张、资产重组和结构优化战略。充分利用能源集团在规模、效益、特别是地域和体制上的优势，发挥集团所属上市公司在二级市场融资和资本运营中的作用，采取收购、兼并、股权置换等方式，对广东省境内或其他有利地区的优良发电资产和企业进行产权扩张，增加集团公司的发电能力规模和电力市场份额。同时，按"大能源"的思路向配套产业和相关产业扩展，扩大集团的产业支撑和综合实力。三要在南方区域新一轮电力企业的竞争和联合中，积极推行强强联合的策略，增强集团的市场竞争力。四要通过进一步推动产业资本与金融资本的融合，提高集团的资本运营能力。可在上述的资本运营部或资本运营公司下面设立证券经营公司或投资机构，加强与银行和证券部门的合作，促进资本运营机制和功能的完善。

（七）加大人力资本和研究开发的投入，推行技术创新战略

这是"十五"期间促进能源集团发展的主要手段。为此，一要研究制定自己的技术创新战略，建立有利于技术创新的体制与机制，形成较为完善的技术创新体系，实现技术发展的跨越。要选择关系集团可持续发展、促进公司实现国际一流目标的重点项目，进行自主开发和技术创新。近期要在洁净煤发电、垃圾焚烧、海水脱硫等方面实现技术发展的跨越。在引进、消化吸收国外先进技术的基础上进行技术创新，促进其国产化、规模化与产业化。在自主创新的同时，要积极跟踪世界电力科技创新水平和发展动态，掌握新技术，作为集团的技术发展的后备资源。二要加大研究和开发的投入。要发挥集团优势，加大研究和开发（R&D）经费投入，推动产、学、研结合，推进企业的技术创新。三要加大人力资本的投入。人力资本是特殊的资本，是企业赖以持续发展的动力源。要规划人才工程，规划现代企业人力资源开发和管理制度框架，坚持自培为主、外引为辅的人才战略，不断提升人力资本整体水平，并努力开发人力资源，充分挖掘人的潜能，促进集团的发展壮大。

三　"十五"时期深圳能源集团的改革战略

"十五"期间，深圳能源集团推进改革的总体思路是：要继续推行坚持"三个有利于"的标准和"三个代表"的思想，认真贯彻深圳市国有企业改革与发展工作会议的精神，以加快国有企业体制改革和建立现代企业制度为方向，以推进企业经营机制转换为主线，积极稳妥地推进以下四项改革：一是实现产权主体多元化和企业产权结构的变革；二是进一步完善公司法人治理结构；三是深化人事制度和分配制度改革；四是增强资本运营的功能。这里只论述第一、二项改革，第三项改革在后面分析，第四项改革前面已经提到。

（一）推进产权主体多元化，促进企业经营机制转换

深圳市委关于加强国有企业改革和发展的意见指出，除极少数特殊行业的企业可以采取国有独资有限责任公司的形式外，其余的都应改组为产

权主体多元化、分散化的有限责任公司或股份有限公司。产权主体多元化是国有企业建立现代企业制度，实现决策民主化和科学化的重要基础，也是大力发展混合所有制经济、增强国有资产活力和调控力的基本前提。因此，全市国有企业改革和发展会议特别强调，要把产权主体多元化、发展混合所有制经济作为解决国有企业问题的根本出路和突破口。

"十五"时期，全国包括能源工业在内的基础工业中的国有企业，大多数将面临由国有独资公司转变为多元产权主体的国有控股公司的趋势，而国有股比例过高的企业，则面临着通过多种形式降低国有股比例，由绝对控股向相对控股或参股转变的趋势。在这种趋势下，作为位于改革开放前沿的深圳能源集团，应当率先加快这方面的改革，将产权主体的多元化和企业产权结构的变革，列为"十五"期间集团体制变革和制度创新的中心内容，并以此为基础促进企业经营机制的根本转变。

（二）完善公司法人治理结构，形成规范高效的企业运行机制

完善公司法人治理结构是建设现代企业制度的核心内容，是国有企业深化改革和转换经营机制的关键环节。建立规范有效的法人治理结构，客观上要求在所有者与经营者之间合理配置权力、公平分配利益并明确各自职责，建立有效的激励、监督和制衡机制，从而实现公司的多元化目标。按照《公司法》的规定，完善法人治理结构，要形成目标一致、权责明确、相互制衡、高效运作的现代企业组织管理制度。

深圳能源集团在改制之后，已经初步建立了合理的法人治理结构。但随着集团产权主体的多元化和企业产权结构的变革，新的公司形态对法人治理结构的规范化将提出新的要求，同时也为企业组织管理制度的进一步改革提供了新的空间。集团应在这个条件下推进法人治理结构的完善，进一步理顺企业内部各个层次的权力、利益、职责以及相互关系，并推进相应的制度建设，明确相关的制度安排，从而促进规范高效的企业运行机制的形成。

根据改革的总体思路，深圳能源集团在"十五"期间推进改革的战略目标是：（1）实现多元化产权结构"四、四、二"的目标。即通过产权结构多元化的战略性调整，实现集团资产中国有股比例减持到40%，外资股比例增加到40%，内部职工持股比例上升到20%的目标。（2）建立新的法人治理结构的系统框架。包括适应多元化产权结构的公司治理职能设置和制度安排的规范化，新老经营管理层次与职能部门关系的协调化。（3）实现集团公司整体上市的目标。通过改制改组建立以资产为纽带的因子公司体制，通过主导产业的规模扩张实现综合实力和经济效益的持续增长，逐步实现大型集团化公司的上市要求。

为实现以上改革的战略目标，深圳能源集团需要实行以下改革措施：

第一，推进产权主体多元化的方案。集团初步确定企业产权结构变革的方案是：国有股的比例为40%，外资股和内部职工股的比例分别为40%和20%。集团将以"减法配加法"的方式，来推进企业产权主体的多元化。

先运用减法，变现集团的国有资产股份，实现国有股的减持，再运用加法，对部分变现的国有资本进行再投资，增加国有股的比重和控股能力。

实行这种改革方式并这样确定非国有股的比例，既能有效实现集团的产权主体多元化和产权结构的变革，促进国有企业的制度变革和企业经营机制的转换，为建立适应社会主义市场经济发展的现代企业制度奠定基础，又能有效发挥国有资本对社会资本的带动作用和调控功能，推动企业内部混合所有制经济的发展，并保证国有资本对能源产业发展的主导作用。而如果非国有股的比重太低或太高，则难以同时实现这两个目的。

同时，将集团约40%的股权出售给外商，不仅可以吸引国际战略投资者，通过外资的介入提高企业的技术水平和管理水平，推动以国有控股的能源产业较快发展，而且更重要的是能够借助外资较大比例参股的作用，带动企业产权结构的变革和国有资本活力的增强，促进公司法人治理结构的完善和企业经营机制的转换，并最终实现集团公司整体上市的目标。也就是说，将外商的股权比例确定在40%左右，是因为只有当外资股达到一定的比例，才能真正实现以上两个方面的作用。

第二，实行员工和经营者持股的办法。在推进国有企业制度变革的过程中，建立有效的企业内部激励机制是一个重要环节。而建立有效的激励机制需要深化分配制度改革，将经营者和员工的利益与企业的发展速度和效益联系起来，将短期利益与长期利益结合起来，从而使职工与企业形成利益共同体和命运共同体。

现在很多跨国公司都把股权激励作为吸引、稳定和激励员工的一种重要手段。集团制定和实施企业经营者和员工持股计划，并将内部职工股的比例确定为20%，是推进企业市场化改革战略，加快企业内部激励约束机制建设，增强企业凝聚力的一项重要举措。

在集团公司中普及员工持股，除个人现金出资外，还可以采用公益金划转、股权借款、银行贷款等方式，进一步扩大员工购股的资金来源。要通过多种方式实现经营者持股，可采取直接购股、授予期权、奖励期股的方式，也可以采取技术换股权、管理换股权、市场换股权的方式，还可以采取奖励红股的方式，赋予经营者收益权，或从超额利润中提取一定的比例，以股份的形式奖励给经营者。

在推行经营者与员工持股计划后，集团将建立起有效的企业内部激励机制，使集团不仅靠事业留人，感情留人，而且靠好的机制留人，靠合理的股份留人。

第三，构建公司法人治理结构的程序。深圳能源集团在完成产权主体多元化和分散化的改革之后，企业的体制形式将由原来的国有独资有限责任公司转换为多种所有制产权结构的有限责任公司或股份有限公司。由于外资股的进入和内部职工股的分散化，集团需要考虑设立股东会。根据《公司法》以及《中国共产党章程》、《工会法》和国有企业改革的有关规定，新的公司法人治理结构将由股东会、董事会、监事会以及党委会、职代会和工会共同组成，并形成权责明确、相互制衡的关系。

股东会是公司的最高权力机构，具有最终决策或否决的职权。任何部门和机构，包括国有资产投资管理公司，不得以任何其他形式代替股东会行使权力。董事会作出重大决策或进行重大决策调整，原则上必须经股东会批准。

董事会是公司的决策机构，担负企业的决策职能，其他任何机构都不能代替董事会的决策。为避免董事会中经营班子成员过多，可聘请社会上的有关专家担任公司的独立董事。要规范董事会的工作程序，严格执行董事表决签字和责任追究制度，实行董事会集体决策、个人负责。在董事会闭会期间，董事长负责督促经营班子执行董事会决议，并根据董事会的授权，具体负责公司的经营决策。

公司的经营机构由总经理、副总经理、总经理助理以及职能部门经理构成。总经理担负对生产经营活动的指挥权。总经理是公司的雇员，向董事会负责，执行董事会决议和董事长的决定，负责公司日常生产经营活动，不能超越权限决策。

监事会是公司的监督机构，担负企业的监督职能。要健全机构，明确职责，规范运作，确保监事会的事前知情权和建议复议权、事中跟踪调查权和事后责任追究建议权，使监事会对董事会和经营班子的监督落到实处。

要理顺公司新三会（股东会、董事会和监事会）与老三会（党委会、职代会和工会）的关系。可实行交叉任职、双向进入的方式，深圳能源集团作为国有控股公司，党委负责人可以通过法定程序进入董事会或监事会，董事会和监事会都要有职工代表参加。董事会、监事会、经营班子和工会中的党员负责人，可依照党章及有关规定进入党委会。党委书记和董事长可由一人兼任。

四　"十五"时期深圳能源集团的企业管理战略

管理规范与管理创新相结合是提高集团管理水平的基本原则。为了适应"十五"期间能源集团发展战略和改革战略的要求，并考虑到未来集团将面临更为复杂多变的市场环境、技术环境和资源供给环境，特别需要强调实施企业管理的创新战略。集团的管理创新战略体现在组织结构的调整，人事和分配制度改革，完善成本管理和财务管理，强化审计监督，实现投资决策科学化和加强企业民主管理等方面。

（一）建立适应改革发展要求的组织结构

一是适应"十五"期间集团发展战略的要求，切实推进集团产权主体多元化，降低国有持股比例，把集团改造成混合所有制的有限责任公司或股份有限公司。

二是适应完善集团法人治理结构的要求，需要对董事会成员结构进行必要调整，聘请社会专家担任独立董事。进一步完善董事会集体决策、个人负责制度，实行董事表决签字和决策失误责任追究制度。进一步健全监事会的机构，完善监事会的监督功能。企业的审计部应由监事会主席分管，并通过制度规范，保证监事会参与并监督企业重大决策。

三是改进最高决策层与总管理层，建立战略领导体制。（1）扩大最高决策组织，改进决策的智力结构，使更多的人才参与最高决策，加强集体决策机制；（2）建立发展战略委员会和事业运营委员会。前者由董事长、总经理以及副总经理组成，负责长期战略决策，并由专职副总经理负责具体事务。后者由主管副总经理和相关部门（财务、行政、人力资源等）主管组成，负责短期战略决策和实施。

四是集团将根据产品和区域分散的程度及营销规模决定应该选择的组织结构形式。在产品单一及本地范围经营阶段，集团采用相对集权、行政控制为主、集约化管理模式。在这种模式下，应处理好集团公司与子公司集权与分权的关系，集团公司应着重决策与目标管理，而将经营权下放到子公司，同时要完善对子公司管理层的激励机制，调动他们的积极性。当企业规模扩大、产品增加、经营范围突破地域限制时，集团内部组织结构和管理体制就将进行改组，更多地采取集团公司通过资本投资控股子公司的资本控制模式。为有效运用资本控制模式，集团要注意加强全资子公司或控股子公司董事会的作用，将重大经营决策、财务监督权集中在董事会，同时要建立快速信息反馈渠道，及时解决相关经营决策问题。

（二）推进人事制度改革，培育优胜劣汰的用人机制

集团的持续、快速发展有赖于逐步趋于市场化的人力资源开发与管理模式。集团创立的内部人才市场、人事代理制度、干部考评体系和人才管理理念，有利于在集团内部建立起与市场经济相适应的用人机制和激励约束机制，激发集团员工的竞争活力和创新精神。但还需要进一步完善和改进。

一是"十五"时期，集团应在培育内部人才市场的同时，逐步拓宽外部人才渠道。要在集团内部真正建立起统一的人才市场，实行公开招聘、择优选拔、竞争上岗，促进系统内部的资源共享和人才流动。实行工作轮换制度，管理人员之间采用轮换的方式进行培养，人事、行政、财务及采购部门的领导多数应具备生产管理经验。生产工人也需要进行岗位轮换，使员工成为多面手。逐步增大通过外部人才市场选拔中高级管理和技术人员的力度，要不惜重金聘请高级人才，只要人才加入集团，集团就要千方百计地挽留住。如果人才不能在某一部门发挥出自己的才干，就尽量为他们调换工作。集团领导要倾听他们的意见，让他们知道集团尊重他们的想法和见解。既让技术与管理人才承担责任，又要向他们授权。

二是逐步在集团中层以上干部选拔中实行全员竞聘上岗，干部任期届满后，自动解聘，在本企业员工中或外部人才市场中公开招聘。招聘由集团委托社会中介组织或企业部门进行，通过多种形式的考评，由集团领导批准后聘任。继续完善以业绩为主体的干部考评体系和"工作写实"制度，为干部考核提供量化依据。实行全员考核，首位晋级奖励、末位调整降级淘汰制度，建立优胜劣汰的用工机制。

三是规范劳动合同制度，打破全民固定工、集体工、合同工等身份界限，坚决分流安置富余人员，依法实行经济性裁员。

（三）改革分配体制，形成有效的激励机制

为解决工资报酬激励不足、劳动投入量与收入激励不对称等方面的问题，"十五"时期，集团要继续促进分配制度改革。为此，

一是实现以岗定薪，易岗易薪，形成岗位责任越大，工作弹性越大，实际贡献越大，收入就越高的收入激励机制。在效率优先、兼顾公平的原则下，坚持对收入分配拉开不同级别不同岗位的差距，又拉开同一级别不同业绩、不同贡献的差距；大力简化和合理确定工资结构，加大奖金与业绩挂钩的比例。逐步实现以"能力工资制"代替资历、职务工资制。实行能力工资制，集团内部员工要一视同仁，不定行政级别，员工不纳入干部序列，达到公平公正地对待每个员工的目标。"能力工资制"的工资标准应有一个度，拉大董事长（总经理）与一般员工的收入差距，把个人

经济利益与经营数量、经营风险程度、经营增值额度挂钩。

二是继续完善董事长和总经理年薪制，加强对经营者年薪的管理，从效益薪酬中提取一定比例作为风险基金，任期届满经考核不合格者，相应扣除其效益薪酬。

三是大力推行员工持股制度，放开员工持股的比例限制。扩大员工购股的资金来源，除个人现金出资外，还可以采取向公司股东借款、银行贷款、公益金划转购股等方式。员工购买企业股权，可以给予一定的优惠。通过经营管理者直接购股、奖励股权和分红权，授予股份期权等措施，把经营管理者的个人收入与企业的长远发展紧密结合起来，构建报酬与风险对称的新型激励和约束机制。

四是实行适合企业专业技术人员特点的分配制度。对集团内部专业技术人员实行按岗位定酬、按任务定酬、按业绩（科技成果）定酬的分配办法。对有贡献的专业技术人员可实行项目成果奖励，技术转让以及与技术转让有关的技术开发、技术服务、技术咨询所得净收入提成，关键技术折价入股和股份奖励、股票期权等分配办法和激励形式。

（四）加强成本管理，挖掘企业潜力

"十五"时期，集团财务部门要继续加强原有的、有效的成本核算与成本管理的各项基础工作。但是，为了适应"十五"期间新形势，在成本管理方面仍需改进，以进一步挖掘企业潜力。

一是由于产品（服务）的成本并不局限于生产成本上，而是涉及开发、设计、制造（或提供服务）、市场及客户服务的全部成本生命周期，因此，集团要从战略的角度全面考察企业的成本，实现成本的全程控制。在考虑企业成本时，设计环节的决策制定十分关键，在设计阶段选择适用技术、设备与工艺决定了生命周期成本的大部分。要降低一般销售及管理费用，必须有集团上下一致的努力，要有明确的经费节省目标并与企业其他管理目标相衔接。业务人员的费用控制应该在既不影响业务部门的效率，又不会造成损失浪费的原则下进行。

二是为了降低成本，集团可以运用各种自动化技术和智能化手段，如计算机辅助设计、控制及检修，促使人工费用的降低，进一步提高生产率。但是，由于自动化引起的间接成本将会大量增加，诸如新设备折旧和保险费、工厂维修费、公用事业费、研究开发费用和技术人员薪金等。因此，需要衡量直接人工成本下降与间接成本上升的相互影响，选择合理的技术路径与人力资源的组合。

三是由于市场系统风险（经济波动、价格变动）的存在，为生产准备的燃料及物资交易成本会出现波动，或是市场供不应求，价格上涨，或是品质下降，不得不寻找更为昂贵的替代品。因此，获得准确、相关的成本信息是企业在剧烈竞争环境中生存、发展和实现盈利的关键。

（五）完善财务管理，提高资金运用效率

集团目前实施的是集权制的财务控制模式，其基本特点是集团总部的财务部门对下属公司的财务管理与决策实施集中统一，子公司没有财务决策权。集权制的优势在于财务管理效率高，有利于企业集团发挥整体资源优势，提高整体资金利用效益。但是，在这种体制下，子公司财务权限过少，不利于发挥子公司参与管理的积极性，不利于集团本部财务管理转移到战略方面，也不利于集团与子公司间财务关系的明晰。财务的有限分权是未来集团财务管理的基本方向。在进行分权管理探索过程中，需要明确集团总部财务部门的主导地位，强化各类考核制度，分清集团总部及子公司财务部门的责权关系。这是其一。

其二，"十五"时期，集团要不断完善预算管理。从集团目前的经营特点分析，需要建立以成本控制和现金流量为重点的企业全面预算管理制度。以成本为重点的预算管理模式，强调成本管理是企业管理的核心与主线，以预算总成本为基础，分解到涉及成本发生的所有单位，形成约束各预算单位管理行为的分预算成本。以现金流量为重点的预算管理模式则以现金流入流出为控制核心，强调监控现金有效回收并保证其有效利用。传统预算对未来缺乏预见性和长远性，难以适时作出调整，因此，需要编制滚动预算。在滚动预算体系中，在每1个月度（季度），管理人员都要对本月（季度）和接下来的11个月（3个季度）的预算进行调整，并自动向后延续1个月（季度），重新编制1年的预算。

其三，随着企业规模扩大及分公司数量增加，有必要建立集团内部的资金结算中心，提高资金运用效率，实现公司整体利益最大化。内部资金结算中心集银行金融管理和企业经营管理双重身份，通过"结算管理"和"信贷管理"两个方面做好企业资金的调剂工作。内部资金结算中心应该单独设置，和会计部门平行。内部资金结算中心不应成为独立核算、自负盈亏的利益主体，但其未来可以逐步发展为集团的财务公司。内部资金结算中心可以通过与银行的合作，设立企业银行终端并利用其企业结算系统，使得集团总部能够通过终端随时查询各分支机构账户上的资金余额，全面及时地掌握集团的整体资金状况，解决资金调度上存在的时间、地区差异问题，减少在途资金，实现网内资金融通。

（六）强化审计监督，完善约束机制

集团自成立以来，初步建立起了比较规范的审计制度，为集团"十五"期间进一步完善内部监督和约束机制创造了有利条件。在公司法人治理结构的监控机制中，审计监控和经营权监控是两个不同的系统。由于代表了所有权利益的审计监控所具有的权威性和层次性，使之可以对经营权监控实施再监控。集团未来审计制度的改革应该适应这种再监控的要求。为此，集团公司审计监控组织体系应作出调整。（1）在集团公司监事会内组建审计总部，其主要职责是代表集团向其子公司派出监事会或监事行使出资者监督权，协调指导子公司监事会的监控活动。（2）在集团公司董事会下设审计委员会，其主要职责是向全资子公司派出审计委员会，或向控股、参股公司董事会派出独立董事，对总经理实行监督与评价，督导子公司审计部门的审计工作。（3）对集团公司二级以下公司直接或间接参与审计监控活动。这是其一。

其二，为进一步加强审计监控制度的协调性和约束性，集团各子公司审计部门应受集团公司相关部门制度约束，各子公司应制定出相应的内部监控制度规范；集团公司审计部门应及时予以指导，集团公司各层次审计监控部门应在职能设置、监督内容、检查方法等方面进行协调与合作。建立集团公司与子公司审计过程的他律和自律相结合的机制，由集团公司审计部门制定出内部控制规范，为被监控单位自查工作提供标准和依据。建立审计监控与被监控部门的双向考核制度和考核公开制度，形成共同约束

的监督机制。

其三，进一步健全集团内部审计机构，拓展审计监控的内容。以合同审计为切入点，进一步拓展审计领域，开展招投标审计、专项审计、管理审计、实体审计。由事后审计向事前预警审计转化，在继续搞好财务收支审计的基础上，重点转向管理审计和效益审计。要探索决策审计的实施方案，促进决策的规范化和科学化。为增强监控信息反馈的及时性，应建立集团公司审计信息的传输网络，利用信息网络，实现集团公司经营管理活动全过程监控，全面提高集团公司审计工作效率。

（七）实现投资决策与管理的科学化和规范化

长期投资涉及集团未来发展大局，不确定因素多、风险大，因此投资决策与管理十分具有挑战性。投资管理的原则是坚持科学化、民主化决策，加强规范化、程序化管理。在这方面，"十五"期间集团必须关注以下几点：

一是"十五"时期集团仍将坚持项目投资的集权制管理模式，集团及其所属投资项目的决策权集中在集团本部。在集团董事会和经营构架中分别设置集团董事会发展委员会和集团计划投资管理部，以加强对投资项目的决策和管理。前者主要负责投资项目论证和投资效果评价，后者具体负责投资项目开发和管理工作，对投资项目实施全过程控制。随着集团规模扩张、业务领域扩大以及组织制度创新，将适当尝试将部分投资决策权下放到全资子公司，实行子公司有限额投资权。也可依集团公司对子公司所有者权益的一定比例确定投资权，在一定时期内，无论投资项目多大或多小，只要投资总计不超过比例，子公司都可以投资。

二是实现投资项目决策的科学、民主化。项目投资要遵循决策程序，即集团公司或下属企业向集团计划投资部申报项目建议书，上报集团领导机构研究决定是否转入可行性研究。项目的可行性研究完成后，项目提出单位作出立项申请报告，由集团董事会发展委员会邀请专家评审。通过专家评审的项目报董事会发展委员会审批，经董事会讨论、由多数董事同意投资的项目才可由项目提出单位上报政府有关部门进行审批。

三是实行投资项目终身责任制，由集团确定项目负责人，并对投资项目实行跟踪的动态管理，集团公司会同产权、审计、人事部门对项目建设单位的投资行为定期进行检查、监督。项目建设实行从设计、设备采购、施工、调试、工程管理的全过程招投标，项目建设实施监理制，完善对项目责任人的监督和约束。

四是在投资方案实施过程中实现财务控制。财务部门应对投资项目进行跟踪调查，并与财务评价系统相联系，考察其是否达到既定目标，资产的使用是否有效率。在评价结果不理想时，需要查找原因，并将结果反馈给决策者，以求改进或考虑产业退出。企业财务部门应按投资项目确定的资金来源筹集资金，按投资拨款计划控制拨款进度，强制资金回收工作，及时足额收缴利润，全面反映项目投资情况。财务部门还应加强对外投资的回收工作，特别是除股票、债券投资以外的其他投资，主要包括流动资金和固定资产投资。

（八）继续推进企业的民主管理

"十五"期间集团要把企业的民主管理继续推向前进。

一是在集团的决策机制上充分体现民主，凡涉及企业方向性、全局性、长远性的重大事项，都可邀请有关专家及职工代表参与评议。集团领导层要通过多种方式将所确定的企业发展战略及实施方案传达给群众，争取全体员工的合作与支持。

二是员工特别是管理人员都需要通过各种方式，明确企业未来的奋斗目标，强化民主监督。监督内容包括大宗物资采购、管理人员的选聘及任免、工程项目的建设过程、较大规模资金的运作等。企务公开的形式包括向职代会报告、定期召开经济分析会、定期召开职工代表座谈会、公告栏或网上发布等。

三是实施"职工建议制度"。简化建议制度的程序，员工可以方便地获得建议表格，并可通过匿名方式提出建议。设立专门机构实施这一制度，及时处理职工建议，提交给有关管理部门。管理层要充分重视这一制度，将所采纳的建议定期发布在公司出版物上，对未被采纳的建议，必须向建议人说明原因。对建议人给予必要的奖励。

五　"十五"时期深圳能源集团的企业文化战略

长期以来，集团坚持"聚万物之能，开百业之源"的企业宗旨，弘扬"释放自己，照亮他人"的建业精神，倡导"以人为本"的价值观念，实施多项"凝聚力工程"，充分发挥了企业文化力对企业生产力的推动作用。未来5年，集团将面临更加开放和富于变化的经济与人文环境，集团与其他企业之间跨地区竞争、合作不断加强，就有必要吸收其他企业文化包括本土文化和外来文化的优秀部分，博采众长，与自身企业文化相融合。在邓小平理论和"三个代表"的重要思想指导下，坚持、继承与发扬企业核心理念与精神的同时，集团企业文化的观念需要发展，内容需要丰富，形式需要创新。企业文化创新战略是集团"十五"期间发展的重要条件。为此，需要注意以下各点。

（一）　建立可持续发展的企业理念

可持续发展是新型的发展观，是未来经济与社会发展的必然选择。企业要获得长远的发展也必须遵循这一基本模式。要实现集团的可持续发展，必须摆正人与物、个人与整体、企业与社会、企业盈利与公众利益、企业发展与环境保护的关系，使企业和社会、企业与环境成为一个有机的整体。在企业精神、企业伦理、企业宗旨中都应体现可持续发展的理念。

集团的经营活动，就是以各种形式直接或间接与社会公众打交道。如何对待社会公众，对于集团经营来说是非常重要的。就企业与社会的关系而言，利润并不是企业的最终与唯一目的，集团的最基本的使命是把优质价廉的产品供应给社会。不能只追求一个企业的繁荣，而要通过企业的经营活动来带动整个社会走向繁荣，与社会共同发展。集团与政府机构、股东、供货商、顾客、银行、社区等的关系必须妥善处理，绝不能以牺牲对方的利益为代价谋求自己的发展。

鉴于电力生产可能对环境造成不利影响，因此，集团必须重视发展质量，要把发展清洁能源、降低物质消耗、有效利用资源、减少废料和污染物排放作为企业运营的方向。集团企业内部应当按照清洁生产的要求制定清洁生产的有关审计指标、标准和措施。要把环境保护作为重要的社会责任承担起来，倡导清洁生产、绿色产品，并通过环境伦理教育及环保措施的实行确立集团服务社会的公众形象。

（二）实施企业再造工程

知识经济、经济全球化以及中国加入世界贸易组织，给集团未来发展带来机遇和条件，也带来了前所未有的压力和风险。适应这种变化，集团要努力塑造一种全新的思维观念和工作方法，对集团的组织结构和经营过程进行重新构造。企业再造的基本内容是以集团的生产作业或服务作业的流程为审视对象，从多个角度，重新审视其功能、作用、效率、成本、速度、可靠性、准确性，找出其不合理的因素。不仅要对现有流程进行改进，而且要实行革命性的创造，通过重新设计，以效率和效益为中心重新构造企业的业务流程，以达到业绩上的质的飞跃和突破。

集团的企业再造工作应由一个团队承担，这个团队由两种人组成：一种是内部人员，他们熟悉业务流程情况，有实际经验；另一种人是外部人员，他们虽然对企业现有流程所知甚少，但能提供创造力。一个认真地进行再造革命的企业，可能会有许多团队在同时开展工作。在进行企业管理系统的再造过程中，将在企业的根本性的管理观念上发生冲突。这时企业内外的观念交流是非常重要的，企业领导人的固执、守旧会妨碍企业再造获得成功。

实施企业再造工程要以人为中心。要在集团员工之间建立相互信任、通力合作的工作氛围，要鼓励员工不断吸收新鲜的知识与信息，敢于冒风险，要建立新型的选人用人机制和科学人事考核评价机制和有效的人才激励机制，要倡导团队与合作精神，发挥集体的创造力和凝聚力。实施企业再造工程要求要遵从顾客满意及市场导向原则，逐步形成具有革新精神的企业组织方式，即工作职责划分比较宽松且具有弹性，任务划分更有利于完成组织总体目标，员工在组织间的横向沟通与在层级结构下一样方便与充分，更加强调协商而不是无条件地服从指令。

（三）倡导人本管理

继续贯彻"以人为本"的管理理念，把人本管理作为企业管理活动的核心。通过多种方式实现员工参与企业决策和管理工作，从而增加他们的自主性和积极性；对员工平等对待，尊重每一个员工作为个人的人格尊严；让每位员工直接参与对话，使他们有机会与公司同心同德，发挥出各自最大的潜能；尊重资深员工的劳动和贡献，使员工对集团产生归属感；关心每个员工的成长和个人前途，为员工创造事业成功的条件和体验成功的成就感；创造没有偏见与歧视的工作环境，贯彻均等发展机会的原则。

集团应该注重对员工的综合激励。力求满足员工的安全感、职业保障等方面心理需要。综合激励体现在四个方面，即个体成长、工作自主、业务成就和物质报酬。实现个体成长就是要使员工能够认识到自己潜能的机会，能够实现技能、知识、事业的长进；倡导工作自主就是员工能够在既定的战略方向和自我考评指标框架下，完成集团各级组织交给他们的任务；达到业务成就就是员工完成的工作业绩达到一种令个人足以自豪的水准和质量水平；赢得物质报酬就是员工获得一份与自己贡献相称的报酬，并能分享到自己所创造的财富。针对不同的员工及员工所处的不同阶段，激励方式要有所选择，区别对待，使每一个员工始终处于被激发状态。帮助员工进行"个人职业生涯开发"。集团要从组织目标和员工能力、兴趣出发，与员工共同制定和实施符合企业组织需要的个人成长与发展计划，员工则要根据自身情况、机遇和条件，为自己设立职业目标，选择职业道路，确定发展和教育的行动方案。集团要为员工的职业生涯开发提供必要的帮助。包括：聘请专家对员工进行有效的职业咨询，使员工明确职业目标，决定具体的自我开发活动；向全体员工提供职位空缺的信息；使员工不断得到培训，以适应不同岗位的要求；有目的地变换岗位，使个人意愿得到较大程度的尊重和实现。

（四）继续加强企业精神文化建设

企业精神文化是支撑企业文化体系的灵魂。继续完善具有集团特色的凝聚力工程，即以邓小平理论教育为核心的"旗帜"工程，以党团组织建设为中心的"堡垒工程"，以培养和选拔优秀青年人才为重点的"人才工程"，以弘扬"释放自己，照亮他人"的深能精神为特点的"企业文化工程"，以完善监督、反腐倡廉为内容的"阳光工程"，以密切干群关系为主线的"温暖工程"。

继续贯彻"三结合、四为主"的文化生活工作思路，即企业文化生活的各项活动要与促进企业生产相结合，与培养企业精神相结合，与塑造企业形象相结合，活动形式以业余为主、基层为主、小型为主、协会为主。倡导文明健康的生活方式，开展丰富多彩的文体活动，推进全民健身活动。进一步强化思想政治工作责任制，党政工团齐抓共管，各司其职；使思想政治工作责任到人，落到实处。开展党员建功立业、勇于奉献、廉洁自律活动，发挥党支部战斗堡垒和党员先锋模范作用。

（五）实现企业文化的包容性

从近年来崛起的大企业管理经验中可以看到，多元企业文化的建设与管理是它们成功的精神支柱。这种文化的首要特征是能够容纳来自不同背景、具有不同思维方式的人才，在工作中激发他们的创造性思维，并且通过有效的机制，将其思想与企业经营现实紧密结合，为企业创新提供丰富的智慧能源。

集团未来发展将会突破地域限制，在国内及国际范围拓展更广泛的发展空间。面对不同地区或国家多元的文化，在制定自己的企业文化战略时，既不能固执于自己已有的文化，也不能盲从其他地区或国家的文化，集团要妥善处理可能产生的文化的差异性和多样性，要在不同形态的文化氛围中，设计出切实可行的组织机构与控制体系，实现不同文化背景成员间的沟通和协调，建立起一支高效的、跨文化的工作团队，并使跨文化的团队能够对企业的发展战略产生共识，并愿意一起为之努力。

为适应跨地区、跨国投资经营的需要，集团领导层要深入研究不同地区、国家、民族在语言、传统、性格、信仰、价值观和生活方式上的多元性和复杂性，从事跨地区、跨国界经营的管理者要重视与对方地区（国家）员工的交流与融合，尽可能实现自身对异地文化的包容性。

在跨文化管理中，员工培训具有重要意义，要使集团员工熟悉相关地区（国家）的文化环境、人文特点。为了避免由于文化观念、经营目标上的差异造成不必要的冲突，需要加强对多种文化的认识和理解，建立起文化选择与调适机制，形成相互尊重与理解的行为方式，实现多种文化的和谐共存。

（六）塑造新型的企业形象

集团在实施企业形象战略时，既要注重企业视觉系统的完善，更要注重企业理念、企业行为的结合与导入。企业形象作为一种无形资产的增值系统，需要以企业理念作指导，需要通过员工的行动来体现。在企业的产品策划、服务活动、广告创意及公关活动中，要努力把塑造平等协作的职业道德观、具有创新精神、拥有高超管理、具备长期投资价值、财务状况稳健以及善于运用公司资产等方面的企业理念贯穿其中。

社会各界对企业员工印象的好坏直接反映到对企业整体形象的评价上，因此，要把企业理念渗透到每一位员工的日常行为中去。员工要恪守职业道德准则，严格遵守岗位职责；企业领导人的个人作风、品格具有很高的代表性和模仿效应，因此，集团领导层要以身作则、严于律己；要使企业理念落实到企业行为中去，需要制定完善的规章制度，有助于员工更好地执行；要在集团内部树立优秀、模范人物，以培育员工的荣誉心和责任感；要通过集团内部的刊物、布告栏、员工座谈会、意见箱、互联网进行思想传播与交流；要加强员工培训，提高员工的素质、修养、道德情操和敬业精神。

"入世"后中国同亚洲区域
经济关系展望*

　　在世界贸易组织（WTO）的框架下，尽管中国将扩展同以北美、欧盟为代表的发达国家之间的贸易往来，按照 WTO 规则所安排的进程逐步融入经济全球化，但从现实基础出发，特别是在 21 世纪初期，中国最能够有所作为的地方，能够同各国、各地区发生最直接的经济互动关系，能够根据各自的发展目标和比较优势，展开广泛而深入的经济合作，则主要在亚洲区域。

　　在经济全球化过程中，首先发挥作用的是区域经济联盟，因为相对全球范围而言，区域经济联盟更容易形成，更容易实现经济全球化。事实上，世界贸易的 55%—60% 是在各类区域组织内进行的。从 WTO 的法律框架看，区域联盟同 WTO 所制定和实施的多边贸易规则不仅是相容的，而且是相辅相成的。亚洲区域经济的发展状况千差万别，目前许多新兴工业化国家及地区因世界经济的衰退和经济转型同时发生而面临着经济增长和发展环境方面的困境，在整体上也面临着来自欧盟、北美区域联盟的竞争，为了更好地抵御外来冲击，摆脱当前危机，渡过难关，为了创建一个有利的发展环境，为了在区域集团化的国际竞争中处于更加有利的地位，

　　*　本文是作者 2001 年 12 月 15 日提交"第五次东亚经济国际研讨会"的论文，原载《开放导报》2002 年第 1 期。

亚洲各国及地区确实需要加强相互沟通与合作，积极推动各种形式的亚洲区域经济联盟的形成，实现区域经济全球化。

由人口、资源、经济体量以及在国际政治、经济中的地位所决定，中国对亚洲经济和政治生活的影响举足轻重。加入 WTO 后，中国进一步开放市场和开放投资领域，使各国及地区有更多机会同中国开展经贸合作，使亚洲尤其是东南亚地区能够逐渐减小对欧美市场的依赖，中国的地位将更加突出。在这种情况下，中国应该积极同亚洲各国及地区展开区域集团化合作，在 WTO 框架下建立各种类型的区域经济全球化组织，同区域经济进行有效的互动，从而推动亚洲经济长足发展。

一　中国同东盟的区域经济关系和发展进程

作为一个大国，中国迄今为止尚未加入任何经济关系层面的区域合作组织，建立中国与东盟的自由贸易区，应该是重要的开端，是对区域经济合作进行的积极探索和实践。我认为，建立自由贸易区这种模式，是中国在亚洲发展区域集团化和区域联盟关系的一个很好的方向。

自由贸易区是经济全球化的一种形式，也是战后世界经济发展的重要现象。自由贸易区有两个特点：一是集团内成员相互取消关税或其他贸易限制；二是各个成员又各自独立地保留自己的对外贸易政策，尤其是关税政策。自由贸易区同 WTO 的法律框架是相容的，有利于促进区域内贸易自由化，它对于推动经济全球化和全球贸易自由化有着明显的好处。目前，美、欧、日等发达国家为推动自由贸易，都纷纷在世界各地签订自由贸易区的协定，在 WTO 的 142 个成员中，已形成了 135 个自由贸易区。东盟拟议过建立自由贸易区，却因缺乏有影响力的经济大国参与而不能发挥更大的作用。

东盟是中国的近邻，同属发展中国家，地缘相邻，文化相通，自古以来就有密切交往。近 10 年来，双方在经济方面的合作更是不断充实和发展，具有坚实的区域联盟发展基础。在中国加入世界贸易组织之际，把建立自由贸易区这个重大发展目标和课题提上议事日程，实现中国与东盟经贸关系的飞跃，符合双方的共同利益，也符合区域经济的发展目标，并将会对整个东亚地区经济合作创造条件，这是适应经济全球化的一个必然举措。受中国与东盟建立自由贸易区的影响，日本最近也提出了与东盟就建立自由贸易区问题进行共同研究的建议。中国—东盟自由贸易区将涵盖17亿人口的市场，自由贸易区如能建成，不仅将促进双方的共同发展，而且对世界经济也将产生重要影响。

中国与东盟建立自由贸易区，在东亚发展区域集团化方面是一个积极的尝试，这一举措对于中国同亚洲其他国家和地区建立区域性联盟具有重要的示范效应。我向几位中外专家请教，在东亚地区建设自由贸易区的进程将可能有四种形式：一是中、日、韩分别与东盟通过双边磋商，建立东盟＋中＋日＋韩三个自由贸易区，最后再由三个贸易区过渡为覆盖整个东亚的自由贸易区；二是中、日、韩三国通过三边磋商建立中、日、韩三国自由贸易区，通过该贸易区与东盟的双边磋商，过渡为东亚自由贸易区；三是东盟与中、日、韩三国同时进行双边和四边磋商建立地区自由贸易区；四是东盟中的10国与中、日、韩三国同时就建立覆盖13方的自由贸易区进行谈判，一步到位建立东亚自由贸易区。以上四种进程，不论是哪一种可能都需要15—20年甚至更长的时间过渡，但是根据现有条件其中可能性最大，所需时间最短的是第一种形式。

在自由贸易区的启动和建设过程中，中国政府已宣布承担一些基础设施的投资建设工作，要更深入地加强彼此间的合作与沟通，发挥合作框架中各个促进机制的作用，在成员国之间实行合理的分工和布局，解决好取消关税、贸易限制和保持各自独立的关税政策问题。处理好吸引外国直接投资与扩大经济交流，近期利益和长远利益的关系，等等。在一系列推进工作中，最为关键的方向还在于要严格遵循WTO规则，尽可能消除区域联盟的排他性，不能因为在区域内推行贸易自由化而提高对其他缔约方的贸易壁垒，并且要积极创造条件，把贸易协调的作用和功能扩展到整个亚洲，乃至世界。

二　祖国大陆与港澳台地区间区域经济的发展进程

11 月 28 日，在香港举行的第 14 届太平洋经济合作议会上，中国外经贸部副部长，中国"入世"谈判首席代表龙永图谈到了中国政府正考虑，"入世"后在内地、香港及澳门之间建立自由贸易区，在世界贸易组织有关条例和框架之下进一步促进中国内地、香港与澳门的经济发展和繁荣。我认为，这也是一个十分必要、及时和得当的重要举措。

我认为，在内地、香港和澳门之间建立自由贸易区，是比"入世"后的自然发展进程更进步，更为符合现实需要的一种合作模式。它有利于在"一国两制"的原则下加强彼此间的贸易往来，有利于密切相互间的经济合作。为了体现内地与港澳之间一个国家几个关税区的特殊关系和客观现实，在内地和港澳之间逐步建立起一种自由贸易关系，形成比一般世界贸易组织成员之间更加紧密的贸易互惠关系，能够采取更方便、灵活的方式和措施来促进与港澳地区双边经贸关系的发展，从而通过区域性的经济全球化去推动更大范围的贸易自由化，把这种贸易协调的作用和功能扩展到全球，这符合世界贸易组织所提倡的精神和原则，符合经济全球化的根本目标。

另外，选择在中国"入世"之际提出在内地、香港和澳门之间建立自由贸易区的目标，在时机上也是比较成熟的。因为只有在 WTO 的框架下，内地与港澳地区才能在自由贸易区概念和"一国两制"的原则下，获得世界贸易组织法规所允许的合法优惠政策，过早了不行，如果推迟建立，那就会丧失很多发展的良机。

两岸相继加入世界贸易组织，祖国大陆有五年的缓冲期，而台湾只有两年。"入世"后，中国台湾有多种行业面临着外部的压力，并且世贸规则本身无疑将对两岸现行的以间接、单向为主的不正常经贸关系形成冲击，加上中国台湾在经济转型和国际经济周期性衰退的打击下，目前举步维艰，面临着重要的发展选择。

在过去 20 多年的发展过程中，两岸经贸交流从无到有，从小到大地蓬勃发展起来了，并已初步形成两岸经济互补互利的局面，截至 2000 年年底，两岸贸易总额累计已接近 2000 亿美元，中国台湾是祖国大陆第五大贸易伙伴、第二大进口市场；中国大陆是台湾第二大出口市场和最大贸易顺差来源地。中国台湾同祖国内地，同港澳之间，已经形成了密切的经济联系和优势互补关系，相互间的年贸易总量目前已超过 2000 亿美元。中国内地和中国台湾先后"入世"，为中国内地与港澳台地区间的合作带来了新的契机，创造了更大的合作空间，例如，中国台湾的 IT 产业目前正加速向大陆转移，如何在新经济更广阔的平台上进一步深化两岸的分工关系。正是需要在 WTO 的框架下认真对待和处理的问题；中国台湾目前正在逐步开放包括金融、电信、基建方面的服务业，为中国香港的服务业供应商提供了参与机会，中国香港如何把握两岸加入世界贸易组织后扩大服务业开放的机会，加强对两岸和香港本土资讯科技行业的投资，发展两岸乃至华语社群的资讯枢纽；如何为两岸创新科技提供资源和市场配对服务，充当内地和中国台湾经济发展的融资中介等，也已提上了议事日程。此外，两岸加入 WTO，为两岸金融服务业带来前所未有的机遇和挑战，香港将间接受惠，可望进一步巩固其国际金融中心地位；随着香港开设并完善创业板市场，将来还可以吸引大量台资企业前来上市，这有助于台商在祖国大陆扩大业务，进而推动两岸的经贸合作。

按照理想的模式，内地与港澳间建立自由贸易区应当将台湾包括进来，但中国台湾目前连"三通"都不愿意谈，更何况自由贸易区。"入世"后，如果中国台湾以政治理由援引 WTO 的互不适用条款，继续拖延两岸"三通"，则两岸经贸将无法正常发展，对双方都将造成重大损失。所以，在经济领域提前迈向统一，在区域经济合作关系上进一步发展，这是两岸同胞利益之所在，应当采取实际步骤加速推动其早日实现。

三 中国同东北亚的区域经济关系和发展进程

以中国、日本和韩国为中心的东北亚经济圈与欧洲、北美经济圈一起，构成世界三大经济圈。2000 年中、日、韩三国的总生产值高达 6 万亿美元,而东南亚10国的总生产值才6750亿美元。东北亚经济圈的市场规模和增长潜力巨大,不少人认为,它将主导21世纪的世界经济发展。所以东北亚区域经济关系对于中国来说十分重要。

在中、日、韩三国中,日本是世界第二经济大国,在冷战时代结束以后,经济表现一直不如人意,目前正在努力挽救经济衰退。中国的经济势头则被看好,估计在今后10—20年之间,中国经济增长是每年7%—9%。大多数研究中国经济的专家认为,中国在50年后,将崛起成为亚洲经济强国。韩国经济发展势头也不错,2000年韩国是全世界前12名之内的贸易大国,如果将来与朝鲜合并,人口将超过7000万人,发展潜力非常大。

关键在于,东北亚的这几个重要国家之间存在着坚实的区域合作基础。中日经贸关系在中国整个对外经贸关系中占有重要地位,双方互为重要经贸合作伙伴,日本已连续7年为中国最大贸易伙伴,中国为日本第二大贸易对象国;日本是中国吸收外资、技术引进的主要来源国之一,也是向中国提供政府贷款和无偿援助最多的国家。中韩1992年建交以来,双边贸易发展迅速,贸易额从1992年的50.6亿美元猛增至1997年的240.4亿美元,年均递增36.7%,1998年受金融危机影响贸易额有所回落,1999年以来,双边贸易再度呈现良好增长态势,韩国是中国的第四大贸易伙伴。中、日、韩三国完全可以在区域经济关系、战略和安全上进一步合作。

目前,东北亚各国选择特点产业进行国际合作,多半是双边的。中、日、韩联手的区域合作主要借助东盟的舞台在初步展开。自1997年以来,中、日、韩与东盟10国开始举行"10+3"非正式峰会,每年一次。新加坡总理吴作栋1999年在马尼拉举行的"10+3"会议上,代表东盟正式向中国、日本及韩国提出成立东亚自由贸易区的建议,当然主要还是一种构想。2001年文莱会议期间中日韩领导人在会晤时达成了建立经济和贸易部长会晤机制,启动中日韩三国经济领域合作研究的共识,颇具实质性内容。此外,日、韩也在就日韩双边自由贸易协定问题进行研究,总的说来,东北亚的合作机制正在形成之中。

但是，中日韩参加东盟"10＋3"的区域联盟，属于松散型的合作机制，而中日韩之间的高层会晤和合作研究也范围过窄，这种合作现状并不能满足中日韩之间的区域经济关系发展的需要，因此，应该加速东北亚区域经济合作的进程。中国加入WTO后，通过增进区域内的贸易量，实施争端解决机制，应是推动加速这一进程的重要契机。

我认为，中国同东北亚之间建立更紧密的区域合作关系可以分为三个步骤。第一步，通过贸易部长会晤机制，促进三国间的经贸合作、金融合作，以及研究预防贸易摩擦的对策，在此同时，也要加强工商企业界人士的交流与合作，成立三国经济界人士组成的商业论坛，主要结合三国的资本、技术与人才，来共同参与一些大规模开发计划，另外要组织经贸、投资及环保调查团进行交流互访，以达到密切区域内经济联系的目的。第二步，是建立和深化区域内的产业分工关系，实现产业结构互补和资源共享，可以在中日韩三国间的一些城市中形成尝试性的自由贸易带，为建立区域联盟作出铺垫和准备。第三步是正式建立自由贸易区，最终实现东北亚经济共同体，或建立共同市场。

东北亚的区域经济合作，单靠政府的力量推动是不够的，还需要大企业家、跨国公司的参与、推动与合作。可以说，作为最终目标的自由贸易区在东北亚的实施和进展过程中，大企业家与跨国公司扮演着重要的角色。

四　中国同俄罗斯、南亚、中亚的区域经济关系

近年来，中俄经贸合作发展迅速，中俄双边贸易在2000年创下了80亿美元的历史最高水平，2001年继续保持稳步增长势头。俄罗斯经济已逐步在走出低谷，2000年国内生产总值增长率达7.6%，工农业以及金融市场的情况都有好转，目前正在完善经济发展的软环境，例如2000年制订了中长期的经济发展规划，2001年又出台了一系列经济贸易法规。俄罗斯正在摸索适合自己发展的道路，希望重振雄风，也正在争取加入世界贸易组织。

　　中国同俄罗斯的区域关系，无论是在经济领域，还是在国际政治和国家安全方面，都应该是战略性的，必须着眼于长远。在经济方面，在俄罗斯未加入世界贸易组织前，中国同俄罗斯之间主要应发展领域宽广和内容丰富的双边经贸关系，例如扩大贸易领域和贸易总额，加强经济技术合作和技术贸易，启动能源、航天、通信、林业等领域的一些大型经贸合作项目，相互进行直接投资，建立合资企业，展开经贸洽谈、信息交流等。而亚洲的一些多边性区域性联盟，也应积极争取俄罗斯加入，例如东北亚区域联盟或自由贸易区、西亚经济合作组织等。

　　2000年，中国与南亚8国（印度、巴基斯坦、孟加拉国、尼泊尔、斯里兰卡、马尔代夫、阿富汗和不丹）的贸易总额为47.78亿美元，数额虽然不大，但贸易往来呈现旺盛增长势头。应该说，中国与南亚具有较好的区域合作基础，完全可以利用中国加入世界贸易组织的机会，进一步加深和拓宽经贸关系。近年来，南亚同东南亚正在毗邻中国边境的地带拟建自由贸易区，对于这一战略性举措，中国应积极参与，并应利用泛亚铁路的修建，为南亚自由贸易区提供必要的基础设施，另外，还要继续向南亚部分国家提供力所能及的援助。

　　在中亚，中国同俄罗斯、哈萨克斯坦、吉尔吉斯斯坦、塔吉克斯坦和乌兹别克斯坦建立了"上海合作组织"六国的区域经济合作。"上海合作组织"成员国横跨欧亚大陆，拥有巨大的市场空间和丰富的资源。六国的面积为3000多万平方公里，人口达15亿，2000年国内生产总值为1.3万亿美元。目前六国的国内生产总值、外贸进出口额和引进外资总额皆呈增长趋势，特别是中亚的几个国家，在世界经济增长明显减速的情况下，2000年哈萨克斯坦达9.5%，吉尔吉斯斯坦为5.3%，塔吉克斯坦达8.3%。六国在各个经济领域、各个行业都存在着互补性，在科技方面，六国的互补性也很强，因此在区域合作上具有极大的发展潜力。这种合作，不仅将为本地区各国的经济发展带来新的机遇，而且将促进整个欧亚地区的经济发展。中国倡议在"上海合作组织"成员国之间，建立贸易部长会晤机制，成立高官委员会，并于2002年在中国举行贸易部长首次正式会议。

应该说，目前"上海合作组织"还主要在战略层次展开，随着中国加入世界贸易组织，随着各成员国经济发展水平的提高，为建立实质性的区域联盟，深入发展经贸合作关系创造了条件。

经济全球化与中国经济[*]

一 经济全球化产生的基础与背景

经济全球化是当前世界经济发展的一大趋势。它是以国际经济的区域化，特别是跨国公司的迅猛拓展为基础产生的。现代科技的高度发展，经济的快速增长，资本全球性流动的加剧，以及信息化时代的来临，则是其产生的背景。这是一种通过商品、服务及生产要素的跨国流动和国际分工，在世界市场范围内提高资源配置的效率，从而导致各国经济相互依赖程度加深的趋势。中国"入世"后将以更大范围和更深程度融入到经济全球化的洪流中。

二 经济全球化的基本要求

经济全球化的基本要求，是在全球范围内实现国与国之间、地区与地区之间的贸易和投资的自由化和便利化。在经济全球化的过程中，有可能出现两种趋势。一种趋势，是经济全球化朝着合理的方向发展，促使世界资源得到有效而公正的配置，推进全球多边贸易体制和公正合理的国际经

* 本文原载《经济管理》2002 年第 3 期。

济新秩序的建立，从而加速各国生产力的发展，最终造福各国人民。另一种趋势，则是出现以维护某个超强国家的利益为中心的全球化，按照其不合理的规则行事，进一步加剧世界经济发展的不平衡，扩大南北差距，从而导致国与国之间、地区与地区之间的摩擦和冲突，以及贫富两极分化、环境恶化、国际犯罪等令人忧心的问题的滋生。

因此，经济全球化必须全面贯彻多边主义的合作发展精神，而不能搞单边主义、霸权主义和强权政治。国家无论大小，都要相互尊重，求同存异，取长补短，和平共处，坚持合作原则。我们应在充分考虑处于弱势地位的国家和人民的利益的基础上，建立公正合理的，而不是只维护某个超强大国或者是几个富国利益的国际政治经济新秩序，以促进世界各国的共同繁荣和发展。

三　经济全球化不是一体化

首先应该指出，有人往往将经济全球化和经济一体化混为一谈，我以为是不妥的。经济全球化不是一体化，它们是两个不同的概念。经济全球化是同世界的多极化相互伴随的。而所谓的"经济一体化"，则是将全球经济统统纳入到某个超强国家的资本主义体系中去，听从它的指挥，按照它的模式行事。这乃是超强国家当政者的一种霸权主义意愿，也即经济一体化的实质。由于各国的地理条件、资源禀赋、种族习俗、文化素养和历史不同，发展的阶段不同，现存的经济基础和政治体制不同，都会分别采取不同的经济发展模式，而不会仅采取同一种模式。因此，只要世界上还存在着国界，各国的经济就不会走向完全的一体化。在相当长的历史时期内，世界经济将是多体共存的全球化，而不是由某个超强国家主宰世界的一体化。

但是，世界各国的经济又是互相渗透和依存的。资本具有追求利润最大化的性质，因而会出现资本从发达国家向发展中国家的流动和资本在发达国家间的流动。资本的全球性流动使得世界各国经济互相渗透、互相依存的程度日益加深。随着全球化进程的加速，世界各国都越来越深刻地感觉到，激烈竞争的国际市场正在日益切入本国的国民经济。

　　经济全球化的产生符合经济发展的客观规律。当前，市场经济已为世界各国普遍接受，并且发挥着越来越重要的作用。高新科技的日新月异，国际网络的普及，则加速了经济信息在全球的传播，缩短了交易时间和交易空间，大大降低了交易成本，为经济全球化提供了有利的条件。在发达国家，由于资本市场趋于饱和，跨国公司不断膨胀，经济扩张成为其重要的出路。发展中国家也多方吸引外资，以加速本国的发展。基于上述原因，各国政府都在努力放松规制，构建与经济全球化、市场化相适应的政府工作流程和相应的经济体制。

四　金融全球化是经济全球化的中枢命脉

　　生产和流通的全球化，要求金融的全球化，要求世界各国、各地区放松金融管制，放开金融业务，放开资本项目管制，使资本在全球范围内自由流动，为生产经营的全球化服务。跨国公司的全球投资和全球资本流动是带动经济全球化的火车头。

五　跨国公司是经济全球化的主要支配力量

　　据联合国有关机构最近的统计，全球的 6.3 万家跨国公司通过其近 70 万家子公司，已经渗透到了全世界的各个国家和地区的各个产业。它们控制着 40% 的全球产出、60% 的贸易、70% 的技术转让、90% 以上的直接投资，一个以跨国公司为主轴的国际经济体系正在形成。

六　经济全球化与管理创新

　　经济全球化可以降低我们学习管理经验的成本。跨国公司之所以行之全球，其最重要的成功之道是他们的管理经验。他们的一整套经验可以成为我们搏击全球市场所需要的武器。全球化经济是知识型的经济和学习型的经济，全球化管理也是知识型的管理和学习型的管理。在经济全球化的进程里，我们将从管理中学习，从学习中创新。

企业管理的创新与企业所处的时代特征密切相关。在世界经济全球化的大趋势下，目前，多数企业的外部市场环境和生产经营的特点发生了很大变化，已经开始从满足人们的基本需求的阶段向满足人们更高层次需求的阶段转化。企业生产经营出现了一些新的特点：如从大批量生产转向多品种小批量生产；从机器化产品的生产转向知识化产品的生产；从单纯的产品生产转向产品的生产和服务。

适应企业生产经营的变化，企业管理也出现了相应的变化。企业更加注重人的因素，注重信息化管理和计算机的应用，注重无形资产和知识技术的管理，注重人本管理、学习型组织、管理革命与企业再造等问题。这是值得密切关注和需要深入探讨的课题。

七　经济全球化特别需要国际规则的协调

经济市场化、贸易自由化是经济全球化的基本要求。从关贸总协定到世界贸易组织 50 余年的演变过程，实际上就是经济市场化、贸易自由化的过程。经济全球化给全球带来了空前的富裕和文明，但也使贫国与富国之间的差距日益扩大。因此，各主权国家将更加倚重公平、合理的国际规则。我们要为建立平等合作、共同发展的国际经济新秩序而努力，以确保经济全球化能够惠泽于全世界。

八　经济全球化带来的机遇和挑战

经济全球化给我们带来了许多机遇。首先，在经济全球化的条件下，可以实现生产要素的优化整合。一些国际收支不平衡的发达国家，往往在国际资本市场上利用其国内的盈余资金来弥补其国际收支赤字。而广大的发展中国家，则因能够相对容易地在国际金融市场上筹资而得到宝贵的境外资金的支持。中国在这一方面已经积累了不少成功的经验。

　　经济全球化有利于我们实现产业发展的合理化。国家的竞争力仰赖于产业的竞争力。在全球经济的激烈竞争中，各国产业的发展将从一开始时便呈现国际化，从一开始便显露在全球的视野之中。新兴工业国家将由此获得以较低的条件进入壁垒、进入国际市场的好处。

　　但是，我们应该看到，经济全球化是一把双刃剑，它在给我们带来巨大机遇的同时，也给我们带来了巨大的挑战。这些挑战是多方面的。

　　首先，经济全球化会引起国际经济动荡的经常化。随着经济全球化的深入，国际经济的动荡将成为常态。一旦某个国家的经济形势出现了不稳定，就会因国际资本的变动而影响到其他国家。而国际经济的动荡和波及效应，会使任何单个的国家或国际性组织在与市场力量的抗衡中都处于弱势的地位。国际经济安全及发展中国家的经济安全将由此受到严重的威胁。

　　其次，经济全球化有可能导致两极分化进一步加剧。全球化不是天下大同，而是充满了强强之间、强弱之间的激烈的矛盾和斗争。在全球化的竞争中，跨国公司以其巨大的势力不断掀起兼并的浪潮，从而扩大了全球的贫富差距。20 世纪是世界经济空前繁荣的世纪，也是人类贫富最为悬殊的世纪；90 年代是经济全球化进展最快的时期，也是南北国家差距持续扩大的时期。据世界银行的统计资料，占世界人口一半以上的低收入国家，其收入只占世界总收入的 6%，而占世界人口 1/6 的发达国家，其收入却占世界总收入的 80%。特别令人忧虑的是，发展中国家与发达国家在高新技术领域的差距更为悬殊。"新经济"至今只是一种"富国现象"，而大多数发展中国家仍然处在"信息贫困"之中。如果不改变这种状况，许多发展中国家将被剥夺参与科技进步和实现经济增长的机遇，世界的两极分化还会进一步加剧。

　　还应当看到，强势经济易于导致经济霸权、政治霸权和文化霸权。当前，发达国家不仅控制着包括世界贸易组织在内的现有的国际机构，而且是经济全球化国际规则的主要制定者，这一状况对广大发展中国家是十分不利的。某些经济发达的大国动辄随意以经济制裁相威胁，给不听从其指挥的发展中国家造成很大的经济困难，甚至使发展中国家的工业与传统产业陷于绝境。在经济全球化的国际竞争中，高科技服务行业占有重要的地位，而发展中国家却因客现存在的科技水平差距不能以平等的身份参与竞争。发展中国家还面临自己的人才被跨国公司进行收罗的危险。不仅如此，发达国家还借此输出它们的价值观，以求在根本上确立其长期竞争优势，推行其文化全球化，建立文化霸权和政治霸权。

九　中国面对经济全球化的战略对策

趋利避害，积极地应对经济全球化，是我们面临的历史重任。在经受了亚洲金融危机的严峻考验之后，中国更增强了战胜困难的信心。"入世"是中国自觉融入经济全球化的第一步。我们应以一种全新的姿态迎接挑战，最大限度地抓住机遇，利用机遇。

一个廉洁、高效的政府是中国融入经济全球化的必要条件。面对市场化、网络化的浪潮，我们应当建立一整套适合市场需求的经济体制，并深化行政体制的政革，以提高企业和产业的国际竞争能力。

我们要从战略的高度来重视科学技术的发展，这是非常重要的全球化对应之策。我们应当大力推进科技创新，通过完善以企业为主体的科技创新制度和科研院所的改制，建立起整套科技人才创新的机制。科技创新将推动市场发展，而市场发展又将推动人才开发，由此形成良好的科技创新的氛围。当前，在信息经济领域内，印度已经后来居上了。那么，在下一步的生物经济的全球化竞争中，希望我们能够不错过机会。

我们应建立一套稳健的金融运行机制和监控制度，以防范金融风险。金融是现代经济的中枢，有了金融的安全才会有经济的安全，才能在经济全球化的进程中把握机遇、健康发展。我们要密切关注全球金融市场的开放进程，做好宏观经济政策的协调，把握金融市场开放的主动权，完善银行服务的基础设施并提高服务水平，积极地参与国际金融制度的改革。

我们应充分利用国际规则的"安全阀"来保护我国的民族产业。例如，以世界贸易组织的例外条款、区域贸易保护条款、非歧视原则以及WTO争端解决机制为"安全阀"，用以保护那些具有自主知识产权的民族产业，保护那些能够代表我国先进的生产力和先进的经济文化以及竞争优势的民族产业，如微电子技术、软件开发、生物高科技和新型材料产业等，使它们形成具有国家竞争能力的核心力量。

我们应努力参与并推进国际间经济关系的协调。随着经济全球化的不断推进，全球的信息沟通越来越深入，全球性的问题将更加突出。我们要加强对国家和企业管理的互动型的战略学习，取人之长，补己之短，了解和学习国际规则，扫除"恐外"心理，积极稳妥地参与和推进国际间经济关系的协调。这既是一个学习的过程，也是维护中国在全球的利益的过程，更是争取中国最大市场份额的过程。

总之，正确地认识和应对经济全球化，是我们当前需要重视的一件相当紧迫的大事。"入世"只是为中国经济走向全球化开启了一扇门户。为了确保经济全球化能够造福中国与世界，我们的前面还有很长的路要走，还有很多的课题要去关注和研究。

东亚区域经济合作的回顾与展望[*]

区域经济合作与全球化已经成为当前世界经济发展的两大趋势。世界上绝大多数国家和地区都参加了不同形式的区域经济合作，签订了为数众多的区域贸易协定。由于种种原因，东亚地区的区域经济合作与其他地区相比，进程缓慢了一些，显得相对落后。但是进入新世纪以来，东亚区域经济合作的步子明显加快，参与的国家越来越多，合作的范围越来越广，可以说，东亚区域经济合作是当今世界上充满希望和最具活力的区域经济合作地区之一。在新世纪之初，我们欣喜地看到，东亚的区域经济合作得到了进一步加强，区域合作组织和合作机制进一步得到强化，各国之间的经贸合作迈上了一个新的台阶。

一　东亚区域经济合作的回顾

在全球经济区域集团化浪潮的背景下，尤其是经过亚洲金融危机冲击之后，东亚国家和地区认识到，东亚经济合作既有必要，也更为迫切。东亚地区作为一个整体出现在世界的舞台上，这个意识正逐渐加强，并逐渐得到了世界的承认。1999 年《东亚合作联合声明》的发表，标志着东亚国家和地区采取全方位合作行动的开始。该声明确定了在经济、社会、政

---

[*]　本文原载《开放导报》2003 年第 1 期。

治和其他领域的合作重点，其中在经济方面，主要是加速贸易、投资和技术转让，加强包括宏观经济风险管理、资本流动的地区监控，强化银行和金融体系方面的政策对话、协调与合作，通过"10＋3"框架加强地区的自救与自助机制等。从此，东亚区域经济合作的内容不仅包括相互消除关税和非关税壁垒，促进货物贸易自由化，而且向服务贸易、投资便利化、人力资源开发、环境保护、政府采购和电子商务等新的领域扩展。

东亚区域经济合作组织和机制较为成熟的是东盟。东盟自 1967 年 8 月成立以来，主要的成就是在外交与安全方面，而经济合作的进程一直较为缓慢。自 1997 年首次举行中国、日本、韩国与东盟国家（10＋3），中国与东盟国家（10＋1）首脑会晤以来，在各个经济领域展开了广泛的交流与合作，经济合作的进程明显加快。2001 年 11 月，中国总理朱镕基和东盟领导人共同决定，在未来十年内建立中国—东盟自由贸易区。这无疑是一个具有重大历史意义的战略性决策，必将推动中国和东盟各国的经贸合作关系取得长足发展。最近，在金边签署的《中国与东盟全面经济合作框架协议》，标志着中国与东盟的经贸合作进入了崭新的历史阶段。

在"10＋3"合作的框架下，中、日、韩三国已建立首脑会晤机制，并正在深入研究 3 国合作问题。2000 年 5 月，东盟 10 国和中、日、韩三国财长会议上通过了《清迈协议》，要求在"10＋3"范围内建立双边货币互换网，以帮助成员国解决短期国际收支问题和稳定金融市场。这标志着东亚国家政府之间的货币合作逐渐取得了一定的进展，表现出东亚国家携起手来共同抵御金融危机的决心。加强中、日、韩合作和建立"中国—东盟自由贸易区"，有利于加快整个东亚地区经济合作并使合作走向机制化进程。概括起来，东亚经济合作有四种形式和发展方向：一是东盟和东盟自由贸易区；二是东盟与中、日、韩的合作（10＋3）；三是东盟分别与中、日、韩的合作（10＋1）；四是中日韩三国之间的合作。从目前的发展情况看，这四种形式的合作都在不同程度上作了探索。首先，"10＋3"领导人非正式会晤实现了制度化，并确立了经济、财政、外交部长会晤机制，为东亚合作指明了大方向。其次，中、日、韩分别与东盟积极探索建立双边经济技术合作机制，中国在与东盟建立自由贸易区方面先行一步，日本和韩国也紧随其后；最后，东盟内部自由贸易区已经开始启动。刚刚在柬埔寨首都金边举行的第六次东盟和中、日、韩领导人会议，就有关合作内容、合作机制等问题进行了进一步的磋商，我相信，这对于全面提高"10＋3"的合作水平将会产生积极而重要的影响。

中国历来重视参与东亚区域经济的合作。中国较早加入 APEC 活动，积极推动 APEC 的贸易投资自由化与便利化及经济技术合作。为了加强与东亚经济的合作，中国还积极参与曼谷协定框架下的经济合作。互惠的区域经贸合作，对于扩大中国同东盟其他成员的经贸往来起到了积极的推动作用。其中特别要提起的是澜沧江—湄公河次区域各国在资源和市场方面具有较强的互补性，贸易和投资合作的潜力很大。中国积极参与湄公河次区域国际开发活动，致力于加强同次区域内和区域外各国以及一些地区性、国际性组织开展经济技术合作，谋求共同发展。

二　东亚区域经济合作需要解决的问题

虽然东亚区域经济合作取得了一定的成绩，但是前进的道路并不平坦，东亚区域经济合作中仍存在一些问题，需要东亚各国和地区取得共识，通过互利互惠的原则协商解决。

首先，东亚区域经济合作是开放平等的，各国和地区在区域经济合作过程中应共同发挥作用，任何国家都不应谋求特殊地位。上个世纪 90 年代，以日本为主导的雁型模式逐步失效后，东亚国家和地区必须明确自身在区域经济合作中的地位和作用，争取尽快实现由单向传导向互补互动模式的转变。以往的东亚经济合作设想往往无疾而终，最根本的原因就是个别国家常常把取得合作组织内所占的地位视为首要目的。事实上，东亚地区的经济多样性客观上决定了没有任何一国能担负起领导地位的作用。各国的目标应该是利用自身的比较优势积极参与区域经济合作，互惠互利，而不是力争在区域合作中的领导地位。

其次，东亚区域经济合作需要克服经济体制差异的障碍，强化合作的制度基础。由于东亚各国和地区发展的阶段和程度不同，文化传统和民族心态也不同，他们在各自的发展中形成的经济体制和相应的政治体制存在较大差异，这些差异已成为东亚区域经济合作和加速发展的重要因素。此外，东亚各国和地区存在的共同问题是对市场活动的行政干预过多，所以他们必须更加重视市场和企业的自我成熟与发展。同时应看到，东亚区域经济合作的体制性障碍不是一朝一夕可以改变的。欧洲的一体化进程从20世纪50年代提出法德煤钢联营设想为开端，到2002年以欧元区成立为标志的欧洲统一大市场正式启动，用了半个世纪的时间。东亚经济合作的困难远大于欧洲各国，因此真正把东亚经济共同体的美好蓝图变为现实，还需要各成员国耐心而务实的努力。

再次，东亚各国和地区需要进一步改变产业结构发展的趋同性，克服区域经济合作中的障碍。尽管20世纪90年代以来，区域经济合作打破了只在经济发展水平相近的国家之间开展的传统做法，出现了不同经济发展水平国家之间也开展了合作的新趋势，但在合作中也存在不少问题。同时，由于东亚各国和地区的产业结构也大都受到发达国家产业转移的影响而导致"产业同构"，由此形成的"出口导向型"经济，经常使这些国家和地区间处于不同程度的过度竞争，这必然制约经济合作的有效开展。

最后，东亚各国和地区之间需要加快推动要素流动，进一步推动贸易自由化和投资便利化，这两方面都是区域经济合作的基础。区域经济合作的最终目标是要实现区域内各种生产要素的自由流动，否则难以达到区域经济合作的高级化阶段。在20世纪80年代东亚各国和地区在生产要素方面，互补性强，但是进入新世纪后，随着各国和地区经济发展加快，各地的经济发展差距不断缩小，形成地区内比较优势的趋同。这与欧共体完全不同，欧洲的一体化是从其内部的商品、服务、资金、人员四大要素的自由流动开始的。相对于欧盟来说，东亚经济体之间的要素流动性要弱得多，尤其是对服务、资金和人员流动来说更是如此。这既是东亚经济一体化程度较低的标志，也是妨碍一体化程度提高的重要因素。如果仅仅把区域合作停留在商品贸易交流层面，将意味着这种区域合作是低水平且不稳定的。东亚各国和地区必须在加强经济要素流动性方面进行深入的内部改革和国际合作，加快贸易自由化和投资便利化的进程。

三　东亚区域经济合作的新特点和前景展望

进入新世纪后，由于国际经济关系的新变化和经济全球化的加速发展，东亚地区的经济合作可能会发生一些新变化，展望未来东亚区域经济合作，其主要特点将是：

1. 东亚区域内部的投资和贸易会加速发展，成为东亚经济增长的强大动力，同时也是东亚区域经济合作的重要基础。20 世纪东亚经济的快速发展，很大程度是东亚各国和地区吸引了欧美资本和日资的转移，发展了同欧美的经贸关系，并以出口导向型的外向经济为主，保持了经济持续的发展。20 世纪 80 年代后，由于中国内地的改革开放，大量的东亚资本和产业转移进入中国内地，在促进中国内地经济发展的同时，东亚各资本输出国和地区的经济也取得了长足的发展。随着中国经济的发展，中国内地市场不断扩大，东亚内部的投资和贸易比例会有所提高和加快，区域内的投资和区域内部贸易自由化会促进东亚区域内部的投资和贸易的发展。东亚区域内部的投资和贸易的增长，将成为东亚经济增长的强大动力。

2. 东亚区域经济合作首先会在一些次区域经济合作取得突破，并率先形成若干次区域经济合作集团。东亚区域经济合作的最终目标是想建立一个较大的区域贸易集团，像欧共体、北美自由贸易区一样，在一个区域实行自由贸易，减少贸易壁垒，提高区域内的经济联系程度。但是，由于东亚各国和地区的经济发展水平、政治制度、产业结构、出口结构等因素，可能会影响东亚区域经济合作的进程，这个进程可能需要很长时间。因此，东亚区域经济在区域合作中可能会出现先于整体合作的次区域合作。如日本和新加坡的区域经济合作，中国、日本、韩国的区域经济合作，日本和韩国的区域经济合作，湄公河流域的经济合作，中国内地和港澳台的经济合作，等等，这些次区域的经济合作可能会得到更快的发展。

3. 东亚经济合作既会在东亚区域内部产生，同时也会出现若干个跨"区"的经济合作集团，合作模式呈现多元化趋势。东亚经济奇迹是东亚国家携手创造的，所谓东亚经济增长模式的核心就是东亚经济体之间的紧密合作。进入新世纪后，东亚的经济合作呈现出多元化和双向交流的新特点。东亚经济合作不仅是区域的经济合作，而且会发展到区域内部成员与其他区域贸易集团成员的合作。比如，日本谋求进入北美市场，正在协商和墨西哥、智利建立自由贸易区。新西兰谋求和东亚的一些国家和地区建立自由贸易关系。东亚国家也正在谋求同区外国家发展区域经济合作，促进更大地域范围内的紧密经贸关系。

4. 东亚经济合作的过程会伴随着区域经济整合和产业的升级，因此经济合作的同时将意味着新的产业分工的形成。东南亚各国在上个世纪的经济合作中，主要是受日本的雁型模式影响，产业结构上表现为三个层次，日本为第一层次，韩国、中国台湾、中国香港等为第二层次，中国内地为第三层次。在未来的东亚经济发展中，这一格局将有所变化，取而代之的可能是一种新的产业整合格局。新的产业整合格局可能是整个东亚的产业都会同步升级，发展高新技术产业，增加高新技术产业产品在出口中的份额，共同提高产业的市场竞争力。在这一整合过程中，由于中国内地与港澳台经济联系程度较高，产业的关联度大，因此中国内地与港澳台两岸四地的产业整合会快于东亚其他地区的产业整合。

5. 东亚地区的金融合作将会是区域经济合作的重点，在这一领域可能取得较快进展。东亚区域金融合作，在东南亚金融危机之前已经提出过，但是由于各种原因没有实现。随着经济全球化，发展中国家和地区的金融危机频繁发生。因此，在 21 世纪的东亚经济合作中，要保持东亚经济合作的健康发展，有必要加强东亚地区的金融合作，以防止金融风险的发生。促进东亚金融合作，现在已具有很多有利因素。东亚国家和地区已经越来越感到加速东亚区域金融合作的必要性和迫切性，一是在亚洲经济复苏以后，各国和地区对再次发生金融危机有很高的警惕性；二是美国经济的放慢和随后的经济衰退使亚洲许多国家和地区的经济安全有可能再次受到威胁；三是中国经济的持续高速增长，以及中国同东亚各国、各地区经济依存性的加强。因此在上个世纪末，东亚各国和地区积极地推进金融合作。进入新世纪后，东亚地区更重视加强东亚的金融合作。为了促进持续的增长，东亚各国提出区域金融合作，包括对资本流动的监管、建立自助和支持机制、促进国际金融改革，这些措施都是东亚金融合作的良好开端。

6. 服务贸易的合作将是重点合作的新领域，成为东亚国家和地区经济合作或建立自由贸易区的新内容。目前在世界范围内迅速崛起的新型服务产业，不仅意味着能够充分利用和发挥自身潜在的比较优势，通过扩大服务出口来增加国际贸易收入，而且还意味着能够创造出相当可观的外部经济效益，广泛有效地动员国内资源来促进国民经济的良性循环和持续增长。而新型服务产业突飞猛进的深入拓展，一方面是国际间技术转让步伐加快和社会分工程度深化的集中体现；另一方面突出地标志着国际服务业从全球经济增长的客观结果迅速转变为世界贸易扩张的前提条件。在发展中国家中，亚洲（主要是东亚）服务贸易增长率更快。服务贸易增长较快的有新加坡、韩国、中国香港等国家和地区，服务贸易的合作将会是东亚区域经济合作新的内容，也是新型自由贸易区谈判的重点。

总之，东亚人口近 20 亿，约占世界人口的 1/3，人力资源非常丰富，市场潜力巨大。东亚的区域合作机制目前还处在形成过程中，遇到一些困难在所难免，只要东亚各国和地区加强合作，共同发展，坚定信心，一切困难都是可以克服的。加强东亚经济合作，不仅有利于本地区经济持续发展，而且将为世界和平的稳定与繁荣作出贡献。

实现协调发展　创造共同繁荣[*]

　　最近，在印度尼西亚巴厘岛召开的东盟首脑系列会议和在泰国曼谷召开的亚太经合组织高峰会所确定和签署的有关文件，对东亚地区以及亚洲和世界经济的现状与未来都具有重要影响。在这样的时机和背景下，第七届东亚经济研讨会在中国的宝岛台湾举行，意义重大。借此机会我想对世界经济和亚洲经济逐渐恢复形势下的东亚经济合作，表达一些个人的理解和认识。

　　据国际货币基金组织等世界主要经济组织的统计预测，2002 年世界经济增长 3% 左右，好于 2001 年。2003 年世界经济增长比 2002 年略有提高，呈现恢复的态势。除美国经济正在逐渐恢复外，日本经济开始出现复苏的趋势，俄罗斯经济今年可能有较快的增长，欧洲经济预计也会呈现恢复性增长。亚洲经济已经摆脱"非典"的影响，预计 2003 年经济增长率将达到 5%，有望成为全球经济增长最快的地区。2004 年亚洲经济预计将增长 6.1%，而出口增长预计将达到 11%。然而，尽管世界经济逐渐恢复的情况明显趋好，但世界经济的发展并未根本摆脱消极因素的影响，对此不可掉以轻心。必须看到，世界经济依然处于调整阶段，回升态势依然缓慢，要实现稳步增长依然面临许多不确定因素。就亚洲经济而言，尽管

---

　　* 本文是作者 2003 年 11 月 23 日在"第七届东亚经济学术研讨会"上的书面发言，原载《开放导报》2004 年第 1 期。

"非典"疫情过后亚洲各国政府采取适时的财政和金融政策，使经济逐步走上正常发展的轨道，但仍应继续努力实施有利于本国经济发展的适当措施，争取经济的稳步发展。

在世界经济总体增长缓慢的形势下，2002年中国国内生产总值增长8%。中国国家统计局的报告显示，2003年第一至第三季度中国的经济增长速度为8.5%，第三季度的经济增速达到9.1%，比第二季度6.7%的增速加快了2.4个百分点。如果没有意外波动，2003年可能超额完成预定（7%）的经济增长目标。中国国民经济已经摆脱"非典"的滞后影响，经济运行良好，发展势头强劲，恢复了较快增长。当然，我们应当全面估计和分析中国经济各种增长的因素和制约增长的因素，尤其是对中国经济中存在的主要问题要有清醒认识。对经济运行中农民增收困难、就业压力较大的矛盾，对信贷规模增长偏快、产成品库存增加的现象，对投资与消费、城市与农村、工业生产与能源和运输的增长不平衡等问题，需要继续采取有力措施加以解决。尽管如此，我依然认为从世界经济全球化发展的持续深化趋势考虑，中国稳健的宏观经济管理和持续的经济增长，将对东亚区域内自由贸易的增长，对促进亚太地区经济持续稳定的发展，进而改善和促进世界经济发展的良性循环产生积极的影响。

世界经济发展的历史已经雄辩地证明，贸易的区域集团化是实现共同繁荣和发展的成功之路。在亚洲，从20世纪80年代末起，中国与东盟双边贸易年均增长约20%；新世纪初，中国与东盟之间的贸易额达到创纪录的395.22亿美元，增幅高达45.3%。中国与东盟的自由贸易区建设，在2001年签署框架协议后得到扎实稳定的推进。在全球经济发展减缓的形势下，中国与东盟之间的投资和贸易仍保持显著增长。目前尤为重要的是，以中国加入《东南亚友好合作条约》和与东盟签署《面向和平与繁荣的战略伙伴关系联合宣言》为标志，表明中国与东盟的关系已经进入新的历史阶段。事实说明，东亚地区各国对区域合作表现了一致的意愿，东亚国家的合作精神明显增强，这是东亚地区各国自主性增强的结果。在亚太区域内培育和形成建立在共同利益基础上平等合作、互利互助的次区域性国际关系新准则，需要有关各国的共同努力。随着东亚经济合作的深入而建立起东亚自由贸易区，也将有助于推进世界经济与政治的多极化进程，促进国际经济与政治关系新秩序的形成，适应世界经济全球化发展的要求。

就深化中国与东盟的经贸关系、提高双方自由贸易水平、促进共同发展而言，中国政府已经提出建议，应当加快谈判和积极协调，力争如期建成中国—东盟自由贸易区。包括从 2004 年起每年在中国广西南宁举行中国—东盟博览会，争取在 2005 年之前实现年贸易额突破 1000 亿美元的目标，深化金融、服务、投资、农业、信息产业等领域的合作，开展电子信息、生物技术、遥感技术运用、地震学、海洋科学和热带生物资源研究等领域的交流，以及继续拓展和扩大双方在人力资源开发、成立中国—东盟协会、建立中国与东盟青年部长会议机制、开展商会活动、召开中国与东盟商业和投资峰会等方面合作的领域。为实现上述建议，应当继续深入研究如何使自由贸易区的建立能够真正有利于双方实现优势互补、联合自强、抵御风险，提高在世界经济发展中的地位。包括尽快制定推进中国参与东盟自由贸易协定的总体战略规划；重视民间机构特别是企业在推动中国与东盟经济合作中的作用；加强投资环境建设，使中国的产业结构逐步适应东盟国家的产业梯次；完善统计制度和提高统计数据透明度，为科学评估自由贸易水平创造前提与依据；积极开展综合对策研究和建立平等协商的对话机制等。当前中国和东盟要通力协调配合，使自由贸易框架下的"早期收获"方案如期于 2004 年 1 月 1 日付诸实施，让东盟成员国尽快从自由贸易中受益。

众所周知，中国、日本、韩国与东盟的合作，是目前推进东亚合作和区域经济一体化的主渠道；东盟 10 国加上中日韩 3 国、东盟 10 国加上中国以及中日韩 3 国的多边合作机制，代表着亚洲地区经济合作的发展方向，是亚洲振兴的重要标志。经过多年的努力，这种合作机制已经逐步形成了多层次、宽领域、全方位的运作特征和良好的体制效应。如何在现有基础上继往开来，在新的形势下深化合作，是大家共同关心的议题。努力寻求更加全面、更加深入、更加务实的合作，更加注意开阔地区和全球视野，能为人民带来更多的实惠，可以更好地应对未来新的挑战，这应当是对继往开来、深化合作的总体要求。实现这些要求，将进一步完善和充实东亚经济合作，推动东亚经济合作迈向更高水平。就具体的合作方式和领域而言，加强政治对话、深化经贸合作、巩固安全合作、开展科技交流、拓展全面合作等，将把参与合作机制各方之间的交流与合作推向更具活力和更富有成果的新阶段。我相信，随着《中日韩推进三方合作的联合宣言》的签署，将逐步改变东亚经济合作尚存在的不平衡状况，不断提高整个东亚区域经济的相互依存度；中日韩三方合作的深度发展不仅将有利于东北亚的稳定与繁荣，也将对推动东南亚地区的发展发挥积极而重要的作用。

不久前，中国新一届国家领导人胡锦涛主席和温家宝总理在印度尼西亚巴厘岛和泰国曼谷会议上，首次具体阐述了中国积极促进亚洲发展振兴与和平稳定，"睦邻"、"安邻"和"富邻"的既定方针；郑重提出加强相互信任、保持亚太地区稳定，采取有效措施、促进经济社会协调发展，推动相互开放市场、健全多边贸易机制的政策主张。这些阐述和主张，也是中国共产党十六届三中全会关于适应经济全球化和科技进步加快的国际环境，在中国建成完善的社会主义市场经济体制和更具活力、更加开放的经济体系的战略部署的具体内涵。中国的发展将为东亚经济合作及亚太地区和全球经济发展带来新的机遇，将为各国提供更加广阔的市场空间。尽管受到经济发展周期性和结构性问题的影响，世界经济的复苏比较缓慢，但是东亚及整个亚太地区的经济发展保持了良好的势头；中国经济持续、稳定、协调的发展，同样也是这一良好发展势头的重要因素。

发挥港口在经济社会协调发展中的重要作用*

中国港口的快速发展始于确立"改革开放"基本国策之后;"港口经济"的概念目前在中国理论界尚未形成明确的定义,而较为大家所接受的表述有:(1)港口经济是以港口为中心、港口城市为载体、综合运输体系为动脉、港口相关产业为支撑、海陆腹地为依托,并实现彼此间相关联系,密切协调、有机结合、共同发展,进而推动区域繁荣的开放型经济。(2)港口经济是指以港口为中心,以相关区域和产业为重点的经济形态,是陆地经济和海洋经济的结合,港口经济具有强烈的外向性和开放性。(3)港口经济是在市场条件下,按经济、合理的原则,通过港口发挥其辐射和聚集作用,使货物、科技、加工生产等资源实现充分而便捷的交流与配置,等等。我觉得应当看到,港口经济作为一个相当复杂的系统,是一个有机的综合体,是由多种因素构成的。大家对港口经济的概念理解不尽一致这很正常;港口经济能否作为独立的学科,需要继续进行理论上的探索和得到实践的支持。

大家知道,港口是海洋与陆地、天空与陆地的节点,港口和港口经济的活跃促进了人类社会的进步和世界经济的繁荣,其中海港对世界经济发

---

* 本文是作者 2003 年 12 月 3 日提交由综合开发研究院(中国·深圳)和深圳商报共同主办的首届"中国港口经济论坛"的书面发言,原载《开放导报》2003 年第 12 期。

展的促进作用尤为显著。港口是具有完备的船舶航行、靠泊条件和一定的客货运设施的区域，它的范围包括水域和陆域两部分。目前，全世界有 1/3 以上的人口居住在沿海地区，全球财富的一半以上集中在沿海发达城市。欧洲、美国、日本及"亚洲四小龙"等发达国家和地区大多是依托沿海贸易迅速实现工业化，进而走上发达富强之路。18 世纪中期，伴随工业革命和航海技术的进步，英国迅速实现工业化，并借港口向世界各地扩张，英吉利海峡沿岸的港口城市由此发展成为那个时代的世界航运中心。100 多年后，随着美国工业化的进展，纽约港发育成了北美经济板块中的世界级大港。纽约港支持了美国综合国力的不断提高，并吸引资本的流入，发展了纽约的金融市场，使纽约替代英国成为又一个国际航运中心。20 世纪 70—80 年代，随着日本和"亚洲四小龙"工业的崛起以及经济全球化浪潮的出现，东京、香港、新加坡成为新的国际级枢纽港。这三个城市凭借地处国际航运干线、具有水深、腹地广阔、集疏运系统完备并有大城市为强力依托的优势，逐渐发展成为全球性综合物流服务基地、商品物资集散地和金融贸易中心。它们在很大程度上影响了全球资源在该地区的配置程度，并直接决定着该地区参与国际竞争和占据有利地位的能力。与此同时，日本的神户、韩国的釜山和中国台湾省的高雄也逐渐发展成主要服务于众多支线航运和远洋航线的辅助性港口，对促进该区域的经济发展发挥了重要作用。

新中国成立初期，全国有建制市 69 座，其中重要城市高度集中于沿海地区，东南沿海比北方沿海城市化现象更为突出，东南沿海地区城市网的密度为中部地区的 3.3 倍，为内陆地区的 41.3 倍。1978 年，中国开始实施改革开放政策；1980 年首先在沿海创建了经济特区；1984 年确定了沿海开放城市，然后进一步扩大了沿海经济开放区。中国渐进的改革开放政策是通过经济特区、沿海开放城市—沿海经济开放区—内地，逐步推进、逐层实施的。先行开放的经济特区和沿海城市都是中国近代史上重要的通商口岸，其港口设施比较齐备，有发展外向型港口经济的历史，有比较开放的社会文化环境，有一定的工业经济基础，有比较便利的陆地和空中交通运输基础设施。中国沿海地区经济的迅速繁荣，与港口的促进作用密不可分。港口成为中国对外开放、发展外向型经济的重要基础设施，沿海城市利用港口优势获得了比内地更大的发展。2000 年，全国 18 个沿海开放城市（含县）人口 10085 万，占全国人口的 8%，但 GDP 占到 22.46%，外贸额占全国的 44.532%，远远高于全国的平均水平。同时，由于这些城市对周边地区经济发展的带动作用，整个沿海地区生产力水平和外贸额就更高。2000 年，全国 GDP 产值的 57.3% 来自沿海地区，4743 亿美元的对外贸易额绝大多数来自沿海地区，其中广东省占 11%，上海市占 11.5%，江苏省占 9.6%，浙江省占 5.9%。贸易的繁荣进一步支持了沿海地区制造业的发展，上述省市同时也是中国现代制造业最发达的区域，其中部分地区已成为中国乃至世界上重要的电子科技产品制造基地。制造业的发展反过来又促进了港口经济的繁荣，并催生了一系列相关服务行业，如物流服务业、会展业、信息服务业、金融业等。港口的繁荣和开放型经济的成功，促进了整个中国经济的发展，加速了中国改革的进程，加强了中国经济与世界经济的联系，提高了中国在世界经济政治生活中的地位。

世界贸易组织实际上是一个推动商品和服务贸易自由化，投资便利化的国际协定。可以肯定，中国加入世界贸易组织，必将进一步加速中国经济与世界经济的联系；中国的港口将获得更加有利的国际营运环境，港口的外贸吞吐量将会有较大的增长，商品进出口总额会进一步增加。同时，国际间频繁的物资交流将对中国港口的处理能力、港口的集装箱运输能力、港口在国际航线中的地位等提出更高的要求，促进中国港口在基础设施建设方面向国际化、专业化、大型化的方向发展。中国已经成为全球经济增长最快、吸引国际资本最多、经济活动最活跃、部分产品制造业最发达的地区之一，并且这种趋势还在进一步加强。另外，世界经济全球化推动了现代物流产业的发展，使全球性各类物资的采购配送和销售周转既可以来自世界各个角落，又可以到达世界的每一个地方。据预测，2001—2005 年间，全球集装箱运量平均每年将以 7%—9% 的速度递增，2005—2010 年，增长率将在 5%—7% 之间。由于中国港口集装箱吞吐量的增加，将使中国港口的基础设施建设吸引大量的国际资本加入。目前，已经有一些世界著名的港航企业投资并参与了中国的港口和集装箱码头建设。要吸引更多的国际资本支持中国的港口建设，首先要有灵活、多元的融资和投资政策；其次要为营造良好的投资环境而优化港口管理体制、提高港口行政效率；最后必须强调，中国的港口建设不仅是要吸引资金，更要吸收国际上先进的管理经验和理念，促进港口技术与制度创新，发展港口服务业尤其是物流产业。

加入世界贸易组织之后，中国将继续坚持全方位、多层次、宽领域的对外开放，同时进一步放宽外资准入的限制，鼓励对包括港口、铁路、管道设施等建设投资，并为参与投资的外国企业提供相应的便利条件。港口是中国基础设施中最早对外资开放的领域之一，中外合资建设并经营公用港口码头得到有关政策和法律的积极支持，深圳盐田港的建设就是一个很好的例证。中国第一部《港口法》将于明年1月1日正式开始实施。《港口法》将港口公用码头设施的建设、经营列为鼓励外商投资的项目，并且在投资比例方面取消了限制，即外商可以控股或者独资。2002年中国公布的《外商投资产业指导目录》中，曾经明确规定外商投资港口建设可以独资、控股的形式出现；而新出台的《港口法》则使外资投资港口建设进一步获得法律上的保障。随着中国港口建设对外资的全面开放，如何确保中国港口建设和运营的规范与安全成为日益紧迫的问题。因此，与《港口法》相配套，针对外资进入中国港口市场的管理条例和法规也应尽快制定并及时出台。

我国有18000公里的海岸线和众多的港口，港口经济发展潜力巨大。依照党中央关于完善社会主义市场经济体制若干问题的决定精神，实现经济社会持续、稳定、协调的发展，我国港口发展的战略应沿着优化港口资源配置，集中发展重点港口，提高枢纽港口国际竞争力的思路展开。国家应从全局利益出发，对港口建设进行宏观调控，避免出现重复建设和结构性矛盾。同时，应将港口发展纳入地方发展战略的轨道。纵观全球城市和产业的发展，可以看到很多城市都是先有港口后有城市，港口与城市的兴衰密切相关。港口城市应当努力优化港口企业的经营环境与投资环境，使港口与城市共同繁荣。此外，还应当积极开展通过港口经济聚集的辐射功能实现对腹地经济发展带动作用的研究，包括对港口货运结构、港口发展与物流产业化和建立物流信息平台的关系、加速临港工业发展与实现城市产业升级和产业结构调整诸领域的研究。我相信，日益丰富的港口经济实践和逐渐深入的港口经济研究，将为完善公有制为主体，多种所有制经济共同发展的基本经济制度，形成促进区域经济协调发展的机制，建设统一开放竞争有序的现代市场体系，为中国适应世界经济全球化发展的需要，作出积极的贡献。

咨询研究机构的市场化
改革向何处去?[*]

　　作为完善社会主义市场经济体制的重要决定之一，中国共产党十六届
三中全会确立了深化行政管理体制改革的战略目标，提出要继续推进事业
单位的体制改革。在中国社会逐步由高度集中的计划经济体制，向社会主
义市场经济体制的历史性转变中，"政府与企业职责分开、政府与事业单
位分离"，成为改变与生产力发展不相适应的生产关系和上层建筑的重要
抉择。

　　历经 1982、1988、1993、1998 年间中央和地方政府机构逐步渐进的
重大改革和调整，在事业单位中占很大比重的研究咨询机构，依照企业化
的发展路径，遵循面向市场、扩大自主权的改革措施，开始发生适应市场
经济的深刻变化：从完全依赖国家开展本职工作，变成部分乃至主要依托
市场为政府和企业提供服务而获得发展；从完全依赖政府拨款，变成根据
市场运作采取差额拨款和自收自支；从完全由国家决定机构建立与否，变
成适应市场需求可以由集体和个人兴办。最新的调查研究表明，中国具有
事业单位特征的研究咨询机构一部分已经逐步并最终将成为企业单位，一
部分仍为事业机构并将继续按财政全额拨款、差额补贴、自收自支和实行

---

　　[*]　本文是作者 2004 年 2 月为纪念综合开发研究院（中国·深圳）成立 15 周年写的一篇文章，原载《中国
经济时报》2004 年 2 月 13 日。

企业化管理等模式运作；伴随着中国加入世界贸易组织的历史进程，实践中还将继续涌现有利于中国持续稳定地融入世界经济全球化和区域经济一体化，有利于中国实现经济社会长治久安的其他研究咨询机构的运作模式。但是，尽管历年来进行市场取向的研究咨询机构改革探索取得了一些经验和进展，而在总体方向及措施上尚缺乏明确的共识；虽然历次政府机构改革都强调转变政府职能，却始终未能改变"减了政府部门机构、增了事业单位数量"的惰性循环怪圈；一些事业单位经过改革分担了政府的有关权力，却并没有完全脱离政府的控制；有些研究咨询机构与政府明脱实联，依然以不同的形式和名称保持着浓厚的行政色彩与利益关联；"中国特色事业单位"一乱二杂，成为安排冗员的"无底洞"；所有这些现象，应当通过寻求新的改革思路和途径加以改变。就当前按事业单位特征进行的中国研究咨询机构改革实践来说，有三个方面的问题应当引起我们注意，并继续进行更深入的研究。

一　研究咨询机构市场取向的改革如何与政府职能转变相协调

从公共管理的角度考察，一般意义上讲市场经济中政府的职能包括政治职能、社会职能、文化教育职能和经济管理职能。这些职能从资源配置、分配和再分配、稳定和发展诸方面，既可以体现公共管理的本质，也可以体现公共管理的限度和力度。以政府的经济管理职能为例，政府经济职能权限是分层次的，如宏观调控职能、政府管制职能以及直接经营职能等。政府职能"分层次"，为政府职能的转变留下了空间，为所谓"事业单位"的存在创造了机遇，进而也为研究咨询机构展现了多样性、综合性和特殊性的业务领域。这一业务领域的重要意义，尤其表现在研究咨询机构可以通过自己独立的研究咨询工作来"提高政府工作质量"，克服政府信息不充分可能引起的无效干预，克服政府官僚主义可能带来的低效率，克服政府特权可能造成的寻租，等等。所以在完全的市场经济条件下，或者即使是在我国还未完全建成社会主义市场经济体制的情况下，我国的研究咨询机构有些可以转为企业，或者以适当的经营方式和产权方式纳入适合其生存的各类企业；有些可以成为公开、公平、公正参与市场竞争的中介机构；有些则可以成为接受政府机构委托，代行某种公共管理权力的社会组织。

在市场化改革中，各种形式的研究咨询机构所占比重如何、谁为主辅，必然经过优化组合的历程；随着改革的深入，研究咨询机构可能会出现"公营（官营）"、"公私合营（亦官亦民）"、"私营（民营）"三种形态，进而更好地适应中国混合所有制经济的发展。

二　研究咨询机构如何依托市场实现合理分类管理

发达市场经济国家的经验和中国改革开放的实践表明，研究咨询机构的业务范围如果涉及国家长远利益，并具有很强的社会公益性，通常可以由政府直接组织和管理；研究咨询机构的服务和相关产品，如果一般限定在某些社会领域或行业部门，可以采取政府间接管理或者政府和非政府组织共同管理；研究咨询机构的业务范畴，如果公益程度相对较弱或者主要是"随行就市"，则应当主要由非政府组织或有关民间机构管理。以上这几个层次的划分，可以简要归结为"政府举办、政府与民间合办（或半官半民）、民间兴办"；这种划分，可能总体上反映了以市场经济为基础分类管理研究咨询机构的趋势。

就中国国情而言，一方面需要合理划分由政府直接管理与间接管理研究咨询机构的界限，认真研究如何使过去长期由政府举办管理的研究咨询机构，能够适应市场竞争、实现向"半官半民"或"完全民办"的转型。另一方面需要认真探讨，研究咨询机构在市场经济条件下自身改革创新的路径；深入研究事实上以各种不同产权形式存在的研究咨询机构，如何"适者生存"。尤其应当强调，不同产权形式的研究咨询机构，应当和与其相适应的管理体制相协调，但采取何种产权形式和管理体制不应强求一致、千篇一律。

三 如何界定非营利机构的本质特征

已有的对比分析研究表明，中国的研究咨询机构大多相当于国外的非营利机构。相对于营利机构（如公司或企业单位）而言，非营利机构的特征包括：以通过提供专业服务促进事业的发展，而不是以盈利为目标；管理运作模式与企业有类似之处，并由专业人员主持机构运作；通过提供咨询服务获得收入，经营剩余用于机构自身和促进事业发展，等等。结合中国的实际情况，我们应当客观地认识到：（1）非营利机构并非不计成本或不赚钱，不盈利则非营利机构无法生存和实现可持续发展；（2）以研究咨询机构冠名的非营利机构，其盈利形态可能与企业有所不同，因为这类机构有企业形态，也有行政机构形态；（3）具有经营性特征的非营利机构，其业务从投入到产出比一般非营利性机构更具有商业性和竞争性；（4）尽管研究咨询机构不可能都是公司形态，但其作为非营利机构具有公司特征的治理结构可能是一个重要而复杂的问题。我相信，虽然中国目前缺乏非营利机构的组织管理经验，非营利机构发展所必需的法律与制度构架还基本处于空白状态，但随着社会主义市场经济体制的逐步建立和完善，以非营利机构为本质特征的研究咨询机构在中国将得到长足发展。

作为事业单位性质的研究咨询机构改革与发展的尝试，综合开发研究院（中国·深圳）是1989年经国务院批准成立的中国第一个全国性的民间研究咨询机构。综合开发研究院的成立，既以1988年政府机构改革在转变职能、下放权力、调整机构、精减人员、搞好配套改革为背景，又以进行社会化、市场化试点，建成一个不同于一般事业单位的研究机构为目标。15年来，综合开发研究院坚持面向市场、适应市场需求，首先，逐步构建了理论研究、政策分析、企业咨询相兼容，自立课题、政府任务、企业委托相结合，信息资讯、国际合作、举办会议、刊物出版、人才培养、影视传播相配套的综合性主体业务框架；其次，始终实行了理事会领导下的秘书长负责制，在传统干部人事管理制度和现代研究咨询机构管理制度之间，理性地坚持了民间研究咨询机构的根本性质，为研究中国现代研究咨询机构的治理结构提供了一个典型案例；最后，探索建立了以"创收分配规则"为主体的收入分配制度，为既能调动研究人员的积极性、又能保障研究院自身机构的可持续运作奠定了一定基础，创造了非营利机构通过市场竞争求生存、求发展的有益经验。当然，在上述所有取得可喜成绩的领域，综合开发研究院依然面临新的压力和挑战。按照党的十六届三中全会精神，要继续遵循市场化改革的方向，为真正完善政府重大经济社会问题的科学化、民主化、规范化决策程序，充分利用社会智力资源和现代信息技术，增强透明度与公众参与度作出应有的贡献，综合开发研究院和中国所有研究咨询机构一样，依然任重道远。

注意研究全球区域经济
整合的新趋势*

    在中国改革开放的先驱城市深圳持续第四次举办全球脑库论坛，生动地表明了实现改革开放的中国已经日益与世界融为一体，鲜明地展现以和平崛起为特征的中国正在积极地与世界各国互助互利、共同发展。

    脑库的发展是世界智力发展的新趋势，脑库是社会生产力中极其重要的组成部分；应当努力实现脑库的国际化，全球脑库论坛是中国脑库发展的新标志。在当今世界经济全球化日益深化，同时又曲折发展的大趋势下，我认为，一方面，全球脑库论坛应当充分体现其"学习"的重要特征，使之成为人类理性与睿智的范例；另一方面，经济全球化的发展，要求经济、社会、文化和技术的信息能得到迅速而充分的交流，全球脑库论坛就是一个很好的平台。

    全球脑库论坛的实践表明，源于经济领域的全球化，已经并正在继续导致全球经济、政治、文化和社会生活的深刻变化：任何国家或地区的发展比过去都更加紧密地与其他国家或地区联系在一起；强烈的同质化力量推进着人们生活方式和生产方式的趋同；信息革命改变了时空秩序并衍生出新的社会生产力和生产关系。自然科学规律在世界范围内具有统一性，

* 本文是作者在"2004 全球脑库论坛"开幕式上的书面致辞，原载《开放导报》（双月刊）2004 年第 5 期。

这是大家都很理解的。作为思想意识形态的社会科学是否也能趋同呢？全球化与开放性，蕴涵着世界多极化与统一性的辩证发展。中国提出以人为本、协调发展的新的发展观，融合了人类的聪明与智慧，既体现了社会科学理念的多样化，又深化了社会科学理念的普遍性。

建立以人为本、协调发展的科学发展观，正确处理人与自然的关系、人的发展和社会发展的关系，需要自然科学和社会科学理论的指导。科学发展观的建立过程，也蕴涵了自然科学规律和社会科学理论发展的辩证统一。我们过去强调改造自然使之为人类服务，这种认识和做法有一定的片面性。按照科学的发展观，不仅要改造自然，更重要的是爱护自然，这样，自然才会更好地造福于人类，否则人类会受到自然的严重惩罚。同样，改造社会也必须遵循社会发展的客观规律，否则可能会对自然和社会生产力造成重大破坏。从自然发展中来的人类组成了社会，社会应服务于人类和自然。

本届全球脑库论坛以中国与全球区域经济整合为主题，力图对经济全球化进程中的区域经济一体化进行透视和展望，对加入世界贸易组织后的中国在全球区域经济整合中应扮演的角色和作用进行研判，对中国内部区域经济互动与产业协调发展的方略和路径进行讨论，是切合实际的。我在论及东亚区域经济合作时曾经提到，区域经济合作应坚持"开放、平等"，任何国家都不应谋求特殊地位；区域经济合作需克服经济体制的差异，努力构建合作的制度基础；区域内各国和地区要改变产业结构的趋同性，克服经济合作的结构性障碍；区域内各国和地区之间应加快推动要素流动，推动贸易自由化和投资便利化。

当前，在经济全球化曲折与深化并存的背景下，应当注意研究全球区域经济整合的一些新趋势，一是全球区域经济合作与发展"增长点"的多样性：如区域内部投资和贸易的加速发展；次区域经济合作中形成若干经济合作集团；若干跨区域经济合作集团合作模式的多样化；新的产业升级与新的产业分工并存；服务贸易合作成为重点合作内容。二是全球区域竞争力发展的多元化：包括通过技术创新提升区域产业内生核心技术与能力；通过制度整合形成区域整体竞争力；通过加强区域企业间联系与协作提升企业创新能力；通过提高国家（政府）综合创新实力建立区域创新激励与整合机制。三是全球区域经济一体化架构的多层次：如亚洲范围内已经建立或正在协商的亚太经济合作组织；中、日、韩和东盟"货币合作协议"；中、俄等6国"上海合作组织"；"中国—东盟自由贸易区"；东北亚和东南亚区域经济合作，等等。我认为，个别超级大国的"单边主义"遭到唾弃，而随着欧洲经济一体化的深化发展，美洲自由贸易区的积极推进，中国加入世界贸易组织后对亚太地区经济一体化的积极影响，全球区域经济整合已经呈现出政治对话和经贸合作相互促进的积极局面，多极化与全球化良性互动将对世界和平与发展持续地作出重要贡献。

我期待着大家在论坛中，一如既往以思想交锋的独特方式，继续向世人提供原创、深刻、前瞻的精神产品，奉献给中国，造福于世界。

深化区域合作　促进东亚
经济协调发展[*]

　　众所周知，东亚经济发展在世界经济格局中的地位不断提高，其占世界贸易的比重上世纪 70 年代中期仅为 5.4%，到本世纪初达到近 20%；东亚各国之间的贸易占全地区对外贸易总额的比重上世纪 80 年代仅为 33.8%，到本世纪开始时约为 50%。中国对外经济活动的 70% 是在东亚地区进行的，投资中国的外商约 85% 来自东亚地区。2001 年，中国与东盟签署了《中国与东盟全面经济合作框架协议》，决定到 2010 年建成中国—东盟自由贸易区。作为中国的第五大贸易伙伴，东盟与中国每年的贸易额约为 550 亿美元，大致是中美贸易额的一半；东盟对中国的投资约占中国吸收外资总额的 8%。这种"10＋1"合作模式的重要战略价值，更在于消除了东盟各国曾经流行的所谓"中国威胁论"，为东亚经济的稳定发展奠定了可信的基础。按照协议，双方将在 10 年内撤销贸易和投资限制。中国—东盟自由贸易区一旦完全建立，将拥有 17 亿消费者、2 万亿美元的国内生产总值和 1.2 万亿美元的贸易总额，将成为世界上人口最多的自由贸易区，也是发展中国家间最大的自由贸易区。中国与东盟乃至整个东亚地区将分享区域经济一体化合作机制所形成的现实利益。

---

　　*　本文是作者 2004 年 12 月 20 日提交"第八届东亚经济学术研讨会"上的书面发言，原载《开放导报》（双月刊）2005 年第 1 期。

随着区域经济合作的逐步深化，东亚经济展现了新的活力和格局。目前，东亚 13 国的国民生产总值合计约 6.4 万亿美元，中国和东盟各占 1 万亿美元，韩国为 4000 亿美元，日本为 4 万亿美元。中日双方的贸易额，由上世纪 70 年代初约 11 亿美元增加到本世纪初近 900 亿美元；中韩两国的贸易规模在过去 10 年间增长了 5 倍，韩国对华直接投资由上世纪 90 年代初约 2 亿美元增至本世纪初的 50 多亿美元。作为目前东亚地区综合经济实力较强的 3 个国家，中日韩之间存在着广泛开展制度性经济合作的现实基础。这种基础的基本特点包括互补性强，经济合作潜力大；贸易结合度高，经济合作条件良好。然而我个人认为，就中日韩之间的经济合作模式来说，在一定的时期内仍具有探索和试验的性质；合作的趋势是由低端合作向高端合作过渡，重视发挥比较优势。在深化合作的意义上讲，中日韩经济合作的贸易便利化是基础，自由贸易区是方向。可以乐观地预期，中日韩自由贸易区如能顺利建成并保持相对稳定，将可能推动中日韩与东盟之间 "10＋3" 合作模式成为未来东亚经济共同体的 "主板模块"，并在此基础上衍生出更适合东亚经济共同体生存与发展的高级形式。

虽然目前东亚各国对上述 "10＋1"（包括日本、韩国分别与东盟结成的 "10＋1" 合作模式）和 "10＋3" 的合作模式比较认同，但东亚经济共同体的形成尚需时日。一是因为区域内经济发展相差甚远，如日本、新加坡人均国民生产总值约为 3 万美元，而缅甸、柬埔寨不到 300 美元；二是由于社会制度差异较大，东亚地区各国和地区在政治、经济、宗教及文化等方面存在巨大差别；三是东亚地区的政治安全问题不容忽视。尽管如此，我曾经在不同的场合，从不同的角度说明，东亚各国经过多年努力所初步创立的上述合作机制，已经初步形成了多层次、宽领域、全方位运作的体制效应。努力寻求更加全面、更加深入、更加务实的合作，为东亚人民带来更多的实惠，才能把东亚经济合作提高到一个新的水平。就具体的合作方式和领域而言，加强政治对话、深化经贸合作、巩固安全合作、开展科技交流、拓展全面合作等，将把参与合作机制各方之间的交流与合作推向更具活力和更富有成果的新阶段。事实上，由于《中日韩推进三方合作的联合宣言》的签署，东亚经济合作存在的不平衡状况正在逐步得到改善，东亚区域经济的相互依存度正在逐步得到提高。

关于努力协调东亚经济的共同整合，我想以下几个方面有必要进一步研究和探讨。

首先，全球化的深入演进是 21 世纪世界经济的主旋律，但是同时也不必讳言反全球化的呼声。随着东亚经济一体化水平的逐步提高，对外依存度的逐渐上升，东亚各国应当更具体地解决如何促进区域内贸易自由化，实现区域化与全球化互动的问题，进而恰如其分地应对反全球化的挑战。就此而言，一方面，应当考虑如何深化贸易和直接投资的相互一体化，构成东亚地区和平与繁荣的重要基础。不仅要注重在传统商品生产活动中创造的商机，也要重视蕴涵在金融、流通、通信、教育、旅游等领域中的商业价值。另一方面，也应当关注泛东亚（东盟、中日韩、俄罗斯、澳大利亚、新西兰、印度）地区内部贸易在世界贸易中的实际状况，通过直接投资的区域集聚，逐渐使东亚经济成为与欧盟统一市场和北美自由贸易区对等的世界经济第三极。

其次，世界经济全球化日益要求实现贸易自由化与产品标准化的紧密结合，东亚经济的整合与发展也不可能例外。现实的产品竞争力内涵不仅是指价格、性能和质量，而且还包括产品必须符合各项标准。企业参与全球生产链条的合作，必须统一生产标准和产品标准；标准化不仅为生产过程的管理提供了便利，还通过减少对生产过程监督的层次而节省交易成本。所以，东亚各国应当就制定和实施有关产品的标准化开展相应合作。与此相关，企业之间的技术转让还会要求东亚各国在技术政策和知识产权保护政策方面合作，以及为适应全球生产体系的需要而加强公司治理方面的合作。同时，东亚各国企业之间的合作将不再局限于短期市场交易，而会更加注重发展稳定的长期合作关系。企业之间长期的合作关系，必然要求东亚各国协调各自的公平竞争政策，以及开展相关的合作，所以需要研究。随着东亚经济一体化的不断深入，在产品将可能越来越多地在多国生产，越来越多地跨越国境的条件下，如何减少关税和非关税壁垒所增加的成本，具体提高东亚地区贸易自由化的程度，具体实施相关的贸易便利化措施，包括在银行和资本市场方面深化合作的具体措施。

　　最后，经济全球化促使企业生产组织方式发生了深刻变革，上世纪90年代以来，已有近百年历史的"现代公司制度"发生了重大变化。企业的生产经营过程被分解，原在一个企业内进行的产品研发、加工制造、生产管理、市场营销、售后服务等一系列业务，被分散到全世界条件更佳的国家和地区，被转移到全球不同的企业，形成了以生产链为纽带的全球生产体系。东亚国家目前已经逐步适应全球生产体系发展的需要，已成为跨国公司的零部件或成品的主要供应商，是全球生产体系的积极参与者。世界银行的调查表明，从出口增长、就业增长、产值增长和技术进步等方面考察，参与全球生产链的东亚企业业绩普遍好于未参与的企业；这些企业通过全球生产链引进的新产品、新生产线、新生产工艺、新管理技术和新的质量控制方法比未参与企业多。参与全球生产体系已经成为东亚经济新的增长点。应当分析和研究的问题在于，东亚地区如何利用国际分工的制度创新效应，在参与全球生产体系的进程中，不断增强本地企业在世界市场的竞争力，不断提高本地企业参与全球生产体系的吸引力，从而不断优化组合东亚地区生产体系，不断促进东亚地区生产力与生产关系的协调发展。

进一步探索深化国有企业 产权改革的路径*

　　从坚持和完善中国基本经济制度、坚持解放和发展生产力的高度，党的十六大报告集中全党和全国人民的实践经验与政治智慧，旗帜鲜明地提出两个"必须毫不动摇"：必须毫不动摇地巩固和发展公有制经济；必须毫不动摇地鼓励、支持和引导非公有制经济发展。同时强调，要把坚持公有制为主体和促进非公有制经济发展统一于社会主义现代化建设的进程中，不能把这两者对立起来。各种所有制经济完全可以在市场竞争中发挥各自优势，相互促进，共同发展。我想，这样的认识和表述，应当是我们讨论中国国有企业改革问题现实和理论的重要基础，尽管可能不是唯一重要的基础，而且不应对其予以形而上学和僵化封闭的理解。

　　我们提出要深化国有企业改革，"深化"的重要内涵之一就是国有企业的产权改革。国有企业产权改革必然涉及公有制尤其是国有制的多种有效实现形式。"多种"和"有效"强调的是，应使国有企业产权实现样式具有"多元化"与"普适性"的本质特征。目前，除少数由国家独资经营的企业外，通过积极推行股份制、实行投资主体多元化、推动垄断行业改革、发展具有国际竞争力的大公司大企业集团、进一步放开搞活国有中

　　* 本文是作者 2005 年 1 月 15 日在"2005 中国脑库年会"上的书面致辞，原载《中国经济时报》2005 年 1 月 20 日。

小企业，以及深化集体企业改革、促进多种形式集体经济的发展，从而使混合所有制经济在我国蓬勃发展起来。对此，我感到十分欣慰：这既是深化国有企业产权改革的必然结果，也是继续深化国有企业产权改革的重要前提。

中国经济体制改革"市场取向、渐进方式"的历史进程，已经全面深刻地改变了企业组织与经理人员和职工之间的关系，这不仅表现在传统的国有企业与经理人员和职工之间的劳动关系出现多样化特征，而且表现在民营企业、外资企业以及中外合资企业等企业形态中高度市场化雇佣关系的迅速发展。有关研究表明，中国经济体制改革过程中企业不同劳动雇佣关系模式，对企业绩效会产生重要的影响。企业所有制性质不仅影响经理人员获得报酬的水平，也影响经理人员职责范围和行为方式。用"激励—贡献模式"来观察，不同所有制形式的企业在采取不同类型雇佣关系模式的同时，也表现出组织对经理人员贡献期望与组织向经理人员提供激励的水平差异。而且，在国外人力资本理论与实践逐渐成熟和完善的同时，我国企业人力资本产权性质的制度安排也取得了一定程度的进展。承包制、租赁制、股份合作制的先后实行，以及职工持股、股票期权、经营者年薪制、管理层收购等试点工作的有序展开，不断深化着包括国有企业在内的企业收入分配制度、企业绩效评价体系以至企业产权制度的改革。

当然不必讳言，中国国有企业产权制度改革实践正处在探索前进阶段，国有企业产权制度改革与企业经理人员贡献的关系，理论上和实践中有许多具体问题需要更深入的研究。如怎样界定"成熟的股权激励方式和员工持股政策"？把管理层收购试点探索限定在国有中小型企业范围内，是否可以完全避免"使所有权和经营权趋于合一"？又如怎样理解企业高级管理人员持股与长期激励效果的关系？再如怎样看待当前国有企业规范改制和产权转让过程中，存在的对土地确权定价不规范、对知识产权与技术专利以及商誉等无形资产不评估或评估后不入账、部分企业转让产权不进入市场或进入市场但未实现竞价转让的现象，等等。我想，正确处理产权制度改革与企业经理人员贡献的关系，是中国国有企业改革的"重中之重"之一，因此存在困难与风险是很正常的。"改革有险阻，苦战能过关。"

由此我还想到，与国外的现代公司制度比较，中国国有企业具有不同的制度背景、产权结构和市场环境。所以，当我们关注中国国有企业产权制度改革的监督机制时，应当谨慎地对待"内部人控制"这个问题。尽管"内部人控制"这个概念是从外国的专家学者那里介绍过来的，但是我国的专家学者已经比较理性地提出了如何正确解决国有企业"内部人控制"问题的对策和方向。为了有效克服"内部人控制问题"，以英国和美国为代表的部分国家形成了借助于完善的资本市场与经理市场为主的外部治理模式；以日本和德国为代表的部分国家则推行依赖银行和大股东为主的内部治理模式。中国处在建立和完善社会主义市场经济制度转型过程中，其特殊性表明，不应当也不可能照搬别国的公司治理模式来解决中国现代企业制度中的监督机制问题。已有的研究成果和政策实践显示，针对中国国情，以多方面路径选择来解决"内部人控制"问题，是切实可行的。这些路径选择包括继续推进国有企业产权改革，解决所有者缺位与政府干预的矛盾；积极完善国有企业的公司治理结构，探索利益相关者合作条件下的企业共同治理机制；努力改善国有企业外部环境，通过硬化企业预算约束加强对企业经营者的监督；建立健全对经营者的激励约束机制，通过经营者个人利益与企业绩效挂钩来解决企业的长效机制；以及实行会计人员委派制度，强化对国有企业经营活动和国有资产的监督等。同时，或许还应注意到，已经有同志鲜明地提出，要通过民主法制保护和监督国有企业。为此需要努力探讨在法律上如何明确国有企业生产资料所有权与劳动力所有权的分立和统一；如何确定这两种所有权所派生的相关占有权；如何解释上述所有权条件下的民主权集合为立法权，以及如何加强相应的执法权、司法权和行政权对国有企业生产资料占有权行使机构的监督和管理，包括对国有企业广泛、严格和独立的舆论监督。

以港兴市　创新发展[*]

　　当 2003 年年底在中国南方的深圳举行首届中国港口经济论坛时，我在书面发言中谈到，要发挥港口在协调经济社会发展中的重要作用。今天，我高兴地看到，在贯彻落实党中央提出建成完善的社会主义市场经济体制和更具活力、更加开放的经济体系的战略部署，进而统筹城乡发展、区域发展、经济社会发展、人与自然和谐发展以及统筹国内发展和对外开放，更大程度地发挥市场在资源配置中的基础性作用的历史进程中，港口经济正日益显现出其旺盛的活力。第二届中国港口经济论坛移师中国北方的天津召开，正是这种旺盛活力的生动体现，我向论坛表示衷心的祝贺。

　　在上述同一篇书面发言中，我认为"港口经济"的概念目前在中国经济理论界尚未形成明确的定义。但是，港口经济要以港口为中心、港口城市为载体、综合运输体系为动脉、港口相关产业为支撑、海陆腹地为依托，同时实现彼此间相关联系、密切协调、有机结合、共同发展，进而推动区域繁荣；港口经济要以港口为中心，以相关区域和产业为重点，实现陆地经济和海洋经济的结合，坚持外向性和开放性；港口经济要按经济、合理的原则，通过港口发挥其辐射和聚集作用，使货物、科技、加工生产等资源实现充分而便捷的交流与配置——这样一些界定和表述，得到广大

　　* 本文是作者 2005 年 2 月在"第二届中国港口经济论坛"上的书面致辞，原载《港口经济》2005 年第 2 期。

理论工作者和实际工作者的充分肯定，并在实践中得到深化和发展。我还提到，港口经济作为一个相当复杂的系统，是一个有机的综合体，是由多种因素构成的。港口经济能否作为独立的学科，需要继续进行理论上的探索和得到实践的支持。事实上，这种探索和实践是有坚实基础的。中国改革开放中创立的经济特区和先行开放的沿海城市，是中国近代史上重要的通商口岸，有发展港口经济的历史和必要的基础条件。中国沿海地区经济的迅速繁荣，港口经济的促进作用功不可没。港口经济在中国已经取得的初步成功，对加速中国经济的开放与发展，深化中国改革的目标与进程，加强中国经济与世界经济的融合与协调，发挥中国在世界经济政治事务中的作用与影响，提供了制度创新的深刻背景。

对这种制度创新中的诸多生动案例和各类因素，需要不懈地挖掘、分析和提炼，"港口经济论坛"为此提供了重要的交流平台。第二届中国港口经济论坛提出以天津港、天津港保税区、天津经济技术开发区、天津滨海新区为典型代表，进一步认识港口经济与区域经济发展和整合的关系，以及区港联动的重要意义，我觉得是十分切合实际、需要予以积极支持和充分肯定的大课题。论坛还提出，要重点研讨天津建设北方最大物流中心城市，并在中国未来区域经济发展新格局中发挥重要作用的问题；要积极探讨和研究如何增强中国港口经济整体推动力，提升港口经济国际竞争力，积极参与经济全球化以及区港联动的未来发展方向问题；还要对在全球化与对外开放的新格局中环渤海地区港口经济的发展及其对区域经济发展的推动作用进行总结。我认为，所有这些研讨内容，必将深化港口经济的理论内涵，促进港口经济实践的协调发展，进而丰富中国经济社会以港口经济为载体的制度创新进程。从这个意义上讲，"港为市用、市以港兴、港口经济、勃然而生"也可以辩证地理解为"港以市兴、市为港用、以港兴市、港市联动"。

从深化港口经济理论内涵、扩大港口经济制度创新实践效应的角度，我觉得还应当注意认真总结中国加入世界贸易组织三年来，中国港口经济发展的经验和教训。例如，应当分析和研究在推动商品和服务贸易自由化、投资便利化方面，港口经济的功能与定位。中国加入世界贸易组织，已经在国际经济制度的层面上深化和巩固了中国经济与世界经济的秩序关联；在获得更加有利的国际营运环境，港口外贸吞吐量有较大增长，商品进出口总额进一步增加的条件下，中国港口经济如何在提高生产力、提升竞争力的含义上不断确定新的战略发展目标，需要更深入的思考。在国际间频繁物资交流对中国港口的实际处理能力、港口的集装箱运输能力、港口在国际航线中的作用现实地提出了更高要求的形势下，如何促进中国港口基础设施建设向国际化、专业化、大型化方向发展，使中国经济在世界经济全球化深化发展的过程中，继续保持增长最快、吸引国际资本最多、部分产品制造业最发达的积极态势，需要提出并实施更具体的措施。同时还应当分析和研究，在世界经济全球化极大推动现代物流产业的发展，将使中国港口基础设施建设吸引大量国际资本加入的机遇和挑战面前，如何务实地制定灵活、多元的融资和投资政策；如何有效地营造良好的投资环境，优化港口管理体制；如何理性地吸收国际先进的管理经验和理念，促进港口技术与制度创新。所以，我再次提出，应当认真考虑并逐步实践有的同志已经提出的、在中国建设"自由港"的有关政策建议，只有这样，上述我们已经提出过的若干加快中国港口经济发展的思路和策略，可能才会得到根本落实。

多年来，我一直关心《港口经济》杂志的工作。我诚挚地感谢杂志社的同志给我寄来每一期《港口经济》。只要身体尚好，我都阅读或浏览杂志刊登的大多数文章。同时，我嘱咐身边的工作人员也要学习、阅读这份杂志。希望《港口经济》越办越好，为中国乃至世界港口经济的繁荣，作出自己的贡献。

迎接东亚经济合作的历史新阶段[*]

目前东亚正日益成为当今世界最具经济发展活力的地区之一。在东亚各国继续积极推动亚洲区域经济"深化合作、协调整合"的背景下，以"东亚区域经济整合：地区发展的新机遇"为主题，举办第九届东亚经济合作论坛，是很有意义的。

在上届东亚经济合作论坛上，我曾在书面发言中提到如下问题：（1）中国与东盟全面经济合作"10＋1"模式的重要战略价值，在于消除了东盟各国曾经流行的所谓"中国威胁论"，为东亚经济的稳定发展奠定了坚实基础；中国—东盟自由贸易区一旦完全建立，将成为世界上人口最多的自由贸易区，中国与东盟乃至整个东亚地区将分享区域经济一体化合作机制所形成的现实利益。（2）作为目前东亚地区综合经济实力较强的三个国家，中日韩之间存在着广泛开展制度性经济合作的现实基础；从深化合作的意义上讲，中日韩与东盟之间"10＋3"合作模式将成为未来东亚经济共同体的"主板模块"，并在此基础上衍生出更适合东亚经济共同体生存与发展的高级形式。（3）东亚各国经过多年努力所初步创立的上述合作机制，已经初步形成了多层次、宽领域、全方位运作的体制效应；东亚经济合作存在的不平衡状况正在逐步得到改变，东亚区域经济的相互

---

* 本文是作者 2005 年 11 月 24 日提交"第九届东亚经济合作论坛"的书面发言，原载《开放导报》（双月刊）2006 年第 1 期。

依存度正在逐步得到提高。

令人高兴的是，东亚各国顺应时代潮流，努力共同应对全球化的机遇和挑战，把发展本国经济和维护地区稳定作为主要任务，通过区域一体化促进共同发展。而且，东亚各国基本上能本着相互尊重的原则开展合作，坚持协商一致、照顾各方、以合作的大局为重，由易到难，循序渐进，以扎实的经贸合作为先导，不断拓宽合作渠道。所以，东亚区域合作取得了令世人瞩目的成绩：一是东盟—中日韩合作日益拓展和深化，已形成内容不断丰富、机制逐步健全的合作体系。以"10＋3"领导人会议为核心，陆续建立起 14 个部长级合作机制，内容涉及经贸、财经、农林、能源、劳动等 18 个领域。二是东亚自由贸易区研究工作开始启动，"清迈倡议"框架下的货币互换安排进一步扩展，东亚思想库网络活动更加活跃。三是确定东亚共同体为"10＋3"合作的长远目标，标志着相互依存、合作共赢的东亚经济发展进入了历史新阶段。

在新的形势下，为实现东亚经济合作可持续发展的长远目标，还要从提高效益、完善机制、巩固合作等诸方面作出不懈的努力。结合一些中国学者的研究分析，我想有几个问题应当引起大家重视，并进一步展开更深入的研讨。

第一，关于东亚经济逐步形成的内在结构性矛盾。东亚除中日韩之外的各经济体规模都相对偏小，其原因或是地域狭小，或是人口总数偏少，或是人均收入较低等。中日韩制造业的比重相对较高，同样也隐含着某些相对巨大的单一产业部门制造能力过大与本地市场需求不足并存的问题。对东亚多数小规模经济体来说，经济全球化就意味着本地生产越来越单一，而需求却越来越多样。这就构成东亚面临的最基本的结构性矛盾。上世纪 90 年代以前，东亚各经济体间贸易关系主要由资源互补关系或技术资金互补关系决定，没有整体的制度体系约束来保障区内各方的经济利益。在东亚区域统一市场逐步形成的过程中，区内贸易与区外贸易的相关制度体系趋向融合：世界贸易组织为整个东亚建立区域贸易制度体系提供了较为完整的背景框架；APEC 为东亚与区外主要贸易伙伴之间建立更密切的贸易制度关系开辟了通道；东亚区内开始建立各种多边贸易制度体系的实践；东亚各经济体之间的多种双边贸易协定逐步实施，等等。需要研究的是，呼声很高的东亚自由贸易区如何通过规范的区内贸易制度体系，为解决东亚持续存在的结构性矛盾提供最基本的制度环境。

第二，关于中国周边利益共同体。由于积极贯彻实施"睦邻、安邻、富邻"的周边政策，中国与周边国家的区域经济合作，正在以利益共同体的方式继续推进。例如1992年启动的大湄公河次区域合作，在加强基础设施建设、改善贸易投资环境、加强环境与社会发展、筹资和深化伙伴关系等关键领域的合作机制正在逐步完善。又如2002年开始实际运作的中越菲三国联合开发南海机制，本着搁置争议、共同开发的精神，各方承诺保持克制，寻求建立相互信任的途径。根据三方相关工作协议，三国的石油公司将共同探明该海域的地质结构和油气储量，为和平妥善解决争端树立了新的模式。再如第一个由中国作为奠基者发起的地区性安全和经济合作机构——上海合作组织2005年6月再次扩容，吸纳印度、伊朗和巴基斯坦为该组织的观察员。该组织已从最初的5国发展到现在的10个成员国和准成员国，面积约占欧亚大陆总面积的74%，人口约占世界的41%，成为欧亚大陆上地理空间最大的组织。我们应当认真具体地探讨，由中国与周边国家组成，以平等互信、互利合作为基础的多层次周边利益共同体，将对东亚乃至整个欧亚大陆未来发展产生何种地缘经济与政治的积极影响。

第三，关于东亚经济整合的进程。东亚经济整合是在现有国家和地区关系架构基础上的发展，是在现有国际经济政治架构基础上寻求共处的合作机制。东亚经济整合是东南亚—东北亚次区域连接的进程，也是一个把相关国家融合到一个区域框架的过程，从一开始它就不是一个像欧盟那样的制度性统合。所以东亚经济整合具有相当程度的开放性：允许地区成员参与多种合作机制，以多种方式吸纳外部成员参与，充分体现了东亚经济整合的包容性和灵活性。在东亚经济整合进程中正逐步建立的东亚自由贸易区，是在更大的区域范围内使分散或者可能冲突的区域合作协调一致起来，形成更有效的区域整合，这对东亚地区的长期发展与合作具有深远意义。东亚经济整合进程表现为多层次、多取向、多方式的结构，其中各种经济体的发展作为一个进程来看，往往有合有分。如何把这些不同的进程纳入一个统一的进程中，是需要仔细探讨的问题。经济整合的进程一方面具有不同点，另一方面则需要寻求协同点。"求大合而不必求全同"，或许可以作为东亚经济整合进程的一个重要原则。鉴于东亚的现实和特征，对东亚经济整合的过程不宜操之过急，或者目际太高。

从举办首届东亚经济合作论坛至今，已经跨越了 10 年时间。大家共同经历、见证了东亚经济的蓬勃发展，并以我们的理性和智慧，为促进东亚经济的持续繁荣而竭诚努力。2005 年年底，在马来西亚举行的首届东亚峰会，是东亚经济整合中的新生事物，有利于促进东亚国家的团结，有利于东亚共同体建设，也有利于实现东亚与亚洲及世界其他地区的共同发展。我深信，本届东亚经济合作论坛将为首届东亚峰会的成功作出自己独特的贡献。